GUIDE CRITIQUE DES MÉDICAMENTS DE L'ÂME

Dépôt légal: 4e trimestre 1995
Bibliothèque nationale du Québec

ISBN 2-7619-1275-6

Données de catalogage avant publication (Canada)

Cohen, David

Guide critique des médicaments de l'âme

Comprend des références bibliographiques.

1. Psychotropes. 2. Psychopharmacologie. 3. Malades mentaux – Usages des médicaments.
4. Tranquillisants.
I. Cailloux-Cohen, Suzanne. II. AGIDD. III. Titre.
RM315.C34 1995 615'.788 C95-940924-6

Infographie: Michel Fleury

DISTRIBUTEURS EXCLUSIFS:

•Pour le Canada et les États-Unis:
LES MESSAGERIES ADP*
955, rue Amherst,
Montréal (Québec)
H2L 3K4
Tél.: (514) 523-1182
Télécopieur: (514) 939-0406
* Filiale de Sogides ltée

•Pour la Belgique et le Luxembourg:
PRESSES DE BELGIQUE S.A.
Boulevard de l'Europe 117
B-1301 Wavre
Tél.:(10) 41-59-66
(10) 41-78-50
Télécopieur: (10) 41-20-24

•Pour la Suisse:
TRANSAT S.A.
Route des Jeunes, 4 Ter
C.P. 125
1211 Genève 26
Tél.: (41-22) 342-77-40
Télécopieur: (41-22) 343-46-46

•Pour la France et les autres pays:
INTER FORUM
Immeuble Paryseine, 3 Allée de la Seine,
94854 Ivry Cedex
Tél.: (1) 49-59-11-89/91
Télécopieur: (1) 49-59-11-96
Commandes: Tél.: (16) 38-32-71-00
Télécopieur: (16) 38-32-71-28

David Cohen, Suzanne Cailloux-Cohen
et l'AGIDD-SMQ

GUIDE CRITIQUE DES MÉDICAMENTS DE L'ÂME

ANTIDÉPRESSEURS
LITHIUM ET RÉGULATEURS DE L'HUMEUR
NEUROLEPTIQUES
STIMULANTS
TRANQUILLISANTS
SOMNIFÈRES
SEVRAGE

La réalisation de cet ouvrage a été rendue possible grâce à la généreuse contribution financière de Santé Canada. L'AGIDD-SMQ tient donc à remercier Santé Canada pour l'appui accordé à ce projet.

Il va de soi, cependant, que les vues exprimées dans cet ouvrage sont uniquement celles des auteurs et ne représentent pas nécessairement la politique officielle de Santé Canada.

MISE EN GARDE

Ce guide a pour but de fournir des informations détaillées sur les substances médicamenteuses couramment utilisées, en psychiatrie et en médecine, pour traiter les problèmes de santé mentale et les problèmes existentiels.

Ces informations ne doivent nullement être considérées comme une incitation à commencer ou à cesser un traitement médicamenteux prescrit par un médecin. Il est en effet dangereux de commencer à prendre ou de cesser de prendre des médicaments psychotropes, c'est-à-dire des médicaments qui modifient l'humeur ou la conscience, sans l'avis ou la supervision d'un professionnel de la santé qualifié.

Nous suggérons plutôt aux usagers et à leurs proches d'utiliser les informations contenues dans ce guide pour lancer un dialogue avec le médecin sur les avantages et les inconvénients de ces substances médicamenteuses. Si le médecin consulté refuse de se prêter à ces échanges légitimes, peut-être l'usager pourra-t-il songer à s'adresser à un médecin qui leur accorde plus d'importance.

POURQUOI CE GUIDE A VU LE JOUR

Réalisant à quel point il est difficile d'avoir accès à des renseignements objectifs sur les médicaments utilisés pour traiter les problèmes psychologiques, psychosociaux et existentiels, l'Association des groupes d'intervention en défense de droits en santé mentale du Québec (AGIDD-SMQ) a pris l'initiative de produire le guide que voici. Cet ouvrage regroupe les informations que toute personne qui consomme de tels médicaments ou qui envisage soit d'en consommer soit de cesser d'en consommer devrait connaître.

C'est important que l'information sur les médicaments soit accessible, dans des mots qu'on comprend, pour qu'on sache l'effet qu'ils ont. On doit savoir aussi qu'on ne peut pas mêler ces médicaments-là avec d'autres médicaments sans ordonnance.

Fondée en 1990, l'AGIDD-SMQ regroupe plus de 40 organismes répartis dans toutes les régions du Québec. Ceux-ci viennent en aide aux personnes qui ont des problèmes de santé mentale et qui ont besoin d'appui en vue d'exercer leurs droits. Ces organismes visent principalement à accroître la compétence de ces personnes à défendre leurs intérêts. Le lecteur en trouvera une liste à la fin de ce guide.

UN OUTIL RÉALISTE, COMPLET ET RESPECTUEUX DES DROITS DES USAGERS

Cet ouvrage unique en son genre rassemble à la fois des informations médicales détaillées, des points de vue de chercheurs et de spécialistes affranchis du lobby de l'industrie pharmaceutique et des témoignages d'usagers ayant suivi des traitements médicamenteux dans l'espoir de résoudre leurs problèmes ou ayant été contraints d'en suivre. Ce guide veut avant tout donner aux usagers les moyens de se prévaloir de leur droit légitime de participer aux décisions concernant leur état de santé.

On pourrait faire un parallèle entre les médicaments et les fruits que l'on ne connaît pas. Quand on voit un fruit exotique nouveau, on demande au fruitier comment l'apprêter, s'il faut le faire cuire, s'il a besoin d'être pelé et avec quoi on le mange. Quand on prend un médicament, c'est un peu la même chose. On a l'habitude de prendre des pilules sans savoir ce qu'elles font; pourtant, il est important de demander ce qu'un médicament fait dans le corps avant de le prendre. Je ne dis pas qu'il faut mettre les pilules à la poubelle. Je dis plutôt que si on a un problème de santé mentale et qu'on doit prendre des médicaments, il faut se renseigner sur ce qu'on prend.

UN GUIDE FONDÉ SUR DES OUVRAGES MÉDICAUX

Les informations d'ordre médical contenues dans ce guide ont été extraites de nombreux ouvrages publiés à l'intention soit des médecins et des psychiatres, soit du grand public. Le lecteur trouvera à la fin de ce livre la liste des principaux ouvrages qui ont servi à la collecte de ces données. À ces livres s'ajoutent plusieurs centaines d'autres documents. À cause du grand nombre de sources consultées, les informations données dans ce guide sont souvent plus complètes que celles trouvées dans chacune de ces sources. Il semblait en effet important de fournir ici le plus d'éléments possible afin que les personnes qui vivent des situations particulières puissent se reconnaître dans ce guide.

Les médecins prescrivent des médicaments mais ils ne les prennent pas: ils n'en connaissent donc pas les effets. Au cours de leurs études, ils devraient suivre un stage pendant lequel on leur ferait prendre des pilules.

De plus, ces informations médicales ont été commentées avec un regard critique, à la lumière des recherches menées par des spécialistes reconnus et ayant étudié les effets des substances médicamenteuses en question.

UN OUVRAGE PRÉPARÉ AVEC LA COLLABORATION DES USAGERS

Cet ouvrage a été réalisé avec la collaboration active de nombreux membres de l'AGIDD-SMQ qui ont mis en commun leurs efforts pour promouvoir ce projet, obtenir les fonds pour le réaliser, définir les besoins en information des personnes psychiatrisées et présenter, dans leurs propres mots, les points de vue des usagers.

Ce sont eux aussi qui, dans un premier temps, ont organisé la production d'une vidéocassette distribuée par l'AGIDD-SMQ intitulée *Qu'est-ce qui cloche, mon corps résonne* et présentant les témoignages de plusieurs usagers. Ce sont eux encore qui, au moment de la rédaction de ce guide, ont formé des groupes de lecture afin de s'assurer que les textes produits fournissaient toutes les informations requises, étaient écrits dans un langage accessible et respectaient leur dignité.

L'ouvrage a été piloté au départ par la coordonnatrice de l'AGIDD-SMQ, Claudine Laurin. Paul Morin, coordonnateur du Collectif de défense des droits de la Montérégie, a pris la relève et a également participé à la rédaction du chapitre sur les droits et les recours.

Par ailleurs, une bonne partie de la documentation, de l'organisation des informations et de la récolte de témoignages a été faite par Sylvain Chartrand, agent de recherche à l'AGIDD-SMQ. Sylvain Chartrand a assuré également la coordination des groupes de discussion et d'évaluation des textes. Pour sa part, Marie Boissonneault, aussi agente de recherche, a participé aux recherches bibliographiques initiales.

Notre corps nous appartient, notre fonctionnement aussi. Si on ne s'informe pas, on va mal sans savoir pourquoi. S'informer, c'est un droit.

L'AGIDD-SMQ organisera, en outre, divers ateliers de formation, des colloques et des rencontres afin de favoriser les échanges au sujet des informations contenues dans ce guide.

... AVEC LA CONTRIBUTION DE SPÉCIALISTES

L'organisation et la supervision du contenu du guide ont été confiées au Dr David Cohen, un chercheur qui s'intéresse de près aux médicaments psychotropes et qui travaille à défendre les droits des personnes psychiatrisées depuis plus de quinze ans. Le Dr Cohen est directeur du Groupe de recherche sur les aspects sociaux de la santé et de la prévention (GRASP) et professeur à l'École de Service social de l'Université de Montréal. Quant à la rédaction de la majorité des textes, elle a été assurée par Suzanne Cailloux-Cohen, une rédactrice et journaliste d'expérience.

D'autres personnes ont été associées à la préparation de ce document. Céline Cyr, étudiante de maîtrise en service social à l'Université de Montréal, a participé à l'obtention de la documentation et à l'organisation des informations, et a collaboré à la rédaction du chapitre sur les antidépresseurs. Pour sa part, François Picotte, psychologue, a participé à la cueillette des témoignages des usagers.

… EN ACCORD AVEC L'ESPRIT DE LA POLITIQUE QUÉBÉCOISE DE SANTÉ MENTALE

Dans le document intitulé *Politique de santé mentale du Québec,* le gouvernement québécois a fait connaître clairement ses nouvelles orientations en matière de santé mentale. Un des objectifs de cette politique est d'assurer la primauté de la personne. En voici un extrait: «Cette orientation suppose enfin la participation [de la personne souffrant de troubles mentaux] dans les décisions qui la concernent, la prise en considération de l'ensemble de ses besoins et de sa condition bio-psycho-sociale ainsi que le respect de ses droits.»

Quand quelqu'un ne veut pas prendre de médicaments, pourquoi lui en donne-t-on de force?

UN DOCUMENT EN CONSTANTE ÉVOLUTION…

Le *Guide critique des médicaments de l'âme* est un outil dynamique qui vise à tenir compte avec justesse de la réalité vécue par les gens exposés aux médicaments psychotropes. Nous invitons les lecteurs à communiquer avec l'AGIDD-SMQ pour transmettre les commentaires et expériences qui pourraient s'avérer utiles en vue de la préparation d'une éventuelle réédition de cet ouvrage.

Introduction

Nos sociétés modernes ont de plus en plus recours à des remèdes chimiques pour tenter de soulager la souffrance psychologique et sociale. Mais peu de gens se rendent compte que plus les médecins et les psychiatres prescrivent des psychotropes, c'est-à-dire des substances qui modifient l'humeur et la conscience, moins ils sont en mesure d'aider réellement les personnes souffrantes. Cette constatation a été officiellement formulée par le Dr Heinz Lehmann, qui est nul autre que le responsable de l'introduction en Amérique du Nord de la chlorpromazine (Largactil), un composé à action psychotrope ayant déclenché dans les années 1950 la révolution pharmacologique dans le domaine de la santé mentale[1].

Il faut chercher d'autres avenues. Je trouve que la psychiatrie traditionnelle est un échec parce que les médecins ont oublié d'être humains.

LA THÉORIE DES DÉSÉQUILIBRES BIOCHIMIQUES, LOIN D'ÊTRE PROUVÉE!

L'idée, soutenue par de nombreux psychiatres et par leurs alliés dans les médias et dans diverses professions, que la détresse psychologique est attribuable à une déficience physiologique, à une déficience indépendante des conditions sociales et de l'expérience de vie, explique en grande partie cet état de choses. Les déficiences les plus souvent invoquées sont des «déséquilibres biochimiques», résultant de mystérieuses tares génétiques. L'absence de preuves irréfutables pour appuyer ces croyances ne diminue aucunement le zèle avec lequel elles sont régulièrement exprimées. Au contraire, plus les recherches biologiques débouchent sur des impasses, plus le discours sur les causes de la détresse psychologique se raccroche à des explications non fondées et devient arrogant. Et, pour supporter cet immense édifice théorique fictif, il y a la prescription des psychotropes.

LA THÈSE DES DÉFICIENCES PHYSIOLOGIQUES: AU DÉTRIMENT DE LA PERSONNE

Il est curieux de constater que plus les soi-disant déficiences physiques à l'origine des troubles mentaux retiennent l'attention, plus les

1. Dongeois, M. «Il faut freiner la désintégration de la psychiatrie!» [Entrevue avec le Dr Heinz Lehmann], *L'Actualité médicale: Le journal du médecin,* 2 décembre 1992, p. 1-3.

problèmes réels qui affligent les personnes passent à l'arrière-plan. De ce fait, la personne elle-même, avec son bagage émotif, ses contraintes et le contexte social dans lequel elle vit, se trouve de plus en plus exclue du traitement. Bien sûr, la psychiatrie clinique moderne prétend adhérer à un véritable modèle biopsychosocial qui ne négligerait aucune des dimensions de l'être humain pour comprendre ses troubles et l'aider à les surmonter. Mais cela n'est qu'un discours: en pratique, tout ce qui ne peut se réduire à une réalité fondamentalement biologique est considéré comme suspect ou simplement encombrant.

Savent-ils jusqu'où ils vont lorsqu'ils nous disent que nos émotions n'ont aucune raison d'être? Prends ton bonbon, tu n'as aucune raison de te sentir comme ça.

Similarité entre les médicaments et les drogues illégales

D'ailleurs, tant que les patients consultent leurs médecins et tant que ces derniers leur prescrivent des substances médicamenteuses, tout semble bien aller. Qu'importe si des millions de personnes deviennent dépendantes du Valium ou du Prozac? Qu'importe si la promotion effrénée de substances médicamenteuses de même nature que des drogues illégales coexiste avec une violente répression de ces drogues? Qu'importe si une substance, comme par exemple le méthylphénidate (Ritalin), est administrée à long terme à des milliers de jeunes enfants troublés ou turbulents alors même qu'elle est condamnée à cause de ses effets addictifs et à cause du danger qu'elle représente pour la santé? Qu'importe si des milliers de personnes souffrent d'atteintes neurologiques souvent irréversibles après avoir pris des neuroleptiques? Après tout, ne s'agit-il pas de médicaments approuvés? Les autorités médicales et gouvernementales ne sont-elles pas là pour nous protéger? Qui oserait en savoir davantage sur ces substances que ces autorités qui nous répètent constamment qu'elles ont nos intérêts à cœur?

Quand j'avais 17 ans, je suis allé voir mon père pour lui dire que je sentais le besoin de parler à quelqu'un. Il m'a emmené chez le psychiatre qui m'a fait enfermer et donner des médicaments puissants et abrutissants. Aujourd'hui, 24 ans plus tard, je souffre de troubles sérieux et irréversibles à cause des effets secondaires de ces médicaments:

je fais de la dyskinésie tardive et je suis incapable de contrôler mes mouvements. Chose curieuse, depuis 24 ans, personne ne m'a encore parlé.

POUR METTRE FIN AU MONOPOLE DE L'INFORMATION

En fait, ceux qui prescrivent les médicaments psychotropes ou qui profitent directement de leur utilisation ont gardé jusqu'à présent le monopole de l'information sur ces substances. Parce que la profession médicale détient le privilège de prescrire ces médicaments, on a présumé que ses membres, les médecins, étaient ceux qui en savaient le plus sur ces substances, et certainement ceux qui en savaient le plus sur leur bonne utilisation.

Mais tout le monde ne partage pas cette idée. À notre avis, qui est celui d'observateurs critiques du système de santé mentale, d'usagers ou d'ex-usagers de services de ce système et d'intervenants auprès de personnes troublées, il semble plutôt que les abus de pouvoir et les erreurs de prescription en psychiatrie mettent en doute la vérité scientifique et l'autorité morale que cette discipline prétend détenir. En outre, les conflits d'intérêts mis en évidence par l'énorme influence exercée par les compagnies pharmaceutiques sur la profession et sur la recherche médicale, par l'intermédiaire d'innombrables activités de promotion et de soutien direct ou indirect, ne se traduisent pas nécessairement en bénéfices accrus pour les patients ni, à la longue, pour la société[2].

Avoir des informations sur les médicaments, c'est impossible. En aucun cas on ne te dit pourquoi on te donne ceci ou cela.

Il y a maintenant place pour une information différente sur les médicaments psychiatriques, une information objective qui tienne compte d'avertissements fondés. Car il nous semble que c'est de cela dont le «consommateur» est particulièrement privé, face à un expert qui se cantonne derrière son expertise, mais qui, dépassé par les changements technologiques résultant d'une révolution qu'il a accueillie à bras ouverts, est de moins en moins capable de rendre compte de son comportement professionnel.

---

2. Wortis, J. et A. Stone. «Editorial: Addiction to drug companies», *Biological psychiatry, 32,* 1992, p. 847-849.

LES ERREURS DE PRESCRIPTION EN PSYCHIATRIE

En 1990, la revue *Hospital and community psychiatry* a publié un article qui explique éloquemment pourquoi le guide que vous tenez entre vos mains a été produit. Cet article porte sur les erreurs fréquentes de prescription en psychiatrie[3]. L'auteure, Betty Blaska, a une connaissance intime de ces erreurs puisqu'elle est elle-même une ex-patiente psychiatrique. Elle s'est documentée sur plusieurs problèmes, entre autres sur celui de la prescription erronée de substances médicamenteuses faite à partir de mauvais diagnostics ainsi que sur ceux de la prescription de doses excessives, de la prescription simultanée de nombreux médicaments et de la sous-estimation des effets secondaires par le prescripteur. Elle a de plus recueilli des données sur le refus d'utiliser l'expertise du consommateur, sur la tendance à décourager l'éducation du consommateur et, finalement, sur la tendance à centrer la relation d'aide, le véritable outil thérapeutique, sur la simple ordonnance. Nous pourrions ajouter à cette liste d'autres erreurs: le refus fréquent d'informer les patients des risques des traitements qu'ils entreprennent et le recours à la mystification et à la coercition pour s'assurer de la prise de psychotropes.

DES ABUS QUI PEUVENT AVOIR DE GRAVES RÉPERCUSSIONS

Comme les nombreux témoignages que nous avons recueillis lors de la préparation de ce guide le démontrent, les pratiques et les erreurs dont nous parlons ne sont pas abstraites: elles ont souvent des conséquences néfastes, allant parfois même jusqu'à causer la mort. À cet égard, le cas de M. Atif Naek est tristement instructif. M. Naek, hospitalisé en psychiatrie à l'hôpital Jean-Talon de Montréal à la suite d'une ordonnance pour cure fermée, est décédé dans ce même hôpital quelques semaines plus tard, en janvier 1993, à cause d'un surdosage de pimozide (Orap), un neuroleptique. Le médecin traitant avait prescrit à M. Naek une dose de ce neuroleptique quatre fois plus forte que la dose maximale indiquée par le fabricant, sans vérifier ses réactions, et lui avait en plus prescrit trois autres médicaments psychiatriques, dont un autre neuroleptique. L'enquête du coroner a constaté ces faits. Néanmoins, à notre connaissance, personne n'a encore été tenu pour responsable de cet acte. Aucune critique officielle n'a été émise au sujet de ces pratiques de prescription scandaleuses

---

3. Blaska, B. «The myriad medication mistakes in psychiatry: a consumer's view», *Hospital and community psychiatry, 41,* 1990, p. 993-998.

qui vont à l'encontre de toutes les recommandations officielles et officieuses. Au contraire, le rapport du coroner a justifié ce surdosage, sous prétexte qu'il existe des patients nécessitant des «mégadoses» de neuroleptiques[4]! Au lieu de remettre en question les pratiques qui ne servent pas les intérêts des patients, au lieu d'examiner de façon critique les idées présumées scientifiques qui justifient ce genre d'empoisonnement, on préfère déplorer un autre malheureux accident, attribué aux faiblesses de la... victime.

Est-ce que la psychiatrie a perdu son sens critique? Les psychiatres ne devraient-ils pas essayer de comprendre avant de juger et de toujours vouloir nous guérir le plus rapidement possible?

Cet état de choses ne changera pas du jour au lendemain. Entretemps, les usagers des services de santé mentale, de même que leurs familles et de nombreux intervenants ou personnes concernées, ont besoin d'informations sur les médicaments, des informations livrées par des personnes qui prennent réellement leurs intérêts à cœur et qui n'ont rien à gagner de la prescription de psychotropes.

La gloire éphémère des médicaments miracles

Il est indéniable que les médicaments psychiatriques peuvent aider à pallier certaines difficultés et que beaucoup de gens ne peuvent affronter les défis de la vie quotidienne sans ce soutien. Il est également vrai que nous sommes au seuil d'une époque où les innovations technologiques dans ce domaine vont faire déferler sur nous une avalanche de molécules miracles qui promettront à tous, jeunes et vieux, hommes et femmes, sérénité spirituelle et adaptation sociale. Cependant, un bref regard sur l'histoire suffit à nous avertir qu'un tel mouvement, lié aux normes et aux valeurs propres à chaque culture, ne comporte pas que des retombées positives. Combien de traitements miracles pour la détresse psychologique ont été introduits et loués par les experts et les élites avant d'être abandonnés, mais pas avant d'avoir produit leurs ravages[5]? Et toujours, les personnes psychiatrisées se sont retrouvées systématiquement démunies, sans informations objectives, sans pouvoir, avec peu de choix, alors

4. Nolet, L. *Rapport d'investigation du coroner,* 15 juin 1993.
5. Valenstein, E. *Great and desperate cures: The history of radical treatments for mental illness,* New York, Basic Books, 1986.

que c'était pourtant elles qui subissaient toutes les conséquences néfastes de ces égarements scientifiques.

Ils donnent une multitude de médicaments. Quatre, cinq ou six sortes. C'est exagéré. J'ai l'impression qu'ils prennent les individus pour des cobayes. Ce n'est pas une façon de guérir une personne.

Redonner de la dignité aux personnes qui ont besoin d'aide

De nombreux facteurs nous ont encouragés à rédiger ce guide critique destiné à tous ceux qui, de près ou de loin, pourraient un jour envisager de prendre ou de cesser de prendre des médicaments psychotropes. Ces facteurs sont la disparition des frontières distinctes entre les professionnels de la santé mentale, le fait que les usagers ne consultent pas toujours les personnes appropriées pour les aider à résoudre leurs problèmes, le fait que l'utilisation des médicaments psychotropes est extrêmement répandue et le fait que les effets de tels médicaments intéressent grand nombre de ceux qui auront un jour à consulter un intervenant en santé mentale. Nous avons aussi constaté qu'il existait un besoin urgent de présenter de manière détaillée les informations essentielles relatives au sevrage des médicaments psychotropes. Ces informations sont, en effet, très demandées, mais de nombreux médecins ne les possèdent pas.

Les usagers ont besoin d'informations objectives et détaillées, données dans un langage accessible, dénué de la mystification et du paternalisme qui caractérisent les versions officielles actuellement offertes dans ce domaine. C'est à ce besoin que nous avons voulu répondre en rédigeant ce guide des médicaments psychotropes, tout en étant conscients que le résultat de notre travail ne représenterait qu'un pas vers le respect des droits et de la dignité des personnes qui souffrent et qui réclament de l'aide.

Moi, je suis en conflit avec les médecins, mais pas entièrement. C'est parce que je tiens mon bout. Je pense que, dans le fond, ils aiment ça. Le dernier médecin que j'ai vu m'a dit que si tous les patients étaient aussi attentifs aux effets des médicaments, il aurait moins de difficultés à savoir ce que les médicaments font aux patients. Mais d'autres médecins sont insultés quand on leur dit que tel médicament fait tel effet. L'un d'entre eux m'a dit: «C'est moi qui prescris les médicaments et c'est vous qui les prenez.»

CLASSIFICATION DES MÉDICAMENTS DE L'ÂME (NOMS COMMERCIAUX)

LES ANTIDÉPRESSEURS

Anafranil
Apo-Amitriptyline
Apo-Imipramine
Apo-Trimip
Asendin
Aventyl
Desyrel
Effexor
Elavil
Etrafon*
Ludiomil
Luvox
Manerix
Nardil
Norpramin
Novo-Doxepin
Novo-Trimipramine
Parnate
Paxil
Pertofrane
PMS-Levazine
Prozac
Rhotrimine
Serzone
Sinequan
Surmontil
Triadapin
Triavil
Tofranil
Triptil
Zoloft

LE LITHIUM ET LES AUTRES RÉGULATEURS DE L'HUMEUR

Apo-Carbamazepine
Carbolith
Depakene
Duralith
Lithane
Novo-Carbamaz
Tegretol

LES NEUROLEPTIQUES

Apo-Fluphenazine
Apo-Haloperidol
Apo-Perphenazine
Apo-Thioridazine
Apo-Trifluoperazine
Clozaril
Elavil Plus
Etrafon*
Fluanxol
Haldol
Imap
Inapsine
Largactil
Loxapac
Majeptil
Mellaril
Modecate
Moditen
Navane
Neuleptil
Novo-Peridol
Novo-Reserpine
Nozinan
Orap

* *Ce médicament contient à la fois un antidépresseur et un neuroleptique.*

CLASSIFICATION DES MÉDICAMENTS DE L'ÂME (NOMS COMMERCIAUX) (SUITE)

LES NEUROLEPTIQUES (SUITE)

Piportil
PMS-Fluphenazine
PMS-Haloperidol
PMS-Levazine
PMS-Prochlorperazine
Risperdal
Serentil
Serpatil
Stelazine
Stelabid
Stemetil
Triavil
Trilafon

LES ANTIPARKINSONIENS

Akineton
Apo-Benztropine
Apo-Trihex
Artane
Benadryl
Cogentin
Disipal
Eldepryl
Kemadrin
Larodopa
Parlodel
Parsitan
Permax
PMS-Amantadine
PMS-Benztropine
PMS-Procyclidine
PMS-Trihexyphenidyle
Procyclid
Sinemet
Symmetrel

LE RITALIN ET LES STIMULANTS DU SYSTÈME NERVEUX CENTRAL

Cylert
Dexedrine
Fastin
PMS-Methylphenidate
Pondéral
Sanorex
Ritalin
Tenuate

LES TRANQUILLISANTS ET LES SOMNIFÈRES

Amytal
Amytal Sodique
Apo-Alpraz
Apo-Chlordiazepoxide
Apo-Clorazepate
Apo-Diazepam
Apo-Flurazepam
Apo-Lorazepam
Apo-Meprobamate
Apo-Metropol
Apo-Oxazepam
Apo-Pindol
Apo-Propanolol
Apo-Triazo
Atarax

CLASSIFICATION DES MÉDICAMENTS DE L'ÂME (NOMS COMMERCIAUX) (SUITE)

LES TRANQUILLISANTS ET LES SOMNIFÈRES (SUITE)

Ativan	Multipax	PMS-Diphenhydramine
Benadryl	Nembutal	PMS-Hydroxyzine
Betagan	Novamobarb	PMS-Propanolol
Betaloc	Nova-Rectal	Restoril
Betoptic	Novo-Alpraz	Rhotral
Brevibloc	Novo-Colpate	Rivotril
BuSpar	Novo-Hydroxyzin	Seconal Sodique
Butisol Sodium	Novo-Lorazem	Sectral
Caladryl	Novo-Metropol	Serax
Corzide	Novo-Pindol	Sleep-Eze
Diazemuls	Novo-Pentobarb	Solium
Equanil	Novo-Secobarb	Soma
Gen-Triazolam	Novo-Triolam	Syn-Pindolol
Halcion	Nu-Alpraz	Tenoretic
Imovane	Nu-Loraz	Timolide
Inderal	Nu-Metop	Trandate
Lectopam	Nu-Triazo	Tranxene
Librium	Nytol	Tuinal
Loftran	Phenaphen	Valium
Lopresor	Phenobarbital	Visken
Mogadon	PMS-Chloral Hydrate	Vivol
Monitan	PMS-Diazepam	Xanax

Les antidépresseurs[1]

1. Céline Cyr est coauteur de ce chapitre.

MISE EN GARDE

Il est dangereux de commencer à prendre ou d'arrêter de prendre des antidépresseurs, ou encore de diminuer les doses de ces substances, sans l'avis ou la supervision d'un professionnel de la santé qualifié. Il est aussi dangereux d'entreprendre un sevrage sans avoir mis en application les recommandations formulées, à la fin de ce livre, dans le chapitre sur le sevrage.

La classe des médicaments qu'on appelle les antidépresseurs regroupe trois catégories de substances. La première catégorie comprend les antidépresseurs IMAO, peu utilisés aujourd'hui à cause de leur toxicité. La deuxième catégorie comprend les antidépresseurs tricycliques et hétérocycliques, dont l'usage est répandu mais dont l'utilité est remise en cause parce qu'ils produisent de trop nombreux effets secondaires. Enfin, la troisième catégorie comprend de nouvelles substances qui ont été lancées sur le marché au cours des dernières années, les antidépresseurs ISRS, dont le Prozac fait partie. Comparativement à leurs prédécesseurs, ces antidépresseurs sont moins toxiques à fortes doses, plus faciles à prescrire en doses standard et comportent des effets stimulants. Leurs effets à long terme sont cependant inconnus.

NOMS COMMERCIAUX DES MÉDICAMENTS COMPRIS DANS LA CLASSE DES ANTIDÉPRESSEURS

Les antidépresseurs tricycliques et hétérocycliques

Anafranil
Apo-Amitriptyline
Apo-Imipramine
Apo-Trimip
Asendin
Aventyl
Desyrel
Elavil
Etrafon
Ludiomil
Norpramin
Novo-Doxepin
Novo-Trimipramine
Pertofrane
PMS-Levazine
Rhotrimine
Sinequan
Surmontil
Triadapin
Triavil
Tofranil
Triptil

Les antidépresseurs ISRS

Luvox
Paxil
Prozac
Zoloft

Les antidépresseurs IMAO

Manerix
Nardil
Parnate

Les tout derniers antidépresseurs

Effexor
Serzone

CE QU'IL EST IMPORTANT DE SAVOIR

Depuis l'arrivée fulgurante du Prozac sur le marché, on n'a jamais autant parlé d'antidépresseurs et de dépression. La dépression est souvent décrite comme une maladie physique provoquée par un déséquilibre biochimique. Quant aux antidépresseurs, surtout les derniers arrivés comme le Prozac, ils sont présentés comme des remèdes miracles indispensables.

On nous présente moins souvent l'autre côté de la médaille, ce côté que décrivent pourtant la majorité des recherches scientifiques. Ces recherches montrent clairement que les théories biologiques de la dépression n'ont toujours pas été prouvées. Certes, la dépression est parfois provoquée par des médicaments et des dérèglements hormonaux, mais en ce cas elle disparaît quand on applique les mesures appropriées. Par contre, on sait avec certitude que la dépression courante a des causes sociales et émotionnelles. On a en effet démontré que la dépression constitue, chez les animaux autant que chez les humains, une réponse à la perte de liberté, d'affection et de pouvoir sur le milieu: quand nous voyons des millions de gens déprimés, nous ne constatons pas les ravages d'une maladie, nous sommes témoins d'un malaise psychologique et spirituel grave.

> *J'ai pris conscience que les médicaments ont été ma façon de tuer la douleur, quelle qu'elle soit et quelles que soient ses origines. Bien plus, ils m'enlevaient mon impuissance face à la douleur. Le processus de dépendance s'est installé durant cette période.*

Par ailleurs, peu de gens se rendent compte que les antidépresseurs sont probablement les médicaments psychiatriques les moins efficaces qui soient. Quand on compare l'efficacité des antidépresseurs à celle des placebos, c'est-à-dire à ces pilules-bonbons qui ne contiennent aucun ingrédient actif et que les patients prennent en croyant qu'il s'agit de médicaments, il est souvent impossible de démontrer la supériorité des antidépresseurs sur les placebos pour venir à bout de la dépression. L'efficacité des antidépresseurs n'est pas non plus vraiment supérieure à celle des thérapies psychologiques et sociales qui peuvent être entreprises pour traiter la dépression. Qui plus est, aucun antidépresseur ne présente un profil d'efficacité supérieur à un autre. Autrement dit, malgré l'engouement extraordinaire du public pour le Prozac et pour des substances similaires, ces médicaments ne sont aucunement supérieurs aux autres substances utilisées pour traiter la dépression. Force est de conclure que la popularité de ces nouveaux antidépresseurs s'explique par d'autres facteurs. Nous reviendrons plus tard sur ce point.

Pour surmonter une dépression, il existe une foule de solutions pratiques et efficaces autres que les médicaments. La facilité d'accès des antidépresseurs et les discours mystifiants et simplistes sur les causes biologiques de la dépression ne devraient pas servir à faire oublier cette réalité.

HISTORIQUE

Il y a 40 ans, on disposait d'un nombre très restreint de substances pour modifier les symptômes des troubles mentaux: on utilisait les stimulants pour réveiller et tonifier les patients déprimés; pour calmer les patients agités, on avait recours aux barbituriques. C'est une série d'observations, faites au milieu des années 1950, qui a marqué le début de l'invasion des antidépresseurs dans la vie de tous les jours. À cette époque, on avait remarqué que l'isoniazide et l'iproniazide, deux médicaments réservés au traitement de la tuberculose, semblaient avoir un effet euphorisant sur certaines personnes. Peu de temps après, l'imipramine (Tofranil), utilisée à l'origine comme neuroleptique pour venir à bout de l'agitation extrême, devint la première substance à recevoir le nom d'antidépresseur.

Stimulés par ces premières découvertes, les chercheurs mirent au point, vers la fin des années 1950, plusieurs substances similaires qui ont été regroupées dans la famille des antidépresseurs tricycliques et hétérocycliques, ainsi nommés à cause de leur structure chimique comportant plusieurs cercles. Pour sa part, l'iproniazide, dont nous avons parlé plus haut et qui n'est plus utilisé de nos jours, devint le chef de file d'une autre famille d'antidépresseurs: les inhibiteurs de monoamine oxidase (IMAO). Ces présumés antidépresseurs ont reçu ce nom parce qu'ils modifient l'action d'une enzyme capable de décomposer plusieurs substances contribuant à la transmission de l'influx nerveux dans le cerveau. Ces deux familles de médicaments ont dominé la scène des antidépresseurs pendant 20 ans.

À la fin des années 1980, le grand public remarqua l'introduction, faite à grand renfort de publicité, d'une nouvelle famille d'antidépresseurs désignés sous le nom d'inhibiteurs sélectifs du recaptage de la sérotonine (ISRS) ou sous celui d'antidépresseurs sérotoninergiques. La fluoxétine (Prozac), composé populaire et controversé, fait partie de cette dernière famille.

LA DÉPRESSION

La dépression est un état de tristesse, de lassitude, de découragement et de ralentissement physique et mental d'intensité variable par lequel presque tout le monde passe à un moment ou l'autre de sa vie. La dépression constitue un signe, donné par la tête, le corps et le cœur, qu'il est temps de faire quelque chose pour régler ses problèmes. La dépression est un phénomène fréquent puisque de 7 à 12 p. 100 des gens risquent de sombrer, au moins une fois dans leur vie, dans une dépression suffisamment grave pour que leurs activités quotidiennes en soient affectées. En outre, les études et les sondages confirment tous que les femmes sont au moins deux fois plus susceptibles que les hommes de souffrir de symptômes de dépression[2]. Cette situation n'est pas étrangère au fait que les femmes ont, en général, des conditions de vie plus difficiles que les hommes et sont plus touchées qu'eux par la pauvreté, la violence, le manque de contrôle sur l'environnement et la responsabilité d'enfants ou de personnes dépendantes.

Malgré sa fréquence, la dépression n'est pas toujours facile à identifier, car ses manifestations varient en genre et en intensité d'une personne à l'autre. La majorité des personnes déprimées se disent habitées par un sentiment persistant de tristesse ou de désespoir. Elles manquent d'énergie ou se sentent accablées de fatigue. Leurs facultés mentales fonctionnent au ralenti: elles éprouvent des difficultés à se concentrer, à se rappeler des choses ou des événements, à prendre des décisions ou à résoudre des problèmes. Chez certaines personnes cependant, la dépression se traduit plutôt par de l'agitation, de l'anxiété et de l'insomnie.

Le sommeil et l'alimentation sont fréquemment perturbés par la dépression: la plupart des gens déprimés mangent et dorment moins que d'habitude, mais l'inverse se produit aussi. La dépression peut aussi entraîner l'apparition de différents maux physiques et une diminution de l'intérêt sexuel. Elle peut en outre se traduire par une tendance à

---

2. McGrath, E., G. P. Keita, B. R. Strickland et N. F. Russo. *Women and depression: Risk factors and treatment,* Washington, D. C., American Psychological Association, 1990.

s'isoler et à restreindre les rapports avec les autres. Le fait que la personne déprimée ne semble répondre à aucune forme d'encouragement finit généralement par lasser ou exaspérer les membres de son entourage. Cette réaction constitue une épreuve de plus pour la personne déprimée et aggrave la perte d'estime de soi ainsi que les sentiments d'impuissance, de culpabilité, de désarroi et de pessimisme qu'elle éprouve. Les pensées lugubres et désagréables qui s'ensuivent peuvent amener cette personne à songer au suicide, voire à le planifier.

Les pilules agissaient comme un filtre qui diminuait l'intensité de mes souffrances. Cela faussait et atténuait la perception de la réalité. Elles me donnaient l'illusion de maîtriser la situation. Mais j'avais là une arme qui se retournait contre moi et je ne m'en rendais pas compte. Cela m'a pris pas mal de thérapies pour comprendre ce qui se passait.

La dépression emprunte des formes très diverses et n'est pas toujours facile à circonscrire. Mais une chose est certaine: c'est un état pénible et douloureux qui donne une connotation sombre à la vie et qui change du tout au tout la façon de raisonner et de considérer les choses. Notre société, qui valorise avant tout le rendement, nous permet-elle de glisser vers cet autre versant de l'existence? La dépression est-elle un état qu'il faut bannir coûte que coûte dès son apparition? N'y a-t-il pas des circonstances où l'abattement moral est tout simplement inévitable et même normal?

DIVERSES FAÇONS D'EXPLIQUER LA DÉPRESSION

L'EXPLICATION BIOPSYCHIATRIQUE: LE DÉSÉQUILIBRE DES MESSAGERS D'INFLUX NERVEUX

Depuis quelques années, l'industrie pharmaceutique et la profession médicale tendent à faire croire aux gens, à grands coups de publicité, que la dépression est une maladie physique qui se traite à l'aide d'antidépresseurs.

Ils attribuent les symptômes de la dépression à un déséquilibre de différents messagers chimiques d'influx nerveux dans le cerveau. De nos jours, on affirme couramment que la sérotonine joue un rôle majeur dans la dépression et le suicide sous prétexte que des médicaments, comme le Prozac, exerceraient une action sur la transmission de la sérotonine et que cette action aurait un effet positif sur la dépression. Comme pour tous les autres troubles mentaux, les tenants de la psychiatrie biologique expriment souvent leur espoir de prouver que la dépression a une origine génétique et que l'on pourra un jour la supprimer. Mais, comme il n'a pas encore été possible d'expliquer la dépression par un fondement biologique, les partisans de ces théories ont dû se rabattre sur un modèle qui accorde aussi une certaine place aux déficiences de l'environnement social et de la famille dans l'apparition de la dépression.

Les explications psychologiques: les conflits inconscients et les erreurs de raisonnement

Pour leur part, les modèles utilisés en psychologie pour expliquer la dépression mettent l'accent sur les idées et les émotions associées à cet état. Freud avait d'abord souligné les ressemblances qui existent entre le comportement de la personne en deuil et celui de la personne déprimée, qui éprouvent, toutes deux, de la tristesse et des sentiments de perte et de culpabilité. Plus tard, les freudiens ont supposé, d'une part, qu'il y avait un lien entre la colère inconsciente refoulée et les sentiments de culpabilité que provoque cette colère et, d'autre part, que cette interaction était à l'origine des dépressions. Certains ont étoffé cette théorie en insistant sur le rôle que pouvait jouer la perte de l'affection de l'être aimé dans la diminution de l'estime de soi, tandis que d'autres ont attribué la dépression à une carence affective qui remonterait à l'enfance et qui referait surface à la suite d'une perte affective importante subie plus tard dans la vie.

C'est en analysant les paroles et les préoccupations de gens déprimés qu'Aaron Beck a élaboré la théorie cognitive de la dépression. Suivant cette théorie, certaines personnes utiliseraient des raisonnements inadaptés ou erronés qui favoriseraient le déclenchement de la dépression. Ces personnes auraient tendance à se sentir responsables de leurs malheurs tout en étant incapables de se rendre compte qu'elles pourraient jouer un rôle en vue d'assurer leur propre succès ou leur propre bonheur. C'est cette constatation qui a amené Beck à appuyer sa démarche thérapeutique, communément appelée thérapie cognitive, sur la modification des idées négatives.

Un autre chercheur, Martin Seligman, a proposé un autre modèle d'explication particulièrement bien reçu, connu sous le nom de «modèle de l'impuissance apprise» *(learned helplessness)*. Selon Seligman, certaines personnes réalisent, au cours de leur existence, qu'elles n'ont pas le contrôle de leur vie et qu'elles n'ont qu'un pouvoir très réduit sur les bouleversements et les malheurs qui les affectent. Convaincues de leur impuissance, elles en arriveraient à la résignation, à la passivité et à la perte d'espoir, bref, à la dépression. Cette théorie a été modifiée par la suite. On affirme aujourd'hui que ce n'est pas simplement le degré de contrôle sur leur environnement qui distingue les personnes déprimées de celles qui ne le sont pas, mais leur façon de percevoir cet état de choses. En résumé, les personnes qui se considèrent principalement responsables de leurs malheurs ont tendance à être déprimées.

L'EXPLICATION SOCIOLOGIQUE: LE MANQUE DE POUVOIR

Lorsqu'on examine la vie des personnes déprimées, on découvre qu'elle est parsemée en permanence de situations génératrices de blessures et de découragement. Selon le modèle d'explication sociologique, une dépression ne se déclenche pas et ne se déroule pas dans le vide. Un très grand nombre de recherches permettent d'affirmer que c'est dans des contextes socio-économiques bien précis qu'on retrouve les personnes déprimées.

Par exemple, ce sont les femmes qui sont exposées au plus grand nombre de facteurs de risque de dépression. Mentionnons quelques-uns de ces facteurs, parmi tant d'autres: un conjoint à qui on ne peut pas se confier, l'appartenance à la classe ouvrière, la responsabilité d'enfants et le fait de ne pas avoir d'emploi. En ajoutant à ces facteurs d'autres pertes affectives et une mauvaise estime de soi, nous obtenons une recette de dépression presque infaillible[3]. Les chercheurs américains John Mirowsky et Catherine Ross partagent cette opinion: ils affirment catégoriquement que les principaux facteurs à l'origine de la dépression sont le fait d'être de sexe féminin, la séparation ou le veuvage, le manque d'éducation et la faiblesse des revenus[4]. Au cours des dernières années, on a également commencé à reconnaître que les abus physiques et sexuels sur les enfants constituaient également des facteurs

---

3. Brown, G. W. et T. Harris. *Social origins of depression,* Londres, Tavistock, 1978, p. 236-265.

4. Mirowsky J. et C. Ross. *Social causes of psychological distress,* Chicago, Aldine de Gruyter, 1989, p. 84.

environnementaux qui avaient une influence importante sur le déclenchement de dépressions ultérieures.

J'ai été hospitalisée parce que je faisais une dépression et on a voulu me bourrer de pilules. Je leur ai dit: «C'est une blague! Je ne veux pas de médicaments, je veux des conseils.» En réalité, la psychiatrie, c'est pas une bonne place pour quelqu'un qui veut s'en sortir.

LES DÉPRESSIONS LIÉES À DES PROBLÈMES PHYSIQUES

LES MALADIES PHYSIQUES

Avant qu'une personne entreprenne un traitement pour sa dépression, il est essentiel qu'elle subisse un examen médical complet en vue de s'assurer qu'une maladie ou sa condition physique n'est pas à l'origine de sa dépression. En effet, les maladies et les facteurs que voici sont souvent associés à des états dépressifs:

- les maladies reliées au système endocrinien, par exemple quand la glande thyroïde ne fonctionne pas correctement;
- le syndrome de Cushing, la maladie d'Addison et le diabète;
- les infections comme la mononucléose, la tuberculose, la pneumonie, l'hépatite d'origine virale et la syphilis;
- le sida et les autres maladies du système immunitaire;
- les maladies neurologiques, comme la maladie d'Alzheimer et les autres démences, les accidents cérébrovasculaires, la maladie de Parkinson, la chorée de Huntington, l'épilepsie, les tumeurs intracrâniennes et autres traumatismes crâniens;
- certains types de cancers, le lupus, l'arthrite rhumatoïde et les maladies dégénératives comme la sclérose en plaques;
- l'asthme, l'anémie pernicieuse et la colite ulcéreuse;
- certains troubles du sommeil;
- les menstruations et l'état physique durant la période qui suit l'accouchement (post-partum);
- certaines déficiences nutritionnelles, comme par exemple un manque de vitamine C ou B_{12}, de niacine, de thiamine ou de folate;
- certains régimes amaigrissants radicaux.

Le médecin m'a dit, après m'avoir fait passer un examen médical complet, que j'étais dépressive parce que ma glande thyroïde fonctionnait mal.

LES SUBSTANCES ET LES MÉDICAMENTS

La prise de divers médicaments ou substances, y compris de médicaments censés traiter les troubles mentaux, peut également être à l'origine d'une dépression. Il en est ainsi de la prise des produits suivants:
- l'alcool en quantité abusive;
- les somnifères et les tranquillisants, ainsi que le sevrage de ces produits;
- les neuroleptiques;
- les anticonvulsivants et certains antiparkinsoniens;
- certains anti-inflammatoires;
- les médicaments utilisés pour abaisser la tension et pour traiter l'arythmie cardiaque;
- les stéroïdes;
- les contraceptifs oraux;
- les suppléments pour la glande thyroïde;
- les agents antimicrobiens;
- les traitements de chimiothérapie contre le cancer;
- certains médicaments utilisés dans le traitement de l'alcoolisme (Antabuse);
- les stimulants illégaux, comme la cocaïne.

Par ailleurs, une exposition au mercure, au thallium ou aux insecticides peut elle aussi causer une dépression.

LES ANTIDÉPRESSEURS SONT-ILS VRAIMENT EFFICACES?

Comme l'ont démontré de nombreuses recherches, les antidépresseurs ne s'avèrent pas particulièrement efficaces. Aucun d'eux n'est, d'ailleurs, plus efficace que les autres. Mis à part leurs profils d'effets indésirables, la seule chose qui différencie les antidépresseurs, c'est que certains, comme l'amitriptiline (Elavil, Endep) ou la doxépine (Sinequan, Triadapin), ont un effet sédatif alors que d'autres, comme la fluoxétine (Prozac) ou la paroxétine (Paxil), ont un effet stimulant.

Tests d'efficacité des antidépresseurs

Lorsqu'on veut connaître l'efficacité d'un produit, que ce soit un médicament ou un détersif, il faut le comparer à un autre. Généralement, pour tester des médicaments, on les compare à un placebo, qui est une pilule identique à celle du médicament donné, sauf que la substance qu'elle contient n'est pas active: c'est une pilule-bonbon jugée sans effet. D'habitude, quand on fait une étude d'efficacité des médicaments, les personnes prenant les pilules testées et les chercheurs évaluant leurs réactions ignorent tous qui reçoit les placebos et qui reçoit le médicament testé. Cette méthode permet de s'assurer que les effets observés sont réellement dus à la substance testée et non aux attentes des sujets.

Il existe des milliers de recherches sur l'efficacité des antidépresseurs. Seymour Fischer et Roger Greenberg, de l'Upstate Health Center de Syracuse, dans l'État de New York, ont évalué une bonne partie de ces recherches. En un premier temps, ils ont analysé les résultats de recherches effectuées entre 1958 et 1979 qui portaient sur des milliers de participants[5]. Les résultats sont peu flatteurs pour les antidépresseurs. En effet, il ressort de toutes ces recherches que, même si un tiers des participants avaient vu leur état s'améliorer après avoir pris des antidépresseurs, un nombre égal de participants s'étaient sentis mieux en ne prenant que des pilules-bonbons. Quant au reste des sujets, ils n'avaient constaté aucune amélioration de leur état. Bref, la grande majorité des personnes n'avaient tiré aucun bénéfice des antidépresseurs. De plus, on peut se demander jusqu'à quel point le succès obtenu par les antidépresseurs auprès du tiers des participants est attribuable à l'effet placebo, ou encore si ces gens ne se sont pas sentis mieux uniquement parce qu'ils croyaient que le médicament était efficace.

En fait, comment savoir si un placebo est vraiment un placebo? Cette question est importante, car les participants à ces recherches découvrent souvent la véritable nature de la pilule qu'ils reçoivent, c'est-à-dire si elle est une substance active ou inerte, parce que le placebo ne produit pas d'effets secondaires comme la substance active. Les participants à qui on

---

5. Greenberg, R. P. et S. Fischer. «Examining antidepressant effectiveness: findings, ambiguities and some vexing puzzles», dans S. Fischer et R. Greenberg, *The limits of biological treatments for psychological distress: Comparisons with psychotherapy and placebo*, Hillsdale, New Jersey, Erlbaum, 1989.

distribue le «véritable» antidépresseur ressentent divers effets secondaires et savent ainsi qu'ils consomment une substance active. Ils s'attendent donc, en contrepartie, à des effets bénéfiques.

Par la suite, Greenberg et ses collègues ont entrepris une deuxième étude sur l'efficacité des antidépresseurs pour analyser, cette fois-ci, des recherches faites entre 1980 et 1989[6]. Ils ont retenu les recherches dans lesquelles on comparait deux antidépresseurs, un ancien et un nouveau, à un placebo. Là encore, les résultats ne penchent pas en faveur des antidépresseurs. Dans le meilleur des cas, Greenberg et ses collègues ont pu constater que les antidépresseurs sont à peine plus efficaces que les placebos. Mais quand, dans les recherches analysées, les chercheurs avaient utilisé des placebos actifs, c'est-à-dire des placebos qui produisaient des effets secondaires plausibles (bouche sèche et transpiration) sans posséder de pouvoir thérapeutique, le taux d'efficacité des antidépresseurs tombait[7]. De surcroît, lorsque les patients eux-mêmes, et non les chercheurs, avaient jugé les effets des substances ingérées, le taux d'efficacité chutait encore plus.

Pourtant, dans plusieurs manuels de psychiatrie, on prétend que les taux d'efficacité des antidépresseurs sont bien meilleurs et qu'ils s'élèveraient à 75 p. 100 et même à 80 p. 100 dans certains cas[8]. Vu que les sources d'où sont tirés ces pourcentages ne sont pas mentionnées, il est difficile de faire des commentaires à ce propos. Néanmoins, ces taux ne concordent absolument pas avec les taux observés par Greenberg et ses collègues, qui ont pourtant analysé une quantité considérable de recherches portant sur le sujet.

COMPARAISON DE L'EFFICACITÉ DES ANTIDÉPRESSEURS ET DES PSYCHOTHÉRAPIES

Une autre manière d'évaluer l'efficacité d'un médicament consiste à le comparer à d'autres thérapies utilisées pour traiter le même problème. Fischer et Greenberg, qui ont compilé différentes études comparant dif-

---

6. Greenberg, R. P., R. F. Bornstein, M. D. Greenberg et S. Fischer. «A meta-analysis of antidepressant outcome under "blinder" conditions», *Journal of consulting and clinical psychology, 60,* 1992, p. 664-669.

7. Breggin, P. R. *Toxic psychiatry,* New York, St. Martin's Press, 1991, p. 314.

8. Voir, par exemple, Gay, C. et A. Gérard, *Le guide des tranquillisants,* Paris, Denoël, 1991, p. 97; Yudofsky, S. C., R. E. Hales et T. Ferguson. *What you need to know about psychiatric drugs,* New York, Ballantine Books, 1992, p. 57.

férents traitements, rapportent que les patients déprimés suivis en psychothérapie réussissent à surmonter leur dépression aussi bien, sinon mieux, que les patients qui prennent des médicaments[9]. Par ailleurs, le fait de combiner médicaments et psychothérapie n'augmente pas les chances de mettre fin à la dépression[10].

Je prenais une douzaine de médicaments, dont deux antidépresseurs, deux tranquillisants, trois analgésiques et un somnifère. Le tout m'était prescrit par le même médecin. Ces médicaments ne m'ont pas permis de retrouver ma forme, ni même aidé, au contraire. C'est après une série de tentatives de suicide que j'ai réalisé qu'il fallait que je trouve autre chose. Récemment, je suis retournée en thérapie et je pense que je touche aujourd'hui le fond du problème que je n'ai pas pu voir pendant des années parce que j'étais anesthésiée par les médicaments.

TRAITER LA DÉPRESSION SANS MÉDICAMENTS

La plupart des gens qui souffrent d'une dépression ne consultent pas de professionnels, ce qui n'empêche pas leur dépression de disparaître après plusieurs semaines. Un bon nombre de personnes s'en sortent en utilisant leurs ressources intérieures et en profitant du soutien et de l'encouragement de leurs proches. Cependant, un petit nombre de personnes, atteintes de dépressions intenses, persistantes ou répétitives, réussissent difficilement à s'en sortir seules.

LA DIVERSITÉ DES MOYENS POUR S'EN SORTIR

Pour remonter la pente de la dépression, il existe un nombre infini de moyens. Ces moyens sont efficaces dans la mesure où ils correspondent aux goûts, aux besoins et à la personnalité de celui qui cherche à se sortir de la dépression. Certaines personnes particulièrement autonomes réussissent à se remettre sur pied en utilisant divers moyens simples, comme

9. Greenberg et Fischer (1989), p. 16.

10. Lecompte, C. et L.-G. Castonguay. *Rapprochement et intégration en psychothérapie*, Boucherville, Québec, Gaëtan Morin, 1987; aussi, Greenberg et Fischer (1989), p. 13.

la méditation, la lecture, l'écriture, l'exercice ou le voyage. Certaines autres effectuent des changements dans leur mode de vie, leur emploi du temps ou leurs relations sociales. Ces initiatives donnent fréquemment de bons résultats. Le soutien de la famille et des amis constitue aussi un des meilleurs antidotes contre la dépression.

D'autres personnes encore ont besoin d'une aide extérieure. Cette aide, elles peuvent la trouver auprès de groupes d'entraide, d'organismes communautaires, de communautés thérapeutiques, de centres de crise et de groupes de défense des droits, ainsi que dans des ateliers de croissance personnelle. Les thérapies dites alternatives et les médecines douces offrent également une aide précieuse.

Divers intervenants, tels que les travailleurs sociaux, les psychologues et plusieurs autres thérapeutes accrédités, sont en mesure d'apporter une aide plus formelle. Mais, avant de choisir un thérapeute, il est important de savoir que l'endroit où il pratique influe sur la nature du service qu'il rend. Par exemple, une travailleuse sociale qui exerce dans un organisme communautaire ou en pratique privée est en principe plus détachée du corps médical qu'une praticienne qui reçoit ses clients en milieu hospitalier. En règle générale, le suivi effectué par un médecin ou un psychiatre est associé à la prise de médicaments et, dans les cas graves, aux électrochocs et à l'hospitalisation. Plus on tend vers le modèle biopsychiatrique, plus la prise en charge est grande. L'autonomie et la marge de manœuvre du requérant s'en trouvent réduites d'autant: les autres prennent les commandes à sa place.

L'ÉVENTAIL DES THÉRAPIES

Il existe un très grand éventail de thérapies pour traiter la dépression. La thérapie peut s'adresser à l'individu, au couple, à l'ensemble de la famille, à un groupe ou même au réseau social du requérant. Les thérapies offertes sont fondées sur différentes écoles de pensée. Notre propos n'est pas ici de donner des explications complètes sur les diverses thérapies possibles pour se sortir d'une dépression. Il existe suffisamment d'excellents livres traitant de cette question[11]. Toutefois, nous pensons

11. À ce sujet, on peut consulter deux livres de référence: *Le guide des nouvelles thérapies: les outils de l'espoir,* édité par Marquita Riel et Luc Morissette (Sillery, Québec-Science, 1984) et *The psychotherapy handbook,* de Richie Herinck (New York, New American Library, 1980).

qu'il est important de présenter un aperçu des diverses techniques et méthodes qui ont permis à un bon nombre de personnes de retrouver l'équilibre souhaité, afin de montrer à quel point les solutions peuvent être variées et personnelles. En fait, toutes ces thérapies ont en commun de fournir un fil conducteur auquel la personne déprimée peut se raccrocher pour reprendre pied et retrouver peu à peu l'équilibre.

Avant d'entreprendre une thérapie, il faut examiner de quelle manière celles qui sont proposées s'attachent aux dimensions spirituelles, psychologiques, relationnelles ou corporelles de la dépression. Cette analyse permet de déterminer celle qui convient le mieux à la situation dans laquelle on se trouve. Quelle que soit l'approche thérapeutique choisie, il ne faut pas oublier que l'essentiel en thérapie c'est le lien de confiance qui se tisse entre la personne qui aide et celle qui est aidée. Avant tout, un bon thérapeute doit être respectueux, compréhensif et compatissant. Vous aurez donc raison de vous méfier de tout thérapeute qui ne semble pas manifester l'une ou l'autre de ces qualités. (Voir, à ce sujet, le chapitre sur les mises en garde concernant les thérapies psychosociales.)

Je prenais des antidépresseurs et pourtant je pouvais encore voir combien ma situation était déprimante. Comme ma douleur était engourdie, je n'avais plus aucune motivation pour faire quoi que ce soit afin que cela change et je me sentais condamné à rester ainsi. Cet état était encore plus déprimant que la dépression que j'avais eue à l'origine.

Les techniques de restauration du bien-être corporel

L'insomnie, la tension, l'anxiété, la fatigue ainsi que le manque d'énergie et d'appétit accompagnent souvent la dépression. Différentes thérapies corporelles centrées sur l'amélioration du bien-être corporel peuvent contribuer à soulager ces maux. Le rétablissement du bien-être corporel constitue souvent une démarche préliminaire qui permet, par la suite, au sujet de mieux évaluer les causes de sa dépression.

Parmi ces thérapies de restauration du bien-être corporel, mentionnons les différents types de méditation ou de relaxation (dont certains, comme la méditation transcendantale, le training autogène ou le «biofeedback», sont brièvement décrits dans le chapitre sur les somnifères et les tranquillisants), l'auto-hypnose, le yoga, l'antigymnastique, les différents types de massages, le shiatsu, le taï chi, l'aïkido, l'acupuncture, le Rolfing et la méthode Feldenkrais. Ces thérapies ont le pouvoir de calmer ou de redonner de l'énergie à un sujet malmené, surmené ou épuisé.

Plusieurs études démontrent que l'exercice a une influence positive sur l'humeur dépressive[12]. Certaines personnes se sont même remises de leur dépression en se livrant à un programme d'exercices. En accélérant le rythme cardiaque d'une façon soutenue, l'exercice stimulerait en effet la production de substances analgésiques naturelles, capables à la fois de tranquilliser et de stimuler l'organisme: les endorphines.

L'être humain est à la fois un être biologique, psychologique et social. De ce fait, quand son corps va mieux, son état psychologique s'améliore et quand son esprit est plus équilibré, son corps en reçoit un message positif, et ainsi de suite. À la longue, cette interaction peut contribuer à dissiper une humeur dépressive.

Le processus de rétablissement peut être comparé à une mise au point qui, pour être complète, supposerait aussi une correction des habitudes en matière d'alimentation lorsque celle-ci est malsaine ou déséquilibrée. En ce qui concerne la consommation de drogues, qu'elles soient légales ou illégales, elle influence l'humeur et peut contribuer à la dépression. Dans certains cas, l'usage excessif de drogues constitue une réponse à un état dépressif antérieur. Arrêter de consommer de telles substances permet de déterminer quel rôle elles jouent dans la dépression.

LES THÉRAPIES CENTRÉES SUR L'ESPRIT ET SUR LES RELATIONS AVEC LES AUTRES

Les thérapies cognitives

Aaron Beck et ses collaborateurs se sont intéressés aux processus mentaux qui mènent les personnes déprimées au désespoir et à l'impuissance. Nées de cet intérêt, les thérapies cognitives, très pratiquées de nos jours, visent à réduire les erreurs de raisonnement improductives et négatives. Ce type de thérapies a été adapté pour traiter de nombreuses formes de détresse psychologique[13].

---

12. Boston Women's Health Book Collective. *The new our bodies, ourselves: a book by and for women,* New York, Simon and Schuster, 1992, p. 67.

13. Beck, A. T., A. J. Rush, B. F. Shaw et G. Emery. *Cognitive therapy of depression,* New York, Guilford Press, 1979.

L'approche structurelle et l'intervention féministe

L'approche structurelle consiste à mettre en lumière différents types d'oppression et à en décortiquer les mécanismes afin de trouver les solutions à appliquer à soi-même, à la famille, au réseau social ou à la communauté. C'est toujours dans un contexte social et économique précis qu'une personne souffre du mal de vivre. Comprendre ce contexte peut contribuer à politiser la détresse psychologique, mais aussi à déculpabiliser la personne qui en souffre: elle n'est plus seule responsable de son état.

L'intervention féministe, qui s'inspire de l'approche structurelle, permet de replacer certains problèmes dans un contexte d'oppression des femmes. Elle vise à ce que la femme obtienne plus de pouvoir. Ce mode d'intervention est celui que l'on privilégie dans les centres de femmes et les refuges pour femmes battues. Il est aussi utilisé par de nombreux intervenants œuvrant dans d'autres milieux de pratique.

Ma dépendance envers les médicaments a débuté après une visite chez un omnipraticien, visite si banale que je n'en connais plus la raison. Cet homme a trouvé que j'avais l'air déprimé. Il m'a proposé une thérapie bi-hebdomadaire et... des médicaments: tranquillisants et somnifères, le cocktail habituel servi aux femmes. Comme mon état empirait, il ajoutait de nouveaux médicaments.

Les autres formes de thérapie

Il existe une multitude d'autres formes de thérapies centrées sur l'esprit et les relations avec les autres. En voici quelques-unes.

Le «focusing» est une technique thérapeutique qui favorise l'écoute intérieure. Le fait de se mettre à l'écoute de son corps et de laisser émerger ses sensations et ses émotions permet de découvir le sens de son état dépressif. Cette autothérapie peut être apprivoisée en groupe ou individuellement avec l'aide d'un guide[14].

La thérapie par l'art, qui s'exerce individuellement ou en groupe, permet d'extérioriser les conflits, les tensions et les situations troubles. Il n'y a pas que les mots pour se raconter, il y a aussi le dessin, la peinture et la sculpture. Bien dessiner n'est pas important; il faut tout simplement vouloir utiliser ce moyen.

---

14. Gendlin, E. *Focusing: au centre de soi,* Montréal, Les Éditions du Jour, 1978.

La méthode du journal intime intensif, mise au point par Ira Progoff, permet d'explorer le contexte de l'état dépressif. Il existe en effet plusieurs façons de rédiger un journal intime afin de faciliter l'introspection. Cette autothérapie, qui suppose que l'on aime écrire, s'apprend à l'intérieur d'un groupe, sous la direction d'une personne-ressource. Une fois que l'on maîtrise la technique, on peut appliquer la méthode à sa guise[15].

Les techniques d'interprétation des rêves permettent de comprendre cette partie de soi cachée dans l'ombre qui, de temps en temps, nous envoie un signal. L'exploration de ce côté caché permet d'en savoir plus sur nos inquiétudes, nos peurs et nos aspirations. Les symboles du rêve importent moins que leur interprétation à partir d'une mythologie ou d'une histoire de vie personnelle.

Quant au génogramme, il permet de représenter graphiquement la généalogie familiale et les héritages affectifs. On le réalise seul ou avec l'aide d'une autre personne. Cette méthode constitue souvent un bon point de départ pour la recherche subséquente de ressources adaptées au cheminement personnel[16].

LES CHANGEMENTS SOCIAUX NÉCESSAIRES

Les psychothérapies, tout comme les thérapies sociales, s'intéressent surtout à l'individu et à ses proches. Pourtant, d'autres facteurs, dont l'échelle est beaucoup plus grande, sont susceptibles de nourrir la dépression. Sur le plan économique, mentionnons la pauvreté, le chômage et les conditions de travail difficiles. La discrimination fondée sur le sexe, la race, l'ethnie, l'âge, l'orientation sexuelle et le revenu peut également favoriser la dépression. De même que la violence familiale ou sociale, qui peut rendre les individus vulnérables et craintifs, l'isolement et même, dans certains cas, la télévision.

Les écoles, le système social, l'appareil de justice, les forces policières et le gouvernement, qui font partie de l'environnement social, peuvent aussi créer, aggraver ou entretenir des problèmes sociaux. En règle générale, on rencontre plus de personnes déprimées là où coexistent plusieurs facteurs de risque liés au contexte social global. Dans ces cas-là, la dépression est due à la défaillance de plusieurs systèmes. Pour enrayer les causes

---

15. Progoff, I. *Le journal intime intensif,* Montréal, Les Éditions du Jour, 1984.
16. McGoldrick, M. et R. Gerson. *Genograms in family assessment,* New York, W.W. Norton, 1985.

sociales de la dépression, il importe de s'attaquer aux conditions de vie opprimantes ou déshumanisantes qui engendrent cette dépression.

Comment choisir une forme de thérapie et par où commencer?

Trouver la forme de thérapie appropriée ressemble parfois à une longue expédition: les détours et le piétinement sont fréquents. C'est pourquoi il s'avère souvent nécessaire de bien étudier les possibilités en matière de ressources et de thérapeutes. Consulter une personne qui a exploré elle-même plusieurs options ou un intervenant familiarisé avec diverses formes de thérapies peut faciliter le choix. Néanmoins, c'est en définitive la personne déprimée qui doit choisir la solution correspondant à ses besoins[17].

Mais avant tout, comme nous l'avons dit précédemment, il faut s'assurer qu'on ne souffre pas d'une maladie ou d'une carence en vitamines pouvant engendrer un état dépressif et qu'on ne prend pas de médicaments ou de drogues favorisant la dépression. La consultation médicale s'avère nécessaire à ce stade, mais, lorsqu'on consulte un médecin, la question de savoir si on doit prendre ou ne pas prendre des antidépresseurs peut se présenter assez tôt. Il importe de ne pas perdre de vue que ce genre de décision revient avant tout à la personne déprimée. Une bonne connaissance des effets des antidépresseurs, que ce guide rend possible, permet à cette personne de choisir de prendre ou de ne pas prendre d'antidépresseurs en toute connaissance de cause.

Lorsqu'on choisit de prendre un antidépresseur, il est important de répondre aux questions suivantes. Pour qui est-ce que je décide de prendre ce médicament? Pour mon conjoint? Pour ma famille? Pour mon médecin? Ou pour moi-même?

> *Un peu plus tard, avec beaucoup de soutien, j'ai commencé à prendre moins de médicaments. Mon sevrage a pris trois mois. J'ai eu des périodes difficiles, car je croyais devenir folle par moments. Mais le fait d'être de moins en moins dépressive me servait de compensation.*

---

17. Dans son livre intitulé *La crise du burnout: s'en remettre, c'est refaire sa vie* (Montréal, Stanké, 1993), Diane Bernier fait état du cheminement individuel pour se sortir du burnout. Les principes décrits dans ce livre s'appliquent tout autant à la dépression.

QUE FAIRE EN CAS DE DÉPRESSION?

L'intensité de la dépression détermine les mesures à adopter afin de se remettre. Voici ce qui peut être fait, selon la gravité de la dépression.

QUE FAIRE EN CAS DE DÉPRESSION GRAVE?

Une dépression est dite grave quand elle est particulièrement intense ou quand elle s'accompagne d'un grand nombre de maux physiques. Une dépression grave peut perturber totalement la vie de la personne atteinte et peut nécessiter un arrêt temporaire du travail, des études et des activités domestiques et sociales.

On considère, par exemple, qu'une personne qui, pendant un mois, ne dort que quelques heures par nuit, mange moins de 500 calories par jour, se sent exténuée et pense de plus en plus que seule la mort pourra la délivrer, est sujette à une dépression grave. Cette personne a un urgent besoin d'être aidée. Celle ou celui qui intervient pour l'aider, qu'il s'agisse d'un professionnel ou d'un proche, doit alors mettre l'accent sur un retour graduel du sommeil, de l'appétit, de l'énergie et du goût de vivre. Se mettre à l'écoute des besoins de la personne déprimée est primordial. Le soutien, ainsi que les encouragements, vont de pair avec la recherche de stratégies individuelles pour faciliter le retour aux habitudes de vie antérieures.

Si la personne ne mange pas, il faut lui préparer des repas qu'elle aime et manger avec elle. En ce qui concerne les insomnies, les techniques mentionnées dans le chapitre sur les somnifères et les tranquillisants suffisent habituellement à supprimer les plus récalcitrantes. Au fil du temps, il est nécessaire de rétablir un meilleur équilibre entre le repos et l'effort. La personne doit donc s'autoriser à se reposer et attendre un regain d'énergie avant de reprendre ses activités. Les techniques de restauration du bien-être corporel décrites précédemment peuvent être d'une grande utilité à ce stade-ci, tout comme l'exercice, qui peut simplement consister à faire des promenades à l'extérieur.

Il est important de ménager une personne atteinte d'une dépression grave et de réduire son stress au minimum. Lorsque c'est possible, il est par conséquent recommandé de remettre à plus tard les décisions importantes et, si nécessaire, les soins à apporter aux enfants et de confier les tâches ménagères à une tierce personne. Quand la personne déprimée se sent vidée, incapable de participer à des rencontres sociales, il faut respecter cette incapacité. Au moindre regain d'énergie, elle pourra commencer à explorer les origines de son mal de vivre et penser à aller chercher l'aide nécessaire.

QUE FAIRE QUAND UNE PERSONNE A DES IDÉES SUICIDAIRES?

On associe souvent dépression et suicide. En effet, le découragement et les pertes émotives qui caractérisent la dépression constituent un terrain propice à l'apparition d'idées et de gestes suicidaires[18]. C'est pourquoi, parmi les gens qui se suicident, on retrouve plus de gens déprimés que de gens souffrant de tout autre trouble psychiatrique. Et, ironie du sort, les antidépresseurs tricycliques et hétérocycliques, ceux-là mêmes qui sont censés traiter la dépression, sont fréquemment utilisés pour mettre fin à la vie.

Le suicide devient une option lorsque, la vie quotidienne étant devenue intolérable, on croit qu'on ne pourra jamais s'en sortir. Quant à la dépression, elle amène la personne déprimée à s'interroger sur la mort, sur sa propre mort, perçue comme une libération. Il arrive que le fait de cheminer à travers ce dédale de pensées lugubres aide à trouver une nouvelle raison de vivre. Lorsqu'on n'est pas prêt à faire hospitaliser une personne suicidaire contre son gré, il est possible de faire reculer la frontière de la mort en l'amenant à parler de son désarroi. Parfois, le seul fil qui rattache une personne suicidaire à la vie est le lien qu'elle a avec la personne qui l'écoute. Les gens naturellement doués pour aider les autres peuvent tisser un tel lien avec un sujet suicidaire à condition qu'ils soient vraiment capables de l'écouter parler de sa détresse sans le juger ou le culpabiliser et sans minimiser son désarroi. Il est cependant recommandé de ne pas intervenir seul pour mener à bien cette entreprise, car la personne qui apporte son aide et la personne soutenue ont toutes les deux besoin d'appui. Une fois cette entreprise réussie, il est possible d'aider la personne suicidaire à trouver d'autres solutions que la mort pour régler ses problèmes. Les centres de crise, les centres de prévention du suicide et les hôpitaux, accessibles en tout temps, peuvent être d'une aide précieuse.

QUE FAIRE EN CAS DE DÉPRESSION MODÉRÉE?

Lorsqu'une personne est modérément déprimée, elle n'a généralement pas besoin de quelqu'un pour l'aider dans ses activités quotidiennes. Ses habitudes ne sont pas vraiment perturbées. Elle réussit à travailler, quoique son rendement puisse être moindre. Toutefois, une fois sa journée de travail terminée, elle peut se sentir lasse, vidée,

18. Nolen-Hoeksema, S. *Sex differences in depression,* Stanford, California, Stanford University Press, 1990, p. 35.

anxieuse. Son énergie et sa bonne humeur peuvent revenir temporairement quand les nouvelles sont bonnes, mais disparaissent lorsque surgissent des difficultés. Pour faire une comparaison, on pourrait dire que le réservoir de carburant de la personne qui souffre d'une dépression modérée est rempli au moins au quart tandis que le réservoir d'une personne qui vit une dépression intense ne contient plus que quelques gouttes. La première aura moins à faire pour augmenter son niveau de carburant que la deuxième. Le rôle de la personne qui se porte au secours d'un individu qui souffre d'une dépression modérée consistera surtout à le guider vers des ressources appropriées et à l'encourager dans ses démarches.

Je sais que les médicaments sont là pour anesthésier un vide affectif.

QUE FAIRE QUAND LA DÉPRESSION REVIENT CONSTAMMENT?

Les dépressions répétitives, qu'elles soient graves ou modérées, justifient un examen approfondi des stratégies utilisées par le passé pour tenter de se sortir des torpeurs dépressives. Les questions que voici donneront quelques pistes pour entreprendre cette réflexion personnelle:

- Quelles interventions, ressources et décisions ont-elles été bénéfiques, néfastes ou inutiles?
- Dois-je combiner différents types de thérapies agissant sur le corps et sur l'esprit pour améliorer mon état? Par exemple, j'ai suivi une thérapie individuelle et je suis toujours déprimée. Peut-être faudrait-il qu'il y ait des changements au sein de mon couple ou de ma famille pour que je me sente mieux?
- Est-ce que mon thérapeute, mon médecin, ma psychiatre, ma travailleuse sociale, ma psychologue ou la personne qui m'offre un soutien moral m'aident réellement? Est-ce que je m'adresse aux bonnes personnes-ressources?
- Est-ce que l'antidépresseur ou les autres médicaments censés agir sur mon humeur m'aident, me nuisent, me distraient ou ne changent rien à mon état?
- Est-ce que je poursuis mes démarches jusqu'au bout ou est-ce que je les abandonne dès que ça va un peu mieux?
- Qu'est-ce qui fait que j'abandonne ou que je poursuis ma quête?
- Est-ce que mon entourage me soutient dans mon cheminement?
- Mes responsabilités m'empêchent-elles de m'engager dans un processus de changement?

Il y a un bon moment pour chaque chose: chacun poursuit une démarche lorsqu'il se sent prêt, qu'il a identifié les bonnes ressources ou qu'il sent qu'il a confiance dans la personne qui l'aide. Bonne route! Les cahots n'empêchent pas d'avancer!

Quand la dépression se manifeste à répétition, c'est un signe que les problèmes et les agents de stress sont toujours présents. Deux travailleurs sociaux américains ont mis au point une technique pour y voir plus clair. Ils suggèrent de reconstituer, sur papier, les lignes de temps et de vie qui ont marqué l'existence de la personne constamment déprimée[19]. Cette technique permet d'élaborer un graphique des événements vécus, qu'ils soient positifs ou négatifs, en utilisant les différents âges ou périodes de vie comme points de repères. Cet exercice peut mettre en lumière des liens qui existent entre les humeurs dépressives et les différentes étapes de la vie. Chez certaines personnes, des états dépressifs transitoires sont déclenchés par des incidents quotidiens. Quels sont-ils? Un journal intime pourrait peut-être permettre de les identifier. En outre, l'entourage proche de la personne déprimée peut se remémorer des choses qu'elle avait oubliées ou encore jeter un éclairage nouveau sur une série d'incidents.

LES SUBSTANCES UTILISÉES POUR TRAITER LA DÉPRESSION

LES ANTIDÉPRESSEURS TRICYCLIQUES ET HÉTÉROCYCLIQUES

On appelle antidépresseurs tricycliques les substances dont la structure chimique ressemble de très près à celle des neuroleptiques de la famille des phénothiazines, qui comportent trois anneaux. D'autres substances, dont la structure chimique est variée et que l'on nomme antidépresseurs hétérocycliques, se sont ajoutées à cette famille de produits médicamenteux. En fait, la ressemblance entre les antidépresseurs tricycliques et les neuroleptiques est telle que, jusqu'en 1978, les lecteurs qui consultaient certains ouvrages de pharmacologie pour avoir de l'information sur les effets des antidépresseurs de cette famille étaient tout simplement renvoyés aux chapitres portant sur les neuroleptiques[20]. La

19. Quam, J. K. et N. S. Abramson. «The use of time lines and life lines in work with chronically mentally ill people», *Health and social work, 16,* 1991, p. 27-33.

20. Voir, par exemple, Meyers, F. H., E. Jawetz et A. Goldfien. *Review of medical pharmacology (5e édition)*, Los Altos, California, Lange Medical Publication, 1978, p. 295-297.

structure chimique et l'action de ces antidépresseurs n'ont pas changé depuis, mais ce genre de parallèle n'est mentionné, à notre connaissance, dans aucun manuel psychiatrique récent.

Nom générique	*Nom commercial*
Amitriptyline	Apo-Amitriptyline, Elavil, Etrafon, PMS Levazine, Triavil
Amoxapine	Asendin
Clomipramine	Anafranil
Désipramine	Norpramin, Pertofrane
Doxépine	Novo-Doxepin, Sinequan, Triadapin
Imipramine	Apo-Imipramine, Tofranil
Maprotiline	Ludiomil
Nortriptyline	Aventyl
Protriptyline	Triptil
Trazodone	Desyrel
Trimipramine	Apo-Trimip, Novo-Trimipramine, Surmontil, Rhotrimine

INDICATIONS

Lorsqu'on souffre de dépression, la prise d'antidépresseurs n'est pas nécessaire si on entreprend une autre démarche thérapeutique. La majorité des personnes dépressives ne consultent pas de médecins ou de psychiatres, ne sont pas traitées à l'aide de médicaments et arrivent malgré tout à se remettre de leur dépression au bout de quelques semaines.

Les antidépresseurs tricycliques et hétérocycliques sont, en premier lieu, prescrits pour le traitement de la dépression ou pour la prévention d'épisodes dépressifs récurrents, qu'ils apparaissent seuls ou en combinaison avec d'autres troubles. Les antidépresseurs sont également utilisés pour le traitement des problèmes suivants: troubles de l'alimentation comme l'anorexie et la boulimie, alcoolisme, toxicomanies, troubles obsessionnels-compulsifs, anxiété, attaques de panique, phobies, comportements agressifs, troubles du sommeil et trouble déficitaire de l'attention avec hyperactivité chez les enfants.

En médecine, on relève d'autres utilisations des antidépresseurs tricycliques et hétérocycliques dans des cas de migraines, d'énurésie (incontinence urinaire chez les enfants), de douleurs chroniques et d'hypertension.

Mécanisme d'action et pharmacodynamique

On ignore toujours comment agissent les antidépresseurs. On sait simplement aujourd'hui qu'ils affectent plusieurs messagers d'influx nerveux. Ils produisent donc un large éventail d'effets, ce qui explique la multitude des effets secondaires qui leur sont associés. Depuis les années 1950, on a émis de façon successive diverses hypothèses concernant leur mécanisme d'action.

L'hypothèse des monoamines est populaire depuis une vingtaine d'années. Les monoamines, ce sont quatre substances qui permettent la transmission d'influx nerveux dans le cerveau: la dopamine, l'épinéphrine (aussi appelée adrénaline), la sérotonine et la norépinéphrine (noradrénaline). Selon cette hypothèse, la dépression serait causée par l'insuffisance ou l'excès de l'une ou l'autre de ces substances. Un équilibre approprié serait rétabli en augmentant la concentration de l'une ou l'autre de ces substances au moyen d'antidépresseurs. Les chercheurs accusent surtout la sérotonine et la norépinéphrine de causer la dépression, bien que l'on parle de plus en plus du rôle d'une autre substance transmettrice d'influx nerveux, l'acétylcholine, dans l'apparition de cet état. Pour leur part, d'autres chercheurs qui ont observé les effets des antidépresseurs sur les organes du corps rendent les systèmes endocriniens et le métabolisme responsables de la dépression.

De très nombreux chercheurs, par contre, constatent et affirment que les antidépresseurs ne sont pas vraiment efficaces pour traiter la dépression et qu'ils produisent trop d'effets indésirables. Certains chercheurs pensent même que les personnes qui prennent ces médicaments se rétablissent parfois parce que les effets secondaires de la médication sont si nombreux et si dérangeants qu'ils les distraient et les mobilisent contre leur dépression.

Prescription

Le tableau qui suit indique l'écart des doses habituellement prescrites ainsi que la demi-vie de chacun des antidépresseurs appartenant à la famille des tricycliques et des hétérocycliques. La demi-vie représente le temps nécessaire pour que la moitié de la substance médicamenteuse absorbée quitte le corps. Ces informations peuvent être utiles au moment du sevrage. (Voir le chapitre sur le sevrage à la fin du présent ouvrage.)

Nom	*Écart des doses quotidiennes en mg*	*Demi-vie en heures*
Amitriptyline (Elavil, Etrafon, Triavil, etc.)	75 à 300	10 à 46
Amoxapine (Asendin)	150 à 600	8
Clomipramine (Anafranil)	75 à 300	17 à 28
Désipramine (Norpramin, Pertofrane)	75 à 200	12 à 76
Doxépine (Novo-Doxepin, Sinequan, Triadapin)	75 à 300	8 à 36
Imipramine (Apo-Imipramine, Tofranil)	75 à 300	4 à 34
Maprotiline (Ludiomil)	75 à 300	27 à 58
Nortriptyline (Aventyl)	20 à 150	13 à 88
Protriptyline (Triptil)	15 à 60	54 à 124
Trazodone (Desyrel)	100 à 600	4 à 9
Trimipramine (Surmontil, Rhotrimine, etc.)	100 à 300	7 à 30

CONTRE-INDICATIONS

La prescription d'antidépresseurs tricycliques est peu recommandée pour les personnes souffrant de certains problèmes de cœur, de foie, de reins, de rétention urinaire ainsi que de problèmes oculaires comme le glaucome à angle fermé ou à angle étroit (maladie de l'œil caractérisée par une augmentation de la pression intra-oculaire qui accroît la dureté du globe). Les antidépresseurs tricycliques peuvent également empirer certains problèmes respiratoires. Il faut les utiliser avec une extrême prudence quand on les administre à des personnes sujettes aux convulsions. Les antidépresseurs sont habituellement contre-indiqués pour les personnes dites maniaco-dépressives, car ils risquent souvent de déclencher un épisode de manie. Certains métiers ou activités ne font pas bon ménage avec les hétérocycliques en raison de la somnolence ou des étourdissements qu'ils causent.

Personnes âgées

La prise d'antidépresseurs hétérocycliques chez les sujets âgés ne se fait pas sans difficultés. Comme pour tous les médicaments, les personnes âgées doivent prendre des doses plus faibles que celles données aux adultes d'âge moyen (la moitié, au plus, d'une dose d'adulte) afin de minimiser les effets néfastes de ces substances médicamenteuses.

La confusion, la désorientation et le délire peuvent surgir lorsque les antidépresseurs sont combinés avec d'autres médicaments. Le fait que les personnes âgées consomment plus de médicaments que le reste de la population accentue fortement le risque d'interactions médicamenteuses dangereuses potentielles. L'hypotension qui survient lors d'un changement de position, source fréquente de chutes chez les personnes de cet âge, est souvent liée à des mélanges de médicaments.

Grossesse

Il n'existe pas de consensus concernant la prise d'antidépresseurs durant la grossesse. On conseille d'éviter ces médicaments, au moins durant le premier trimestre de la grossesse. Quand les mères prennent des antidépresseurs tricycliques pendant le troisième trimestre, on constate que les nouveau-nés souffrent de rétention urinaire, un effet fréquent des substances qui modifient la transmission d'acétylcholine dans le cerveau. Le médicament passe dans le lait maternel: les femmes qui prennent des antidépresseurs tricycliques devraient donc s'abstenir d'allaiter. Bref, on conseille à la femme enceinte dépressive de recourir à d'autres moyens que la médication.

Enfants

Plusieurs enfants qui prenaient de la désipramine (Norpramin, Pertofrane) sont morts de façon subite, probablement à cause de la toxicité cardiaque de cette substance. La plupart des spécialistes s'accordent pour dire que tous les antidépresseurs tricycliques sont particulièrement dangereux pour les enfants.

Effets secondaires et toxiques

Les antidépresseurs tricycliques produisent une multitude d'effets secondaires. Ceux-ci dépendent en partie de l'antidépresseur choisi, du dosage, de la durée du traitement ainsi que des réactions de chacun à la substance administrée. Par exemple, le trazodone (Desyrel) est censé ne provoquer l'assèchement de la bouche que dans un cas sur cinquante, tandis que l'amoxapine (Asendin) ou la maprotiline (Ludiomil) produiraient cet effet dans un cas sur trois.

Effets secondaires fréquents

- Sécheresse de la bouche pouvant causer des caries dentaires et des problèmes de gencives;

- somnolence ou sédation excessive, surtout avec l'amitriptyline (Elavil), la doxépine (Sinequan), l'imipramine (Tofranil) et la trimipramine (Surmontil);
- baisse soudaine de la pression sanguine, étourdissements et vertiges lors de changements de position, fréquents avec l'imipramine (Tofranil) et les autres antidépresseurs tricycliques, mais plus rares avec la désipramine (Norpramin, Pertofrane) et la nortriptyline (Aventyl);
- gain de poids, plus prononcé avec l'amitryptiline (Elavil), mais fréquent aussi avec la clomipramine (Anafranil), l'imipramine (Tofranil) et la doxépine (Sinequan);
- vision embrouillée, constipation, sueurs excessives;
- faiblesse, fatigue, tremblements;
- confusion;
- augmentation ou irrégularité du rythme cardiaque, habituellement sans conséquence si la personne ne souffre pas de troubles cardiaques;
- troubles de mémoire à court terme, difficultés de concentration;
- nausées;
- agitation, anxiété;
- troubles sexuels divers;
- coups de soleil marqués à la suite de l'exposition au soleil.

Le médecin voudrait que je me considère comme une victime et que j'accepte de régler mes problèmes avec des médicaments. Mais moi, je n'ai absolument pas l'intention de me comporter comme une victime.

Effets secondaires moins fréquents

- Difficulté à uriner;
- troubles du sommeil, cauchemars;
- éruptions cutanées;
- blocage intestinal;
- sécheresse des yeux;
- goût métallique dans la bouche;
- difficulté d'élocution;
- manque de coordination;
- convulsions, risque très élevé avec la maprotiline (Ludiomil);
- apparition d'un glaucome à angle fermé chez les sujets prédisposés à ce genre de problème;
- perte d'appétit;

- œdème (enflure);
- baisse du nombre de globules blancs;
- troubles reliés au foie;
- déclenchement d'une psychose, d'un épisode de manie ou d'hypomanie;
- production de lait, menstruations irrégulières, surtout avec l'amoxapine (Asendin);
- dyskinésie tardive (mouvements anormaux involontaires du corps, en particulier du visage), surtout associée à l'amoxapine (Asendin), à l'amitriptyline (Elavil) et à l'imipramine (Tofranil).
- mort d'enfants, surtout associée à la désipramine (Norpramin, Pertofrane), en raison de sa toxicité cardiaque.

Risques liés au surdosage

Les antidépresseurs tricycliques sont responsables de la plupart des morts causées par surdosage[21]. Entre autres, la prise de 500 à 1000 mg d'imipramine (Tofranil) peut provoquer une réaction toxique grave pouvant causer la mort. Des doses de 2500 mg et plus sont habituellement fatales. Les autres antidépresseurs tricycliques présentent tous des dangers quand ils sont consommés à trop fortes doses. Ces doses critiques varient d'une substance à l'autre. En quelques minutes, le sujet peut passer de l'état actif au coma et à l'arrêt cardiaque.

Les symptômes reliés au surdosage apparaissent entre une et quatre heures après l'ingestion. Il est impératif de consulter un médecin quand l'un ou l'autre de ces signes apparaissent: troubles respiratoires et cardiaques, agitation, baisse de la tension artérielle, difficulté à parler, forte fièvre, état de confusion, convulsions, désorientation et coma.

Interactions médicamenteuses

Les interactions que peuvent avoir les antidépresseurs tricycliques avec d'autres médicaments sont variées et parfois fatales. Il faut s'assurer que le médecin prenne note, très soigneusement, des médicaments que prend déjà la personne concernée. Voici quelques interactions que peuvent avoir les antidépresseurs tricycliques avec d'autres substances qui agissent sur le cerveau:

21. Lalonde, P., F. Grunberg *et al. Psychiatrie clinique, approche bio-psycho-sociale*, Boucherville, Gaëtan Morin, 1988, p. 1048.

- l'alcool augmente l'effet sédatif des antidépresseurs tricycliques;
- le lithium et les médicaments thyroïdiens augmentent l'effet des antidépresseurs tricycliques et le risque d'intoxication cardiovasculaire;
- la mépéridine (Demerol) ou les narcotiques (héroïne, morphine, méthadone) pris en combinaison avec les antidépresseurs peuvent causer un arrêt respiratoire;
- les tranquillisants et les somnifères, les neuroleptiques et les antihistaminiques augmentent la somnolence et la confusion;
- les neuroleptiques sédatifs augmentent la difficulté à uriner, la constipation et la sensation de sécheresse dans la bouche;
- la carbamazépine (Tegretol) peut provoquer le déclenchement de la psychose;
- la combinaison d'un premier antidépresseur tricyclique avec un autre antidépresseur tricyclique ou IMAO est à éviter à tout prix, car elle risque d'être fatale.

Voici quelques-uns des effets qui peuvent se produire quand on combine les antidépresseurs tricycliques avec d'autres classes de médicaments:

- les contraceptifs oraux: léthargie, maux de tête, baisse de la tension artérielle, akathisie (envie de bouger irrépressible);
- la testostérone: psychose paranoïde avec possibilité de comportements violents;
- les médicaments utilisés pour abaisser la tension: augmentation de l'effet hypotenseur.

LE PROZAC ET LES ANTIDÉPRESSEURS ISRS
(ou antidépresseurs inhibiteurs sélectifs de la recapture de la sérotonine)

Nom générique	*Nom commercial*
Fluoxétine	Prozac
Fluvoxamine	Luvox
Sertraline	Zoloft
Paroxétine	Paxil

INDICATIONS

Ces nouvelles substances sont prescrites pour combattre les mêmes problèmes que les antidépresseurs tricycliques. Elles ne sont cependant pas indiquées pour le traitement de l'anorexie ou des troubles du sommeil. Certains médecins ont adopté les antidépresseurs ISRS (Prozac, Luvox, Zoloft et Paxil) pour traiter les états dépressifs qui sont parfois liés aux menstruations, au syndrome de fatigue chronique, à l'obésité et aux douleurs associées à certaines maladies chroniques. D'autres médecins les recommandent pour les troubles obsessionnels-compulsifs, l'anxiété ou les attaques de panique, les phobies, l'alcoolisme, les toxicomanies et la boulimie. En raison de la grande publicité qu'elles suscitent, il est très probable que ces substances soient prescrites pour un certain nombre d'autres troubles.

MÉCANISME D'ACTION ET PHARMACODYNAMIQUE

On admet de plus en plus que le pouvoir antidépresseur attribué à ces substances serait dû à leur action stimulante, ce qui les distingue des autres antidépresseurs. Comme leur nom le suggère, ces substances sont censées cibler uniquement la sérotonine, une substance qui permet la transmission d'influx nerveux dans le cerveau. Ces antidépresseurs augmenteraient la concentration de sérotonine. En réalité, l'action de ces médicaments se répercute sur l'ensemble des messagers d'influx nerveux du cerveau. Même si la presse médicale et de nombreux médias prétendent le contraire, personne n'a encore réussi à prouver que les antidépresseurs ISRS avaient réellement une action sélective. Il est en effet impossible d'observer directement cette action; on peut seulement présumer son existence en mesurant les concentrations d'autres substances métabolisées par le médicament. De plus, plusieurs effets provoqués par les antidépresseurs ISRS, comme l'akathisie (envie irrépressible de bouger), doivent nécessairement avoir pour cause des modifications d'autres messagers d'influx nerveux. On ignore en outre comment cette prétendue action sélective sur la sérotonine amènerait une amélioration de l'état dépressif [22].

PRESCRIPTION

Le tableau qui suit indique l'écart des doses habituellement prescrites ainsi que la demi-vie de chacun des antidépresseurs appartenant à la famille des ISRS.

---

22. Bezchlibnyk-Butler, K., J. J. Jeffries et B. A. Martin (dir.). *Clinical handbook of psychotropic drugs*, Toronto, Hogrefe & Huber, 1994, p. 4; Breggin, P. R. et G. S. Breggin. *Talking back to Prozac*, New York, St. Martin's Press, 1994, p. 138.

Nom	*Écart des doses quotidiennes en mg*	*Demi-vie en heures*
Fluoxétine (Prozac)	20 à 80	24 à 72 pour la fluoxétine et 160 à 360 pour son métabolite, la norfluoxétine
Fluvoxamine (Luvox)	100 à 300	17 à 22
Sertraline (Zoloft)	50 à 200	26
Paroxétine (Paxil)	10 à 50	24

CONTRE-INDICATIONS

Comme pour tout autre médicament, une allergie ou une mauvaise réaction aux antidépresseurs ISRS constituent des contre-indications importantes. Les maladies reliées au foie, aux reins et au cœur obligent également à écarter l'utilisation de cette famille d'antidépresseurs. Habituellement, on ne les prescrit pas non plus aux personnes qui souffrent d'épilepsie ou d'autres désordres neurologiques comme la maladie de Parkinson.

De plus, les personnes dont le poids est sous la normale ne devraient pas consommer de Prozac à cause de ses effets amaigrissants. Le Prozac peut également être contre-indiqué chez les sujets insomniaques. En outre, le Prozac, le Luvox, le Zoloft et le Paxil sont prescrits avec précaution aux personnes qu'on dit atteintes de troubles maniaco-dépressifs, car ils risquent de précipiter un épisode maniaque. Enfin, la conduite automobile, le pilotage, la manipulation d'appareils ou toute autre activité peuvent devenir risqués à cause des étourdissements que peuvent provoquer ces substances.

Personnes âgées

Les doses administrées aux personnes âgées doivent être nettement inférieures à celles administrées aux adultes d'âge moyen. On doit porter une attention particulière au risque d'interactions néfastes qui est accentué, chez cette clientèle, par la consommation d'un grand nombre de médicaments.

Grossesse

Il est encore trop tôt pour savoir si le Prozac, le Luvox, le Zoloft et le Paxil nuisent au développement du fœtus. Néanmoins, il est prudent d'éviter ces médicaments durant le premier trimestre de la grossesse. En fait, il serait sage de les éviter pendant toute la grossesse. Les antidépresseurs ISRS passent dans le lait maternel: l'allaitement est donc déconseillé quand on prend de telles substances médicamenteuses.

Effets secondaires et toxiques

Les principaux effets secondaires des antidépresseurs ISRS sont les suivants:

- nausées et maux de tête;
- agitation, irritabilité, anxiété, nervosité;
- étourdissements, bouche sèche;
- rêves inhabituels, tremblements, fatigue;
- troubles sexuels chez les hommes, surtout avec la sertraline (Zoloft).

Les antidépresseurs peuvent perturber les périodes d'éveil et de sommeil en provoquant de l'insomnie, des cauchemars ou de la somnolence. Des vomissements, des douleurs abdominales, la constipation, les diarrhées et des problèmes de digestion sont fréquents. Il n'est donc pas surprenant qu'une perte de poids s'ensuive.

Paradoxalement, la prise de Prozac, de Luvox, de Zoloft et de Paxil peut également faire revenir la dépression.

D'autres effets secondaires rares et graves sont:

- les convulsions;
- la manie et l'hypomanie.

Les antidépresseurs ISRS produisent aussi un pourcentage inquiétant d'akathisie, qui peut toucher jusqu'à 25 p. 100 des usagers. L'akathisie est habituellement produite par les substances qui, comme les neuroleptiques, bloquent la transmission de la dopamine. L'akathisie produite par les neuroleptiques peut devenir irréversible, et il n'y a aucune raison de ne pas craindre que les antidépresseurs ISRS puissent avoir le même effet. Ce fait montre bien que les antidépresseurs ISRS, malgré leur nom, n'affectent pas seulement la sérotonine.

Un effet secondaire gênant: le Prozac et les cas de violence impulsive

La controverse bat toujours son plein aux États-Unis au sujet des personnes qui, après avoir pris du Prozac, se sont mises à avoir des idées de suicide et d'homicide et qui, dans certains cas, ont effectivement réussi à se suicider ou à commettre des meurtres. Un organisme national de défense des droits, le Prozac Survivors Support

Group, qui a des filiales dans plusieurs États américains, a été mis sur pied afin d'aider les victimes de ce médicament et de mieux comprendre les effets secondaires nocifs associés à l'usage de cette substance et des autres antidépresseurs de la famille des ISRS. Jusqu'en mars 1994, cet organisme avait recensé au-delà de 1000 incidents violents qui se sont parfois terminés par le suicide ou la mort de la personne sous l'effet de tels médicaments ou par le meurtre de membres de son entourage[23]. Plus d'une centaine de victimes ont intenté des poursuites contre le fabricant du Prozac, la compagnie Eli Lilly. À quoi doit-on s'attendre des antidépresseurs de la même classe comme le Luvox, le Paxil et le Zoloft? Voilà plusieurs questions auxquelles il faudra trouver des réponses avant de songer à prendre ces médicaments.

Je suis chef d'entreprise et j'ai des responsabilités importantes. Au printemps dernier, je me suis sentie déprimée. Mon médecin m'a prescrit ce nouvel antidépresseur. Au lieu de m'aider, il m'a précipitée dans un état franchement alarmant que je n'aurais jamais imaginé pouvoir vivre. Je suis devenue si violente que mes voisins ont dû appeler la police. Je n'oublierai jamais cette humiliation. Quand je suis retournée voir mon médecin, je lui ai demandé pourquoi il m'avait prescrit une pareille saleté. Ce médecin ne veut plus me voir.

Risques liés au surdosage

Le fait que les antidépresseurs ISRS ne soient pas mortels même s'ils sont pris à des doses très élevées constitue, aux yeux des médecins, un des avantages principaux de cette catégorie d'antidépresseurs. En effet, on ne rapporte pas de décès à la suite de l'ingestion de doses massives de ces agents, sauf quand ils sont combinés à d'autres substances comme l'alcool. Mais on sait qu'un pourcentage élevé de personnes tentent de se suicider en ingurgitant plus d'une substance. En raison des interactions que peuvent avoir ces antidépresseurs avec de nombreuses autres substances, leur marge de sécurité n'est donc pas nécessairement si grande.

---

23. Breggin, P. R. et G. S. Breggin. *Talking back to Prozac, op. cit.*, p. 138.

En cas de surdosage, on peut s'attendre à ce que la personne affectée soit prise d'agitation, de fébrilité, d'hypomanie, de tremblements, de nausées, de vomissements, de crampes abdominales, d'insomnie, de maux de tête, de troubles de la mémoire, de malaise général et, possiblement, de convulsions.

Interactions médicamenteuses

- La consommation conjointe d'alcool et d'antidépresseurs ISRS est déconseillée.
- Certains médicaments augmentent l'effet du Prozac, du Luvox, du Zoloft et du Paxil. Ce sont, entre autres, le méthylphénidate (Ritalin), les antihistaminiques, l'hydrate de chloral et la cimétidine (Tagamet).
- Pour ce qui est de l'effet du lithium sur les antidépresseurs ISRS, les avis sont partagés: certains disent que le lithium peut augmenter leur action, d'autres qu'il peut la diminuer. Par contre, on sait que la consommation d'antidépresseurs ISRS augmente le taux de lithium dans le sang ainsi que les risques de tremblements.
- En outre, on doit à tout prix éviter de prendre du tryptophan (Triptan) ou des antidépresseurs IMAO (Nardil, Parnate, Manerix), dont nous parlerons plus loin, en même temps que des antidépresseurs ISRS (Prozac, Luvox, Zoloft, Paxil). Cette combinaison produit un syndrome qui se traduit par de l'agitation, de la fébrilité, des palpitations, des problèmes gastro-intestinaux, de la rigidité et de la fièvre, et qui peut même causer la mort. Pour éviter ces risques d'interaction, on doit attendre au moins deux semaines après avoir cessé de prendre un antidépresseur IMAO avant de commencer à prendre un antidépresseur ISRS, et cinq semaines avant d'adopter un antidépresseur IMAO après l'abandon d'un antidépresseur ISRS.
- D'autres médicaments comme la carbamazépine (Tegretol) et les barbituriques réduisent l'effet des antidépresseurs ISRS. De plus, l'effet de plusieurs médicaments pour le cœur serait augmenté par la prise d'un antidépresseur ISRS. Comme on peut le constater, les interactions médicamenteuses sont nombreuses et complexes, d'où la nécessité de consulter son médecin ou son pharmacien à ce sujet. Par ailleurs, la commercialisation récente des nouveaux antidépresseurs invite à la prudence. Leurs propriétés sont moins bien connues que celles des premiers antidépresseurs et leurs effets à long terme, en particulier, sont pratiquement inconnus.

DÉPENDANCE ET POTENTIEL D'ABUS

Certains auteurs sont d'avis qu'il n'existe aucun potentiel de dépendance ou d'abus quand on prend du Prozac, du Luvox, du Zoloft ou du Paxil. Pourtant, plusieurs faits laissent entendre le contraire. Premièrement, le profil pharmacologique des effets thérapeutiques et secondaires des antidépresseurs ISRS est très similaire à celui des effets des stimulants. Les stimulants sont parmi les substances qui présentent le plus haut potentiel d'accoutumance. On a aussi rapporté des cas d'abus et de vente sur le marché noir de fluoxétine (Prozac[24]). La preuve la plus convaincante de cette dépendance potentielle est certainement l'abondance, dans les médias, des témoignages de gens qui consomment ces substances. À l'instar des personnes qui prennent des drogues illégales ou contrôlées comme la cocaïne et les amphétamines, les personnes qui prennent du Prozac, du Luvox, du Zoloft ou du Paxil disent qu'elles se sentent débordantes d'énergie, mieux dans leur peau, capables d'affronter tous les obstacles et incapables de vivre sans ces substances. D'après ce que nous savons de la dépendance envers les drogues qui produisent un effet similaire, on peut s'imaginer qu'il sera extrêmement difficile de cesser de prendre une substance qui produits ces effets. Enfin, certains antidépresseurs ISRS sont utilisés pour le sevrage des cocaïnomanes, ce qui laisse entendre que ces produits ont une action similaire à celle de la cocaïne.

Je suis consciente de ma dépendance envers les médicaments. Par contre, je pense qu'un jour, je prendrai vraiment le contrôle de ma vie.

LES ANTIDÉPRESSEURS IMAO

Les antidépresseurs IMAO (inhibiteurs de monoamine oxydase) sont appelés ainsi parce qu'ils inhibent l'action d'une enzyme, la monoamine oxydase, qui affecte la transmission d'influx nerveux dans le cerveau. Ces antidépresseurs sont peu utilisés à cause de leur toxicité élevée qui se manifeste, en particulier, lorsque la personne qui les prend consomme des aliments contenant de la tyramine, comme la bière brune et les fromages vieillis. Actuellement, il n'y a que trois antidépresseurs dans la catégorie des IMAO. Deux d'entre eux ne sont pas sélectifs. Le troisième, la moclobémide (Manerix), qui vient d'être introduite sur le marché nord-américain,

24. Breggin et Breggin (1994), p. 110-111.

est sélectif et semble être moins toxique que les deux autres. Il est presque certain que ce nouvel IMAO sera bientôt prescrit fréquemment.

Nom générique	*Nom commercial*
LES ANTIDÉPRESSEURS IMAO NON SÉLECTIFS	
Phénelzine	Nardil
Tranylcypromine	Parnate
L'ANTIDÉPRESSEUR IMAO SÉLECTIF	
Moclobémide	Manerix

INDICATIONS

En général, le clinicien décide de prescrire des antidépresseurs IMAO lorsque les autres antidépresseurs se sont avérés inefficaces ou contre-indiqués. Certains prescrivent les antidépresseurs IMAO non sélectifs pour un type de dépression appelée atypique, qui implique en général des symptômes plus intenses et de l'agressivité. D'autres médecins les réservent pour une dépression où l'anxiété domine. On utilise aussi les antidépresseurs IMAO pour traiter les phobies, les attaques de panique et le trouble obsessionnel-compulsif.

MÉCANISME D'ACTION ET PHARMACODYNAMIQUE

La monoamine oxydase est une enzyme qui décompose les amines, composés organiques que l'on retrouve non seulement dans les cellules nerveuses du cerveau mais aussi partout dans le corps. Parce qu'ils inhibent la production de monoamine oxydase, on suppose que les antidépresseurs IMAO permettent d'augmenter la concentration de certains messagers d'influx nerveux comme la norépinéphrine, la dopamine et la sérotonine en ralentissant leur décomposition. Par contre, on ignore encore en quoi l'augmentation de la concentration de ces substances affecterait l'humeur des personnes déprimées.

Le seul antidépresseur sélectif de cette famille d'antidépresseurs, le Manerix, se démarque des autres antidépresseurs IMAO, car il ne cible qu'une des monoamines oxydases, celle de type A, tandis que les antidépresseurs IMAO non sélectifs dégradent les deux types de monoamines oxydases, à savoir celles de type A et B. L'inhibition de la monoamine de type A serait réversible en moins de 24 heures. Ce mode d'action particulier expliquerait que les effets secondaires graves associés à l'utilisation du Nardil et du Parnate soient pratiquement inexistants quand on utilise le Manerix.

PRESCRIPTION

Le tableau qui suit indique l'écart des doses habituellement prescrites ainsi que la demi-vie de chacun des antidépresseurs appartenant à la famille des IMAO.

Nom	*Écart des doses quotidiennes en mg*	*Demi-vie en heures*
Phénelzine (Nardil)	40 à 90	—
Tranylcypromine (Parnate)	20 à 60	—
Moclobémide (Manerix)	150 à 600	1 à 2

Je prenais toujours des antidépresseurs, mais cela ne réglait jamais rien. Quoi qu'on dise, les médicaments, ça gèle les émotions. Il faut les laisser tomber pour découvrir qui on est réellement.

CONTRE-INDICATIONS

Une allergie ou une réaction négative à cette sous-classe d'antidépresseurs constitue une contre-indication évidente. Les problèmes cardiaques, les accidents vasculaires cérébraux ainsi qu'une tension artérielle élevée supposent l'interdiction formelle de ces médicaments. On ne recommande pas non plus les antidépresseurs IMAO aux personnes qui souffrent d'épilepsie, de la maladie de Parkinson, de diabète, de maux de tête fréquents, d'insuffisance des reins ou du foie. De plus, les personnes qui ne peuvent s'astreindre à un régime très sévère afin de prévenir les crises hypertensives ne devraient pas prendre ces médicaments, sauf, apparemment, le Manerix. Enfin, la prudence est de rigueur au moment de conduire ou de se livrer à des activités que la somnolence provoquée par ces antidépresseurs pourrait rendre dangereuses.

Les personnes qui souffrent de problèmes au foie peuvent prendre du Manerix, mais à dose réduite. Les personnes souffrant d'hypertension doivent limiter l'absorption d'aliments qui contiennent de la tyramine (voir plus bas). Par ailleurs, les personnes qui souffrent d'hyperthyroïdie ou qui ont une tumeur aux glandes surrénales risquent, plus que les autres, de succomber à une crise d'hypertension.

Personnes âgées

La prescription du Parnate et du Nardil peut présenter des problèmes chez les personnes âgées parce que ces médicaments produisent des effets secondaires marqués. Il est important d'évaluer correctement les avantages et les désavantages d'un tel traitement qui ne doit être utilisé qu'en dernier recours chez les personnes de cette catégorie d'âge.

La prise de Manerix semble mieux tolérée par les personnes âgées. Par contre, ces personnes sont généralement exclues des études sur le médicament. Vu la nouveauté du produit, il est prématuré de conclure à une meilleure tolérance chez cette population.

Grossesse

On ne peut prescrire du Parnate et du Nardil aux femmes enceintes, car on rapporte que leur prise peut occasionner des malformations congénitales chez l'enfant en gestation. Les femmes qui allaitent ne devraient pas consommer ces antidépresseurs IMAO parce qu'ils passent dans le lait maternel.

Quant aux effets du Manerix chez la femme enceinte, ils n'ont pas encore été déterminés. Il n'est donc pas prudent de l'utiliser lors de la grossesse, ni lors de l'allaitement.

Effets secondaires et toxiques

Effets secondaires du Nardil et du Parnate

Nous ne nommerons pas tous les effets secondaires que peuvent avoir ces antidépresseurs, car ils sont trop nombreux. Parmi les effets secondaires fréquents, mentionnons:

- gain de poids;
- nausées;
- maux de tête;
- somnolence;
- étourdissements et vertiges;
- baisse de tension;
- troubles du sommeil;
- sécheresse de la bouche;
- embrouillement de la vision;
- constipation;
- sueurs;

- faiblesse;
- problèmes sexuels;
- agitation et irritabilité.

Le fait de manger certains aliments qui contiennent de la tyramine ou d'utiliser certains médicaments comme les décongestionnants peut provoquer, chez les personnes qui prennent du Nardil et du Parnate, un effet toxique grave qu'on appelle crise hypertensive. (Voir plus loin la section sur les interactions.) Cette crise hypertensive se manifeste par les symptômes suivants:

- nausées, vomissements;
- maux de tête violents;
- palpitations, accélération des battements du cœur;
- hémorragie cérébrale fatale.

En cas de crise hypertensive, il faut immédiatement cesser la prise du médicament et consulter un médecin dans les plus brefs délais.

La crise hypermétabolique est un autre effet toxique du Nardil et du Parnate qui se caractérise par:

- une fièvre élevée;
- une irritabilité neuro-musculaire;
- une perte de conscience;
- des convulsions et le coma.

Cet effet est attribuable à une interaction entre, d'une part, ces antidépresseurs IMAO non sélectifs et, d'autre part, certains autres antidépresseurs comme la fluoxétine (Prozac) et la clomipramine (Anafranil) ou certains analgésiques narcotiques comme le Demerol et les préparations pour le rhume. En cas de crise hypermétabolique, il faut cesser immédiatement la prise du médicament et consulter un médecin dans les plus brefs délais.

Effets secondaires du Manerix

Parmi les effets secondaires les plus courants produits par le Manerix, mentionnons:

- sécheresse de la bouche;
- étourdissements associés à une baisse soudaine de la tension artérielle lors de changements de position;
- maux de tête;
- somnolence;
- nausées;
- problèmes de la peau.

Chez d'autres personnes, ce médicament peut avoir un effet stimulant et occasionner les symptômes suivants:

- insomnie;
- anxiété, agitation et fébrilité
- plus rarement, des comportements agressifs.

Cette drogue peut aussi précipiter des crises d'hypomanie chez les personnes qu'on dit atteintes de troubles maniaco-dépressifs. Par ailleurs, la prise de ces substances peut déclencher des problèmes reliés au foie et au système biliaire chez 1,5 p. 100 des personnes qui les prennent.

La redoutable crise hypertensive associée aux antidépresseurs IMAO non sélectifs n'est pas censée se produire quand on prend ce nouvel antidépresseur IMAO, qui est sélectif. On recommande quand même de ne pas consommer de grandes quantités d'aliments qui contiennent de la tyramine, car un sérieux mal de tête pourrait s'ensuivre. Il est de plus recommandé de prendre ce médicament après le repas.

Risques liés au surdosage

Prendre des quantités trop élevées de Parnate ou de Nardil est dangereux. Des doses de 375 mg à 1500 mg de Nardil et de 170 mg à 650 mg de Parnate peuvent provoquer la mort. Les symptômes de surdosage, qui se manifestent par les signes qui suivent, peuvent prendre jusqu'à 12 heures pour se manifester:

- maux de tête;
- étourdissements;
- douleurs au cœur accompagnées de fièvre;
- accélération des battements du cœur et de la respiration;
- rigidité musculaire;
- nervosité;
- augmentation ou diminution de la tension artérielle;
- convulsions.

Dans de tels cas, il est impératif de consulter un médecin immédiatement.

Il existe peu de données sur le profil de toxicité du Manerix. À première vue, l'absorption d'une quantité trop grande de cet antidépresseur semble moins risquée que dans le cas des autres antidépresseurs IMAO. Le surdosage de Manerix peut produire:

- une somnolence marquée;

- de la désorientation;
- de la stupeur;
- une diminution de la tension artérielle;
- une accélération des battements du cœur;
- une accentuation des réflexes.

INTERACTIONS MÉDICAMENTEUSES

Interactions avec les antidépresseurs IMAO non sélectifs (Nardil et Parnate)

Les antidépresseurs IMAO non sélectifs se distinguent des autres antidépresseurs parce qu'ils sont incompatibles avec certains aliments. Le fait de manger un morceau de fromage peut provoquer, chez la personne qui prend des IMAO non sélectifs, des réactions violentes; il faut alors se présenter à l'urgence d'un hôpital. Certains médicaments en vente libre peuvent produire des effets aussi menaçants et leur utilisation doit être bannie si on prend du Nardil ou du Parnate. En voici une liste.

Aliments et boissons qu'il est interdit de consommer quand on prend du Nardil ou du Parnate

- Les fromages vieillis (cheddar, brick, mozzarella, parmesan, fromage bleu, fromage suisse, brie, camembert, gruyère, etc.);
- le foie et les abats;
- les fèves;
- les fruits et les légumes trop mûrs;
- les extraits de viandes et de levure;
- l'alcool, les vins rouges, les liqueurs apéritives et digestives, les bières;
- les saucissons (salami, pepperoni, mortadelle, etc.);
- la choucroute;
- les poissons salés ou fumés;
- le glutamate de sodium, la sauce soya (donc, les mets chinois);
- les figues, les raisins;
- le chocolat, la réglisse;
- les avocats;
- la crème sure, les yogourts;
- le café, les colas;
- les escargots, le caviar;
- les soupes en conserve ou en sachet.

Médicaments et drogues qu'il ne faut absolument pas consommer quand on prend du Nardil ou du Parnate

- La cocaïne, l'opium et toutes les autres drogues illégales;
- tous les stimulants comme les amphétamines, le Ritalin, le Cylert, etc.;
- toute la gamme des médicaments avec ou sans ordonnance pour la grippe, le rhume, les sinusites ainsi que les sirops contre la toux et les décongestionnants;
- les antihistaminiques;
- les suppléments de vitamines;
- les somnifères en vente libre (Nytol, Sleep-Eze, etc);
- les médicaments contre la douleur vendus sans ordonnance (222, Tylenol, etc.);
- les aérosols pour l'asthme;
- les barbituriques;
- les antidépresseurs tricycliques et les antidépresseurs ISRS;
- certains analgésiques narcotiques, comme le Demerol;
- certains médicaments antiparkinsoniens comme le Larodopa.

Pour leur part, l'insuline ainsi que certains neuroleptiques et diurétiques risquent de faire chuter la tension artérielle lorsqu'ils sont associés aux antidépresseurs IMAO non sélectifs.

Interactions avec l'antidépresseur IMAO sélectif (Manerix)

- On doit à tout prix éviter de prendre des antidépresseurs IMAO sélectifs et des antidépresseurs IMAO non sélectifs ensemble. Cela provoquerait un excès de sérotonine et donc de la confusion, de la désorientation, de l'hyperactivité, des frissons, des tremblements, des contractions musculaires involontaires ou un manque de coordination.
- Le même effet peut se produire, mais le risque est plus faible, quand on combine le Manerix avec des antidépresseurs ISRS, certains tranquillisants dont le Buspar et le Tryptan, des narcotiques, et probablement aussi avec certains médicaments pour les migraines comme l'Imitrex.
- De plus, l'effet analgésique de l'ibuprofen (Advil, Motrin, Actiprofen, Novo-Profen, Excedrin, etc.) peut augmenter quand on le combine au Manerix.
- En outre, l'effet du Manerix sera augmenté s'il est combiné à du lithium ou à des antidépresseurs tricycliques.
- Enfin, la personne qui prend du Manerix et des antiparkinsoniens peut devenir en proie à de l'agitation, à de la désorientation, à de l'anxiété, à des trous de mémoire et à des hallucinations.

LES NOUVEAUX ANTIDÉPRESSEURS

LA VENLAFAXINE (EFFEXOR)

La venlafaxine (Effexor) est un nouveau-né parmi les antidépresseurs et a été introduite au Canada en 1994. Même si sa structure chimique ne s'apparente pas à celle des autres antidépresseurs connus, son mécanisme d'action ressemble à celui des antidépresseurs tricycliques. En effet, elle augmente la concentration d'au moins trois messagers d'influx nerveux connus: la sérotonine, la norépinéphrine et la dopamine. Parce qu'elle n'a été commercialisée que récemment, on ne dispose encore d'aucune information fiable sur ses effets à long terme et sur les interactions que la venlafaxine pourrait avoir avec d'autres substances. La prudence est donc de rigueur pour l'utilisation de ce nouveau produit.

Il est intéressant d'observer la façon dont se déroule la promotion des nouveaux antidépresseurs. À l'arrivée du Prozac en 1989, son manufacturier vantait sa prétendue spécificité d'action sur un seul système de neurotransmission dans le cerveau, celui de la sérotonine. Cette spécificité d'action était censée représenter un net avantage en comparaison aux antidépresseurs plus anciens, qui affectent plusieurs messagers d'influx nerveux dans le cerveau. Avec l'arrivée du Paxil, du Zoloft, du Luvox et maintenant de l'Effexor, les manufacturiers vantent le fait que ces nouveaux médicaments, en plus d'avoir un impact sur la sérotonine, affectent aussi d'autres messagers d'influx nerveux, ce qui est censé représenter un avantage sur... le Prozac. Nous sommes évidemment de retour à la case départ.

INDICATIONS

La venlafaxine (Effexor) est officiellement indiquée pour traiter les symptômes de la dépression. Cependant, le manufacturier révèle que les études sur ce produit n'ont duré qu'un maximum de quatre à six semaines. Toute personne qui en reçoit pour des périodes plus longues devrait donc être étroitement surveillée.

Les doses recommandées varient entre 75 et 225 mg par jour en prises fractionnées. La dose maximale est de 375 mg par jour, mais de telles doses ne peuvent être administrées qu'à des personnes surveillées en milieu hospitalier.

MÉCANISME D'ACTION ET PHARMACODYNAMIQUE

En plus d'accroître le niveau de sérotonine dans le cerveau, tel le Prozac, la venlafaxine, comme plusieurs antidépresseurs tricycliques, affecte également la norépinéphrine et la dopamine.

La demi-vie de cette substance est d'environ cinq heures et elle s'élimine principalement par les reins. Il ne semble pas que la prise d'aliments ait des effets importants sur son absorption.

CONTRE-INDICATIONS

La venlafaxine est évidemment contre-indiquée chez les personnes allergiques à cette substance. De plus, des effets graves, y compris des décès, ont été signalés lors de la prise conjointe d'antidépresseurs IMAO (Nardil, Parnate, Manerix) et d'antidépresseurs similaires à la venlafaxine. Ces médicaments ne devraient donc pas être administrés conjointement, et la venlafaxine ne devrait pas être prise moins de deux semaines après la fin d'un traitement aux antidépresseurs IMAO. Il est aussi recommandé d'attendre au moins deux semaines après la fin d'un traitement avec cette substance avant de commencer à prendre un antidépresseur IMAO.

Il faut de plus surveiller très étroitement des sujets avec des maladies du sang ou des maladies rénales qui reçoivent ce médicament. La venlafaxine provoque en outre une augmentation soutenue de la tension artérielle. Dans le cas où cet effet se manifesterait, il faudrait envisager une réduction de la dose ou un arrêt du traitement. Comme tous les antidépresseurs, la venlafaxine doit être prescrite avec prudence aux personnes ayant des antécédents de convulsions et d'épisodes maniaques.

Personnes âgées

Le manufacturier ne spécifie pas s'il est nécessaire de modifier la dose pour les personnes âgées. Mais, comme pour tous les autres médicaments, il serait préférable de faire preuve de prudence.

Grossesse et usage chez les enfants

Il n'existe aucune étude rigoureuse sur l'effet de la venlafaxine (Effexor) chez la femme enceinte ni chez les enfants. L'innocuité de cette substance n'a pas été établie chez ces sujets. Même s'il est trop tôt pour le savoir, on peut faire l'hypothèse que la venlafaxine, comme presque tous les médicaments, risque de se retrouver dans le lait maternel. Conformément aux recommandations du manufacturier, les mères qui prennent ce médicament ne devraient pas allaiter.

EFFETS SECONDAIRES ET TOXIQUES

Effets fréquents

Lors des études qui ont précédé la mise en marché de l'Effexor, on a observé plusieurs effets secondaires fréquents:

- nausées, vomissements;
- constipation;
- perte d'appétit;
- fatigue, somnolence, vertige, insomnie;
- transpiration, frissons, sécheresse de la bouche;
- problèmes d'éjaculation et d'orgasme, et impuissance chez l'homme;
- nervosité, anxiété;
- tremblements;
- augmentation de la tension artérielle et des battements du cœur;
- vision trouble.

Plusieurs de ces effets s'intensifient avec l'augmentation des doses. Certains effets, comme les vertiges et les nausées, deviennent moins prononcés après six semaines d'administration, mais d'autres, tels les troubles d'éjaculation et la sécheresse de la bouche, sont aussi prononcés.

On a aussi remarqué, dans diverses études qui ont été menées avant la commercialisation de l'Effexor, que les personnes qui en prenaient avaient tendance à être victimes de blessures accidentelles et à ressentir des douleurs à la nuque.

Risques liés au surdosage

Le manufacturier ne rapporte pas de cas de décès à la suite de 14 intoxications à la venlafaxine. Tous ces individus se seraient rétablis sans séquelles. Dans le cas d'un individu ayant ingéré 2750 mg de venlafaxine, on a observé deux convulsions généralisées. Il ne faut pas oublier qu'en combinaison avec d'autres substances, notamment l'alcool, la relative marge de sécurité de la venlafaxine risque de disparaître.

INTERACTIONS MÉDICAMENTEUSES

Il existe très peu de données sur les interactions médicamenteuses potentiellement néfastes impliquant la venlafaxine (Effexor). En effet, parce que ce médicament n'a été mis en marché que récemment, le risque de l'utiliser en association avec d'autres médicaments, psychotropes ou autres, ou avec de l'alcool, n'a pas encore été systématiquement étudié.

Les risques d'interaction avec le lithium et certaines benzodiazépines (tranquillisants) sont aussi inconnus. Le manufacturier prétend qu'il y aurait peu d'interaction, tout en prenant soin de spécifier que les études qu'il a effectuées à ce sujet n'ont été faites qu'avec des doses uniques et faibles de ces substances. Les usagers et leurs médecins doivent donc exercer une grande prudence s'ils optent pour l'utilisation de ce nouveau médicament.

La néfazodone (Serzone)

La néfazodone (Serzone) est le dernier-né d'une série de nouveaux antidépresseurs: elle a été introduite au Canada en 1994. Sa structure chimique ressemble à celle de la trazodone (Desyrel), un antidépresseur hétérocyclique, mais son mécanisme d'action semble être quelque peu différent. À cause de sa commercialisation récente, on ne dispose encore d'aucune information fiable sur ses effets à long terme et sur les interactions qu'elle pourrait avoir avec d'autres substances. La prudence est donc de rigueur.

Indications

La néfazodone est officiellement indiquée pour le traitement des symptômes de la dépression. Cependant, le manufacturier de ce produit annonce que les études sur ce produit n'ont duré qu'un maximum de six à huit semaines. Toute personne qui en reçoit pour des périodes plus longues devrait donc être étroitement surveillée.

Les doses recommandées varient entre 100 et 600 mg par jour en prises fractionnées. La plupart des adultes répondent à des doses qui se situent entre 300 et 500 mg. Quant aux personnes âgées, on leur recommande des doses de 100 mg par jour pour le traitement initial, soit deux fois 50 mg.

Mécanisme d'action et pharmacodynamique

En même temps qu'elle accroît le niveau de sérotonine, un messager d'influx nerveux dans le cerveau, tout comme le ferait le Prozac, la néfazodone bloque certains récepteurs de ce messager, ce qui aurait pour effet de réduire les effets stimulants que devrait produire l'augmentation du niveau de sérotonine.

La demi-vie de cette substance dépend de la dose: deux heures quand on prend 100 mg de néfazodone par jour, trois heures pour 200 mg et quatre heures pour 400 mg. La néfazodone est éliminée par le foie. L'ingestion d'aliments retarde son absorption dans le corps.

CONTRE-INDICATIONS

La néfazodone (Serzone) est évidemment contre-indiquée chez les personnes allergiques à cette substance. De plus, on a signalé des effets graves, y compris des décès, lors de la prise conjointe de substances similaires à la néfazodone et d'antidépresseurs IMAO (Nardil, Parnate, Manerix). La néfazodone ne devrait donc pas être administrée conjointement avec des antidépresseurs IMAO, ni moins de deux semaines après la fin d'un traitement à ces antidépresseurs. Il est aussi recommandé d'attendre au moins deux semaines avant la fin d'un traitement avec la néfazodone avant de commencer la prise d'un antidépresseur IMAO. Comme tous les antidépresseurs, la néfazodone doit être prescrite avec prudence aux personnes ayant des antécédents de convulsions et d'épisodes maniaques.

Personnes âgées

On a observé une baisse marquée de la vigilance chez les quelques personnes âgées ayant participé aux études de ce produit avant sa commercialisation. Cette baisse de vigilance se répercutait notamment sur la capacité à conduire une automobile et sur le temps de réaction. Pour une dose donnée, la concentration de néfazodone dans le sang des personnes âgées, particulièrement chez les femmes de plus de 65 ans, est plus élevée que chez les personnes d'âge moyen. Le temps nécessaire pour que la moitié de la dose absorbée quitte le corps est deux fois plus long.

Chez ces sujets âgés, la néfazodone (Serzone) produit de plus une baisse de tension artérielle et une diminution du pouls. Il est donc recommandé de ne prescrire à ces personnes que la moitié de doses prescrites aux adultes et d'ajuster à la baisse les doses des autres médicaments consommés, en particulier les médicaments qui abaissent la tension artérielle.

Grossesse et usage chez les enfants

Il n'existe aucune étude rigoureuse sur l'effet de la néfazodone chez la femme enceinte ni chez les enfants. L'innocuité de cette substance n'a pas été établie chez ces sujets. Même s'il est trop tôt pour le savoir, on peut faire l'hypothèse que la néfazodone, comme presque tous les médicaments, risque de se retrouver dans le lait maternel. Conformément aux recommandations du manufacturier, les mères qui prennent ce médicament ne devraient pas allaiter.

EFFETS SECONDAIRES ET TOXIQUES

Effets fréquents

Lors des études qui ont précédé la mise en marché du Serzone, on a observé plusieurs effets secondaires fréquents:

- maux de tête, douleurs au cou;
- fatigue, somnolence, insomnie;
- diminution notable de la salivation, pouvant aller jusqu'à sa suppression;
- étourdissements;
- nausées, constipation, gastro-entérite;
- sensation de légèreté de la tête;
- confusion;
- baisse de la tension artérielle;
- perte d'appétit;
- stimulation du système nerveux;
- toux, fièvre;
- diminution de l'acuité visuelle et troubles oculaires.

On a également observé les effets indésirables graves suivants:

- syncope;
- douleurs abdominales;
- hémorragie digestive.

Effets moins fréquents

Parmi les effets moins fréquents, mentionnons:

- la rigidité du cou;
- l'arthrite et la raideur des muscles;
- les réactions allergiques et la sensibilité accrue à la lumière;
- l'accélération des battements du cœur;
- la soif;
- la diminution ou l'augmentation de l'énergie sexuelle;
- les menstruations difficiles et douloureuses et la vaginite.

Risques liés au surdosage

Le manufacturier rapporte deux cas d'individus qui ont ingéré de très fortes doses de néfazodone lors de tentatives de suicide. Ces doses n'ont apparemment pas eu d'effet fatal ni grave et les personnes en question s'en sont remises sans séquelles apparentes. Il ne faut cependant pas oublier que la relative marge de sécurité de la néfazodone pourrait disparaître si cette substance était combinée à d'autres, notamment à de l'alcool.

INTERACTIONS MÉDICAMENTEUSES

Il existe très peu de données sur les interactions médicamenteuses potentiellement néfastes impliquant la néfazodone. À cause de sa mise en marché récente, le risque d'utiliser ce médicament en association avec d'autres médicaments psychotropes ou autres n'a pas encore été systématiquement étudié. Les usagers et leurs médecins doivent exercer une grande prudence s'ils optent pour l'utilisation de ce nouveau médicament.

Le Serzone élève les concentrations dans le sang de certains tranquillisants dont le triazolam (Halcion, Apo-Triazo, Novo-Triolam, etc.) et l'alprazolam (Xanax, Nu-Alpraz, etc.) et aggrave par conséquent les effets psychomoteurs produits par ces agents (somnolence, perte de vigilance, manque de coordination, perte de jugement). La prudence est donc de mise quand on combine ces substances. Si la prescription des tranquillisants s'avère toujours nécessaire, il est important d'ajuster à la baisse les doses de ces substances.

À cause des effets de la néfazodone sur la tension artérielle, il est recommandé de diminuer la dose de tout médicament administré conjointement qui aurait aussi pour effet d'abaisser la tension.

LES ÉLECTROCHOCS

Les électrochocs, forme de traitement aussi connue sous le nom de thérapie électroconvulsivante, existent en psychiatrie depuis les années 1930. Les électrochocs ont été introduits dans les hôpitaux psychiatriques dans le but de traiter des problèmes tels que les psychoses schizophréniques. Dans les années 1940 et 1950, ils sont véritablement devenus à la mode et ont été prescrits pour le traitement de presque tout problème grave porté à l'attention des psychiatres œuvrant dans le milieu hospitalier. Des centaines de milliers d'individus ont ainsi été traités.

Les électrochocs constituent une forme vraiment extrême de thérapie qui s'accompagne de pertes de mémoire, ce qui ne les rend pas très attrayants. Depuis que j'en ai eu, je dois penser attentivement à tout avant d'agir et vérifier sur le calendrier la séquence des événements pour être sûr de m'en rappeler.

Pourquoi les électrochocs ont-ils été introduits dans la pratique psychiatrique? Parce qu'un psychiatre hongrois du nom de Ladislas Meduna, qui était d'avis qu'il existait un antagonisme naturel entre l'épilepsie et la schizophrénie, s'appliqua à provoquer des convulsions chez des sujets considérés comme schizophrènes. Il utilisa d'abord les chocs insuliniques, entre autres, qui provoquaient des comas et des convulsions, mais qui étaient difficiles à administrer. Deux psychiatres italiens, Ugo Cerletti et Luigi Bini, après avoir observé des cochons se faisant tranquilliser à l'abattoir par la transmission d'un courant électrique dans le cerveau, furent les premiers à expérimenter cette méthode sur des êtres humains dans le but de provoquer des convulsions. L'idée de Meduna est complètement discréditée de nos jours, mais à cette époque, la pratique de l'électrochoc fut jugée comme un progrès considérable en psychiatrie. En effet, il existait très peu d'autres solutions pour maintenir l'ordre dans les asiles.

Après l'introduction des neuroleptiques au milieu des années 1950, les électrochocs furent cantonnés au traitement des dépressions graves accompagnées d'idées suicidaires, réfractaires au traitement médicamenteux. Pourquoi a-t-on continué d'utiliser les électrochocs? Parce qu'ils produisent un syndrome cérébral organique qui provoque parfois une euphorie artificielle passagère, étourdit la personne, la désoriente complètement et lui enlève, habituellement de façon temporaire, la mémoire des événements récents. En d'autres termes, la personne qui a subi des électrochocs est plus facilement contrôlable et cesse temporairement d'exprimer les idées qui la dérangent ou qui inquiètent profondément son entourage. Le fait que les idées suicidaires ou la dépression réapparaissent fréquemment après de tels traitements ne diminue aucunement l'intérêt que les psychiatres portent à ce genre d'intervention: il leur suffit, pour maintenir l'effet désiré, de prescrire les électrochocs comme traitement d'entretien, c'est-à-dire à utiliser à intervalles réguliers pendant une période prolongée ou indéfinie.

Après les électrochocs, je n'arrivais plus à me souvenir des numéros de téléphone de mes proches. J'avais l'impression que les cellules de mon cerveau étaient en train de sécher. Si on avait pris le temps de m'écouter, je pense que je n'aurais pas eu besoin de ce traitement radical.

Depuis une dizaine d'années, les électrochocs sont redevenus populaires. Les psychiatres affirment que les appareils qui provoquent les chocs sont plus perfectionnés et que les méthodes et les précautions d'administration de ces traitements les ont rendus aussi inoffensifs qu'une visite chez le dentiste. Les auteurs de plusieurs articles et de livres publiés récemment ne sont pas de cet avis et laissent entendre que le pouvoir destructeur du courant électrique passant à travers un organe aussi sensible et protégé que le cerveau est sans pareil. En raison du manque d'espace pour brosser ici un tableau complet de la controverse entourant l'utilisation actuelle des électrochocs, nous suggérons aux lecteurs la consultation de certains ouvrages[25].

25. Breggin, P. R. *L'électrochoc: Ses effets invalidants sur le cerveau,* Paris, Payot, 1986. Voir également: Frank, L. R. 1990, «Electroshock: Death, brain damage, memory loss and brainwashing», *Journal of mind and behavior, 11,* 1990, p. 489-512; Cameron, D. G. «ECT: Sham statistics, the myth of convulsive therapy, and the case for consumer misinformation», *Journal of mind and behavior, 15,* 1994, p. 177-198.

Le lithium et les autres régulateurs de l'humeur

MISE EN GARDE

Il est dangereux de commencer à prendre ou d'arrêter de prendre du lithium ou d'autres régulateurs de l'humeur, ou de diminuer les doses de ces substances, sans l'avis ou la supervision d'un professionnel de la santé qualifié. Il est aussi dangereux d'entreprendre un sevrage sans avoir mis en application les recommandations formulées, à la fin de ce livre, dans le chapitre sur le sevrage.

Le lithium, la carbamazépine et l'acide valproïque sont les principales substances désignées sous le nom de régulateurs de l'humeur. Elles sont principalement utilisées pour traiter le trouble maniaco-dépressif, aussi appelé trouble bipolaire. Ces substances ont également plusieurs autres utilisations.

NOMS COMMERCIAUX DES MÉDICAMENTS COMPRIS DANS LA CLASSE DES RÉGULATEURS DE L'HUMEUR

LE LITHIUM

Carbolith
Duralith
Lithane

LA CARBAMAZÉPINE

Apo-Carbamazepine
Novo-Carbamaz
Tegretol

L'ACIDE VALPROÏQUE

Depakene

CE QU'IL EST IMPORTANT DE SAVOIR

Personne ne devrait prendre un médicament régulateur de l'humeur en pensant que ces substances constituent un traitement spécifique pour la manie ou le trouble maniaco-dépressif. Le lithium peut avoir un effet calmant sur quiconque en prend à des doses suffisamment élevées pendant une période suffisamment longue. C'est en effet ce que l'on a constaté en administrant du lithium à des animaux de laboratoire et à des volontaires qui ne souffraient d'aucun trouble psychiatrique ou en observant des nouveau-nés dont les mères avaient pris du lithium pendant leur grossesse.

De nombreuses personnes sujettes à des fluctuations d'humeur graves éprouvent le besoin de prendre des régulateurs de l'humeur: c'est leur droit et il est sûr qu'elles en retirent certains bénéfices. En fait, à cause de l'immense publicité qui leur est faite, ces substances finissent par avoir un effet placebo important, c'est-à-dire que le seul fait de croire que ces substances sont efficaces contribue énormément à leur efficacité. L'effet placebo suffit probablement, d'ailleurs, à expliquer les résultats obtenus quand le lithium est pris à des doses relativement basses.

Quoi qu'il en soit, les personnes troublées ou troublantes qui insistent pour prendre du lithium ou tout autre médicament compris dans la catégorie des régulateurs de l'humeur n'auront aucune difficulté à s'en faire prescrire par leur psychiatre, mais cela ne signifie nullement que ces substances constituent un traitement pour une maladie définie. Cela ne signifie pas non plus que les médecins ne devraient pas s'interroger sur le bien-fondé de prescrire de tels médicaments en dépit de leur toxicité, ni que les personnes concernées ne devraient pas remettre en question la pertinence de consommer de telles substances. Après tout, de nombreuses personnes prétendent ne pas pouvoir se passer d'alcool, de tabac ou de drogues, qu'elles soient légales ou non, et continuent à garder cette conviction même quand la consommation de ces substances met leur vie en danger.

C'était rendu au point où c'est moi qui demandais de prendre des médicaments, parce que j'étais en manque. J'allais au poste et je demandais une pilule. On me la donnait, puis je redevenais un légume. J'étais bien. Ces médicaments m'enlevaient toute sensibilité, toute émotion, je ne sentais plus rien. On aurait pu me faire n'importe quoi et j'aurais dit: «Merci beaucoup.»

Il est évident que l'alcool ainsi que de nombreuses drogues sont utilisés par un très grand nombre de personnes dans le but de régulariser les fluctuations de leur humeur. Pourtant, il serait difficile de trouver des gens qui encouragent ce genre de consommation. Au contraire, on pense en général que les personnes qui tiennent à consommer de telles substances pour régulariser leur humeur manquent de jugement. Pourtant, le lithium et tous les régularisateurs de l'humeur utilisés en psychiatrie jouent exactement le même rôle que l'alcool et les drogues illégales et devraient par conséquent être jugés exactement sur le même pied que toutes ces autres substances. On peut supposer d'ailleurs que les régulateurs de l'humeur entraînent une importante diminution de la capacité de jugement: les personnes qui en prennent n'ont-elles pas de la difficulté à détecter les signes d'intoxication à ces substances, ce qui explique la nécessité d'exercer une surveillance médicale particulièrement étroite?

Les témoignages de personnes qui disent retirer des avantages de substances comme le lithium ne devraient pas servir de guide pour l'élaboration de politiques concernant leur utilisation, pas plus que les témoignages de gens qui consomment de l'alcool en vue de résoudre leurs problèmes personnels et émotionnels. La question des régulateurs de l'humeur, en fait, nous fait réaliser combien il est important de situer l'utilisation des médicaments psychotropes (qui agissent sur l'humeur et la conscience) prescrits par les médecins dans le contexte plus large de l'utilisation des substances psychotropes autoprescrites. Quelle est, au fond, la différence, pour une personne qui souffre de problèmes émotionnels et qui cherche à prendre un remède chimique, entre le désir de s'automédicamenter à l'aide d'une drogue désapprouvée et le désir de se faire médicamenter à l'aide d'une drogue prescrite par le psychiatre? Et en quoi la drogue prescrite serait-elle moins dangereuse que la drogue désapprouvée? Il incombe au médecin de le prouver.

> *J'ai développé une forte dépendance psychologique au lithium, parce que je me disais que c'était ma bouée de sauvetage et que j'en avais besoin pour vivre.*

HISTORIQUE

Le lithium, un sel naturel, était déjà utilisé comme remède dans les années 1800. Il était administré aux patients qui avaient des pierres urinaires ou qui souffraient de la goutte. Combiné à du bromure, il a ensuite été utilisé comme relaxant dans les années 1920. Le lithium a, par la suite, été proposé comme traitement pour différents problèmes médicaux: diabète, maladies infectieuses, cancer, etc. Cependant, son efficacité n'ayant pu être établie dans le traitement d'aucune de ces affections, son utilisation a été peu à peu abandonnée.

Ce n'est qu'en 1949 que John Cade, un psychiatre australien, découvre par hasard l'effet profondément tranquillisant du lithium, après avoir injecté cette substance à de petits animaux de laboratoire. Il remarque que les animaux ont tendance à s'endormir continuellement et deviennent insensibles aux stimulations. Il décide d'essayer cette préparation sur des personnes prétendument atteintes de psychose et se rend compte, après une semaine de traitement, qu'elle a un effet calmant sur les 10 personnes agitées qui en reçoivent. Ces résultats sont publiés dans une revue médicale australienne, mais ne retiennent pas l'attention[1]. Il faut préciser qu'à la même époque, le lithium vient d'être introduit aux États-Unis comme substitut de sel pour les patients souffrant de troubles cardiaques. L'utilisation de ce substitut ayant causé de nombreuses intoxications, dont plusieurs furent mortelles, elle est jugée dangereuse, puis interdite. Cinq ans plus tard, les neuroleptiques et les antidépresseurs sont introduits dans la pratique psychiatrique. (Voir à ce sujet les chapitres portant sur ces substances.) À cause de l'enthousiasme généré par ces nouvelles substances et de la mauvaise réputation du lithium, celui-ci tombe dans l'oubli.

Quand j'ai commencé à prendre du lithium, je travaillais dans une bibliothèque. J'ai sorti tous les livres qui parlaient du lithium pour m'apercevoir qu'il y en avait dans toutes sortes de produits. On utilise le lithium dans les réfrigérateurs et aussi pour faire de l'aluminium, de la peinture et des produits domestiques. J'en ai conclu que cela devait probablement être un poison. Je ne voulais donc pas en prendre, mais quand je voyais que je faisais une rechute, je recommençais à en consommer.

1. Cade, J. «Lithium salts in the treatment of psychotic excitement», *Medical journal of Australia, 2,* 1949, p. 349-352.

En 1967, Mogens Schou, un psychiatre danois, publie les résultats de ses observations faites en prolongement de celles de Cade. Il confirme que l'administration de sel de lithium sur de longues périodes réduit les accès d'exaltation et de dépression chez certaines personnes que l'on dit atteintes de maniaco-dépression. Il met aussi en lumière le fait que la toxicité du lithium est liée au surdosage.

En 1970, le lithium est commercialisé à nouveau aux États-Unis et à l'étranger. Il est décrit comme étant le premier médicament préventif en psychiatrie, c'est-à-dire le premier médicament pouvant prévenir les accès maniaques ou dépressifs. La publicité faite autour du lithium encourage plusieurs cliniciens à l'essayer sur des personnes ayant reçu divers diagnostics psychiatriques, en particulier sur les personnes qu'on dit atteintes de schizophrénie et qui ne répondent pas aux neuroleptiques. Et parce que certaines de ces personnes semblent réagir aux effets du lithium, on les diagnostique de nos jours plus fréquemment comme étant maniaco-dépressives.

Avant l'utilisation du lithium, le trouble maniaco-dépressif était traité, sans grand succès, à l'aide de plusieurs produits chimiques, dont les bromures, les barbituriques et l'atropine. Introduits dans les années 1930, les électrochocs, qui sont administrés alors sans relaxants musculaires et sans oxygénation, s'avèrent également peu efficaces et souvent dangereux. La découverte des neuroleptiques dans les années 1950 popularise l'utilisation de cette classe de tranquillisants puissants pour le traitement du trouble maniaco-dépressif, mais leurs effets toxiques finissent par être jugés trop prononcés. Ils ont, de plus, tendance à précipiter certains personnes dites maniaco-dépressives dans un état de dépression.

Depuis le début des années 1980, on assiste à une recrudescence de publicité concernant le lithium. Ce «petit sel minéral anodin[2]» a été vanté comme drogue miracle pour traiter les troubles bipolaires et on lui attribue des effets remarquables et nettement supérieurs aux traitements plus anciens. Mais il est important de souligner que ces affirmations ne sont aucunement soutenues par les données scientifiques actuellement disponibles. (Voir la section traitant des effets thérapeutiques du lithium.)

2. Voir, par exemple, Marcotte G. «Un traitement efficace, mais encore peu répandu. Le lithium: insuline du maniaco?», *La Presse,* Montréal, 15 décembre 1990, p. A1, F3.

Parce qu'il veut absolument qu'on prenne ce médicament-là, le médecin nous donne une information fragmentaire. Il ne dit pas tout, parce que s'il disait tout, on ne le prendrait pas. Il faut que les patients se fassent guider par quelqu'un de l'extérieur du réseau de la santé mentale, parce qu'il est clair que la philosophie des médecins, c'est qu'il faut donner des pilules pour que tout le monde se tienne tranquille.

Les autres principaux médicaments dans cette classe appartiennent d'abord à la classe des anticonvulsivants. La carbamazépine, qu'on utilise de plus en plus en psychiatrie dans le but d'atténuer les symptômes du trouble maniaco-dépressif, a été synthétisée en 1953 et initialement commercialisée au début des années 1960 pour le traitement de l'épilepsie et de diverses névralgies. Pour ce qui est de l'acide valproïque, c'est une substance désignée d'abord pour le traitement de l'épilepsie, mais que les médecins choisissent parfois de prescrire pour le trouble maniaco-dépressif. En effet, certains médecins semblent établir un parallèle entre l'épilepsie du lobe temporal et certains aspects du trouble maniaco-dépressif, notamment quand le trouble se manifeste par des accès (ou cycles) alternatifs rapides.

LE TROUBLE MANIACO-DÉPRESSIF OU TROUBLE BIPOLAIRE

Le trouble désigné sous le nom de trouble maniaco-dépressif est caractérisé par des accès cycliques de manie et de dépression. L'alternance entre ces deux états extrêmes, ou pôles, lui a valu le nom de trouble bipolaire qu'on utilise depuis 1980. On estime que ce trouble touche environ 1 p. 100 de la population. Les premiers accès de manie se manifestent habituellement à la fin de l'adolescence ou au début de l'âge adulte, généralement sous une forme peu accentuée. On estime que de tels accès continuent à se produire chez un tiers de ces jeunes. Pour la majorité des personnes, la première crise grave de manie se manifeste dans la vingtaine ou la trentaine. Mais 80 p. 100 des adultes qui ont un premier accès grave en ont un ou plusieurs autres.

Certains chercheurs affirment que plus du tiers des maniaco-dépressifs auraient des antécédents familiaux de dépression ou de manie. Malgré les nombreuses affirmations à l'effet que le trouble maniaco-dépressif soit un trouble d'origine génétique, affirmations que l'on retrouve dans les revues scientifiques ou populaires, personne n'a jamais découvert de cause biochimique ou génétique pour justifier cette croyance. Comment expliquer à la lumière de la thèse génétique que la fréquence des diagnostics de troubles maniaco-dépressifs ait augmenté de plus de 400 p. 100 en Amérique du Nord entre 1972 et 1988[3]? Cette tendance, on le comprendra, n'a rien à voir avec la propagation naturelle d'une maladie d'origine génétique. Elle relève plutôt de la popularité croissante du lithium et des changements dans les critères diagnostiques en psychiatrie.

LA MANIE

Le mot manie désigne un état d'exaltation ou d'enthousiasme excessif. Cet état se manifeste avec des intensités variables. Une personne en période de manie grave se sent euphorique, excitée, démonstrative et pleine d'énergie. Elle parle souvent fort, avec un débit rapide, et parfois de façon décousue. Elle manque aussi souvent de jugement: par exemple, les projets les plus démesurément ambitieux peuvent lui sembler parfaitement accessibles. Parfois, elle est d'avis que ses facultés créatrices ou artistiques sont particulièrement aiguisées pendant son épisode maniaque. Cet état peut aussi s'accompagner d'une envie de dépenser de façon extravagante et se traduire par une tendance à l'hyperactivité sexuelle. Pendant ces accès, elle a souvent de la difficulté à dormir et à rester tranquille. La personne affectée semble souvent, en fait, ne pas prendre conscience de ses accès. Par conséquent, elle nie généralement être en situation de crise et s'oppose souvent à tout traitement. Pour toutes ces raisons, la manie est une manifestation qui désoriente la famille et les amis et, tout compte fait, elle s'avère beaucoup plus dérangeante pour les autres que pour la personne qui en est affectée.

LA GLORIFICATION DU TROUBLE MANIACO-DÉPRESSIF

En phase maniaque, les personnes dites maniaco-dépressives présentent donc souvent certaines caractéristiques enviables: elles sont créatrices, débordantes d'énergie et de projets, extraverties, exubé-

3. Stoll, A. L., M. Tohen, R. J. Baldessarini, D. C. Goodwin, S. Stein, *et al.* «Shifts in diagnostic frequencies of schizophrenia and major affective disorders at six North American psychiatric hospitals, 1972-1988», *American journal of psychiatry, 150,* 1993, p. 1668-1673.

rantes, charismatiques et souvent particulièrement efficaces. Fiers de pouvoir posséder ces traits enviables, combien de vedettes ou d'hommes politiques ne se vantent-ils pas d'être maniaco-dépressifs? Ces caractéristiques sont souvent valorisées par l'entourage social qui ne se rend pas nécessairement compte des ravages que certains autres traits qui accompagnent généralement la crise de manie peuvent produire sur les proches (dépenses d'argent inconsidérées, sexualité débridée, insolence démesurée, prise de décisions irréalistes). L'entourage ne se rend pas compte non plus que cette exubérance et cette énergie constituent une solution inadaptée pour tenter de résoudre des problèmes auxquels la personne maniaco-dépressive n'arrive pas à faire face autrement. Cette valorisation a comme effet pervers d'encourager le trouble en tant que tel et ne motive en rien la personne concernée à adopter un comportement modéré propice au maintien de son équilibre mental à long terme et à la résolution de ses problèmes émotifs fondamentaux.

La dépression subséquente à la manie

Dans le trouble maniaco-dépressif, la dépression succède éventuellement à la manie. La personne atteinte peut alors manifester quelques-uns des signes suivants: abattement de l'humeur, perte d'intérêt, perte de poids, sommeil agité, ralentissement des mouvements, fatigue, manque de concentration et idées suicidaires. Chez beaucoup de maniaco-dépressifs, cette dépression semble liée à la culpabilité et à la honte d'avoir commis des actes extravagants, osés et déplacés pendant la période de manie, et pourrait être interprétée comme étant une forme d'autopunition particulièrement sévère. Entre les états de manie et de dépression, la personne passe généralement par des périodes sereines pendant lesquelles elle se comporte tout à fait normalement.

> *J'ai pu apprendre à bien vivre, à bien gérer mes émotions. J'ai donc moins besoin de béquille. Cela fait cinq ou six ans que je suis stable. Il y a huit ans que je ne suis pas retournée à l'hôpital.*

Un trouble cyclique épisodique

Le trouble bipolaire est, pour la très grande majorité des personnes diagnostiquées, un problème épisodique. Récemment, une importante étude portant sur des personnes bipolaires qui ont été suivies pendant plusieurs années par l'Institut national de santé mentale aux États-Unis a montré que le nombre moyen de cycles pendant une période de 10 ans s'élevait environ à trois[4]. En moyenne, le premier durait 21 mois, le second, 25 mois, et le troisième, 17 mois. Il est à noter aussi qu'environ le quart des personnes ayant obtenu un diagnostic de trouble bipolaire connaissent, au cours de leur vie, un problème de consommation d'alcool. Cette observation cadre avec le fait que l'alcool est certainement le «régulateur de l'humeur» le plus utilisé.

La proportion de personnes bipolaires qui oscillent continuellement entre la manie et la dépression, sans période de sérénité, est évaluée à environ 5 p. 100. D'autres personnes passent de la dépression à l'état normal, sans développer d'accès de manie. De rares individus ne souffrent que de manie, dont les accès varient en durée. Et chez d'autres, la manie et la dépression se confondent en un mélange des deux. Certaines recherches semblent indiquer que plus la personne vieillit, plus les accès de manie et de dépression risquent d'être fréquents. D'autres recherches, par contre, laissent entendre le contraire.

LA MANIE: UNE SOLUTION À DES PROBLÈMES EXISTENTIELS?

Comme pour tous les problèmes psychiatriques, les causes du trouble maniaco-dépressif sont l'objet de controverses, mais aucune des causes fréquemment invoquées en psychiatrie ou dans les médias, qu'elles mettent l'accent sur des facteurs génétiques ou sur des facteurs biochimiques, n'est solidement appuyée par des données scientifiques. Selon certains cliniciens qui s'intéressent à l'aspect psychologique de la question, la manie survient lorsqu'un problème urgent nécessite une solution radicale qui remet en question les comportements établis et que l'individu a, en un sens, perdu courage. Il fait alors un effort pour surmonter cette faiblesse en prétendant posséder des facultés intellectuelles supérieures, en exagérant l'importance de ses actions, en s'excitant sans raison. Aujourd'hui, toute référence à des difficultés existentielles dans l'apparition de ce que l'on nomme les troubles mentaux est soigneusement évitée dans la documentation psychiatrique, sous prétexte que de telles explications reviennent à blâmer l'individu ou sa famille. Il reste à voir précisément en quoi les affirmations contraires,

---

4. Winokur, G., W. Coryell, H. S. Akiskal, J. Endicott, M. Keller et T. Meller. «Manic-depressive (bipolar) disorder: The course in light of a prospective ten-year follow-up of 131 patients», *Acta psychiatrica scandinavica, 89*, 1994, p. 102-110.

selon lesquelles la détresse psychologique intense n'est aucunement le résultat de facteurs psychologiques et sociaux, aideront les personnes qui souffrent à recevoir une aide efficace.

Quelquefois, je me demande si la maladie mentale n'est pas seulement un certain stade à travers lequel les gens passent à un moment de leur vie, une méthode créative de se protéger contre le monde ambiant. Dans mon cas, ma situation financière était désastreuse, ma vie amoureuse allait mal, le travail était stressant et je vivais seul pour la première fois. J'ai mis tout cela ensemble et j'ai réalisé que je n'étais pas capable de faire face à tout cela. J'imagine que mon organisme a tout simplement dit: allons voir ailleurs.

LES CAS DE MANIE LIÉS À DES PROBLÈMES PHYSIQUES

Si le médecin tient absolument à prescrire du lithium, il doit s'assurer que son diagnostic de travail est le plus clair possible, ce qui n'est pas toujours facile. Il doit en premier lieu écarter la possibilité que les troubles d'humeurs soient liés à des problèmes médicaux.

LES PROBLÈMES PHYSIQUES POUVANT CAUSER LA MANIE

Les problèmes physiques suivants peuvent causer des épisodes de manie:

- les dérèglements endocriniens, c'est-à-dire les dérèglements dans la sécrétion d'hormones qui influencent le métabolisme et plusieurs autres processus physiques;
- les dommages structuraux au cerveau causés par un accident vasculaire cérébral, par la sclérose en plaques, par l'épilepsie ou par une infection;
- le manque aigu de sommeil;
- des événements particulièrement stressants.

LES MÉDICAMENTS POUVANT CAUSER LA MANIE

Certains médicaments peuvent également être à l'origine d'importants problèmes d'humeur. Les substances et médicaments suivants peuvent être à l'origine de crises de manie:

- les stéroïdes;
- les antidépresseurs;

- certains médicaments utilisés pour traiter la tuberculose, comme l'isoniazid;
- certains médicaments utilisés pour traiter la maladie de Parkinson, comme la lévodopa (Larodopa);
- les amphétamines, la cocaïne et les autres stimulants, dont le café;
- plusieurs autres drogues illicites, dont la marijuana.

Si le diagnostic n'est pas clair, le médecin devrait hésiter avant de recommander une thérapie au lithium. Dans une étude récente, des chercheurs se sont donné comme tâche de dépister celles qui, parmi les personnes étiquetées comme maniaco-dépressives, avaient une anomalie organique capable de fausser leur diagnostic et qui avait probablement provoqué leur manie. De l'avis des chercheurs, seulement un peu plus du tiers de ces personnes avaient été correctement diagnostiquées[5].

LES DIFFICULTÉS DE L'INTERVENTION PSYCHOSOCIALE

Les événements et les problèmes émotifs contribuent souvent au déclenchement d'accès de manies, surtout chez les personnes qui ont déjà eu un épisode maniaque. Dans de tel cas, il devient important, dès qu'une situation psychologique difficile se présente, d'obtenir rapidement l'aide d'un spécialiste compétent dans l'utilisation de méthodes psychosociales. Celui-ci peut aider à désamorcer une situation avant qu'elle ne prenne trop d'ampleur et qu'elle ne risque de dégénérer en manie.

Les gens du centre m'ont aidé tranquillement à remonter la pente. Je me sentais compris. L'essentiel, c'est de se sentir écouté. C'est la clé de tout.

Le traitement psychosocial de la manie est probablement celui qui présente le plus de difficultés comparativement à tous les autres troubles abordés dans ce livre, même pour des thérapeutes d'expérience. Lors d'un épisode de manie, l'individu se perçoit souvent comme la

5. Shukla, S., B. L. Cook, A. L. Hoff et T. A. Aronson. «Failure to detect organic factors in mania», *Journal of affective disorders, 15,* 1988, p. 17-20.

personne la plus intéressante au monde et explose d'énergie et de projets. Il est convaincu que rien de mal ne peut lui arriver, qu'il lui est impossible de subir un échec. Dans ce sens, la manie est une forme d'évasion par excellence et les personnes qui vivent un tel épisode ont presque toujours tendance à éviter le travail essentiel à leur rétablissement, qui consiste à mieux se connaître et à mieux comprendre la façon dont elles s'organisent régulièrement pour saboter leur vie.

Peu de personnes dites maniaco-dépressives, en effet, acceptent de renoncer à l'envoûtement que procurent les crises de manie, ce qui rend excessivement difficile le traitement de ce trouble qui requiert une renonciation à ce mode de fonctionnement, donc un engagement personnel de la personne traitée à changer.

Par ailleurs, le médicament prescrit n'étant qu'un sel minéral, son utilisation est banalisée en dépit du fait qu'il s'agit d'un produit toxique. De plus, comme le trouble est généralement attribué à une cause organique indépendante de la volonté ou du contexte interpersonnel et social, ce qui n'est pas encore établi, la personne atteinte de trouble maniaco-dépressif n'a aucune motivation à essayer de comprendre ce qui provoque sa manie, puis ensuite sa dépression, et à remettre en question sa façon de fonctionner. Elle n'a pas non plus de motivation à prendre conscience de l'influence parfois néfaste de certaines personnes sur son état de santé mentale. Mais comprendre la dynamique du trouble maniaco-dépressif constitue déjà un grand pas en vue d'un rétablissement.

Lors de périodes de manie aiguë, les personnes affectées se soumettent donc rarement volontairement à un traitement. Les proches et les amis de la personne en crise se sentent forcés d'agir pour calmer la personne et l'empêcher de poursuivre ses activités qui sont souvent désastreuses. Habituellement, cela se traduit par une hospitalisation involontaire. Mais il faut reconnaître que de telles stratégies, qui visent la protection de la personne ou de son entourage, s'apparentent plus à des interventions policières qu'à des interventions thérapeutiques.

Ce ne sont pas des médicaments qu'il nous faut, ni des injections de force, ni d'être attachés contre notre gré, ni des cures fermées. C'est de l'amour et de la compréhension, puis de la tendresse.

Ce travail ne peut être entrepris qu'entre les périodes d'exaltation ou de désespoir qui caractérisent le trouble bipolaire, quand la personne redevient plus rationnelle. Heureusement, il existe très peu de personnes très troublées, agitées ou autodestructrices ou qui refusent toute forme d'aide respectueusement offerte. Pour ces personnes qui refusent de changer, il n'y a pas de solutions faciles. Mais l'existence de cette petite minorité d'individus ne devrait pas servir à justifier, d'une part, l'utilisation du lithium chez toute personne qui manifeste les signes du trouble bipolaire et, d'autre part, tout le système de traitement coercitif employé en psychiatrie.

LES SUBSTANCES UTILISÉES POUR RÉGULARISER L'HUMEUR

Le lithium

Nom générique	*Nom commercial*
Lithium, carbonate de	Carbolith, Duralith, Lithane

Indications

Le lithium est principalement prescrit en vue de traiter les troubles bipolaires. Cette substance était, au départ, surtout utilisée dans le but de contrôler les accès de manie. Aujourd'hui, les médecins affirment que le lithium joue également un rôle préventif pour atténuer l'apparition de la dépression, même si cet effet protecteur ne semble pas toujours fonctionner.

Plusieurs médecins affirment à leurs patients que le lithium corrige le déséquilibre biochimique qui serait à l'origine de leur trouble bipolaire. Parfois aussi, les médecins leur disent qu'ils souffrent d'un manque de lithium. Ces affirmations sont fausses: en effet, aucun déséquilibre biochimique susceptible de causer le trouble bipolaire n'a encore été identifié. Par ailleurs, nous ne possédons aucun indice sur la fonction des minuscules quantités de lithium trouvées dans le corps humain. De nombreux articles populaires véhiculent l'idée que le lithium joue le même rôle face au trouble maniaco-dépressif que l'insuline face au diabète. Ce parallèle est trompeur car, tandis que l'insuline sert à améliorer le métabolisme du sucre dans l'organisme, le lithium freine la transmission des influx nerveux dans le cerveau. Comme le suggère le psychiatre Peter Breggin, il serait plus raisonnable d'établir un parallèle entre le lithium et le plomb. Ainsi, comme le lithium, le plomb est un métal naturel qui se retrouve en quantités infimes dans le corps humain tout simplement parce qu'il est présent dans l'environnement. Cette présence n'empêche pas que le plomb, comme le lithium, soit une substance extrêmement toxique qui n'exerce aucun effet positif connu sur l'organisme. Mais les propriétés tranquillisantes du lithium et des autres régulateurs de l'humeur, qui apparaissent d'autant plus séduisantes qu'aucun autre médicament ne semble s'avérer aussi efficace, en font, de l'avis de la majorité des psychiatres, le traitement de choix pour le trouble maniaco-dépressif.

Le lithium, j'en prends quand j'en ai besoin, mais ce n'est pas miraculeux.

Les frontières entre ce que l'on nomme les psychoses maniaco-dépressives, schizophréniques ou schizo-affectives (c'est-à-dire une psychose schizophrénique à laquelle s'ajoutent soit des symptômes dépressifs, soit des symptômes de manie) n'étant pas claires, certains cliniciens ont pour stratégie de commencer par utiliser du lithium, plutôt que des neuroleptiques, pour voir quelles personnes répondent au traitement. Si une personne réagit bien au lithium, le médecin peut penser qu'elle est atteinte de trouble bipolaire. Mais, comme le lithium a généralement les mêmes effets tranquillisants sur toutes les personnes qui en prennent à des doses thérapeutiques, cette pratique ne peut en soi rien révéler sur l'origine ou la nature du problème. Indépendamment de ce fait, il est pratique courante d'utiliser d'abord les neuroleptiques au début de la phase de manie à cause de la plus grande rapidité d'action de ces médicaments pour contrôler la manie. Les médecins introduisent ensuite le lithium lorsque l'état de ces personnes est devenu stable, mais continuent à prescrire des neuroleptiques à long terme à près de la moitié d'entre elles.

Je ne prends plus de médicaments depuis un an. Je vais bien. J'ai développé de nouvelles manières de gérer mon stress, comme d'écouter de la musique classique et de lire un livre.

Comme la plupart des psychotropes utilisés en psychiatrie, le lithium a de nombreux usages. Par exemple, les médecins le combinent quelquefois à des antidépresseurs tricycliques ou à des neuroleptiques, parce qu'il semble avoir pour effet d'augmenter l'action de ces agents. Il est aussi administré, à l'occasion, dans des cas de catatonie périodique (paralysie ou immobilisme accompagnés d'attitudes bizarres et stéréotypées), de troubles d'instabilité de caractère et d'obsessions. Il est également prescrit pour contrôler un large éventail de troubles du comportement chez les enfants dont les parents sont diagnostiqués comme ayant un trouble bipolaire.

Les médecins ont aussi une certaine tendance à traiter les comportements agressifs ou explosifs avec le lithium, mais l'utilité de cette substance pour corriger de tels comportements n'a pas été établie.

Que penser d'une personne qui prend du lithium pour régler un problème de violence?

Le lithium est de plus administré de façon expérimentale pour traiter des cas d'alcoolisme périodique. Il est également employé pour traiter le présumé syndrome prémenstruel, mais sans résultat concluant. Quelquefois, les médecins donnent aussi du lithium à des personnes qui viennent d'être soumises à des électrochocs dans le but de les empêcher de sombrer à nouveau dans la dépression. Comme il stimule la production de globules blancs dans le sang, le lithium est parfois prescrit après une chimiothérapie anticancéreuse ou une radiothérapie. Il est enfin utilisé en vue de traiter certaines formes d'hyperthyroïdie et de migraines.

MÉCANISME D'ACTION

De nombreuses théories tentent d'expliquer l'action du lithium. Plusieurs affirment que le lithium agit sur les messagers d'influx nerveux dans le cerveau, plus particulièrement sur la dopamine, sur la norépinéphrine et la sérotonine. D'autres théories laissent entendre que le lithium influe sur les processus cellulaires en modifiant soit la perméabilité des membranes des cellules, soit les échanges de calcium dans les cellules. D'autres théories, enfin, attirent l'attention sur les effets qu'aurait cette substance sur les glandes endocrines et sur le rythme biologique de l'individu. Cette prolifération de théories nous force à constater que personne ne sait vraiment comment le lithium produit les effets tranquillisants observés chez les personnes qui en prennent.

Le lithium n'est pas transformé dans le corps: en effet, environ 95 p. 100 de cette substance est éliminée par les reins; le reste est évacué par la sueur et les selles. Chez les personnes qui prennent continuellement du lithium, il faut attendre à peu près 24 heures pour que la moitié d'une dose soit expulsée du corps. Même si cela prend huit heures au corps pour absorber entièrement une dose de lithium, le niveau de lithium dans le sang est à son maximum de 15 à 60 minutes après l'absorption quand il est pris sous forme liquide, de 1 à 4 heures quand il est pris sous forme de comprimés ou de capsules et de 6 à 8 heures quand il est administré sous forme de préparation à libération lente. Sa durée d'action se situe entre 18 et 36 heures, ce qui explique que certains des effets d'une dose de lithium puissent durer jusqu'à plusieurs jours. Mais pour mesurer un niveau de lithium dans le sang qui soit représentatif de la situation de la personne qui en prend, il est nécessaire de le faire 12 heures après la prise de la dernière dose. Dans le corps, les plus fortes concentrations de lithium se retrouvent dans la glande thyroïde, dans les os et dans les tissus du cerveau. On en retrouve également dans le lait maternel.

PRESCRIPTION

Traitement en période de crise

Le médecin qui décide de recourir au lithium doit instaurer le traitement de façon progressive parce qu'il lui est impossible de déterminer à l'avance les doses nécessaires pour obtenir le résultat recherché. Puisque le lithium prend au minimum une semaine avant d'avoir un effet, il est pratique courante de prescrire des neuroleptiques lors d'une crise de manie. La plupart des médecins administrent alors en parallèle deux ou trois doses de 300 mg de lithium par jour, sous forme de comprimés, de capsules, de comprimés à libération lente ou de sirop. La dose initiale est par la suite augmentée par paliers de 300 mg tous les quatre ou cinq jours ou toutes les semaines, jusqu'à ce que le taux de lithium dans le sang, aussi appelé lithiémie, se situe entre 0,8 et 1,2 millimole par litre (unité chimique de masse moléculaire employée en biologie).

Cette concentration dans le sang constitue le niveau thérapeutique recherché par la plupart des médecins pour leurs patients en situation de crise. Pour obtenir cet effet, la dose quotidienne maximale varie ordinairement entre 900 et 1800 mg, mais certains médecins prescrivent parfois jusqu'à 3000 mg par jour. Il est vrai que les doses requises pour obtenir le taux sanguin recherché varient beaucoup d'un individu à l'autre. À cause de ces différences individuelles importantes, il devient nécessaire de faire une vérification de la lithiémie chez chaque usager, quelques jours après chaque augmentation de dose.

Traitement d'entretien

Le lithium prend une à trois semaines avant d'avoir un effet notable sur l'agitation. Quand la manie se résorbe et que la situation de la personne traitée se stabilise, le médecin décide habituellement d'entreprendre un traitement d'entretien. Ce traitement consiste à continuer l'administration de doses de lithium, mais en plus faible quantité, dans le but d'empêcher d'autres accès de dépression et de manie.

Quand le médecin traitant note une amélioration de la manie, il diminue habituellement les doses de lithium. Ces dernières peuvent se situer entre 600 mg et 1200 mg. Certains médecins préfèrent des doses qui vont jusqu'à 1800 mg par jour. Pendant la thérapie d'entretien, la lithiémie recherchée se situe en général entre 0,5 et 0,8 millimole par litre. Certains médecins préféreront s'en tenir à 0,4 millimole par litre, ce qui est probablement la limite minimale de l'effet tranquillisant du lithium, tandis que d'autres, dans certains cas, préféreront stabiliser la lithiémie à un niveau élevé qui peut atteindre 1,1 millimole par litre.

Après deux ans, certains médecins permettent aux personnes traitées au lithium d'essayer d'arrêter le traitement, quitte à le reprendre au premier signe d'apparition des symptômes.

> *J'admets que je vais être maniaco-dépressif jusqu'à ma mort, mais je veux vivre sans médication. Si je suis trop surexcité, je prendrai peut-être quelque chose pour me donner un petit coup de pouce.*

La lithiémie

La lithiémie permet de mesurer la concentration de lithium dans le sang. Cette mesure est particulièrement importante parce que la marge qui sépare le niveau prétendument thérapeutique du lithium de son niveau de toxicité est très mince. On comprend alors pourquoi la supervision de la lithiémie doit se faire avec une très grande attention. Certains cliniciens considèrent qu'un niveau de lithiémie supérieur à 0,8 est trop élevé et ne devrait pas être chose courante. À plus fortes concentrations et au-delà de 1,2 millimole par litre, des effets sérieux et toxiques peuvent se manifester. Si un médecin juge qu'un haut niveau de lithiémie est nécessaire, il devra surveiller son patient très étroitement.

Je pensais que je devais prendre ma lithiémie pendant mon sevrage. Mais mon médecin de famille m'a dit que quand on diminue le lithium, on n'a pas besoin de prendre sa lithiémie. La lithiémie sert à savoir si le taux de lithium est trop élevé dans le sang. Si le taux est bas, ce n'est pas grave.

La lithiémie doit être mesurée selon un calendrier prédéterminé. Le jour dit, la mesure doit être faite 12 heures après la prise de la dernière dose: si ce délai de 12 heures n'est pas respecté, les résultats deviennent impossibles à interpréter. Pendant la thérapie d'entretien, on commence à faire les tests de lithiémie tous les mois plutôt que toutes les semaines, dès que trois tests consécutifs faits dans le même laboratoire montrent que le niveau de lithiémie recherché est atteint et se maintient. Quand l'évolution de la situation aura été jugée stable pendant six mois, une prise de lithiémie tous les deux ou trois mois semblerait être suffisante.

En plus des prises de lithiémie régulières recommandées, l'usager doit absolument s'assurer de faire prendre sa lithiémie et de communiquer avec son médecin quand:

- il présente des symptômes d'intoxication: diarrhée, nausées, vomissements, fatigue accrue, lenteur mentale, tremblements importants ou manque de coordination des mouvements, etc.;
- les doses de lithium ont été modifiées (dans ce cas, il faut obtenir la lithiémie cinq jours après le changement);
- une maladie physique se déclare, en particulier quand elle provoque de la fièvre, de la diarrhée ou des vomissements;
- il y a une augmentation importante de la transpiration occasionnée entre autres par des grandes chaleurs prolongées ou par une augmentation marquée de l'activité physique;
- l'usager se met à prendre des stéroïdes, des diurétiques, des neuroleptiques, du bicarbonate de soude, des antidépresseurs IMAO (Nardil, Parnate, Manerix) ou des médicaments anti-inflammatoires non stéroïdiens, dont l'aspirine;
- il y a grossesse;
- il y a un changement dans la consommation de sel ou dans le régime alimentaire;
- on constate des signes de déficience de la thyroïde.

Il faut s'acharner, même pour avoir un résultat de prise de sang. Ils me disent seulement que tout va bien mais, moi, je veux savoir si ma lithiémie est à 0,7 ou 0,9 millimole par litre. Je veux avoir plus de détails: ceux qui ne demandent rien n'obtiennent pas cette information.

CONTRE-INDICATIONS

Il est fortement recommandé d'éviter le lithium dans certaines conditions et situations médicales dont:

- l'insuffisance rénale;
- la rétention urinaire;
- la déshydratation ou la présence d'infection grave;
- le premier trimestre de grossesse, à cause du risque d'anomalies congénitales chez le bébé;
- les quelques jours précédant l'accouchement et la période de l'accouchement;
- l'allaitement (en raison de la concentration de lithium dans le lait maternel);
- l'incapacité présentée par la personne de se plier à des tests de sang réguliers;
- les allergies au lithium (des marques de lithium contiennent un colorant, la tartrazine, qui peut empirer l'asthme et les troubles respiratoires, entre autres chez les personnes allergiques à l'aspirine);
- le psoriasis grave (le lithium peut empirer cette condition);
- le mauvais fonctionnement de la thyroïde;
- le diabète;
- les lésions cérébrales organiques;
- l'épilepsie et la maladie de Parkinson (le traitement risque d'aggraver ces affections);
- la tenue d'une session d'électrochocs;
- la nécessité de prendre des diurétiques, des anti-inflammatoires ou des inhibiteurs neuro-musculaires;
- les problèmes cardiaques.

Grossesse

Quand une femme enceinte prend du lithium pendant le premier trimestre de sa grossesse, son bébé a quatre ou cinq fois plus de chances de présenter une malformation congénitale, principalement au cœur et aux gros vaisseaux. On a observé, entre autres, dans une étude portant sur 350 femmes enceintes qui prenaient du lithium, une incidence de malformations congénitales s'élevant à 7 p. 100. Les chercheurs ont également relevé un taux anormalement élevé de morts périnatales, de prématurité et d'insuffisance de poids à la naissance[6]. La contraception est donc absolument conseillée aux femmes traitées au lithium qui ne veulent pas devenir enceintes.

On suggère en outre à l'usagère qui déciderait de concevoir un enfant d'envisager une autre option de traitement pendant qu'elle essaie de devenir enceinte et pendant la grossesse. Si une femme a pris du lithium pendant le premier trimestre de sa grossesse, elle a avantage à demander une échographie pour s'assurer que le bébé ne présente pas d'anomalie.

Il est intéressant de noter que des cliniciens ont observé, au cours des années, que les femmes enceintes étaient nettement moins susceptibles d'avoir un épisode de trouble psychologique pendant leur grossesse. Il est, par conséquent, raisonnable de penser qu'une femme court peu de risques de sombrer en état de crise si elle arrête sa médication pendant sa grossesse[7]. Pour diverses raisons, certaines femmes choisissent de continuer la prise de lithium. Elles doivent être étroitement surveillées, car la grossesse entraîne des changements de fonctionnement des reins.

Une semaine avant la date prévue pour l'accouchement, la future mère doit de plus s'assurer d'arrêter le traitement au lithium, ou du moins de diminuer considérablement les doses prescrites. En effet, à cause de la déshydratation et des échanges de fluides qui se produisent pendant l'accouchement, le niveau de lithium risque de s'élever de façon anormale et d'atteindre un niveau de toxicité dangereux. Le nouveau-né pourrait alors souffrir d'une défaillance respiratoire, cardiaque ou rénale. Il pourrait aussi être faible et léthargique et sa température pourrait être basse. C'est ce qu'on appelle en anglais un «floppy baby», en d'autres termes, un bébé flasque. Ce phénomène illustre très clairement l'effet puissamment pacificateur du lithium. Par la suite, si la mère reprend du lithium, on doit lui interdire d'allaiter, car le lithium passe dans le lait maternel et peut nuire au bébé.

---

6. Kaller, B. et A. Tandberg. «Lithium and pregnancy: A cohort study on manic depressive women», *Acta psychiatrica scandinavica*, 68, 1983, p. 134-139.
7. Gorman, J. M. *The essential guide to psychiatric drugs*, New York, St. Martin's Press, 1990, p. 346.

Pendant la grossesse, certains médecins prescrivent de l'acide valproïque et des neuroleptiques pour remplacer le lithium, mais cet usage est aussi jugé peu recommandable parce que ces médicaments peuvent aussi produire, quoique plus rarement, des anomalies fœtales graves (voir la suite de ce chapitre et le chapitre sur les neuroleptiques).

Personnes âgées

Les personnes âgées de plus de 55 ans sont beaucoup plus sensibles aux médicaments que les adultes d'âge moyen. Elles sont en effet plus susceptibles de subir des complications ou des effets indésirables graves, comme l'apparition de réactions semblables au parkinsonisme, ou encore le coma, sans qu'il y ait de signes annonciateurs. C'est pourquoi il faut s'assurer que les doses données aux personnes âgées soient plus faibles que celles utilisées pour les autres adultes: les doses de départ varient donc, selon l'avis de différents cliniciens, entre 75 à 150 mg par jour, mais certains iront même jusqu'à 300 mg. Chez les personnes âgées, la lithiémie ne doit pas dépasser 0,4 à 0,6 millimole par litre.

Les signes d'intoxication doivent être surveillés attentivement, surtout si l'usager suit un régime à faible teneur en sel ou s'il prend des diurétiques. L'interaction plus prononcée du lithium et des neuroleptiques chez les personnes âgées peut provoquer des symptômes de confusion, de perte de mémoire, de désorientation, de peur et d'agitation. Les tests de fonctionnement des organes devront donc aussi être plus fréquents. Il faut également superviser de très près les personnes âgées qui souffrent de démence et de parkinsonisme, car la toxicité du lithium se manifeste souvent plus rapidement chez ces usagers.

Enfants

L'efficacité et la sûreté du lithium n'ont pas été établies pour les enfants. Son usage n'est donc pas recommandé auprès de cette population. Malgré ces mises en garde, certains médecins prescrivent du lithium aux enfants de moins de 12 ans en commençant par des doses de 150 à 300 mg par jour. Une fois passée la crise initiale, ils visent à établir, pendant le traitement d'entretien, une lithiémie variant entre 0,4 et 0,8 millimole par litre.

Comment affronter des parents qui te forcent à prendre tes médicaments?

Recommandations

Les effets du lithium sur l'organisme doivent être supervisés avec diligence, car ce sel métallique peut aussi être à l'origine, entre autres, de dommages aux reins, d'un mauvais fonctionnement de la thyroïde et du métabolisme du glucose, ainsi que de certains problèmes sanguins. D'où l'importance, au départ, de faire évaluer en profondeur sa situation médicale par le médecin et de lui fournir toute l'information pertinente, mais aussi de s'assurer de discuter des autres formes de traitements possibles. On recommande également à la personne qui suit ou doit suivre un traitement de voir à ce que toutes les étapes exposées ci-dessous soient respectées.

Recommandations concernant l'examen médical

En premier lieu, la personne traitée doit veiller à ce que le médecin procède à un examen physique de son cœur, de ses reins et de sa glande thyroïde. Cet examen doit avoir lieu tous les ans. L'usager doit s'assurer que le médecin passe en revue l'état de ses organes et dresse un tableau complet de sa situation médicale. Il doit aussi prendre bien soin d'informer le médecin:

- s'il a une maladie organique du cerveau;
- s'il souffre d'une insuffisance rénale ou hépatique;
- s'il souffre d'hyperthyroïdie;
- s'il a des problèmes cardiaques;
- s'il est diabétique;
- s'il a déjà eu des crises d'épilepsie;
- s'il prend d'autres médicaments;
- s'il y a grossesse;
- s'il suit un régime à faible teneur en sel, en sucre ou tout autre régime;
- s'il prévoit subir une opération sous anesthésie à court terme;
- s'il a des antécédents familiaux de troubles cardiaques, rénaux, thyroïdiens, etc.

C'est difficile de s'informer, quand on ne sait pas où obtenir l'information. Sur l'autoroute, il y a des panneaux de signalisation pour indiquer les informations touristiques, mais pour ce qui est des médicaments, on ne trouve aucune indication nulle part.

Recommandations concernant les tests

Avant de commencer le traitement, la personne concernée doit de plus voir à ce que le médecin fasse évaluer, grâce à des tests, le fonctionnement de ses reins, de son cœur et de sa thyroïde, qui sont les organes les plus susceptibles d'être touchés par le traitement au lithium. Le médecin doit aussi s'assurer que les autres tests, dont plusieurs tests sanguins, soient prescrits. Ces tests permettent au clinicien de prendre de nombreuses mesures initiales qui pourront, par la suite, être comparées aux résultats obtenus lors de tests ultérieurs. Cela est un outil indispensable pour surveiller l'évolution de l'état de la personne. Il est à noter cependant qu'il n'y a pas de consensus sur les tests à prescrire. En voici néanmoins les principaux:

Tests de la fonction rénale

- analyse d'urine;
- test de l'élimination de la créatinine, composé chimique présent dans les muscles, le sang et l'urine (tous les mois ou tous les deux mois au début, puis tous les six mois par la suite);
- épreuve de concentration des urines (pour détecter le diabète insipide);
- volume des urines de 24 heures (si indiqué);

Tests sanguins

- test de l'azote uréïque du sang (BUN);
- test d'électrolytémie;
- dosage radio-immunologique T3 et T4;
- dosage de la TSH ultrasensible (après six mois, puis tous les ans par la suite);
- test d'anticorps antithyroïdiens;
- calcémie (après un mois, puis tous les ans);
- numération de la formule sanguine (tous les ans);
- glycémie (tous les ans).

Autres mesures

- poids (tous les trois mois);
- électrocardiogramme (un mois après le début, puis tous les ans, surtout si l'usager souffre de troubles cardiaques ou s'il a plus de 40 ans);
- dosage des hormones thyroïdiennes;
- électroencéphalogramme (en cas d'intolérance ou de maladies neurologiques);
- dosage de la concentration de lithium dans les globules rouges (en cas d'intolérance au lithium);
- test de syphilis (si indiqué).

Recommandations concernant le suivi

On recommande à ceux qui prennent du lithium d'utiliser un cahier à anneaux dans lequel ils pourront consigner les informations relatives à leur traitement. Ils pourront y insérer, entre autres, des feuilles de suivi de traitement sur lesquelles ils noteront, à différents moments de leur traitement, les doses de lithium absorbées quotidiennement pendant chaque période entre les lithiémies, les résultats des autres examens biologiques, les médicaments associés et, s'il y a lieu, les effets observés sur l'humeur ainsi que les réactions indésirables. Les usagers seront ainsi mieux équipés pour suivre l'évolution de leur situation. Quand ils rencontrent leur médecin, il est important qu'ils l'informent des symptômes physiques ressentis et des changements d'humeur observés: le cahier où sont consignés les résultats et les remarques relatives à leur état peut les aider à en parler avec plus de précision.

Recommandations générales

La déshydratation

La déshydratation et les changements de l'équilibre du sel dans le corps peuvent augmenter la concentration de lithium dans le sang et provoquer une intoxication susceptible d'avoir des conséquences graves. On recommande par conséquent aux usagers de boire 8 à 10 grands verres d'eau par jour, d'avoir une consommation de sel régulière, d'éviter de s'exposer à une chaleur capable de provoquer des accès de sueur, de se faire examiner et de prendre leur lithiémie s'ils souffrent de maladies qui occasionnent de fortes fièvres, des vomissements et de la diarrhée et, enfin, d'éviter d'adopter des régimes alimentaires différents sans en parler auparavant à leur médecin. Les personnes qui partent pour des pays chauds et qui ne pourront pas vérifier leur lithiémie en voyage devront augmenter leur consommation de sel.

Si on prend un médicament qui fait des cristaux dans les reins et que le médecin ne nous dit pas de boire beaucoup d'eau pour les éliminer, on se retrouve avec des problèmes de reins. On ne peut pas prendre une pilule sans savoir l'effet qu'elle va avoir sur notre corps. Il faut poser des questions au médecin, quitte à lui demander de faire un dessin. S'il ne veut pas, il est préférable d'aller voir un pharmacien: lui n'a pas de secrets, il nous dit tout.

La conduite automobile et autres tâches dangereuses

Le lithium peut facilement altérer la vigilance, le jugement, la coordination physique et le temps de réaction. Il peut aussi brouiller la vision. Par conséquent, on recommande aux usagers de ne pas conduire, effectuer des opérations mécaniques, accomplir des tâches dangereuses ou grimper en hauteur tant que leur réaction au médicament n'aura pas été déterminée et jugée satisfaisante.

Autres recommandations

Les usagers auront avantage à éviter l'alcool parce que le lithium augmente son effet et que, d'autre part, l'alcool peut contribuer à la dépression. De plus, à cause des effets toxiques associés aux fortes doses de lithium, il est recommandé de le garder dans un contenant bien scellé. Enfin, il semble avisé que les usagers portent sur eux, en cas d'urgence ou d'intoxication, une carte d'instructions.

EFFETS THÉRAPEUTIQUES

On a grandement exagéré les effets thérapeutiques du lithium au début de son introduction en pratique courante. Malgré les articles louangeurs parus dans la presse populaire et les témoignages de célébrités qui en ont retiré des bénéfices, les chercheurs ont tendance aujourd'hui à être moins enthousiastes[8]. Selon une étude récente dans laquelle des scientifiques ont passé en revue plusieurs recherches concernant l'efficacité à long terme du lithium, la proportion de personnes qui continuent à éprouver des problèmes sérieux après avoir pris du lithium n'est pas très différente de celle qu'on observait avant que le lithium soit utilisé en psychiatrie[9]. Dans une autre étude récente, au cours de laquelle on a suivi des personnes pendant près de deux ans après leur hospitalisation, les chercheurs ont constaté que celles qui étaient traitées au lithium n'avaient pas moins de symptômes que les personnes non traitées[10]. De plus, l'Institut national de santé mentale

8. Janicak, P. G., R. H. Newman et J. M. Davis. «Advances in the treatment of mania and related disorders: A reappraisal», *Psychiatric annals, 22,* 1992, p. 92-103.

9. O'Connell, R., J. A. Mayo, L. Flatow, B. Cuthberson et B. E. O'brien. «Outcome of bipolar disorder on long-term treatment with lithium», *British journal of psychiatry, 159,* 1991, p. 123-129.

10. Harrow, M., J. F. Goldberg, L. S. Grossman et H. Y. Neltzer. «Outcome in manic disorders: A naturalistic follow-up study», *Archives of general psychiatry, 47,* 1990, p. 665-671.

des États-Unis, après avoir suivi 131 personnes pendant 10 ans, n'a remarqué aucun lien entre l'intensité du traitement au lithium et la diminution du nombre de crises de manie ou de dépression[11].

Depuis que j'ai diminué mes doses de lithium, je suis plus actif, j'écoute moins la télé. Avant, j'hibernais. Je me sens moins apathique. J'arrive à faire plus de choses.

En général, on estime que 40 p. 100 des personnes qui présentent un trouble bipolaire typique ne répondent pas à une thérapie au lithium, même si elles prennent fidèlement leur dose. Selon certaines recherches, parmi les 60 p. 100 qui paraissent répondre au lithium, seulement la moitié semble ne plus présenter de symptômes. L'autre moitié présente de faibles symptômes de manie ou de dépression.

Ces chiffres n'incluent pas les 20 à 40 p. 100 des personnes qui interrompent volontairement leur traitement au cours de la première année. Dans une étude où 43 p. 100 des personnes ont interrompu leur traitement au lithium, les raisons les plus fréquemment invoquées étaient le gain de poids et des difficultés de fonctionnement intellectuel qui se traduisaient, en particulier, par des problèmes de concentration, de confusion et de ralentissement mental ainsi que par des problèmes de mémoire[12].

L'élimination des variations d'humeur prononcées constitue l'effet recherché lors de l'administration du lithium. Le lithium peut permettre de tranquilliser une personne de façon à atténuer son accès de manie après quelques semaines. Par contre, on observe que l'effet préventif ne peut être évalué qu'après un ou deux ans. Quand la stabilisation de l'humeur se produit, elle est donc généralement très progressive et n'exclut pas des rechutes.

---

11. Winokur, G., W. Coryell, H. S. Akiskal, J. Endicott, M. Keller et T. Meller. «Manic-depressive (bipolar) disorder: The course in light of a prospective ten-year follow-up of 131 patients», *Acta psychiatrica scandinavica, op. cit.*

12. Gitlin, M. J., S. D. Cohran et K. Redfield-Jamison. «Maintenance lithium treatment: Side effects and compliance», *Journal of clinical psychiatry, 50,* 1984, p. 127-131.

EFFETS SECONDAIRES ET TOXIQUES

On m'a parlé du strict minimum. On ne m'avait pas dit que ça pouvait affecter l'appareil digestif.

Réactions au début du traitement et aux augmentations de doses

Le début du traitement et chaque augmentation de dose sont quelquefois accompagnés par différents effets désagréables. Quelques-uns de ces effets disparaissent assez rapidement; d'autres se maintiennent tout au long du traitement. Ces effets désagréables sont:

- un ralentissement du fonctionnement intellectuel;
- une diminution de la mémoire et de la concentration;
- des vertiges;
- des maux de tête;
- de l'apathie, de la fatigue, de la léthargie ou de la faiblesse musculaire;
- de légers tremblements des mains;
- une perte d'appétit;
- des crampes abdominales, des nausées, des vomissements ou de la diarrhée;
- une augmentation de la soif et de la quantité d'urine;
- une augmentation de poids;
- un goût métallique dans la bouche.

Si je ne dis pas que j'ai un problème de santé mentale, les gens ne s'en aperçoivent pas. Mais il y a des effets secondaires au lithium. J'ai l'estomac en compote et je me suis mis à gonfler comme un ballon. Pire encore: l'intolérance à la chaleur. Je suis aussi porté à aller aux toilettes six ou sept fois par jour.

Effets désagréables qui peuvent persister ou réapparaître

Les effets que voici peuvent persister, apparaître ou réapparaître:

- diminution de la mémoire;
- sécheresse de la bouche, augmentation de la soif et de la quantité d'urine;

Le lithium, ça peut causer l'incontinence, la sécheresse de la bouche, des diarrhées, des maux de tête. Mais ces effets sont moins graves que ceux que j'aurais si je ne prenais pas de médicaments. Donc, entre les deux, je choisis le moindre mal.

- tremblements légers;
- augmentation de poids, enflements;
- irritations de la peau et acné;
- arrière-goût métallique;
- diminution de l'appétit sexuel et inhibition de l'érection.

Avant de se coucher, il faut calculer, voir comment notre copine va se sentir et déterminer si on pense avoir une relation sexuelle. Si oui, on retarde la prise des médicaments; sinon, on les prend.

Réactions d'intoxication

Certains effets peuvent indiquer que la lithiémie est trop élevée et qu'il y a intoxication. Dans ces cas, il est nécessaire de cesser immédiatement la prise du médicament et de consulter un médecin. L'intoxication se manifeste par les signes qui suivent:

- diarrhée, nausées, vomissements (sauf en début de traitement);
- somnolence, faiblesse musculaire et lenteur mentale (sauf en tout début de traitement);
- troubles du sommeil importants;
- excitation extrême;
- difficulté à parler;
- perte de la maîtrise de la vessie et des intestins;
- mouvements involontaires des yeux;
- enflure du cou.

Si on néglige ces signes, l'intoxication peut s'aggraver dangereusement. Dans les cas d'intoxication grave qui se manifestent par les symptômes suivants, l'usager doit cesser toute médication, et lui ou ses proches doivent appeler le médecin:

- confusion ou délire;
- vertige;
- embrouillement de la vision, voile noir;
- tremblements importants ou mouvements involontaires;

- rigidité des membres;
- tintements dans les oreilles;
- convulsions;
- coma (qui peut mener à la mort).

Je m'intoxiquais avec le lithium. On a essayé différentes marques. J'avais intériorisé le discours de la psychiatrie: je prends mes médicaments si je veux fonctionner. Mais je fonctionnais toujours en pensant à mes incapacités et non pas à mes capacités. Récemment, j'ai été référée à un psychiatre qui m'a fait voir quelques-unes de mes capacités.

Effets secondaires plus rares

D'autres effets sont relativement rares. Les usagers qui en remarquent auront avantage à les porter à l'attention de leur médecin. Ce sont:

- l'enflure des chevilles ou des poignets;
- une perte d'appétit;
- un éclaircissement des cheveux;
- un manque de sensibilité de la peau;
- une tendance à trop dormir;
- des palpitations;
- des difficultés à respirer;
- une intolérance à la chaleur ou au froid;
- de l'anxiété, de l'agressivité;
- une décoloration des mains accompagnée de douleurs;
- des mains froides;
- des sensations de ballonnement;
- de l'infertilité chez les hommes;
- une production de lait chez les femmes;
- une irritation des yeux.

D'autres effets secondaires ne pourront être décelés que lors d'examens et de tests médicaux que toute personne qui prend du lithium doit s'assurer de passer régulièrement. Ce sont, entre autres:

- un rythme cardiaque anormal;
- une diminution de la production d'hormones thyroïdiennes;
- l'apparition du diabète insipide (urine extrêmement diluée, sans sucre);
- l'aggravation du diabète sucré;

- la diminution du fonctionnement des reins;
- des dommages au cerveau;
- l'élévation du nombre de globules blancs.

Que faire en cas d'effets désagréables

Malgré les effets désagréables, qui varient en intensité selon les individus, plusieurs personnes préfèrent continuer à prendre du lithium. En cas de malaises gastro-intestinaux, il est recommandé de prendre le médicament avec du lait ou après un repas pour diminuer l'irritation. Pour combattre les autres effets désagréables, à part les signes d'intoxication, l'usager peut demander à ce que l'on change le type d'administration du médicament, mesure qui peut quelquefois apporter une amélioration de la situation. La personne concernée peut en effet demander à son médecin de diminuer la dose, de diviser la dose, de prendre une seule dose au coucher (pour que certains effets moins agréables passent inaperçus la nuit), de changer des comprimés pour des capsules ou du sirop, ou vice-versa, ou finalement de prendre des comprimés à libération lente (pour minimiser les fluctuations de lithiémie).

Il faut à peu près trois semaines avant qu'un médicament fasse effet. Quand je commence à avoir des effets, je vais vérifier l'information que j'ai dans mon livre, puis quand je vois le médecin, je lui indique les effets secondaires. Il sort son grand livre et regarde puis, après vérification, il diminue les doses ou change le médicament.

Effets à long terme

La prise de lithium à long terme peut causer des dommages parfois graves qui peuvent se traduire, entre autres, par un mauvais fonctionnement des reins et de la glande thyroïde, par une modification du système nerveux et du métabolisme du glucose et par certains problèmes cardiovasculaires. Il est donc important de voir à ce que des examens physiologiques ou biologiques soient effectués tous les ans, et même tous les six mois, pour vérifier la tolérance de l'organisme au sel de lithium. Étant donne que le lithium n'est utilisé, sur une échelle relativement grande, que depuis une vingtaine d'années, il n'est pas exclu que d'autres effects toxiques à long terme soient éventuellement découverts.

Dommages aux reins

Le corps dépend presque entièrement des reins pour éliminer le lithium. C'est à cause de l'effet du lithium sur ces organes que se produisent quelques-uns des effets secondaires les plus fréquents, comme l'envie excessive de boire et d'uriner, qui affecte 60 p. 100 des personnes qui prennent du lithium. Bien que ces effets soient habituellement réversibles, ils peuvent persister après l'arrêt du lithium, ce qui laisse supposer, dans ces cas, un certain degré de dommage aux reins. Ces atteintes peuvent, par exemple, affecter la capacité de concentration des urines et provoquer un besoin très excessif d'uriner.

> *Je souffrais beaucoup d'incontinence. Le médecin ne me croyait pas. Il a dû téléphoner à la dame qui tient la pension où j'habite, qui l'a convaincu que je faisais de l'incontinence. Je savais que c'étaient les médicaments qui faisaient cela. Mes doses ont été diminuées et je n'ai plus ce problème depuis trois mois. J'en ai souffert pendant 15 ans.*

Ces atteintes peuvent se traduire aussi par une modification de la capacité de filtration des reins. Pour s'assurer que ses reins fonctionnent correctement, la personne concernée doit veiller à ce que des tests réguliers soient faits pour superviser le fonctionnement de ses reins. Elle doit aussi s'assurer de boire beaucoup et éviter les situations qui pourraient entraîner une déshydratation (accès de sueur, faible consommation de liquides, exercices excessifs, diarrhée, vomissements, fièvre soutenue).

> *Moi, je buvais au moins deux gallons d'eau parce que j'avais toujours la bouche sèche.*

Mauvais fonctionnement de la glande thyroïde

Le lithium inhibe plusieurs étapes de synthèse et de dégradation des hormones produites par la glande thyroïde. Environ 5 p. 100 des usagers finissent par présenter une insuffisance des sécrétions thyroïdiennes, et 3 p. 100, surtout des femmes, un goître (enflure au cou), qui se traduisent par une intolérance à la chaleur et au froid, l'épaississement des cheveux, de la léthargie et de la faiblesse musculaire. Dans de très rares cas, le lithium peut, au contraire, provoquer un excès des sécrétions de la glande thyroïde. Le patient doit donc passer des tests réguliers pour vérifier si sa situation hormonale est normale. S'il y a un déséquilibre des hormones thyroïdiennes, il aura probablement avantage à consulter un endocrinologue qui suggérera soit l'arrêt du traitement, soit un traitement hormonal substitutif.

L'été, on sue avec le lithium. On a très chaud, c'est insupportable. Quand on dit cela au médecin, il répond bien souvent que ce n'est pas vrai.

Enfin, environ 5 p. 100 des usagers peuvent aussi développer des symptômes d'hyperparathyroïdie[13] qui se traduisent par des changements d'humeur, de l'anxiété, du délire, de l'agressivité, des troubles du sommeil, de l'apathie ou de la confusion.

Atteintes au système nerveux central et au système neuro-musculaire

À part le ralentissement de l'activité psychomotrice et la diminution de la mémoire, les effets du lithium sur le système nerveux se traduisent couramment par de légers tremblements de la main. Des personnes qui souffraient déjà d'autres formes de tremblements avant le début du traitement peuvent voir leur état empirer. Il arrive, quoique rarement, que ces tremblements s'étendent aux extrémités supérieures, à la figure et aux paupières. Une diminution des doses ou la cessation du traitement doivent alors être considérées.

Les personnes qui ont déjà eu des accidents cérébraux ou de l'épilepsie, ainsi que les personnes âgées, peuvent aussi, plus souvent que les autres, souffrir de perte de mémoire ou de concentration. L'effet du lithium sur le système nerveux central et sur le système neuro-musculaire peut également se manifester par les signes suivants:

- de la difficulté à parler;
- des vertiges;
- un manque de coordination;
- des tintements dans les oreilles;
- des mouvements involontaires des muscles ou du globe oculaire;
- un ralentissement des fonctions de la vessie et de l'intestin;
- des distorsions visuelles.

13. Yudofsky, Stuart C., Robert E. Hales et T. Ferguson. *What you need to know about psychiatric drugs,* New York, Ballantyne Books, 1992.

Ces symptômes constituent généralement des signes d'intoxication. Parfois, mais rarement, des dommages irréversibles au cerveau peuvent aussi se produire, principalement chez les personnes âgées, chez certaines personnes que les médecins disent atteintes de schizophrénie et chez celles qui souffrent de troubles neurologiques. Ils peuvent alors produire des troubles de fonctionnement intellectuel et des tremblements, des problèmes de coordination, des sensation d'anesthésie et des paralysies locales. Quand le lithium provoque des problèmes neurologiques prononcés, il devient important de cesser le traitement (voir à ce sujet le chapitre sur le sevrage).

Problèmes cardiovasculaires

Le lithium a un effet important sur le cœur, mais les cliniciens estiment que ces effets sont peu courants. Ils arrivent surtout lorsque le niveau de lithium dans le sang est trop élevé ou chez des personnes atteintes de maladie cardiaque déjà existante, manifeste ou latente. L'usager doit donc aussi s'assurer que le médecin suit attentivement son état. En cas d'apparition de troubles cardiaques, la cessation du traitement est recommandée.

Ça me révolte de voir à quel point les professionnels de la santé manquent de respect envers les gens. Ce ne sont pas des personnes qu'ils ont devant les yeux, c'est un diagnostic, une sorte de médicament à donner. Savoir pourquoi ces personnes sont comme elles sont ne les intéresse pas. Ils se disent: «Bon, celui-là, d'après moi, c'est un maniaco-dépressif. Du lithium, 500 mg, on va essayer ça. Si ça ne marche pas, qu'il aille se faire cuire un œuf.» Ils ne nous donnent pas la chance de nous prendre en main, ils ne cherchent pas à nous écouter, ils veulent avant tout nous tenir tranquilles en nous gelant avec des pilules.

INTERACTIONS MÉDICAMENTEUSES

Les usagers qui prennent du lithium doivent faire attention de ne prendre aucun médicament, avec ou sans ordonnance, sans consulter un médecin compétent pour qu'il identifie les risques d'interactions médicamenteuses.

Certains médicaments, de même que certaines substances et drogues, entraînent une hausse du niveau de lithium dans le sang et, par conséquent, augmentent le danger d'intoxication si les doses de lithium ne sont pas réajustées en conséquence. Parmi ces substances, mentionnons:

- certains médicaments qui modifient les échanges de potassium ou de sodium (Midamor, Edecrin, Aldactone, Novo-Spiritone);
- les anti-inflammatoires et les analgésiques (sauf l'aspirine): (Advil, Apo-Ibuprofen, Motrin, Medipren, Novo-Profen, Ponstan, Apo-Indometacine, Indocid, Novo-Methacin, Nu-Indo, Apo-Naproxen, Naprosyn, Naxen, Novo-Naprox, Nu-Naprox, Apo-Phenylbutazone, Butazolidin, Apo-Piroxicam, Feldene, Novo-Pirocam, Nu-Pirox, Apo-Sulin, Clinoril, Novo-Sundac);
- certains diurétiques (Hydropres, Lasix, Uritol, Apo-Furosemide, Dyazide);
- certains tranquillisants (Apo-Hydroxyzine, Atarax, Multipax, Novo-Hydroxyzine, PMS-Hydroxyzine);
- certains antidépresseurs, dont le Prozac et les antidépresseurs IMAO (Manerix, Nardil, Parnate);
- la marijuana;
- certains stimulants utilisés pour induire une perte de poids (Sanorex);
- certains médicaments utilisés pour abaisser la tension artérielle ou pour traiter l'arythmie cardiaque (Aldomet, Aldoril, Apo-Methyldopa, Novo-Medopa, Supres, Apo-Verap, Isoptin, Novo-Veramil, Nu-Verap);
- certains anticonvulsivants (Dilantin);
- certains antibiotiques, comme la tétracycline (Achromycin, Apo-Tetra, Novo-Tretra, Nu-Tretra, Tretracyn);

Quand je suis entré à l'hôpital, mon médecin a jeté sept sortes de médicaments à la poubelle et n'a gardé que le lithium. Pourquoi un médecin bourre-t-il un patient de médicaments alors qu'un autre les supprime et que le patient continue toujours à se débrouiller?

Le lithium, de son côté, augmente la toxicité de la carbamazépine (Apo-Carbamazepine, Novo-Carbamaz, Tegretol).

D'autres effets indésirables se manifestent, mais de façon rare, quand le lithium est utilisé en combinaison avec:

- certains neuroleptiques (Largactil, Apo-Haloperidol, Haldol, Novo-Peridol, PMS-Haloperidol);
- certains tranquillisants et certains somnifères (Apo-Diazepam, Diazemuls, PMS-Diazepam, Valium, Vivol);
- certains antiparkinsoniens.

Quand on prend de l'alcool, de la liqueur ou du thé, il faut se surveiller. Si on en prend trop, on se retrouve avec des crampes dans l'estomac et de la diarrhée. On a aussi de la difficulté à dormir.

Quant aux médicaments en vente libre qui contiennent de l'iode (sirops pour la toux, suppléments de vitamines et de minéraux), ils peuvent avoir un effet antithyroïdien quand ils sont combinés au lithium.

LA CARBAMAZÉPINE

Nom générique	*Nom commercial*
Carbamazépine	Apo-Carbamazepine, Novo-Carbamaz, Tegretol

INDICATIONS

En psychiatrie, la carbamazépine est employée dans le but de prévenir les accès de manie et de dépression chez les personnes qui n'obtiennent pas de résultats en prenant du lithium. Les cliniciens tentent, en particulier, de traiter avec ce produit les personnes qui ont des cycles ou des accès rapprochés, c'est-à-dire celles qui présentent au moins quatre phases de manies et de dépressions par année. Les médecins utilisent généralement la carbamazépine en combinaison avec le lithium, mais il est à noter que le lithium augmente la toxicité de la carbamazépine. De plus en plus de médecins pensent que la carbamazépine peut remplacer le lithium, notamment pour les personnes chez qui le lithium provoque des effets secondaires graves. Comme le lithium, la carbamazépine est prescrite pour stabiliser l'humeur et pour prévenir les problèmes futurs mais elle n'agit pas avec rapidité pour enrayer les crises ponctuelles de manie ou de dépression. En période de crise, les médecins préfèrent donc combiner cet agent à une autre forme de traitement.

Selon une étude récente menée aux États-Unis auprès de 3000 psychiatres, la carbamazépine est aussi utilisée pour le traitement de plusieurs autres troubles, dont la schizophrénie, le trouble schizo-affectif, le syndrome de stress post-traumatique, la dépression, les cas limites de trouble de la personnalité, le sevrage des alcooliques, etc. Mais il faut noter que la Food and Drug Administration des États-Unis n'avait pas encore, en 1993, approuvé l'utilisation psychiatrique de la carbamazépine[14].

La carbamazépine remplit d'autres fonctions en médecine. Elle sert à traiter plusieurs genres d'épilepsie, à soulager les tics douloureux du visage, de la langue et de la gorge, à prévenir la migraine et à traiter le diabète insipide.

Mécanisme d'action et pharmacodynamique

Le mécanisme d'action de cette substance n'est pas très bien connu. La carbamazépine semble réduire la transmission des impulsions vers certaines terminaisons nerveuses; c'est pourquoi on l'utilise, notamment, pour limiter les convulsions chez les personnes épileptiques.

Cet agent est absorbé par voie digestive et distribué dans tout le corps. Son niveau maximal dans le sang est atteint entre 2 et 8 heures après absorption et son action dure de 12 à 24 heures.

Les niveaux thérapeutiques de cet agent dans le sang varient entre 3 et 14 microgrammes par litre. Avec le temps, des doses de plus en plus élevées sont nécessaires pour maintenir un même niveau de concentration dans le sang. Quand la concentration dans le sang dépasse 4 microgrammes par litre, on peut assister à l'apparition de mouvements involontaires du globe oculaire. De plus, quand ce taux atteint 10 microgrammes et plus, un manque de coordination des mouvements volontaires, des étourdissements ainsi qu'une perte d'appétit commencent également à se manifester.

Prescription

Parce que la carbamazépine peut causer des effets indésirables graves, son utilisation ne devrait être envisagée que si des médicaments moins dangereux n'ont eu aucun effet. Les personnes affectées par des troubles maniaco-dépressifs sont habituellement traitées avec des doses de carbamazépine qui augmentent par paliers jusqu'à 800 à 1200 mg par jour. Certains médecins vont même jusqu'à prescrire 1600 mg dans certains cas. La plupart des cliniciens semblent penser que ce traitement doit être suivi indéfiniment, comme pour le lithium. La carbamazépine se présente sous forme de comprimés ordinaires, de comprimés à libé-

14. Denicoff, K., S. B. Meglthery, R. M. Post et S. I. Tandeciar. «Efficacy of carbamazepine compared with other agents: A clinical practice survey», *Journal of clinical psychiatry*, 55, 1994, p. 70-76.

ration lente, c'est-à-dire à action prolongée, de tablettes à croquer ou de préparation liquide, et doit être prise avec du lait ou des aliments.

> *Cela n'a pas été facile de convaincre le médecin de diminuer mes doses de médicaments. À l'hôpital, j'ai carrément refusé de les prendre. Après trois semaines de négociations, il a compris qu'il fallait que les doses soient diminuées. Quand il a accepté, j'ai recommencé à prendre mon médicament. C'est parce que j'ai insisté continuellement qu'il a baissé mes doses. À d'autres patients, il a peut-être dit: «Si vous ne prenez pas le médicament, vous ne sortirez pas de l'hôpital.»*

La personne qui se voit prescrire de la carbamazépine doit informer son médecin si:

- elle a des problèmes de reins ou de foie;
- elle a des problèmes cardiaques;
- elle a une mauvaise circulation;
- elle fait de l'épilepsie;
- elle a déjà eu une thrombophlébite (inflammation d'une veine dans laquelle se forme un caillot);
- elle a des problèmes de moelle osseuse;
- elle a des problèmes de prostate;
- elle a une maladie du sang;
- elle a des problèmes d'insuffisance thyroïdienne ou surrénale;
- elle fait du glaucome (maladie de l'œil caractérisée par une augmentation de la pression intra-oculaire qui accroît la dureté du globe);
- elle fait du diabète;
- elle est très sensible aux antidépresseurs tricycliques ou aux antidépresseurs IMAO;
- elle prend plus de deux verres d'alcool par jour;
- elle prend d'autres médicaments, avec ou sans ordonnance, y compris des vitamines;
- elle prévoit subir une opération sous anesthésie dans les semaines qui suivent.

Il est nécessaire aussi de procéder à une analyse d'urine et de la formule sanguine, à une évaluation du fonctionnement du foie, des reins et de la thyroïde et à un examen des yeux. Ces tests initiaux servent à fournir des valeurs de base avec lesquelles les valeurs des tests suivants seront comparées. L'analyse sanguine est absolument vitale toutes les semaines pendant les trois premiers mois, puis chaque mois pendant les deux ou trois années suivantes. Les autres analyses doivent également être faites régulièrement et avec diligence pour dépister rapidement une apparition possible de réactions graves.

CONTRE-INDICATIONS

L'utilisation de la carbamazépine doit être évitée chez les personnes qui ont des problèmes de moelle osseuse, de bloc cardiaque ou de maladie hépatique. Dans ces cas, on doit veiller à assurer un suivi médical très attentif. La supervision doit être également étroite si l'usager consomme de l'alcool ou s'il souffre de rétention urinaire, de diabète, de glaucome ou d'insuffisance thyroïdienne ou surrénale.

La carbamazépine est, de plus, contre-indiquée pour les gens qui y sont hypersensibles ou qui réagissent mal aux antidépresseurs tricycliques ou aux antidépresseurs IMAO.

Personnes âgées

Les personnes âgées sont souvent très sensibles à cette substance et peuvent réagir par de la confusion ou de l'agitation. Par conséquent, les doses administrées doivent être plus faibles que pour les adultes d'âge moyen. Il est particulièrement important de surveiller de près toute aggravation de glaucome, de maladies de l'artère coronaire ou de la prostate.

Grossesse

Ce médicament ne devrait pas être pris par les femmes enceintes, car il n'existe pas d'étude fiable concernant la sûreté d'utilisation de la carbamazépine chez les femmes qui attendent un enfant. Cependant, il semble que cet agent est associé à un certain nombre de malformations congénitales, dont le spina bifida. La carbamazépine se retrouve enfin en quantités importantes dans le lait maternel: il n'est donc pas question d'allaiter quand on prend ce médicament.

Enfants

La sûreté et l'efficacité de ce médicament n'ont pas été établies pour les enfants.

RECOMMANDATIONS

Quand on a oublié de prendre une dose, les médecins suggèrent de ne pas la prendre si la prochaine dose doit être administrée dans moins de deux heures. Les cliniciens recommandent de plus aux usagers de ne pas arrêter la médication abruptement de peur de précipiter une crise.

La carbamazépine peut altérer les capacités de réaction mentale et physique. Il est donc préférable de s'abstenir de conduire ou de se livrer à des manœuvres qui peuvent s'avérer dangereuses, jusqu'à ce que l'usager ait évalué avec justesse les limites de ses capacités.

Cette substance peut aussi provoquer une hypersensibilité au soleil. L'exposition doit donc se faire progressivement jusqu'à ce que l'usager ait déterminé son seuil de tolérance. Les usagers qui souffrent de problèmes de l'artère coronaire doivent, de plus, faire attention à ne pas se livrer à des exercices trop violents. À cause des effets indésirables potentiels qui peuvent être déclenchés par la carbamazépine, il est important que l'usager avise tout nouveau médecin ou tout dentiste qu'il prend ce médicament. Pour la même raison, il est important de tenir cette médication hors de portée des enfants.

EFFETS SECONDAIRES ET TOXIQUES

La carbamazépine peut produire des effets secondaires dont la gravité varie. Les effets secondaires relativement courants sont la somnolence, les vertiges, les nausées et les irritations gastriques. Ils se produisent généralement environ une ou deux heures après la prise du produit et finissent généralement par disparaître au bout de quelques semaines.

> *Moi, je suis très sensible aux médicaments. Ils ont essayé toutes sortes de choses. J'essayais de faire réduire les doses, parce qu'une petite dose me fait autant d'effet qu'une grosse dose à quelqu'un d'autre. J'avais tout le temps mon livre pour leur dire tous les effets que faisaient les médicaments. Ils me disaient: «Tu as cet effet parce que tu l'as vu dans le livre», mais je refusais de prendre ces médicaments jusqu'à ce qu'ils trouvent une autre solution.*

La carbamazépine peut produire encore d'autres effets. On recommande à l'usager d'aviser son médecin s'il ressent un des effets suivants:

- douleurs dans les muscles et les articulations;
- constipation, diarrhée;
- sécheresse de la bouche;
- maux de tête;
- impuissance sexuelle;

- vision embrouillée ou double;
- grande sensibilité au soleil;
- perte de cheveux;
- augmentation importante de la sueur.

Par contre, il devient urgent de consulter son médecin quand apparaissent les symptômes rares mais graves qui suivent:
- douleurs ou ulcères dans la bouche;
- fièvre, maux de gorge;
- enflure des chevilles;
- bleus ou saignements anormaux;
- inflammations des poumons;
- fatigue et faiblesse associées à des nausées, à des vomissements, à de la confusion, à une envie d'uriner fréquemment ou à une diminution de la quantité d'urine.

D'autres signes à surveiller sont:
- les démangeaisons;
- les mouvements involontaires du globe oculaire ou des membres;
- une urine foncée;
- de la difficulté à parler;
- un ralentissement du rythme cardiaque;
- la dépression;
- un engourdissement des mains et des pieds;
- des selles pâles;
- des tintements dans les oreilles;
- des ganglions enflés;
- de la difficulté à respirer;
- une coloration jaune de la peau et des yeux.

Une des principales préoccupations des médecins est d'éviter une chute importante et très grave du nombre de globules sanguins. C'est une réaction qui se produit chez environ 1 usager sur 50 000, généralement au cours de la première année de traitement. Un traitement prolongé peut également entraîner d'autres anomalies sanguines. On peut craindre aussi que la carbamazépine puisse activer une psychose latente, surtout chez les personnes âgées, ou encore une forme de lupus (affection de la peau et des organes).

Il est important enfin de signaler aux usagers que la carbamazépine peut provoquer une diminution de l'appétit sexuel, ainsi que de l'impotence et de l'infertilité masculine.

Risques liés au surdosage

Le surdosage peut causer:

- des étourdissements;
- de l'agitation;
- une instabilité de la démarche;
- de la somnolence, de la désorientation;
- des tremblements;
- des mouvements involontaires;
- des nausées, des rougeurs de la peau;
- la dilatation des pupilles;
- de la stupeur;
- le coma.

INTERACTIONS MÉDICAMENTEUSES

La carbamazépine semble produire moins d'interactions médicamenteuses que le lithium. Mais on doit éviter certaines combinaisons. La carbamazépine peut augmenter, entre autres, les effets des somnifères, des tranquillisants et des narcotiques.

De plus, l'utilisation de la carbamazépine en combinaison avec d'autres anticonvulsivants peut avoir un effet sur le fonctionnement de la glande thyroïde.

La carbamazépine diminue l'effet de plusieurs médicaments comme:

- certains neuroleptiques (Haldol, Apo-Haloperidol, Novo-Peridol);
- d'autres stabilisateurs de l'humeur, comme l'acide valproïque (Depakene);
- les pilules contraceptives;
- les anticoagulants oraux;
- certains agents utilisés pour traiter l'arythmie cardiaque (Biquin Durules, Quinaglute Duratabs, Natisedine, Quinobarb, Cardioquin, Apo-Quinidine, Novo-Quinidin, Quinidex Extentabs, etc).

En outre, certains autres médicaments peuvent rendre la carbamazépine toxique et doivent être évités ou redosés en conséquence. Ce sont, entre autres:

- les antidépresseurs IMAO (Manerix, Nardil, Parnate);
- le lithium (Carbolith, Duralith, Lithane);
- certains antibiotiques (Apo-Erythro, Diomycin, E-Mycin, Erybid, Eryc, Erythromid, Novo-Rythro Encap, PCE, PMS-Erythromycine);
- certains inhibiteurs d'histamine (Apo-Cimetidine, Novo-Cimetine, Nu-Cimet, Peptol, Tagamet);

- certains analgésiques (Darvon);
- certains médicaments utilisés pour traiter la tuberculose (PMS-Isoniazid);
- certains agents utilisés pour traiter l'arythmie cardiaque (Isoptin).

Enfin, quand la carbamazépine est combinée à de l'alcool, elle peut entraîner une sédation excessive et une chute de tension dangereuse.

L'ACIDE VALPROÏQUE

Nom générique	*Nom commercial*
Acide valproïque	Depakene

INDICATIONS

En psychiatrie, on essaie de traiter à l'aide de l'acide valproïque les personnes présentant des troubles bipolaires qui ne répondent pas au lithium ou à la carbamazépine. Cet agent semble en effet contribuer à prévenir les crises chez un certain nombre de ces usagers. Mais on voit s'écouler de nombreux mois avant de pouvoir constater si le médicament réussit réellement à assurer cette fonction. Par ailleurs, les recherches au sujet de cette substance ne sont pas suffisamment avancées pour qu'on puisse songer à généraliser son application à l'ensemble des personnes bipolaires.

En médecine, l'acide valproïque, qui est un anticonvulsivant, est employé pour traiter l'épilepsie.

MÉCANISME D'ACTION

Le mécanisme d'action de l'acide valproïque n'est pas encore vraiment compris. On constate cependant que cet agent contribue à la suppression de la propagation de décharges électriques anormales qui causent les convulsions. L'acide valproïque est absorbé assez rapidement et sa concentration maximale dans le sang se produit entre une et quatre heures après la prise, pour ce qui est des comprimés non enrobés, et entre trois et cinq heures, pour ceux qui sont enrobés. Son action dure 12 heures ou plus. Cependant, en début de traitement, il faut attendre souvent jusqu'à une dizaine de jours pour constater un effet.

PRESCRIPTION

L'acide valproïque se présente sous forme de gélules, de préparation liquide, de comprimés enrobés ou de capsules contenant de la poudre. En psychiatrie, cet agent est prescrit en doses plus faibles qu'en médecine pour les épileptiques. Les doses initialement administrées aux personnes présentant des troubles bipolaires sont augmentées progressivement pour arriver à une dose finale d'au plus 2000 mg, selon le poids de l'usager. Il est toutefois important de noter rapidement tout signe de somnolence excessive, de confusion et de déséquilibre qui pourraient causer des chutes ou des blessures, et de voir à ajuster les doses en conséquence.

Si le médecin envisage de prescrire de l'acide valproïque, l'usager devra avoir une discussion franche avec lui sur les avantages et les désavantages de cet agent. En cas d'accord sur la prescription, il est recommandé de maintenir les doses aussi faibles que possible. L'usager doit alors s'assurer d'avertir le médecin:

- s'il souffre d'insuffisance des reins ou du foie;
- s'il a des problèmes de sang ou de saignements;
- s'il souffre de myasthénie grave (une forme de fatigue musculaire);
- s'il prend d'autres médicaments;
- s'il prévoit subir une intervention chirurgicale ou une extraction de dent à courte échéance;
- s'il a eu des réactions allergiques à l'acide valproïque ou à tout autre médicament.

L'évaluation des fonctions du foie doit être effectuée régulièrement. Elle s'obtient à l'aide d'un test sanguin qui sert aussi à déterminer la formule sanguine et le temps de coagulation. Il est important d'obtenir au départ les valeurs de base afin de comparer les suivantes au niveau initial. Ces tests devraient être effectués tous les mois pendant les six premiers mois, puis régulièrement par la suite. Quant aux examens de la fonction de la thyroïde, ils doivent être répétés tous les ans. Il existe des tests pour mesurer la concentration de l'acide valproïque dans le sang qui s'avèrent quelquefois utiles pour ajuster les doses. Ces tests ne peuvent cependant pas être utilisés pour superviser l'apparition d'un niveau de toxicité, comme on le fait avec le lithium.

CONTRE-INDICATIONS

L'acide valproïque semble associé à un certain nombre de déformations congénitales chez les bébés de mères qui ont pris cette substance pendant le premier trimestre de la grossesse. Cet agent réussit également à s'infiltrer dans le lait maternel. Il est donc contre-indiqué d'allaiter quand on prend de l'acide valproïque. Comme pour tous les autres médicaments, il est nécessaire de diminuer considérablement les doses qui sont administrées aux personnes de 60 ans et plus. C'est aussi un agent qui peut s'avérer plus particulièrement dangereux pour les enfants. On doit également chercher à éviter cette substance si l'on souffre de maladies du sang, des reins ou du foie.

Recommandations

Cet agent doit être pris avec de la nourriture ou des liquides pour éviter l'apparition d'irritation dans la bouche et dans l'estomac. Mais il faut éviter de le prendre avec des boissons gazeuses qui risquent de le dissoudre prématurément, ce qui peut s'avérer extrêmement désagréable. Il est aussi contre-indiqué d'arrêter brusquement le traitement. En outre, si on oublie une dose ordinairement prise une ou deux fois par jour, on ne doit pas la prendre si la prochaine dose est prévue dans moins de six heures.

L'acide valproïque altère les capacités d'attention et de réaction. Par conséquent, il est peu recommandé de conduire un véhicule quand on prend ce médicament. Cet agent a aussi quelquefois pour effet de prolonger les saignements. Le dentiste ou le médecin de l'usager doivent être au courant de la prise de ce médicament avant d'entreprendre une intervention ou de soigner une blessure. Il est de plus fortement suggéré d'éviter de prendre de l'aspirine qui, elle aussi, accentue les saignements.

Effets secondaires et toxiques

L'acide valproïque semble pouvoir produire de graves problèmes de foie. C'est pourquoi les gens qui le prennent et qui ont déjà eu soit une maladie de foie, soit un trouble métabolique congénital, ou qui prennent d'autres anticonvulsivants devraient prendre cet agent avec une très grande prudence. Ces dommages au foie apparaissent habituellement au cours des six premiers mois, surtout chez les jeunes enfants, mais ils se présentent rarement chez les adultes. Les premiers signes de problèmes de foie se manifestent par:

- de la faiblesse;
- un sommeil profond et continuel;
- une perte d'appétit;

- un gonflement de la figure;
- des vomissements.

Généralement, l'acide valproïque est relativement bien toléré. Les nausées, vomissements, indigestions et somnolences qui se produisent au cours des premières semaines finissent habituellement par disparaître. Une certaine somnolence ou un profond sommeil continuel peuvent cependant subsister chez environ 5 p. 100 des usagers. Toutefois, l'apparition de tremblements signifie qu'il est nécessaire de réduire les doses.

Plusieurs autres effets indésirables, beaucoup moins fréquents, peuvent se produire par la suite et il est recommandé de les porter à l'attention du médecin:

- éruptions cutanées;
- maux de tête, confusion;
- instabilité de la démarche;
- difficulté à parler;
- nausée, diarrhée, indigestion, crampes abdominales;
- hémorragie;
- perte de cheveux;
- tremblements ou mouvements involontaires;
- toute autre réaction suspecte.

On doit s'inquiéter particulièrement si la personne concernée se met à avoir un comportement bizarre, des hallucinations, ou développe une hépatite accompagnée de jaunisse ou une pancréatite.

L'acide valproïque a également plusieurs effets sur la sexualité: modification du cycle des menstruations, diminution de l'appétit sexuel, augmentation de la taille des seins et production de lait chez les femmes.

INTERACTIONS MÉDICAMENTEUSES

L'acide valproïque interagit avec de nombreux médicaments et substances. Il faut soit faire ajuster les doses des médicaments combinés ou éviter de les consommer en même temps quand on prend:

- des antidépresseurs IMAO (Manerix, Nardil, Parnate);
- des dépresseurs du système nerveux central (alcool, narcotiques, somnifères, tranquillisants, barbituriques, etc);
- des anticoagulants oraux;
- certains anticonvulsivants (Apo-Primidone, Mysoline);
- des contraceptifs oraux;

- de l'aspirine;
- des antihistaminiques;
- des anesthésiques;
- certains anticoagulants (Coumadin, Warfilone).

L'usager aurait avantage à consulter son médecin pour s'informer de toute autre possibilité d'interaction avec les médicaments qu'il consomme.

AUTRES TRAITEMENTS MÉDICAUX

Plusieurs autres traitements médicaux sont utilisés pour traiter les troubles maniaco-dépressifs.

Les électrochocs

Plusieurs cliniciens pensent que les électrochocs constituent un traitement efficace pour la manie et pour la dépression. Officiellement, ce traitement est surtout indiqué quand les personnes menacent de se suicider ou de commettre un homicide, quand toutes les autres pharmacothérapies ont échoué ou quand la personne concernée se montre particulièrement combative. Cependant, il existe très peu de données fiables sur les circonstances et les taux d'utilisation des électrochocs. Les proches du patient devraient veiller à ce que l'administration de lithium soit arrêtée avant le traitement, car cette combinaison risque de provoquer un état de confusion grave chez la personne ainsi traitée. (Voir la section sur les électrochocs dans le chapitre sur les antidépresseurs.)

Je ne voulais pas que ma mère reçoive des électrochocs. Maintenant, elle est finie.

Il arrive donc qu'on essaie de traiter le trouble maniaco-dépressif au moyen d'électrochocs qui ont pour effet de produire des convulsions. Bizarrement, le trouble maniaco-dépressif est aussi traité, comme nous l'avons vu, à l'aide de substances anticonvulsivantes qui, comme leur nom l'indique, sont des substances qui s'opposent à la production de convulsions. Comment la psychiatrie peut-elle affirmer que deux formes d'intervention dont l'action est diamétralement opposée soient indiquées ou considérées efficaces pour traiter un même trouble? Ce qui est peut-être encore plus surprenant, c'est que plusieurs personnes croient ces affirmations.

LES NEUROLEPTIQUES

Les médecins jugent les neuroleptiques, et en particulier l'halopéridol (Haldol, Apo-Haloperidol, Novo-Peridol, PMS-Haloperidol), efficaces pour traiter la manie. Comme le lithium prend deux ou trois semaines à agir, les cliniciens prescrivent souvent, en combinaison avec le lithium, des neuroleptiques dont l'action est plus rapide pour diminuer l'activité motrice et supprimer d'autres symptômes associés à la psychose. En principe, on commence à réduire de façon graduelle les doses de neuroleptiques utilisées pour maîtriser une manie à partir du moment où le comportement de la personne se stabilise et où le niveau de lithiémie dit thérapeutique est atteint. Pourtant, en pratique, jusqu'à la moitié de ces personnes continuent à recevoir des neuroleptiques. Il est à noter que les neuroleptiques sont aussi employés, à l'occasion, pour contenir certains symptômes de dépression que peut présenter une personne bipolaire, même si ces médicaments peuvent parfois induire un ralentissement psychologique et moteur qui ressemble à une dépression. Il faut savoir également que les neuroleptiques produisent de nombreux effets indésirables graves: ils augmentent les risques de toxicité du lithium et de réactions musculaires anormales, peuvent provoquer des dyskinésies tardives et aussi, de façon rare, le syndrome malin des neuroleptiques.

Il semblerait que les neuroleptiques soient progressivement remplacés par des anticonvulsivants pour le traitement de la manie, comme la carbamazépine et, de plus en plus, par des tranquillisants comme les benzodiazépines, dont certains ont des propriétés anticonvulsivantes. Toutefois, de nombreux cliniciens continuent à penser que l'emploi des neuroleptiques est nécessaire dans certains cas, et sûr quand les sujets sont surveillés étroitement. (Voir le chapitre sur les neuroleptiques pour plus d'information.)

Ma psychiatre me donnait une marge de manœuvre. Entre un et quatre comprimés, selon la situation. Si je me sentais en psychose, j'augmentais la dose au lieu de rechuter et de me retrouver à l'hôpital.

LES ANTIDÉPRESSEURS

Les cliniciens croient bon d'utiliser des antidépresseurs dans les cas de dépression grave. Ils peuvent avoir recours à des antidépresseurs tricycliques, mais ce traitement risque quelquefois de transformer la dépression en manie. En fait, une des causes du trouble maniaco-dépressif à cycles rapides les plus souvent invoquées est justement la prise d'antidépresseurs. D'autres cliniciens pensent que les antidépresseurs IMAO, le Parnate en particulier, sont efficaces. Mais quand ils sont pris en fortes doses en combinaison avec le lithium, les antidépresseurs IMAO peuvent engendrer des réactions toxiques. Pour ce qui est de plusieurs autres nouveaux antidépresseurs, leur rôle dans le traitement du trouble bipolaire reste à établir. Par contre, le profil de certains nouveaux antidépresseurs, tels que le Prozac, ressemble étrangement à celui des stimulants et il faudrait être particulièrement prudent avant d'en considérer l'utilisation dans des cas de manie. (Voir à ce sujet le chapitre sur les antidépresseurs.)

Les benzodiazépines

Pour traiter les personnes en phase de manie qui sont hautement excitées, les cliniciens se tournent de plus en plus vers les benzodiazépines (Rivotril, Dalmane, Ativan, Valium, etc.). Ces composés semblent aider à maîtriser les états d'excitation aiguë et de nombreux médecins estiment qu'ils comportent moins de risques que les neuroleptiques. Le Xanax, l'Apo-Alpraz, le Novo Alprazol et le Nu-Alpraz, par contre, doivent être évités parce que ces benzodiazépines peuvent empirer la manie. (Consulter le chapitre sur les somnifères et les tranquillisants pour plus d'information sur les benzodiazépines.)

Les autres substances utilisées

Lorsque ni le lithium, ni la carbamazépine, ni l'acide valproïque ne réussissent à donner des résultats, les cliniciens décident quelquefois d'essayer du vérapimil (Isoptin), un inhibiteur de calcium qui produit une augmentation de l'apport de sang et d'oxygène au cœur et qui est prescrit généralement aux gens souffrant d'angine ou de problèmes de tolérance à l'effort, ou encore de la clonidine (Cataprès, Dixarit), un agent habituellement utilisé pour traiter l'hypertension artérielle.

Les neuroleptiques

MISE EN GARDE

Il est dangereux de commencer à prendre ou de cesser de prendre des neuroleptiques, ou de diminuer les doses de ces substances, sans l'avis ou la supervision d'un professionnel de la santé qualifié. Il est également dangereux d'entreprendre un sevrage sans avoir mis en application les recommandations formulées, à la fin du présent ouvrage, dans le chapitre sur le sevrage.

En psychiatrie, les neuroleptiques, qu'on appelle aussi antipsychotiques, sont principalement utilisés dans le but de traiter la schizophrénie et les autres psychoses, la phase maniaque du trouble maniaco-dépressif et la maladie de Gilles de la Tourette (ou maladie des tics).

NOMS COMMERCIAUX DES MÉDICAMENTS COMPRIS DANS LA CLASSE DES NEUROLEPTIQUES

Apo-Fluphenazine
Apo-Haloperidol
Apo-Perphenazine
Apo-Thioridazine
Apo-Trifluoperazine
Clozaril
Elavil Plus
Etrafon
Fluanxol
Haldol
Imap
Inapsine
Largactil
Loxapac
Majeptil
Mellaril
Modecate
Moditen
Navane
Neuleptil
Novo-Peridol
Novo-Reserpine
Nozinan
Orap
Piportil
PMS-Fluphenazine
PMS-Haloperidol
PMS-Levazine
PMS-Prochlorperazine
Risperdal
Serentil
Serpatil
Stelazine
Stelabid
Stemetil
Triavil
Trilafon

CE QU'IL EST IMPORTANT DE SAVOIR

Parce que les troubles psychotiques sont généralement impressionnants et graves, les gens ont tendance à recourir à des interventions physiques et radicales dans l'espoir de rétablir rapidement l'équilibre souhaité. En fait, pendant des décennies, alors que l'internement psychiatrique prolongé constituait la réponse appropriée aux troubles psychotiques, les cliniciens ont eu le loisir d'administrer des traitements désastreux sans avoir à rendre de comptes à leurs patients, à leurs familles et à la société. Après tout, la folie était vue comme une maladie incurable et cette conception ouvrait la porte aux excès thérapeutiques les plus radicaux.

LES ACCOMPLISSEMENTS DES NEUROLEPTIQUES

Lorsque les neuroleptiques sont apparus, ils ont complètement changé l'atmosphère dans les asiles et ont redonné espoir aux intervenants en faisant miroiter l'illusion qu'on avait finalement trouvé une solution médicale simple, une pilule, pour traiter la folie. Les neuroleptiques ont été employés pour raccourcir les durées de séjour dans les hôpitaux psychiatriques et pour accélérer le mouvement de désinstitutionnalisation. Cette pratique a été encouragée par la philosophie adoptée à l'égard des problèmes de santé mentale dans les années 1950 et 1960.

> *Je déplore les hospitalisations au cours desquelles on administre de fortes doses de médicaments. Ils me donnaient 900 mg de Largactil par jour pour que je m'écrase. Mais je ne m'écrasais pas, je restais debout quand même. Mon cœur en a pris un coup!*

Cependant, 40 ans après l'introduction des neuroleptiques en psychiatrie, on s'aperçoit que leur impact sur la schizophrénie a été minimal. La fréquence du problème n'a pas changé, sa chronicité non plus. Certes, les neuroleptiques facilitent dans plusieurs cas le contrôle rapide des épisodes psychotiques aigus. On prétend aussi que ces médicaments ont réussi à encourager l'apparition d'attitudes de tolérance envers les personnes diagnostiquées comme schizophrènes et à redonner de l'espoir aux familles. Pourtant, malgré l'utilisation très répandue des neuroleptiques, les taux de rechute sont à peu près les mêmes qu'avant l'invention des neuroleptiques[1]. Que les patients prennent ou non leurs médicaments, que ces médicaments soient injectés ou avalés, que la puissance de ces médicaments soit faible ou forte, tout cela ne change en rien le problème de la schizophrénie chronique qui reste toujours de taille. Évidemment, on ne peut nier que les neuroleptiques aient eu un impact sur la psychiatrie. En fait, ils ont littéralement donné un élan à la psychiatrie biologique et suscité un renouveau d'intérêt pour le cerveau qui n'a pas cessé depuis. Mais, aujourd'hui, que savons-nous de plus sur la schizophrénie que celui qui inventa le mot en 1911 et décrivit ce problème comme un ensemble probable de maladies du cerveau?

Une chose est certaine: les neuroleptiques ont déclenché une véritable épidémie de problèmes neurologiques, entre autres des dyskinésies tardives qui se traduisent par l'apparition de mouvements incontrôlables, dont les complications physiques et mentales sont loin d'être complètement connues. L'usage prolongé des neuroleptiques semble de plus être associé, chez certaines personnes, à l'apparition d'une démence irréversible. Si plus de 20 ans se sont écoulés entre les premières descriptions des dyskinésies tardives et les premiers efforts d'information à ce sujet par les compagnies pharmaceutiques et les associations de médecins, combien de temps s'écoulera-t-il avant que nous soyons informés sur d'autres dangers moins apparents?

> *Selon moi, le Moditen est le médicament le plus débilitant qui soit en psychiatrie. Mes psychiatres ont expérimenté en en augmentant les doses jusqu'à ce que je ne puisse plus supporter ses innombrables effets physiques: fatigue, constipation, palpitations, parkinsonisme, douleurs dans le cou et dans la colonne vertébrale, basse tension, tremblements et pertes de mémoire.*

ENCOURAGER LES SOLUTIONS DE RECHANGE

L'utilisation des neuroleptiques ne sera pas abandonnée du jour au lendemain, car ceux qui détiennent le pouvoir décisionnel jugent que les autres solutions pour traiter la schizophrénie sont difficilement appli-

1. Hogarty, J. D., R. J. Baldessarini, M. Tohen *et al.* «One hundred years of schizophrenia: A meta-analysis of the outcome literature», *American journal of psychiatry, 151,* 1994, p. 1409-1416.

cables. Pourtant, il y a lieu de favoriser ces solutions de rechange, qui vont de l'entraide aux techniques de réduction de stress et aux interventions psychosociales intensives faites par des professionnels. Quoi qu'il en soit, il est primordial de s'assurer que tout traitement aux neuroleptiques soit obligatoirement accompagné d'un programme intensif de traitement psychosocial qui puisse encourager les professionnels à réduire les doses de médicaments et à réaliser, éventuellement, que la plupart de leurs patients peuvent se passer de médication.

Quand on a pris 200 mg de Largactil et qu'on essaie de prendre des notes pendant un conseil d'administration, rien ne va plus. On fonctionne au ralenti, on perd des bouts. Quand on arrive à la maison, on ne comprend plus ses notes. Le Largactil affecte beaucoup la mémoire. Je ne trouve pas cela acceptable; c'est pour cette raison que j'ai décidé de prendre moins de médicaments.

Il est important, également, que des programmes stricts de détection des effets neurologiques des neuroleptiques soient mis en place dans tous les établissements et pour tous les patients. Aux États-Unis, le Congrès s'est lassé d'attendre que les établissements eux-mêmes mettent en place ce genre de programme et a fait voter, en 1987, une loi ordonnant à tout établissement de soins prolongés, désireux de continuer à recevoir des fonds fédéraux, d'appliquer des programmes systématiques de réduction des doses de neuroleptiques et des doses de psychotropes qui leur sont associées[2].

Enfin, le droit de refuser un traitement, qui est un droit humain fondamental, devrait être systématiquement appliqué en psychiatrie. Il n'existe pas de meilleure garantie contre des prescriptions erronées et abusives qu'une psychiatrie s'appuyant sur le consentement volontaire et éclairé des personnes qu'elle traite.

2. Semla, T. P., K. Palla, B. Poddig et D. J. Brauner. «Effects of the Omnibus Reconciliation Act 87 on antipsychotic prescribing in nursing home residents», *Journal of the American Geriatrics Society, 42,* 1994, p. 648-652.

HISTORIQUE

Les premières substances que l'on a désignées sous le nom de neuroleptiques, c'est-à-dire substances qui «saisissent les nerfs», furent la chlorpromazine et la réserpine. La première, un produit de synthèse, déclencha une révolution pharmacologique dans le domaine de la santé mentale. La seconde, un produit d'origine végétale, fut rapidement oubliée.

La chlorpromazine fut tout d'abord employée, au milieu du XXe siècle, pour favoriser l'anesthésie. Quelques cliniciens et chercheurs, dont Henri Laborit, remarquèrent vite l'indifférence psychique et le ralentissement moteur produits par cette substance et certains eurent l'idée de l'essayer auprès de personnes agitées ou maniaques internées dans des asiles psychiatriques. Dans les hôpitaux, la chlorpromazine commença à être utilisée à des fins psychiatriques en France en 1952, au Canada en 1953, puis aux États-Unis l'année suivante. La capacité inégalée qu'avait la chlorpromazine de maîtriser presque toute forme d'agitation psychomotrice sans endormir le patient constitua une innovation spectaculaire qui changea radicalement l'atmosphère dans les asiles, car les traitements utilisés jusque-là (bains de glace, cures de sommeil, comas insuliniques, électrochocs, lobotomies, c'est-à-dire la séparation chirurgicale d'une partie du cerveau, etc.) s'étaient avérés encombrants, dangereux, inefficaces ou moralement inacceptables.

Les résultats obtenus avec la chlorpromazine incitèrent les chercheurs à synthétiser des substances ayant des propriétés similaires. En 1963, les premières théories biochimiques plausibles sur les mécanismes d'action de ces substances furent élaborées. On fit alors l'hypothèse que les neuroleptiques étaient capables d'empêcher la dopamine de se fixer sur ses sites récepteurs dans le cerveau.

Les neuroleptiques ont longtemps été désignés sous le nom de tranquillisants majeurs, terme qui laisse croire que leur effet est avant tout calmant, ce qui n'est pas le cas puisque certains neuroleptiques peuvent provoquer des états d'agitation intense. Les Américains, pour leur part, ont tendance à désigner ces substances sous le nom d'antipsychotiques. Dans cet ouvrage, nous avons plutôt retenu le terme «neuroleptiques» pour insister sur les effets puissants qu'ils ont sur les systèmes nerveux et moteur.

Un étudiant en médecine m'a prescrit du Moditen. Il ne connaissait pas les effets secondaires de ce médicament. Ma tête est devenue paralysée. Il a essayé de régler le problème en me donnant des électrochocs.

LES NEUROLEPTIQUES: PROGRÈS OU CATASTROPHE MÉDICALE?

Depuis l'introduction des neuroleptiques en psychiatrie, on a glorifié leurs effets thérapeutiques sur les psychoses. On a même considéré que les neuroleptiques constituaient l'innovation thérapeutique la plus importante de l'histoire de la psychiatrie. Pourtant, vers la fin des années 1970, un certain réalisme est graduellement venu remettre en question cette évaluation positive. Tout d'abord, on s'est rendu compte qu'une proportion importante de patients ne répondait pas au traitement. Ensuite, la fréquence des effets toxiques irréversibles des neuroleptiques, dont les dyskinésies tardives, a commencé à causer des inquiétudes. Aux États-Unis, des poursuites civiles intentées contre des médecins et des institutions par des patients atteints de dyskinésie tardive suscitèrent une grande publicité. Certains professionnels, critiques ou défenseurs de la psychiatrie, décrivirent l'épidémie des dyskinésies tardives comme une des grandes catastrophes médicales du siècle et se demandèrent comment les nombreuses victimes allaient être indemnisées. Même Pierre Deniker, le premier psychiatre à utiliser les neuroleptiques, se demanda s'il ne fallait pas les retirer du marché[3].

Pourtant, depuis le début des années 1990, on semble avoir mis ces inquiétudes de côté. Au contraire, on prétend maintenant que l'introduction de nouveaux neuroleptiques a éliminé ces problèmes fâcheux. En effet, la mise en marché en Amérique du Nord de la clozapine (Clozaril) en 1989 et de la rispéridone (Risperdal) en 1994, deux neuroleptiques censés produire moins de problèmes de mouvements et être plus efficaces auprès des personnes ne répondant pas aux autres traitements, en a rassuré plusieurs. Il reste à voir quels seront les effets à long terme de ces substances. Car, malgré l'optimisme clinique engendré par ces nouveautés, il ne faut pas oublier pour autant les leçons du passé. On se rappellera que les dyskinésies tardives des neuroleptiques ont été décrites pour la première fois en 1957, mais c'est seulement au début des années 1970 qu'on a commencé à en parler ouvertement et que les compagnies pharmaceutiques ont été forcées d'inclure un avertissement à cet effet sur le feuillet d'information compris dans l'emballage de

3. Deniker, P. «Are antipsychotic drugs to be withdrawn?», dans Shagass, C., R. Josiassen, et W. Bridger (dir.), *Biological psychiatry,* New York, Elsevier, 1986, p. 1-9.

leurs médicaments. Il fallut même attendre 1979 pour que le premier rapport officiel sur ce problème soit publié par l'Association américaine de psychiatrie.

Moi, je suis psycho-affective. Mon médecin m'a dit que c'était la moins grave des maladies. Ma médication: 10 mg de Majeptil (un neuroleptique) deux fois par jour, 10 mg de Kemadrin (un antiparkinsonien) deux fois par jour, 20 mg de Tofranil (un antidépresseur) quatre fois par jour. Le soir, 30 mg de Dalmane (un somnifère), 5 mg de Rivotril (un tranquillisant anticonvulsivant), 5 mg de Tofranil (un antidépresseur), 30 mg de Restoril (un somnifère), 5 mg de Majeptil (un neuroleptique). J'ai été violée à 18 ans. J'en ai fait une dépression. S'il y avait eu un centre pour femmes en difficulté dans ce temps-là, je ne serais jamais allée en psychiatrie.

Aujourd'hui, 40 ans après l'introduction des neuroleptiques, plusieurs études montrent que de nombreux psychiatres n'informent pas leurs patients des risques de dyskinésies. Carla McKague, avocate canadienne spécialisée en droit de la santé, a révélé que, durant toute sa carrière, elle n'a pas rencontré un seul patient psychiatrique qui ait été informé du risque, pourtant élevé, de développer une dyskinésie. De plus, bien que des études démontrent que l'utilisation prolongée de neuroleptiques puisse provoquer des démences dites tardives, plusieurs manuels psychiatriques n'en font aucunement mention.

QUI D'AUTRE PREND DES NEUROLEPTIQUES?

En plus des personnes vivant dans les hôpitaux psychiatriques qui se voient administrer des neuroleptiques dans des proportions allant de 70 à 100 p. 100, un grand nombre de personnes se font prescrire des neuroleptiques. Entre 20 et 60 p. 100 des personnes âgées vivant dans les maisons de retraite et de 20 à 50 p. 100 des pensionnaires d'institutions pour personnes présentant un retard mental en reçoivent. La majorité des patients psychiatriques externes vivant dans des familles d'accueil, des maisons ou des foyers de groupes prennent également ces substances. Les neuroleptiques sont aussi utilisés dans les institutions pour enfants et dans les prisons.

LES EFFETS TYPIQUES DES NEUROLEPTIQUES

En raison de leur structure chimique variée, les neuroleptiques sont regroupés en plusieurs grandes classes. Cependant, tous les neuroleptiques partagent les caractéristiques suivantes, qui définissent leur action:

- Premièrement, ils causent chez les personnes qui en prennent une indifférence psychique, c'est-à-dire un désintérêt profond pour ce qui se passe en elles et autour d'elles. C'est probablement ce qui permet aux personnes psychotiques d'être moins préoccupées par leur délire et donc de moins déranger leur entourage.

Il avait beaucoup d'amis, il souriait beaucoup et aimait faire des blagues. Tout le monde l'aimait. Ils l'aiment toujours, même s'il n'est pas bien. Maintenant, il parle et sourit rarement. Je ne sais pas si c'est le résultat de sa maladie ou si c'est à cause des médicaments.

- Deuxièmement, les neuroleptiques pacifient presque toute forme d'agitation et d'excitation spontanée ou provoquée, chez l'animal comme chez l'humain, sans nécessairement induire le sommeil. Selon le médicament employé et son dosage, cet effet sédatif peut aller de l'indifférence psychique à l'inertie profonde. C'est cette propriété qui explique que les neuroleptiques ont été et sont encore largement utilisés pour neutraliser les personnes institutionnalisées, que ce soit dans les hôpitaux, les centres d'accueil, les prisons ou les institutions pour déficients intellectuels. Les neuroleptiques sont également utilisés parfois en médecine vétérinaire pour apaiser les animaux sauvages ou pour les calmer avant une intervention chirurgicale ou un long trajet.
- Troisièmement, ils produisent divers effets neurologiques, en particulier des problèmes de mouvement communément appelés effets ou symptômes extrapyramidaux. Ces effets consistent en un ralentissement moteur ou, à l'opposé, en une agitation motrice, en divers spasmes et mouvements involontaires pouvant affecter la plupart des muscles, ainsi qu'en de graves attaques soudaines, rares mais parfois fatales.

Ces mêmes substances ont été employées contre les dissidents russes dans les camps de concentration de l'ex-Union Soviétique. Les personnes qui prennent des neuroleptiques ont souvent une piètre opinion de ces produits: elles se plaignent d'être transformées en zombies, écrasées, presque incapables d'entreprendre toute action. On comprend facilement pourquoi les neuroleptiques ont rendu populaire l'expression «camisole de force chimique». On comprend aussi pourquoi, contrairement à ce qui est le cas pour d'autres substances comme les tranquillisants ou les stimulants, il n'existe aucun marché noir pour les neuroleptiques.

Ils se sont mis à me donner tellement d'Haldol que j'ai failli devenir paralysé. Quand je me levais de ma chaise, je faisais trois ou quatre pas, puis je n'étais plus capable de marcher, plus capable de me lever, comme si j'avais une brique de 50 kg sur moi. Me tourner dans mon lit, c'était comme si j'avais une planche de contre-plaqué de 200 kg sur le dos.

LE CLASSEMENT DES NEUROLEPTIQUES

Chaque neuroleptique possède son profil particulier d'effets, mais tous les neuroleptiques actuellement prescrits, même les neuroleptiques dits atypiques nouvellement mis en marché, partagent une panoplie d'effets typiques. Les neuroleptiques atypiques sont ainsi nommés à cause de leur potentiel moins élevé à provoquer des problèmes du système moteur. Mais ils produisent malgré tout ces problèmes, surtout si l'on utilise de fortes doses[4].

Il existe deux façons principales de classifier les neuroleptiques. En Amérique du Nord, on parle de neuroleptiques à «puissance élevée» et de neuroleptiques à «puissance faible». En règle générale, un dosage faible d'un neuroleptique puissant équivaut à un dosage élevé d'un neuroleptique à puissance faible. Par exemple, 5 mg d'halopéridol (Haldol) aurait l'effet équivalent de 250 mg de chlorpromazine (Largactil). En Europe, on accepte moins cette idée d'équivalence d'effet. On favorise davantage la classification des neuroleptiques dits «incisifs», comme l'halopéridol (Haldol) et la fluphénazine (Moditen) et ceux dits «sédatifs», comme la chlorpromazine (Largactil) et la thioridazine (Mellaril). Les neuroleptiques incisifs correspondent généralement aux neuroleptiques à puissance élevée et les sédatifs, à ceux à puissance faible.

---

4. Cohen, B. M., P. E. Keck , A. Satlin et J. O. Cole. «Prevalence and severity of akathisia in patients on clozapine», *Biological psychiatry, 29,* 1991, p. 1215-1219.

LA SCHIZOPHRÉNIE ET LES AUTRES PSYCHOSES

Le terme psychose désigne divers troubles caractérisés par une perte de contact avec la réalité. C'est ce qu'on appelait, en langage commun, la folie. Certaines psychoses, résultats d'intoxications, de lésions cérébrales ou de troubles métaboliques, sont considérées comme des psychoses organiques, c'est-à-dire physiques. D'autres psychoses, qui ressemblent aux premières dans leurs manifestations externes, mais dont les causes restent inconnues, sont fréquemment appelées psychoses fonctionnelles. Parmi ces dernières, on retrouve principalement le trouble maniaco-dépressif, ou trouble bipolaire (voir le chapitre sur le lithium et les régulateurs de l'humeur) et la psychose schizophrénique, aussi appelée schizophrénie ou trouble schizophrénique.

Malgré tout ce qui a été dit sur la schizophrénie, un trouble grave et habituellement persistant, sa nature et ses causes restent un mystère. Les théories proposées pour l'expliquer ont été tellement nombreuses et variées que certains affirment que l'histoire de la psychiatrie n'est que l'histoire des théories de la schizophrénie. En général, sera diagnostiquée comme schizophrène une personne qui, après une adaptation en apparence normale à la vie, commence vers la fin de l'adolescence ou au début de l'âge adulte à se comporter et à communiquer de façon très étrange avec les autres et aussi, parfois, à présenter des signes de souffrance intense. Sa vie en société se détériore très nettement et, très souvent, ses excès bizarres et imprévisibles finissent par excéder son entourage.

Environ 1 p. 100 de la population serait affectée par la schizophrénie. L'évolution de ce trouble est irrégulière et difficile à prévoir. Il peut perturber de façon profonde et persistante la vie sociale, professionnelle et affective d'un individu. Par contre, chez d'autres, la schizophrénie peut se manifester sous une forme moins grave. Exceptionnellement, le trouble peut aussi apparaître à un âge avancé ou chez un jeune enfant. De nos jours, avant de poser un diagnostic de schizophrénie, les médecins sont censés s'assurer que les divers symptômes psychotiques observés, comme les délires, les illusions, l'incohérence du discours, la désorganisation motrice et la détérioration du fonctionnement social, se sont manifestés pendant plus de six mois.

On estime à environ 30 p. 100 la proportion de personnes diagnostiquées comme schizophrènes qui réussiront à se rétablir pour de bon. On sait aussi que les symptômes de la schizophrénie diminuent après l'âge de 40 ans. Mais les séquelles psychosociales, héritages de crises antérieures, compromettent souvent la capacité de la personne à vivre en société, même si ses symptômes ont disparu ou presque. Plusieurs études ont suivi le cheminement de sujets sur des périodes de 15 à 30 ans. Elles ont permis de constater que l'état de plus de la moitié des schizophrènes hospitalisés dans les années 1950 s'était beaucoup amélioré et que près du tiers d'entre eux étaient même complètement rétablis. Pourtant, la schizophrénie est considérée par de nombreux médecins comme incurable.

Ils sont tellement habitués à nous donner des pilules et à nous minuter. Mes rendez-vous duraient entre 10 et 15 minutes. Un jour, j'ai dit à mon psychiatre que j'avais besoin d'aide. Je n'ai pas pu lui parler de mon problème ni lui dire que je ne me sentais pas bien. Il m'avait déjà donné une prescription; il n'avait plus rien à faire pour moi. Il fallait que je parte.

COMMENT SE MANIFESTE LA SCHIZOPHRÉNIE?

Les symptômes de la schizophrénie peuvent quelquefois se manifester brusquement, mais, habituellement, ils sont précédés par plusieurs signes avant-coureurs qui marquent l'apparition du trouble. Un des premiers signes à se manifester est la progression de l'isolement social de la personne et son repli sur soi. Elle peut commencer à éprouver des difficultés professionnelles ou scolaires, à manquer d'énergie et d'initiative. La personne adopte parfois des comportements bizarres et accorde de moins en moins d'importance à son hygiène personnelle. Par ailleurs, elle peut se mettre à s'intéresser à des croyances sans grand fondement, telles que la superstition, la clairvoyance, la télépathie, tout en commençant à éprouver des perceptions inhabituelles.

Les symptômes supposés être typiques de la schizophrénie peuvent varier d'une personne à l'autre. Une personne atteinte de ce trouble peut, dans certains cas, se distinguer par ses réponses émotives inadéquates et déplacées. Par exemple, elle peut se mettre à rire sans raison apparente ou ne montrer aucune réaction face à une situation dramatique. Parce que la personne s'exprime et utilise le langage d'une façon qui rend toute communication ardue, on a tendance à croire que sa pensée est perturbée et que ses idées sont incohérentes. Certaines personnes vont même jusqu'à exprimer simultanément des sentiments contradictoires intenses. Leur perception de la réalité peut en outre être affectée par des hallucinations auditives, tactiles, olfactives ou, plus rarement, visuelles. Par exemple, une personne peut être convaincue qu'on lui donne des ordres, qu'on l'insulte, que quelqu'un répète tout haut ses pensées ou qu'on lui fait la conversation. Enfin, la personne en crise peut délirer et se mettre à tenir des propos insensés et tourmentés.

Les hallucinations et les délires se produisent pendant les phases de crises. C'est ce qu'on appelle dans le jargon médical les symptômes positifs (on devrait plutôt dire actifs) de la schizophrénie, parce qu'ils se manifestent de façon active et évidente. Par opposition, les symptômes négatifs (on devrait plutôt dire passifs) se caractérisent par l'absence d'action. Ils se définissent par un manque d'émotion, une pauvreté de l'expression, de l'apathie, du désintérêt, un comportement asocial et un manque d'attention. Ils seraient liés, d'après certains chercheurs, à un élargissement des cavités naturelles contenues dans le cerveau, mais ces caractéristiques sont aussi probablement attribuables à l'utilisation prolongée des neuroleptiques. Les symptômes négatifs (ou passifs) persistent après la disparition des hallucinations et du délire actifs. Lorsque les symptômes passifs sont disparus, la personne concernée est capable de se débrouiller à un niveau minimal, c'est-à-dire qu'elle peut vivre de façon indépendante ou sous supervision et occuper un emploi peu exigeant dans un lieu de travail où il y a peu de stress, si elle n'a pas reçu de traitements psychosociaux susceptibles de lui permettre de reprendre une place plus intéressante dans la société.

Certains chercheurs émettent aussi l'hypothèse que les personnes diagnostiquées comme schizophrènes ont des problèmes d'accélération subjective de la perception qui entraînent des difficultés d'attention et de traitement de l'information.

J'ai trop de stimulations; je compare cela à une machine à boules quand elle fait «tilt». J'ai de la difficulté à intégrer ou à filtrer mes pensées. Je n'ai plus d'ancrage, tout va trop vite.

Des chercheurs croient en effet que les schizophrènes seraient exagérément sensibles aux excitations sensorielles et auraient de la difficulté à filtrer ces stimulations et à sélectionner celles qui sont les plus appropriées. On observe effectivement chez des personnes diagnostiquées comme étant schizophrènes une tendance à se laisser constamment distraire par des détails qui n'ont aucune utilité pertinente à leurs activités.

Je me suis rendu compte que j'étais très sensible aux choses autour de moi. Une personne normale va être soumise à plusieurs stimulations et va en sélectionner une. Le schizophrène, par contre, prend toute l'information en même temps. Alors, ça déborde, ça explose.

LES AUTRES FORMES DE PSYCHOSE

Outre la schizophrénie, d'autres troubles psychotiques sont définis par les psychiatres de la manière suivante. Il y a tout d'abord la «psychose réactionnelle brève» qui se manifeste par les mêmes symptômes que la schizophrénie, mais qui a comme particularité, en plus d'être déclenchée par un événement traumatisant, d'être temporaire. Pour ce qui est du «trouble schizophréniforme», il se manifeste par les mêmes symptômes que la schizophrénie mais dure moins de six mois et rarement plus d'un mois. Quant aux personnes qui reçoivent le diagnostic de «trouble schizo-affectif», elles présentent à la fois des symptômes de schizophrénie et des symptômes de trouble de l'humeur, c'est-à-dire qu'elles sont, en plus, dépressives ou sujettes à des accès de manie.

LA PSYCHOSE: UNE MANIFESTATION ÉPISODIQUE

Entre les crises de psychose, qui dureraient probablement environ une à quatre semaines si on leur donnait libre cours, la personne qui a des tendances psychotiques passe à travers des périodes relativement normales. Combien de temps peuvent durer ces périodes? Il est difficile de le dire. En effet, on connaît peu le cours naturel de la schizophrénie à cause du simple fait que presque toutes les personnes qui sont diagnostiquées schizophrènes prennent ou ont pris des neuroleptiques.

Ils m'ont enfermée, m'ont donné des piqûres, des piqûres, des piqûres, des pilules, des pilules, des pilules, puis des piqûres, des pilules, des piqûres et des pilules. J'aurais aimé arrêter de prendre des médicaments parce que je sentais qu'ils me rendaient encore plus folle.

Néanmoins, des études menées dans des pays du Tiers Monde ont démontré que, dans ces pays, les personnes qui sont diagnostiquées comme étant schizophrènes se remettent plus rapidement de ce trouble de fonctionnement que dans les sociétés industrialisées, probablement en raison de l'importance accordée à la participation de l'entourage au processus de réinsertion. Il est aussi possible que ce taux plus élevé de rétablissements soit dû au fait qu'on utilise moins fréquemment des neuroleptiques dans ces pays pour faire face à ces situations.

VOIR LA SCHIZOPHRÉNIE AVEC UN ŒIL NOUVEAU

Un certain nombre de thérapeutes estiment que la crise psychotique représenterait une solution pour s'évader d'une impasse, un moyen d'autodéfense pour échapper à l'insoutenable. Ce choix inconscient, même s'il paraît socialement inacceptable, constituerait pour la personne psychotique une solution rentable sur le plan individuel, du moins au moment des toutes premières crises. Quelles autres solutions aurait-elle devant son impuissance à régler certaines situations: la dépression? le suicide? D'après ces thérapeutes, la schizophrénie serait donc un mode de survie inapproprié, mais un mode de survie tout de même. Toujours selon eux, pour que cette personne prenne un jour la décision de revenir à la réalité, il faut qu'elle ait des qualités intellectuelles et des capacités d'introspection suffisantes pour être en mesure de mettre à jour ce mode de fonctionnement, de préférence avec l'aide d'un thérapeute. Et pour avoir envie de retourner à la réalité, on estime que cette personne doit aussi, en général, avoir connu une expérience de vie suffisamment riche et satisfaisante avant d'être devenue schizophrène.

> *La maladie, au fond, c'est une porte de sortie pour dire l'impossible. Pour moi, chaque maladie psychologique est une tentative de guérison, c'est un processus curatif, mais ce processus est tellement souffrant qu'il bloque l'inconscient. La société essaie de neutraliser le processus en administrant des tranquillisants et des neuroleptiques.*

UNE MALADIE DU CERVEAU HÉRÉDITAIRE?

Presque tous les experts en matière de schizophrénie affirment que la schizophrénie est une maladie du cerveau et qu'il existerait une prédisposition héréditaire ou génétique à ce trouble. L'explication scientifique la plus populaire est connue sous le nom de modèle de vulnérabilité au stress, selon lequel la vulnérabilité à la schizophrénie serait attribuable avant tout aux particularités du développement du cerveau lors de la croissance du fœtus. Divers facteurs environnementaux susceptibles d'affecter l'enfant avant sa naissance, lors de l'accouchement ou au cours de sa vie se conjugueraient à une foule d'autres événements stressants pour activer, éventuellement, cette prédisposition latente et pour déclencher les symptômes de la schizophrénie.

Ce modèle d'explication, qui jouit d'une grande popularité et qui inspire actuellement presque tous les efforts de réadaptation, doit être examiné de façon critique. D'abord, l'affirmation à l'effet que la schizophrénie serait génétiquement héréditaire repose entièrement sur des éléments de preuve indirects, à savoir sur l'hypothèse que plus le lien de parenté avec une personne diagnostiquée comme schizophrène est proche, plus il y a de chances d'être diagnostiqué comme schizophrène. Cependant, même chez des jumeaux identiques, quand un des deux jumeaux est diagnostiqué comme schizophrène, l'autre ne présente ce trouble que dans la moitié des cas. De plus, aucune étude n'a encore démontré de différence dans les gènes ou les chromosomes de personnes qui ont été diagnostiquées comme schizophrènes, bien que des dizaines de chercheurs aient essayé d'en trouver et aient prématurément cru avoir trouvé des résultats positifs. Enfin, pour des raisons évidentes, très peu de schizophrènes ont des enfants. Pourtant, l'incidence du trouble semble constante depuis au moins un siècle.

Les symptômes de la schizophrénie, dont les manifestations sont spectaculaires et intenses, sont suffisants pour faire comprendre qu'une personne a un problème évident. Mais s'agit-il là d'une maladie physique? Même si les chercheurs constatent des anomalies cérébrales ou des différences de fonctionnement intellectuel chez des personnes diagnostiquées comme schizophrènes, aucun signe physique n'a jamais été associé de façon sûre à la schizophrénie exclusivement. Il n'existe toujours aucun signe physique, aucun test de laboratoire, aucune preuve objective qui permette de confirmer un diagnostic de schizophrénie. Le diagnostic de schizophrénie reste simplement une affirmation, par des experts, qu'à leur avis une personne semble souffrir de schizophrénie. À ce sujet, il est intéressant de constater que les critères qui servent à diagnostiquer la schizophrénie changent régulièrement au cours des ans. Ces modifications ont eu pour conséquence, par exemple, de faire chuter la fréquence des diagnostics de schizophrénie en Amérique du Nord de plus de 300 p. 100 en 16 ans, soit entre 1972 et 1988[5]!

Le docteur me consacre à peine cinq minutes. Il est debout, la main sur la poignée de la porte, et il ne me laisse pas la chance de m'asseoir.

Pour plusieurs raisons résumées par le psychiatre Peter Breggin, le fait de considérer la schizophrénie comme une véritable maladie du cerveau ne cadre pas non plus avec le modèle des maladies du cerveau connues comme la maladie de Parkinson, la chorée de Huntington et la maladie d'Alzheimer[6].

- Premièrement, la schizophrénie n'est pas, comme ces autres démences organiques, caractérisée uniformément par une détérioration mentale inévitable aboutissant à la mort. Au contraire, avec le temps, plusieurs schizophrènes voient leur état s'améliorer et, même après 20 ou 30 ans de symptômes importants, certains se rétablissent complètement.
- Deuxièmement, un trouble organique démentiel, une fois établi, ne se rétablit pas spontanément. Pourtant, on a pu remarquer à maintes reprises que des schizophrènes se mettent à réagir de façon absolument normale lors d'urgences, comme par exemple lorsqu'un feu se déclare à l'hôpital.
- Troisièmement, les schizophrènes ne présentent pas les signes habituellement associés aux atteintes neurologiques progressives: ils ne présentent pas de signes de vieillissement précoce, d'infirmités physiques, de convulsions ou de perte de mémoire. À part une fréquence plus élevée de suicides et d'accidents, ils meurent des mêmes maladies que le reste de la population.
- Quatrièmement, la façon de communiquer des schizophrènes ne ressemble pas à celle qui caractérise la détérioration mentale associée à

5. Stoll A. L., M. Tohen, R. J. Baldessarini, D. C. Goodwin, S. Stein *et al.* «Shifts in diagnostic frequencies of schizophrenia and major affective disorders at six North American psychiatric hospitals, 1972-1988», *American journal of psychiatry, 150,* 1993, p. 1668-1673.

6. Breggin, P.R. «Brain damage, dementia and persistent cognitive dysfunction associated with neuroleptic drugs: evidence, etiology, implications», *Journal of mind and behavior, 11,* 1990, p. 425-464.

une maladie du cerveau menant à une démence. Les fonctions intellectuelles ne semblent pas endommagées, mais plutôt inadaptées, mal canalisées, ou perturbées sur le plan psychologique ou spirituel. Les personnes diagnostiquées comme schizophrènes s'expriment souvent par des métaphores complexes et inhabituelles portant sur la vie, l'amour, Dieu, le diable. Souvent, ces personnes sont hantées par une ou deux idées bizarres, fréquemment centrées autour du rôle spirituel qu'elles croient devoir jouer. Mais elles défendent ces idées avec une vigueur et une acuité intellectuelle qui laissent entendre que leur fonctionnement cérébral global est normal. Il n'est pas impossible que la découverte d'une cause biochimique subtile vienne un jour expliquer ces phénomènes. Toutefois, ceux-ci semblent exclure l'idée que la schizophrénie soit une maladie généralisée et progressive du cerveau[7].

Je trouve que la théorie strictement biologique de la schizophrénie est particulièrement réductrice sur le plan humain.

- Enfin, comme les lecteurs pourront le constater, les médicaments neuroleptiques utilisés pour maîtriser les symptômes de la schizophrénie produisent une foule de troubles psychiques, moteurs et physiques qui ressemblent étrangement aux symptômes schizophréniques. Il est impossible aujourd'hui d'exclure le rôle joué par les neuroleptiques dans la production des anomalies cérébrales que de nombreux chercheurs observent couramment chez diverses personnes schizophrènes. Il est important de rappeler qu'avant l'ère des neuroleptiques, ces anomalies étaient si rares que, si une personne schizophrène en présentait une, le diagnostic de schizophrénie était tout simplement remis en cause[8].

7. Nous suggérons aux lecteurs deux excellents ouvrages qui présentent cette thèse en détail: Modrow, J. *How to become a schizophrenic: The case against biological psychiatry,* Everett, Washington, Appollyon Press, 1993; Boyle, N. *Schizophrenia: A scientific delusion?,* Londres, Routledge, 1991.
8. Voir, par exemple, Noyes, A. P. et L. C. Kolb. *Modern clinical psychiatry* (5e édition), Philadelphia, Saunders, 1958, p. 387-389.

Somme toute, affirmer qu'une prédisposition génétique (inconnue) serait activée par des événements ou des contextes environnementaux (non déterminés), pour transmettre (de manière inconnue) une maladie (dont la définition et la classification restent incertaines) revient en fait à affirmer notre ignorance quasi totale des causes de la schizophrénie.

Il m'arrive de voir l'expérience psychiatrique comme ceci. On arrive chez le garagiste avec une auto tellement mal en point que tous les signaux indicateurs de défaillances sur le tableau de bord sont allumés et font du bruit. On demande au garagiste de faire les réparations nécessaires. Celui-ci est si désemparé devant ce fouillis qu'il coupe tous les fils reliés à ces signaux gênants. Il nous remet la voiture en annonçant, l'air rassuré, qu'elle n'a plus de problèmes: les signaux ne sont plus allumés et ils ont cessé de faire du bruit. Plus tard, on se retrouve à la case départ, avec des lumières en moins.

CAUSES PHYSIQUES DE CERTAINES PSYCHOSES

Avant de poser un diagnostic de schizophrénie ou de trouble associé, il est important que le médecin et la personne concernée écartent en premier lieu les conditions physiques qui pourraient être à l'origine d'un comportement psychotique. Les problèmes qui peuvent produire des symptômes qui ressemblent à ceux de la psychose sont, entre autres:

- un traumatisme crânien ou la présence d'une masse intracrânienne;
- une méningite ou une encéphalite;
- des troubles endocriniens et métaboliques, en particulier l'hypoglycémie;
- une maladie du foie;
- un problème de ménopause;
- une maladie pulmonaire;
- une maladie cardiovasculaire;
- l'absorption de drogues illicites, d'alcool ou de poison;
- une réaction à des substances médicamenteuses.

Je souffrais, à l'origine, d'un nerf pincé mal diagnostiqué. Ce mauvais diagnostic a entraîné une chaîne d'hospitalisations et de traitements psychiatriques longs et inutiles. J'ai été soumise à la déshumanisation et aux contradictions du système. Un neuroleptique, le Mellaril, m'a plongée dans une vive dépression pour laquelle j'ai été hospitalisée. Je me suis mise à avoir des hallucinations auditives et des problèmes de sommeil. J'ai demandé des explications à mon médecin. Celui-ci m'a répondu que ce serait dangereux pour moi d'avoir de l'information. Enfin sortie de ce cauchemar, je suis maintenant atteinte de dyskinésie tardive induite par les médicaments que j'ai été forcée de prendre.

En effet, certaines substances médicamenteuses peuvent aussi engendrer des comportements psychotiques et il est important de s'assurer que l'état de la personne n'est pas attribuable à l'action d'une de ces substances. Ce sont:

- des amphétamines (Dexedrine, etc.) et d'autres stimulants du système nerveux central (cocaïne, Ritalin, etc.);
- des antidépresseurs (Nardil, Parnate, Elavil, Apo-Amitriptyline, Etrafon, PMS-Levazine, Triavil, Norpramin, Pertofrane, Apo-Imipramine,Tofranil, Ludiomil, Aventyl, Triptil, Apo-Trimip, Novo-Trimipramine, Surmontil, Rhotrimine, Prozac, Paxil, Zoloft, etc.);
- des anticonvulsivants (Dilantin, Apo-Primidone, Mysoline, etc.);
- des antihistaminiques variés;
- des tranquillisants de la famille des benzodiazépines;
- des barbituriques variés;
- des médicaments utilisés pour abaisser la tension artérielle (Inderal, Apo-Propanolol, PMS-Propanolol, Timolide, Combipres, Catapres, Apo-Clonidine, Aldomet, Apo-Methyldopa, Apo-Methazide, Novo-Medopa, Aldoril, Supres, etc.);
- des anti-inflammatoires (Apo-Indomethacin, Indocid, Novo-Méthacin, Nu-Indo);
- des antiparkinsoniens (PMS-Amantadine, Artane, Symmetrel, Larodopa, Prolopa, Sinemet, Apo-Benztropine, Cogentin, PMS-Benztropine);
- d'autres médicaments utilisés pour le parkinsonisme (Parlodel);
- des relaxants musculaires (Lioresal);
- des antidiarrhéiques (Lomotil, etc.);

- des bronchodilatateurs (Apo-Salvent, Gen-Salbutamol, Novo-Salmol, Ventodisk, Ventolin, Volmax);
- des corticostéroïdes (Apo-Prednisone, Deltasone, Winpred, Cortisone, Cortone);
- des médicaments cardiotoniques (Digitaline);
- des médicaments qui stimulent le cœur comme l'éphédrine;
- la pénicilline G procaïne (Ayercilline, Wycillin);
- des médicaments antialcooliques (Antabuse).

TRAITER LA PSYCHOSE SANS MÉDICAMENTS

Il existe des preuves solides qui démontrent clairement que des interventions psychosociales en vue de remplacer complètement la médication sont généralement supérieures, ou au moins équivalentes, aux résultats obtenus avec la médication. Certaines des recherches menées à ce sujet entre 1953 et 1981 ont été récemment analysées par le psychologue Bertram Karon, de l'Université du Michigan. La conclusion de ce chercheur vaut la peine d'être citée intégralement: «Malheureusement, ce qui semble couramment déterminer le type de traitement à administrer, ce ne sont pas les visées scientifiques, mais plutôt les facteurs politiques et économiques et un grand souci de rentabilité à court terme. Les données semblent clairement indiquer la valeur des traitements psychosociaux, dont la psychothérapie individuelle, par opposition à la médication[9].»

D'autres recherches démontrent que le traitement intensif et individualisé de personnes diagnostiquées comme souffrant de schizophrénie aiguë, dans des foyers communautaires, avec peu ou pas de médication, donne d'excellents résultats[10]. Sans que ces personnes aient à subir les

---

9. Karon, B. «Psychotherapy versus medication for schizophrenia: Empirical comparisons». Dans Fischer, S. et R. Greenberg (dir.), *The limits of biological treatments for psychological distress: Comparisons with psychotherapy and placebo* (p. 105-150). Hillsdale, N. J., Erlbaum, 1989, p. 146.

10. Ciompi, L. et al. «The pilot project "Soteria Berne": Clinical experiences and results». *British journal of psychiatry, 161* (supplément), 1992, p. 145-153; Hawthorne, W. B., W. Fals-Stewart et J. B. Lohr. «A treatment outcome study of community-based residential care». *Hospital and community psychiatry, 45*, 1994, p. 152-155.

effets secondaires des médicaments, il va de soi! En fait, le seul problème majeur relié à ces interventions, c'est qu'elles ne sont pas assez mises en pratique. Elles ne sont pas en vogue parce qu'elles nécessitent un investissement financier important à court terme, exigent de nouvelles façons de penser, ne dépendent pas pour leur succès de l'utilisation de professionnels de haut niveau et remettent en question la valeur du traitement médical et hospitalier au moment des crises graves.

DES EXPÉRIENCES PROBANTES

Un exemple de ces interventions psychosociales est particulièrement bien documenté. C'est l'expérience de Soteria House, menée dans les années 1970 par le psychiatre Loren Mosher et décrite en détail dans plusieurs publications scientifiques et dans un livre récent[11]. Ce psychiatre recruta du personnel sans diplômes professionnels avancés qu'il forma sur place. Il acheta une maison dans une rue résidentielle bien fréquentée et commença, avec une douzaine de jeunes schizophrènes en période de crise, son intervention individualisée. Celle-ci était basée sur une reconnaissance que l'expérience psychotique présente un potentiel de réintégration et de reconstruction et ne devrait pas être prématurément avortée ou contrôlée. Une série d'études rigoureuses a démontré la supériorité de l'approche de Mosher, comparée à celle appliquée à un groupe témoin de jeunes schizophrènes envoyés pour un traitement ordinaire avec médication à l'hôpital psychiatrique. Après un suivi de deux ans, les sujets traités à Soteria recevaient moins de médicaments, fréquentaient moins souvent les cliniques et les hôpitaux, étaient mieux intégrés au marché du travail et étaient plus capables de vivre de manière autonome. Qu'est-il arrivé à Soteria? Malgré plusieurs rapports démontrant l'efficacité et le moindre coût financier de son approche, Mosher n'arriva pas à obtenir de fonds pour continuer le projet et celui-ci prit fin.

À Berne, en Suisse, le psychiatre Luc Ciompi a repris le flambeau et dirige depuis plusieurs années un foyer similaire. Une première évaluation portant sur plusieurs dizaines de personnes, dont la majorité ne recevaient aucune médication ou des doses minimes, a été publiée en décembre 1992 dans le prestigieux *British Journal of Psychiatry*[12].

---

11. Mosher L. et L. Burti. *Community mental health: principles and practice*. New York, Basic Books, 1989.

12. Ciompi, L. et al. «The pilot project "Soteria Berne": Clinical experiences and results», *British journal of psychiatry*, *161* (supplément), 1992, p. 145-153.

L'intervention psychosociale s'était révélée en tous points supérieure au traitement en milieu hospitalier avec des doses ordinaires de neuroleptiques.

Au Québec, depuis bientôt 14 ans, une entente de services entre le centre hospitalier Robert-Giffard et le Groupe interdisciplinaire freudien de recherches et d'interventions cliniques (GIFRIC) soutient le fonctionnement du «388», un centre psychanalytique de traitement pour jeunes adultes psychotiques. Le centre, qui est intégré à la communauté en milieu urbain, allie l'accompagnement pour le retour au travail ou aux études et les activités artistiques et socioculturelles au suivi psychiatrique en équipe multidisciplinaire et à la cure analytique individuelle. La clientèle du 388 est constituée de jeunes adultes ayant reçu un diagnostic de schizophrénie ou de trouble psychique grave. Les usagers admis continuent d'habiter chez eux et peuvent recevoir des services au centre 24 heures par jour, 12 mois par année. De plus, le centre dispose de sept lits de traitement de crise comme alternative à l'hospitalisation. Pour faire partie de ce programme, une personne doit formuler une demande qui démontre une motivation minimale à retrouver une place subjective dans la vie sociale par l'intermédiaire d'un nouveau rapport à la parole.

Laissons les responsables du 388 s'exprimer pour décrire le travail accompli par ce centre: «Le traitement, au 388, repose sur des ententes verbales. Le fait d'appeler à la responsabilisation de la personne face à sa vie et d'appeler à l'expérimentation de la gestion de ses crises par des moyens autres que la contrainte physique permet l'engagement d'un dialogue constant entre l'équipe et l'usager. Ce dialogue porte sur tous les aspects du traitement, entre autres sur la médication. Dans ce cadre, dès le départ, l'usager cesse de combattre les médicaments prescrits avant son admission, ce qui permet de les diminuer de façon significative par la suite. Parallèlement, les aspects psychosociaux du traitement donnent à l'usager le moyen de se prendre en main et rendent possible le retrait progressif de ses médicaments.

«La durée du traitement varie d'une personne à l'autre selon la gravité des difficultés présentées. On constate, après cinq ans de fréquentation des divers services et activités du centre, que le mode de rapport de l'usager avec son entourage s'est modifié, que sa connaissance de lui-même s'est améliorée et qu'il s'est habituellement engagé dans des démarches de retour sur le marché du travail ou aux études. Il est d'ailleurs étonnant de constater la patience et le courage dont font preuve ces personnes dans leur recherche d'emploi et de voir qu'elles réussissent parfois à trouver du travail malgré le fait que le chômage soit actuellement une réalité difficile à contourner pour de nombreux citoyens n'ayant pas de problèmes d'ordre psychique.

«La personne traitée au centre est moins isolée et plus autonome, sait mieux comment exprimer ses désirs, s'organise mieux dans ses relations interpersonnelles parce qu'elle tient plus compte des autres, et n'a généralement plus recours à l'hospitalisation pour ses crises de décompensation. Plusieurs personnes traitées au 388 se sont également découvert des aptitudes créatives à l'occasion d'ateliers d'art et se consacrent maintenant, dans leurs moments de solitude, à la peinture, à la céramique ou encore à l'écriture. Mais la plupart d'entre elles prendront plusieurs autres années avant de réussir à obtenir une articulation satisfaisante à la vie sociale. À ce stade, le soutien donné par le centre s'adapte à l'évolution de l'usager: il se fait intense pendant les périodes difficiles et discret le reste du temps, quoique toujours présent lors des périodes de réorganisation.»

Ces expériences montrent qu'il est possible d'obtenir des résultats intéressants quand on prend la peine de consacrer du temps à des traitement de nature psychosociale. Elles illustrent aussi la diversité des moyens d'intervention qui pourraient être mis en application, si seulement il y avait une volonté sociale et politique de le faire et si la société abandonnait son obsession d'obtenir à tout prix des résultats à court terme (mais combien de courte durée!).

UNE POSITION MÉDICALE OBSTINÉE

Malgré ces expériences et d'autres qui vont dans le même sens, le seul progrès accompli de nos jours dans les milieux psychiatriques officiels est une certaine acceptation du fait qu'un soutien social structuré aux personnes diagnostiquées comme schizophrènes peut leur être utile afin de mieux vivre en société. Cette approche est inévitablement basée sur la notion qu'il faut religieusement prendre ses médicaments et éviter tout événement stressant qui pourrait troubler un équilibre précaire. En effet, la plupart des médecins s'accordent pour dire que les thérapies psychosociales ne peuvent aucunement remplacer les médicaments pour le traitement des personnes diagnostiquées comme étant schizophrènes ou psychotiques. Au mieux, la thérapie psychosociale est vue comme un ajout valable, qui peut aider la personne et sa famille à mieux composer, à long terme, avec une grave maladie chronique qui doit être traitée chimiquement.

Il est certain que, dans le cas d'une personne qui a fait l'expérience de plusieurs rechutes et qui vit dans sa famille, un événement stressant comme une querelle majeure risque de provoquer une crise chez la personne ou dans le milieu. En d'autres termes, en l'absence d'intervention psychosociale intensive et d'apprentissage d'habiletés sociales, éviter le stress reste la seule option pratique.

Quand je prends des médicaments, ma famille se sent bien. Si je leur dis que je ne les prends pas, ils se sentent mal. Je les rends malades, ils se rendent malades. Dans le fond, je prends mes médicaments et c'est eux qui vont bien et moi qui vais mal.

LES THÉRAPIES PSYCHOSOCIALES: ESSENTIELLES AU TRAITEMENT

La personne sujette à des troubles schizophréniques qui a connu plusieurs hospitalisations psychiatriques et a vécu des ruptures affectives et professionnelles subséquentes, qu'elle soit sous médication ou non, a besoin d'un grand soutien pour s'adapter à son environnement. Les psychothérapies de soutien, les thérapies familiales, comportementales, occupationnelles et professionnelles sont essentielles au traitement de ces troubles. Le choix de la thérapie doit être fait en fonction des besoins de la personne concernée et, en général, les thérapies centrées sur la vie de tous les jours semblent efficaces en un premier temps. Les thérapies d'apprentissage d'habiletés sociales et les thérapies comportementales s'avèrent particulièrement utiles pour améliorer les interactions avec l'entourage si souvent déficientes chez les personnes diagnostiquées comme schizophrènes et pour entraîner, par là même, une réduction des symptômes. En ce qui concerne les thérapies familiales, elles contribuent à réduire les interactions émotives intenses et négatives, ce qui peut diminuer le besoin de prendre des neuroleptiques et faire chuter le taux d'hospitalisation de moitié.

Je pense que mon problème, c'est pas vraiment la schizophrénie. Je ne me sentais pas écouté, je ne me comprenais pas. Je suis hypersensible. J'ai accepté ma sensibilité et mes émotions.

Quand ces thérapies familiales sont alliées à des thérapies de soutien, de comportement et d'apprentissage social, le taux d'hospitalisation peut même tomber à 6 ou 19 p. 100 des cas, selon les thérapies[13]. Plusieurs autres chercheurs ont obtenu des résultats semblables et mettent l'accent sur les effets positifs à long terme des programmes de thérapie intensive chez des personnes qui ne prennent pas de médicaments ou qui n'en prennent que dans les moments les plus difficiles.

Le but du centre, c'est de permettre une transition pour réintégrer la société. Parce qu'on a peur, on a toujours l'impression d'avoir une étiquette dans le front qui nous identifie comme malade mental. C'est faux. Le centre nous aide à enlever cette étiquette. Il nous confie des tâches pour nous prouver que nous sommes capables de faire quelque chose. Cela peut être du secrétariat, de l'organisation d'activités, de la rénovation, n'importe quoi pour dire qu'on est capable de faire quelque chose et qu'on n'est pas si imbécile. Tranquillement, ça nous aide à remonter la pente.

UN PROCESSUS QUI EXIGE UN INVESTISSEMENT PERSONNEL ET FAMILIAL

Vivre sans neuroleptiques et avec peu ou pas de rechutes n'est possible, pour les personnes sujettes à la psychose, que dans la mesure où elles ont un désir réel de réintégrer la réalité et où elles acceptent de changer leur façon de réagir par rapport à cette réalité. Pour pouvoir se réinsérer dans le réel, ces personnes doivent faire preuve d'une certaine capacité d'introspection afin d'identifier, de préférence avec l'aide d'un thérapeute, les attitudes et les facteurs déclencheurs de psychose qu'elles doivent apprendre à contourner. C'est un processus qui prend du temps et qu'il n'est possible de réaliser, en général, que si leurs familles sont prêtes à les accompagner dans leur cheminement et à modifier la dynamique de leurs rapports pour contribuer à leur rétablissement. À défaut de quoi les personnes concernées n'ont souvent d'autre choix que de rompre avec leur famille, si celle-ci ne les soutient pas dans leur démarche de rétablissement.

---

13. Liberman, R. P. et K. T. Mueser. «Schizophrenia: psychosocial treatment», dans Kaplan, H. I. et B. J. Sadock (dir.) *Comprehensive textbook of psychiatry,* Baltimore, Williams et Wilkins (5e éd.) 1989, p. 792-806.

LES SUBSTANCES UTILISÉES CONTRE LES PSYCHOSES

Voici, par classes chimiques, les principaux neuroleptiques utilisés au Canada.

Nom générique	*Nom commercial*
LES PHÉNOTHIAZINES	
Chlorpromazine	Largactil
Fluphénazine	Apo-Fluphénazine, Modecate, Moditen, PMS-Fluphénazine
Mésoridazine, succinate de oxilapine	Serentil
Méthotriméprazine ou lévomépromazine	Nozinan
Péricyazine ou propéricyazine	Neuleptil
Perphénazine	Apo-Perphénazine, Trilafon
Perphénazine combinée à un antidépresseur, l'amitryptyline	Elavil Plus, Etrafon, PMS-Levazine, Triavil
Pipothiazine	Piportil
Prochlorpérazine	Stémétil, PMS-Prochlorperazine
Thiopropérazine	Majeptil
Thioridazine	Apo-Thioridazine, Mellaril
Trifluopérazine	Apo-Trifluoperazine, Stelazine, Stelabid
LES BUTYROPHÉNONES	
Dropéridol	Inapsine
Halopéridol	Apo-Haloperidol, Haldol, Novo-Péridol, PMS-Haloperidol
Halopéridol, décanoate	Haldol L.A.
LES THIOXANTHÈNES	
Flupenthixol	Fluanxol
Thiothixène	Navane

LES AUTRES FAMILLES DE NEUROLEPTIQUES

Clozapine	Clozaril
Fluspirilène	Imap
Loxapine	Loxapac
Pimozide	Orap
Réserpine	Novo-Reserpine, Serpatil
Rispéridone	Risperdal

INDICATIONS

En psychiatrie, les neuroleptiques sont employés pour enrayer l'agitation, les hallucinations, les idées délirantes et les incohérences de pensée chez les personnes que l'on dit atteintes de psychose. Les neuroleptiques sont donc utilisés pour le traitement des troubles schizophréniques et des troubles associés tels que les psychoses réactionnelles brèves, les troubles schizophréniformes et les troubles schizo-affectifs. Les neuroleptiques sont aussi largement utilisés dans l'espoir de maîtriser les épisodes maniaques du trouble maniaco-dépressif ou de les prévenir. En outre, les neuroleptiques sont employés pour essayer d'alléger les symptômes psychotiques ou les comportements agités ou agressifs des patients qui ont des problèmes de comportement liés à un retard mental ou à une lésion organique. Ils sont aussi parfois employés chez les personnes autistiques. Enfin, les neuroleptiques sont également utilisés comme traitement d'appoint dans les cas de dépressions agitées accompagnées de paranoïa.

Certains prétendent que les neuroleptiques ont des propriétés antidépressives. Le flupenthixol (Fluanxol), par exemple, est actuellement considéré comme un antidépresseur quand il est administré en faibles doses. Pourtant, les chercheurs s'entendent pour dire que les neuroleptiques produisent plus souvent des symptômes dépressifs qu'ils ne les soulagent. Il arrive aussi qu'on emploie des neuroleptiques pour maîtriser l'anxiété, les pulsions hostiles, l'alcoolisme, les troubles obsessionnels et les troubles de personnalité, mais l'utilisation de ces substances pour ces problèmes n'est pas recommandée.

En médecine, les neuroleptiques sont également utilisés pour le traitement du syndrome de Gilles de la Tourette, qui se manifeste par des tics moteurs, des mouvements incontrôlables, des grognements et un langage licencieux. L'halopéridol (Haldol) et le pimozide (Orap) sont les neuroleptiques les plus utilisés dans ces cas. Les neuroleptiques sont aussi parfois prescrits pour traiter la porphyrie (perturbation du métabolisme des pigments), les nausées et les vomissements ainsi que le hoquet irrépressible.

À cause des effets secondaires graves et irréversibles que peuvent causer les neuroleptiques, leur prescription ne devrait être envisagée que pour des troubles qui répondent clairement à ce traitement et que s'il n'y a pas d'autres solutions.

MÉCANISME D'ACTION

De nos jours, on attribue la plupart des effets que produisent les neuroleptiques sur le comportement, sur l'état d'esprit et sur la motricité à la capacité de ces médicaments de bloquer la transmission de la dopamine, un messager d'influx nerveux dans le cerveau. Les neuroleptiques sont aussi capables d'affecter directement ou indirectement d'autres messagers, telles la sérotonine ou l'acétylcholine, mais c'est principalement la réduction de l'activité de la dopamine par les neuroleptiques qui expliquerait l'action calmante de ces médicaments sur l'agitation et sur l'expression du délire. On en a conclu, hâtivement, que la schizophrénie serait par conséquent due à un excès d'activité de la dopamine. Il est vrai que certaines substances qui augmentent l'activité de la dopamine, comme les amphétamines, peuvent également provoquer une psychose, c'est-à-dire une perte de contact avec la réalité qui se traduit, entre autres, par du délire. Néanmoins, l'hypothèse selon laquelle la schizophrénie serait due à une activité excessive de la dopamine n'a pas encore reçu de confirmation directe. La seule chose que l'on peut affirmer, c'est que les neuroleptiques ont pour effet de bloquer, dans le cerveau, le système de transmission de la dopamine sur le trajet d'impulsions nerveuses le plus important. L'action des neuroleptiques reproduit donc chimiquement l'effet d'une lobotomie, c'est-à-dire la séparation chirurgicale d'une partie du cerveau.

Je dormais pratiquement 16 à 18 heures par jour, puis je ne riais jamais, j'avais toujours l'air bête. J'avais toujours le goût de ne rien faire. J'ai donc demandé au médecin de diminuer les doses de mon médicament. C'est ce qu'il a fait, mais pas beaucoup, parce qu'il me disait que j'étais une personne dangereuse pour la société. Il ne me disait pas ce qu'il me donnait. Je me suis informé auprès d'un pharmacien qui m'a appris que je prenais des neuroleptiques. C'est pour ça que ma qualité de vie était assez réduite.

Cette théorie de la lobotomie chimique a été avancée par les premiers psychiatres qui ont introduit les neuroleptiques en pratique psychiatrique. Parce qu'elle renvoie au passé des traitements biologiques radicaux en psychiatrie et parce qu'elle enlève aux neuroleptiques leur prétendue spécificité d'action sur les psychoses, on parle rarement de cette théorie dans les manuels de psychiatrie. Cette théorie constitue pourtant une explication logique et élégante de l'action principale des neuroleptiques sur le comportement, à savoir l'inhibition de l'agitation psychomotrice.

De plus, comme on a reconnu par le passé que la lobotomie produisait un syndrome physique irréversible caractérisé par l'apathie, le désintérêt et le manque d'initiative, on reconnaît aujourd'hui l'existence d'un syndrome presque identique produit par les neuroleptiques et nommé précisément «syndrome déficitaire induit par les neuroleptiques[14]». En mai 1993, un congrès international réunissant plus de 300 participants s'est tenu à Paris sur ce sujet précis. Mais de nos jours, fait ironique, on ne semble parler de ce genre d'effet que pour faire la promotion de «nouveaux» neuroleptiques qui sont censés ne pas produire ces effets et non pas pour avertir ceux et celles qui consomment les neuroleptiques «classiques» qu'ils pourront éventuellement souffrir de ce syndrome.

PHARMACODYNAMIQUE

L'absorption des neuroleptiques se fait de façon irrégulière, mais ils sont à leur plus haut niveau dans le sang de deux à quatre heures après la prise d'une dose orale. En dépit de cela, il faut environ une semaine pour que les neuroleptiques administrés en comprimés atteignent un niveau de stabilité dans le plasma et, parfois, plusieurs semaines avant qu'on puisse remarquer des changements notables chez l'usager.

Les neuroleptiques ont une demi-vie longue qui varie de 10 à 40 heures. On utilise le terme demi-vie pour désigner le temps nécessaire pour que la moitié du produit absorbé quitte le corps. Après 10 à 40 heures, les neuroleptiques ont donc encore un effet et il est possible

14. Voir, par exemple, Lewander, T. «Neuroleptics and the neuroleptic-induced deficit syndrome», *Acta psychiatrica scandinavica, 89* (supplément 380), 1994, p. 8-13. Le numéro entier dans lequel cet article est publié est consacré à des analyses de ce syndrome déficitaire.

que l'effet résiduel persiste bien au-delà de cette période. Des chercheurs américains ont en effet détecté des traces d'halopéridol (Haldol) dans le cerveau d'animaux de laboratoire six mois après leur avoir administré une seule dose faible[15].

Prescription

Les neuroleptiques se présentent d'ordinaire sous forme de comprimés administrés une, deux ou trois fois par jour chez les personnes dont la condition est stable. Des neuroleptiques sous forme liquide, pris oralement ou par injection intramusculaire, sont également utilisés à l'hôpital quand on veut donner de fortes doses ou quand les patients refusent de se soumettre au traitement. Certaines autres injections intramusculaires à libération lente ont une durée d'action qui s'étend sur plusieurs jours et n'ont besoin d'être administrées qu'une, deux ou trois fois par mois. Ces injections sont faites aux patients qui ont moins tendance à suivre le traitement prescrit.

> *À l'âge de 18 ans, on m'a dit que j'étais ambivalente, que j'avais un trouble de comportement. Je prends du Dalmane (un tranquillisant), du Nozinan (un neuroleptique), du Rivotril (un tranquillisant anticonvulsivant) et du Kemadrin (un antiparkinsonien). Je me demande quel est ce trouble et si je peux m'en sortir.*

Parce qu'ils demeurent plus longtemps dans le corps, qu'ils se retrouvent en plus forte concentration dans le sang et que ce sont tous des neuroleptiques de haute puissance, les neuroleptiques à libération lente sont toutefois susceptibles de causer plus de troubles de mouvements aigus et chroniques que les autres formes de ces médicaments. Les liquides et les concentrés sont mieux absorbés par le corps que les comprimés. Pour ce qui est des injections intramusculaires, elles sont encore plus complètement absorbées et se retrouvent dans le sang à un niveau quatre fois plus élevé que pour une dose équivalente prise oralement. Ainsi, une injection de 50 mg de chlorpromazine (Largactil) équivaudrait environ à 200 mg de cette même substance prise sous forme orale.

15. Cohen, B. M., M. Herschel, E. Miller, *et al.* «Radioreceptor assay of haloperidol tissue levels in the rat», *Neuropharmacology, 19,* 1980, p. 663-668.

Selon certains spécialistes, l'effet typique des neuroleptiques ne s'émousse pas avec l'usage. Mais d'autres spécialistes ne partagent pas cet avis et affirment qu'une personne peut facilement développer une tolérance aux neuroleptiques, surtout si elle a été traitée avec de fortes doses pendant une courte période de temps. Lors d'une étude portant sur des centaines de patients psychiatriques évalués à 12 ans d'intervalle, les chercheurs ont constaté que les doses moyennes de neuroleptiques qui leur étaient prescrites avaient doublé pendant cette période[16]. On pourrait croire que l'organisme aurait pu s'habituer à la substance et avoir besoin de doses plus fortes pour maintenir le même effet. Mais était-ce le cas? Cette augmentation n'était nullement liée à l'aggravation des symptômes ni à aucune autre considération clinique. Elle semblait plutôt associée à la spécialité qu'exerce le médecin: en effet, les psychiatres augmentaient généralement beaucoup plus les doses au cours des ans que les médecins généralistes. Les auteurs de cette étude ont attribué cette réaction inusitée au fait que les neuroleptiques ne sont pas, en fin de compte, aussi efficaces qu'on le pense pour traiter la schizophrénie. Comme les psychiatres ne connaissent pas d'autres solutions pratiques pour aider la majorité des patients et comme ils ne possèdent aucun autre outil que les médicaments pour ce faire, ils ne retiennent comme stratégie que l'augmentation des doses.

Le traitement en période de crise

Dans certaines études portant sur des sujets en crise, les chercheurs se sont aperçus qu'un placebo, c'est-à-dire une substance neutre jugée sans effet, telle une pastille de sucre ou de farine, apportait une amélioration notable de l'état d'un sujet sur quatre[17]. Par conséquent, dans certaines institutions, on permet à des personnes en crise de se rétablir sans leur administrer de substances médicamenteuses. Le fait de passer d'une situation stressante à un environnement calme peut avoir un effet bénéfique. C'est pourquoi on laisse quelquefois, quoique trop rarement, la personne en crise récupérer d'elle-même pendant quelques

16. Segal, S. P., D. Cohen et S. R. Marder. «Neuroleptic medication and prescription practices with sheltered-care residents: a 12-year perspective», *American journal of public health, 88,* 1992, p. 846-852.

17. Cité par Gelenberg, A. J., E. L. Bassuk et S. C. Schoonover. *The practitioner's guide to psychoactive drugs* (3e édition), New York, Plenum Medical Book Company, 1991, p. 167.

jours, si elle n'est pas trop agitée. Si aucune amélioration ne se produit après quelques jours, les médecins commencent à envisager un traitement médicamenteux.

Moi, je suis schizophrène. Au début, j'avais des visions, des hallucinations, j'entendais des voix. Mais tout au long de mon hospitalisation, je n'ai pas reçu de médicaments. J'ai obtenu l'autorisation de faire de la course à pied autour du terrain.

Mais cette possibilité de récupérer par soi-même est rarement accordée aux personnes en crise. Dans la majorité des cas, quand elles sont amenées à l'hôpital, elles se font immédiatement administrer des doses qui sont graduellement augmentées jusqu'à ce que leur état se stabilise ou jusqu'à ce qu'elles commencent à ressentir des effets secondaires gênants. Cette augmentation de dose peut s'étendre sur une période de 5 à 20 jours. La vitesse d'augmentation des doses dépend de la gravité de l'état de la personne et de sa tolérance à la substance. Les doses varient aussi en fonction de l'individu, de son poids et de sa constitution. Quand les symptômes de la crise disparaissent, les doses administrées en phase aiguë doivent normalement être réduites de 50 p. 100 sur une période d'environ trois semaines.

Il faut généralement entre quatre et six semaines pour observer l'effet maximal d'une dose donnée. Mais certaines personnes qu'ont dit atteintes de schizophrénie chronique peuvent prendre trois mois pour se stabiliser. S'il n'y a pas d'amélioration après deux semaines ou si les effets secondaires s'avèrent intolérables, un autre neuroleptique est souvent prescrit à la place du neuroleptique initialement employé. Chez certains, aucune réponse positive ne se produit, quel que soit le neuroleptique utilisé (voir plus loin la section sur les effets thérapeutiques des neuroleptiques).

Le médicament me rendait légume. J'étais comme ça toute la journée. Ils me disaient: «va manger», j'allais manger, «va te laver», j'allais me laver, «va te coucher», j'allais me coucher. J'étais un peu comme une bête dans un troupeau, je n'avais aucune réaction. La peine, la joie, la haine, l'amour, ça n'existait pas. Je n'éprouvais rien de cela. J'étais complètement perdu.

L'ajout d'un antiparkinsonien dès le début du traitement neuroleptique

Plusieurs médecins décident, dès le début du traitement, d'adjoindre aux neuroleptiques un médicament antiparkinsonien, dont la fonction est de contrecarrer les troubles de mouvements qui se produisent souvent quand on prend des neuroleptiques. Ces médecins croient que l'ajout d'antiparkinsoniens en début de traitement empêche l'apparition des troubles de mouvements. Après une semaine de ce régime, certains médecins cessent l'administration des antiparkinsoniens. D'autres continuent d'administrer une combinaison de neuroleptiques et d'antiparkinsoniens pendant plusieurs mois, voire de façon indéfinie, même quand aucun trouble de mouvement ne se manifeste. Cette pratique est discutable et certains médecins pensent même qu'elle nuit franchement aux personnes traitées (voir à ce sujet le chapitre sur les antiparkinsoniens).

La neuroleptisation rapide

Quand une personne arrive à l'urgence en état de crise, il arrive qu'on lui administre, au cours des premiers jours, des doses massives et rapprochées de neuroleptiques, habituellement par injection intramusculaire: c'est ce que l'on appelle la neuroleptisation rapide. Toutefois, cette technique est de plus en plus délaissée par les médecins qui se sont rendu compte qu'ils pouvaient obtenir des résultats aussi satisfaisants sans administrer de doses aussi fortes et aussi rapprochées. C'est de plus une opération dangereuse: des morts subites se produisent parfois. La neuroleptisation rapide est encore occasionnellement utilisée chez les personnes excitées et violentes plus difficiles à ramener à la réalité. Mais, de nos jours, les médecins préfèrent conjuguer les neuroleptiques à des tranquillisants tels que les benzodiazépines pour calmer ces personnes.

En ce qui concerne les personnes dites maniaco-dépressives en état de crise, elles sont parfois soumises à des doses plus fortes que les personnes dites psychotiques. Les neuroleptiques agissent plus rapidement que le lithium pour tranquilliser l'agitation des personnes en phase maniaque. Il est à noter que la toxicité du lithium et la possibilité d'apparition du syndrome malin des neuroleptiques semblent augmenter quand ces deux substances sont combinées. La combinaison du lithium avec l'halopéridol (Haldol, Apo-Haloperidol, Novo-Peridol, PMS-Haloperidol), en particulier, semble peu recommandée par les spécialistes de la question, même si elle est utilisée en pratique.

Ils m'ont donné du Largactil. Ça faisait un effet, tu sais, comme quand on allume une mèche... ça faisait ça dans ma tête.

Indépendamment des dangers que cela comporte, si le médecin estime qu'il a trop de difficultés à venir à bout du comportement du patient, il peut décider d'avoir recours à des doses élevées d'un neuroleptique sédatif, injecté ou donné oralement, comme la loxapine (Loxapac), la chlorpromazine (Largactil), la thioridazine (Mellaril, etc.), la mésoridazine (Serentil) ou le dropéridol (Inapsine), qui ralentit presque à coup sûr l'activité du patient. Ces neuroleptiques ne sont pas toujours recommandés parce qu'ils émoussent la sensibilité de la personne qui en reçoit et risquent de provoquer une importante chute de tension quand elle se met en position debout. D'autre part, si les personnes deviennent trop somnolentes, il devient impossible d'évaluer l'état de leurs symptômes.

L'écart des doses prescrites

Le tableau suivant donne un éventail des doses quotidiennes prescrites en période de crise psychotique. Il est à noter que même après 40 ans d'utilisation à l'échelle mondiale sur des centaines de millions de personnes, les doses minimales efficaces pour la plupart des neuroleptiques n'ont pas encore été déterminées, ce qui explique pourquoi les pratiques varient d'un clinicien à l'autre, ou d'un hôpital à l'autre. Une étude comparant différentes doses quotidiennes d'halopéridol, ou Haldol (10 mg, 30 mg et 80 mg) sur trois groupes de patients schizophrènes admis à l'hôpital pour traiter un épisode psychotique aigu n'a trouvé, après six semaines de traitement, aucune différence dans l'intensité des symptômes entre ces groupes[18]. On constate d'ailleurs que les doses suggérées varient beaucoup d'un ouvrage de référence à l'autre. À titre d'exemple, voici ce que nous avons trouvé dans deux ouvrages.

18. Rifkin, A., S. Doddi, B. Karajgi *et al.* «Dosage of haloperidol for schizophrenia», *Archives of general psychiatry, 48,* 1991, p. 166-170.

LES DOSES DE NEUROLEPTIQUES PRESCRITES PENDANT LA PHASE DE CRISE

Substance	*Doses quotidiennes, en mg (doses maximales entre parenthèses)*	
	Ouvrage A	*Ouvrage B*
Chlorpromazine (Largactil)	200 à 1200 (2000)	500 à 2000 (5000)
Fluphénazine (Moditen, etc.)	10 à 80 (120)	15 à 50
Flupenthixol (Fluanxol)	6 à 30 (40)	Rarement utilisé (24)
Halopéridol (Haldol, Peridol, etc.)	10 à 40 (80)	20 à 80
Loxapine (Loxapac)	40 à 140 (160)	150 à 300
Mésoridazine (Serentil)	100 à 400 (600)	Rarement utilisé (400)
Méthotriméprazine (Nozinan)	25 à 200 (300)	Non recommandé
Perphénazine (Trilafon, etc.)	8 à 64 (64)	32 à 96 (200)
Thiothixène (Navane)	10 à 60 (80)	30 à 80 (180)
Thiopropérazine (Majeptil)	-	Rarement utilisé (90)
Thioridazine (Mellaril, etc.)	200 à 600 (800)	400 à 800
Trifluopérazine (Stelazine, Stelabid etc.)	10 à 60 (80)	20 à 80 (600)

NEUROLEPTIQUES INJECTABLES À LIBÉRATION LENTE

Décanoate de flupenthixol (Fluanxol Dépôt)	20 à 60 (80)	(800)/1 sem.
Décanoate de fluphénazine (Modecate i.m.)	25 à 100 (150)	(500)/1 sem.
Décanoate d'halopéridol (Haldol LA)	75 à 300 (600)	(1200)
Énanthate de fluphénazine (Moditen i.m.)	25 à 100 (200)	(1250)/1 sem.
Palmitate de pipothiazine (Piportil L4)	25 à 400 (400)	(600)/1 sem.

NEUROLEPTIQUES ATYPIQUES

Fluspirilène (Imap)	6 à 60 (120)	(60)
Pimozide (Orap)	10 à 20 (120)	8 à 40 (75)
Clozapine (Clozaril)	300 à 600 (900)	300 à 600
Risperidone (Risperdal)	6 à 8 (16)	-

Dans la pratique, malheureusement, certains médecins dépassent les limites supérieures déjà trop élevées indiquées entre parenthèses dans ce dernier tableau, quand la personne à qui on administre ces médicaments ne répond pas aux doses habituelles.

Le traitement d'entretien

Il est essentiel de s'assurer que les neuroleptiques prescrits agissent vraiment sur les symptômes à traiter pour continuer d'en prendre. Le traitement d'entretien a pour objectif d'essayer de prévenir les rechutes. Il commence quand les symptômes de schizophrénie sont supprimés.

> *J'avais lu le livre* Vol au-dessus d'un nid de coucou *dans lequel ils parlent de la file que font les patients au moment de la distribution des médicaments. Je me suis dit: «Tabarnouche, ce n'est pas seulement dans les livres!» Je voyais les lignes avant le souper, puis le personnel qui vérifiait en dessous de la langue pour voir si on avait bien pris notre pilule. J'ai trouvé ça assez dément.*

Les médecins estiment en effet qu'une personne doit continuer à prendre la dose jugée efficace de neuroleptique pendant une période allant de six mois à deux ans après que son état s'est stabilisé. Si elle n'a eu dans sa vie qu'un ou deux épisodes psychotiques, on devrait lui permettre de réduire ses doses de 50 p. 100 sur une période de trois à six mois après que son état s'est stabilisé. Si son état demeure stable après cette réduction, une autre réduction de 50 p. 100 devrait être envisagée.

Pour ce qui est des personnes qui ont eu plus de deux épisodes psychotiques dans leur vie ou qui sont plus vulnérables au stress psychologique, on leur prescrit en général des neuroleptiques de façon indéfinie. Si une personne est convaincue de la nécessité de prendre des neuroleptiques, elle doit s'assurer qu'elle utilise la plus petite dose possible pour venir à bout des symptômes. Cette personne peut donc demander des réductions progressives de doses, en dehors des périodes de stress, surtout si elle éprouve des effets secondaires désagréables.

Cette démarche lui permettra de vérifier en quoi ces réductions affectent son équilibre. Après l'âge de 40 ans, la schizophrénie se manifeste souvent avec moins d'intensité, ce qui justifie d'habitude une diminution de la prise de substances médicamenteuses. Il est fortement souhaitable d'essayer de réduire les doses si la condition de la personne s'est avérée stable pendant de nombreuses années. La dose d'entretien devrait représenter la dose minimale permettant de prévenir les rechutes, selon l'évaluation qu'on en fait. Elle représente habituellement environ la moitié à un dixième de la dose efficace pour maîtriser les symptômes de l'épisode psychotique aigu. Dans plusieurs cas, l'arrêt complet de la médication s'avère possible.

Il n'y a pas nécessairement de consensus sur les modalités d'application du traitement d'entretien. Une étude récente menée auprès des psychiatres en Autriche révèle une grande diversité d'opinions sur la valeur, la durée, les doses et la nécessité du traitement d'entretien pour les troubles schizophréniques[19].

DOSES DE NEUROLEPTIQUES PRESCRITES POUR LE TRAITEMENT D'ENTRETIEN

Substance	*Doses quotidiennes, en mg*	
	Ouvrage A	*Ouvrage B*
Chlorpromazine (Largactil)	200 à 1200 (2000)	500 à 2000 (5000)
Chlorpromazine (Largactil)	50 à 400	100 à 600
Fluphénazine (Moditen, etc.)	2 à 10	2 à 20
Flupenthixol (Fluanxol)	3 à 12	3 à 9
Halopéridol (Haldol, Peridol, etc.)	2 à 40	2 à 30
Loxapine (Loxapac)	15 à 60	25 à 200
Mésoridazine (Serentil)	25 à 200	25 à 200
Méthotriméprazine (Nozinan)	25 à 50	Non recommandé
Perphénazine (Trilafon, etc.)	8 à 24	4 à 32
Thiothixène (Navane)	2 à 10	5 à 30
Thiopropérazine (Majeptil)	2 à 40	5 à 40
Thioridazine (Mellaril, etc.)	50 à 400	100 à 400
Trifluopérazine (Stelazine, Stelabid, etc.)	2 à 10	2 à 30

19. Meise, U., M. Kurz et W. Fleischhaker. «Antipsychotic maintenance treatment of schizophrenia patients: Is there a consensus?», *Schizophrenia bulletin, 20,* 1994, p. 215-225.

NEUROLEPTIQUES INJECTABLES À LIBÉRATION LENTE

Décanoate de flupenthixol (Fluanxol Dépôt)	20 à 80/2 à 4 sem.	12,5/1 sem.
Décanoate de fluphénazine (Modecate i.m.)	2,5 à 150/2 à 4 sem.	12,5/1 sem.
Décanoate d'halopéridol (Haldol LA)	15 à 900/2 à 4 sem.	60/1 sem.
Énanthate de fluphénazine (Moditen i. m.)	2,5 à 200/2 sem.	18,5/sem.
Palmitate de pipothiazine (Piportil L4)	12,5 à 400/4 sem.	25/1 sem.

NEUROLEPTIQUES ATYPIQUES

Fluspirilène (Imap)	2 à 60/1 sem.	8/1 sem.
Pimozide (Orap)	2 à 20	1 à 12
Clozapine (Clozaril)	150 à 250 mg	150 à 300
Rispéridone (Risperdal)	1 à 4	-

L'hiver dernier, je suis allée avec mon fils à l'hôpital et j'ai dit au docteur: «Peut-être qu'une pilule entière, c'est trop. Pourrait-on lui en donner seulement la moitié?» Il a dit: «D'accord, on va essayer.» Je ne comprends pas. Je n'y connais rien. C'est lui qui devrait suggérer qu'on réduise ou qu'on augmente le médicament. Si je n'avais rien dit, peut-être que mon fils prendrait deux fois plus de médicament que ce dont il a besoin?

Traitement intermittent, selon les besoins

Quand la personne (ou ses proches) est jugée capable de détecter les signes avant-coureurs d'une crise psychotique, il arrive qu'on lui permette de prendre des neuroleptiques seulement au besoin. Dès les premiers signes de psychose, la personne qui suit cette méthode doit reprendre des neuroleptiques pour une période d'un à trois mois. Une autre stratégie possible consiste à permettre à la personne de prendre des doses minimales, quitte à les augmenter quand son état se détériore.

Ma psychiatre est assez ouverte. Quand je sens que je n'ai pas besoin de Stelazine, elle accepte de baisser la dose si elle me trouve bien.

Les personnes qui prennent ces médicaments préfèrent habituellement la méthode du traitement intermittent qui, selon certains, réduirait l'apparition d'effets secondaires graves et faciliterait les efforts de réinsertion sociale. Ces stratégies exigent un encadrement et une supervision qu'il n'est pas toujours possible de fournir, c'est pourquoi elles ne sont pas couramment utilisées.

Par contre, certains autres chercheurs s'accordent pour dire que la prise intermittente de neuroleptiques accentue le risque de développer une dyskinésie tardive. En somme, si la prise de neuroleptiques est jugée essentielle ou désirable, la stratégie à privilégier est une réduction lente et graduelle de la dose jusqu'à une dose minime, cette réduction pouvant mener éventuellement à une cessation complète.

Maintenant, c'est moi qui choisis mes médicaments. Le médecin ne peut plus me prescrire n'importe quoi, parce que je connais les médicaments. J'en accepte certains et je les prends seulement quand j'en ai besoin. Quand on prend des pilules pour le mal de tête, on n'en prend pas toujours. C'est la même chose pour les neuroleptiques.

Un seuil à ne pas dépasser

À la suite d'une série de recherches montrant que des doses relativement faibles étaient tout aussi efficaces que les doses standard ou élevées habituellement prescrites, quelques chercheurs américains en sont récemment venus à proposer un principe, énoncé au départ en 1959, pour guider la prescription des neuroleptiques. Il s'agit du principe de la «dose seuil des neuroleptiques». En vertu de ce principe, la dose idéale pour produire un effet antipsychotique ne devrait pas dépasser la dose qui engendre l'apparition d'effets subtils sur la motricité, comme la réduction de la taille de l'écriture. Un chercheur réputé, Gerald Hogarty, affirme que les études démontrent clairement que des doses quotidiennes variant entre 3 et 5 mg d'halopéridol (Haldol) oral suffisent à donner des résultats chez 70 p. 100 des personnes fortement psychotiques[20]. Dans les

20. Hogarty, G. E. «Prevention of relapse in chronic schizophrenic patients», *Journal of clinical psychiatry, 54* (supplément), 1993, p. 18-23.

ouvrages de référence cités plus haut, on remarque que les doses recommandées, qui vont quelquefois jusqu'à 80 mg, sont plusieurs fois plus fortes.

Ma sœur, qui me connaissait bien, me disait souvent: «Depuis que tu prends des médicaments, tu n'es pas normal. Tu es comme un légume, tu ne réagis pas, tu ne ris pas. On te fait plaisir et on dirait que tu n'es pas content.» Parfois, j'étais content, mais je n'avais pas de réactions.

CONTRE-INDICATIONS

Les contre-indications aux neuroleptiques sont:

- des réactions allergiques aux neuroleptiques;
- la consommation de dépresseurs du système nerveux central (alcool, substances contenant de l'opium, barbituriques, somnifères et tranquillisants);
- la présence d'une anomalie cardiaque grave;
- un risque élevé de troubles convulsifs;
- un glaucome à angle fermé (maladie de l'œil caractérisée par une augmentation de la pression intra-oculaire qui accroît la dureté du globe);
- une hypertrophie de la prostate;
- un problème lié à la rétention des urines;
- des signes de dyskinésie;
- des antécédents de syndrome malin des neuroleptiques;
- la consommation de substances susceptibles d'induire un délire cholinergique, comme la scopolamine.

Les neuroleptiques doivent de plus être administrés avec précaution aux personnes souffrant d'une maladie hépatique.

Malgré ces contre-indications, quand le médecin croit qu'il n'y a pas d'autres traitements possibles, ce qui arrive la plupart du temps, il choisit quand même de prescrire des neuroleptiques. Mais il doit être très prudent et choisir les substances à prescrire avec soin. Entre autres, certains médecins trouvent préférable de prescrire de la thioridazine (Mellaril, etc.) à des patients qui ont souffert du syndrome malin des neuroleptiques par le passé.

Personnes âgées

Les personnes âgées sont plus sensibles aux effets secondaires de ces substances que les adultes d'âge moyen. Les neuroleptiques à puissance faible qui ont un effet sédatif augmentent chez eux les risques de confusion et de désorientation. Les neuroleptiques ont également pour effet d'abaisser la tension, ce qui rend les chutes plus fréquentes. Les neuroleptiques peuvent aussi causer des problèmes urinaires aux hommes souffrant d'hypertrophie de la prostate. En règle générale, il est important de donner aux personnes âgées des doses plus faibles qu'aux adultes qui ont plus de vitalité et d'augmenter ces doses de façon très graduelle. Si le médecin juge que ces personnes doivent prendre des doses relativement fortes, il faut s'assurer qu'elles sont réparties en trois ou quatre prises au cours de la journée.

Quand les neuroleptiques sont pris en combinaison avec certains antiparkinsoniens anticholinergiques comme, par exemple, le Cogentin, l'Akineton, le Benadryl, le Kemadrin et l'Artane, les risques de confusion, de constipation, de rétention urinaire, d'embrouillement de la vision et de délire augmentent dangereusement chez les personnes âgées. L'amantadine (PMS-Amantadine, Symmetrel) est un antiparkinsonien qui ne provoque pas ces effets et qui peut être utilisé lorsqu'on désire éviter ce genre de situation. Par contre, il arrive que cette substance ranime les symptômes psychotiques. Finalement, les personnes âgées sont infiniment plus susceptibles de développer des dyskinésies tardives et de voir ces dyskinésies persister que les autres adultes.

Grossesse

La prise de neuroleptiques n'est pas recommandée pendant la grossesse, surtout pendant les trois premiers mois, car ces substances sont capables de franchir la barrière du placenta et de se retrouver dans le sang du fœtus. Les neuroleptiques à puissance faible, comme la chlorpromazine (Largactil) et la thioridazine (Mellaril, etc.), risquent de produire des malformations du fœtus et des complications lors de l'accouchement parce qu'ils abaissent la tension artérielle. En outre, les neuroleptiques peuvent affecter le développement du système nerveux de l'enfant en gestation et par conséquent provoquer des réactions neurochimiques et des problèmes de comportement de longue durée. Enfin, les neuroleptiques passent dans le lait de la mère, qui ne doit donc pas allaiter quand elle est sous traitement.

De nombreux psychiatres ont constaté que la schizophrénie connaît souvent une période de répit pendant la grossesse[21]. Les femmes enceintes peuvent donc considérer que leurs chances d'avoir une crise psychotique au cours de cette période sont minimes. Elles peuvent, par conséquent, se permettre d'envisager un sevrage en vue de cesser la prise de médicaments psychotropes pendant la durée de leur grossesse.

Gérer une vie de schizophrène, c'est toute une entreprise.

Enfants

Les enfants sont plus sensibles aux effets secondaires de ces substances que les adultes. Il n'est donc pas vraiment recommandé de leur en donner. Si de fortes doses sont utilisées, des réactions de toxicité peuvent survenir: aggravation des symptômes, difficultés d'apprentissage, apathie, irritabilité, tics ou hallucinations. En dépit de cela, des médecins l'utilisent pour tenter de régler des problèmes d'agression, d'accès de colère et, parfois, d'hyperactivité chez les enfants.

RECOMMANDATIONS

Lors de l'examen médical, il est important de s'assurer que le médecin vérifie la présence des problèmes suivants:

- problèmes oculaires;
- somnolence prononcée;
- problèmes cardiaques;
- pression sanguine;
- déshydratation;
- transpiration;
- fièvre;
- nausée;
- vomissements.

Comme les neuroleptiques sont susceptibles de causer des troubles moteurs, il est aussi important d'obtenir, avant de commencer le traitement, un portrait exact des aptitudes motrices du patient. Il faut donc prendre en note, au départ, les caractéristiques concernant:

21. Gorman, J.M. *The essential guide to psychiatric drugs,* New York, St. Martin's Press, 1990, p. 346.

- la coordination;
- les réflexes;
- la tension des orteils;
- l'absence ou la présence de tremblements;
- le degré de facilité à parler;
- les mouvements du globe oculaire.

Seulement 10 p. 100 des personnes que j'ai rencontrées connaissaient le nom de leurs médicaments et leurs effets. Ils prennent ça comme des bonbons. Les médecins les donnent, ils les prennent.

Ces informations de base pourront par la suite être utilisées pour fins de comparaison avec d'autres examens similaires qui devront être répétés tous les 6 ou 12 mois, durant toute la durée du traitement. Il existe plusieurs échelles standardisées pour mesurer l'état de la motricité de personnes qui prennent des neuroleptiques. La plupart sont faciles à utiliser pour une personne formée adéquatement. Une excellente échelle détaillée a été mise au point au Québec par le Dr Guy Chouinard et ses collègues: «l'Échelle des symptômes extrapyramidaux[22]».

Plusieurs autres mesures et examens s'imposent. En plus de fournir un portrait exact de l'état de la personne concernée, leurs résultats pourront être utilisés pour fins de comparaison au cours des années. La personne à qui le médecin prescrit un traitement doit:

- faire prendre une mesure de sa pression sanguine et de son pouls. Cette vérification permettra d'écarter l'utilisation de certains neuroleptiques qui peuvent accentuer des tendances préexistantes;
- passer un examen des yeux, pour éviter les problèmes de glaucome et de taches de pigmentation de la rétine: cet examen doit être fait régulièrement;
- subir un examen neurologique;
- subir un examen de la prostate, s'il s'agit d'un homme de plus de 40 ans;
- obtenir, particulièrement chez les femmes de plus de 40 ans et les hommes de plus de 30 ans, une numération des globules blancs; passer des tests de fonction du foie et du rein et un électrocardiogramme: ces tests devraient être répétés tous les ans;

---

22. Cette échelle est reproduite dans Lalonde, Grunberg (dir.) *Psychiatrie clinique: approche bio-psycho-sociale,* Boucherville, Gaëtan Morin, 1988, p. 1024-1028.

- passer des tests sanguins environ tous les six mois, si elle souffre d'une maladie du foie ou des reins. De plus, ces tests doivent être absolument faits dès l'apparition d'hémorragies de la peau (petites taches rouge violacé), d'une irritation de la gorge ou en cas d'autres infections sérieuses.

Il est important que la personne qui prend des neuroleptiques (ou ses proches) fasse en sorte qu'elle soit examinée à chaque hospitalisation, pour s'assurer que d'autres facteurs n'ont pas, entre-temps, modifié son état, comme un traumatisme crânien ou la consommation de nouvelles substances médicamenteuses ou illicites.

Si la personne a déjà suivi un traitement aux neuroleptiques et si elle doit absolument en reprendre, elle a avantage à informer le médecin des réactions qu'elle a eues en prenant ces substances. Si la personne n'a jamais pris de neuroleptiques, mais si un de ses proches parents en a déjà pris, il peut s'avérer utile qu'elle indique au médecin comment ce parent a réagi à chacune des substances neuroleptiques consommées. Cela permet d'écarter les substances qui ont eu des effets fâcheux et de retenir celles qui ont semblé causer le moins de problèmes.

Tous les médicaments font qu'on se sent comme des zombies. Il y en a qui ne s'en rendent pas compte. Mais moi, je n'aime pas cela. Quand un médicament me fait un effet qui ne me convient pas, je refuse de le prendre.

Lorsque la personne n'a jamais pris de telles substances, elle ou ses proches doivent s'assurer que le neuroleptique prescrit n'est pas incompatible avec sa condition physique. Par exemple, un neuroleptique qui a pour effet d'abaisser la tension ne doit pas être administré à une personne qui souffre déjà de tension basse ou qui est âgée. Une personne qui a un important problème de poids doit, si possible, prendre un neuroleptique qui ne contribue pas à accentuer ce problème et une personne très réservée doit éviter de prendre des neuroleptiques qui ont un effet sédatif. (Consulter à ce sujet la section sur les effets secondaires des neuroleptiques.)

Il est important de commencer avec une petite dose test et d'attendre plusieurs heures pour voir si la substance administrée ne provoque pas d'allergies ou de réactions fâcheuses. Par la suite, les doses peuvent être graduellement augmentées. Un patient en clinique externe qui commence un traitement devrait être vu au moins une fois par semaine.

Le devoir d'informer

Le médecin est tenu d'informer le patient des effets thérapeutiques et secondaires de tout traitement qu'il envisage de lui prescrire. En raison des effets malencontreux que peuvent avoir les neuroleptiques, surtout à long terme, cette obligation est particulièrement importante quand le médecin envisage de prescrire un traitement prolongé. Malheureusement, à cause du peu d'importance généralement accordée aux patients schizophrènes et en raison de la perception répandue qu'il n'existe pas de solutions pour remplacer les neuroleptiques dans le traitement de la schizophrénie, il est rare qu'un médecin discute ouvertement des risques encourus par la prise de neuroleptiques.

Une personne peut donner son consentement libre et éclairé quand elle est en rémission et qu'elle a beaucoup d'information. C'est bien rare qu'un médecin donne une information complète. Cette information, il faut aller la chercher. Ça prend l'avis du médecin, et ça prend un avis extérieur.

Recommandations générales

Des doses excessives de stimulants, tels le café, le thé, ainsi que les drogues hallucinogènes, peuvent déclencher des symptômes de psychose chez les personnes prenant des neuroleptiques. Il est recommandé d'éviter de consommer ces substances quand on prend des neuroleptiques. L'alcool est aussi à déconseiller: il accentue les effets sédatifs des neuroleptiques. De plus, à cause de ces effets sédatifs, les personnes qui prennent des neuroleptiques doivent faire attention de ne pas tomber assoupies avec une cigarette allumée à la main. À ce sujet, on constate souvent que les personnes qui prennent des neuroleptiques fument avec avidité et aspirent profondément la fumée de leur cigarette jusqu'à la dernière bouffée pour en allumer une autre presque immédiatement. Il est possible que l'aspiration de la fumée serve à redonner une certaine sensibilité à la gorge qui, sous l'effet des neuroleptiques, «s'endort» et perd son réflexe de déglutition.

Il est préférable, si possible, de prendre les doses prescrites avant d'aller se coucher: les effets sédatifs gêneront moins le dormeur et d'autre part, les effets excitants des neuroleptiques qui peuvent se manifester par de l'akathisie, une forme de «bougeotte» irrépressible (voir plus bas), risquent d'être moins gênants. En outre, pour réduire les dérangements d'estomac que peuvent occasionner ces substances, on conseille de les prendre pendant le repas. Il faut aussi faire attention d'empêcher le contact des préparations liquides de neuroleptiques avec la peau afin d'éviter les irritations. Enfin, il est important de ne pas prendre une double dose pour compenser l'oubli de la dose précédente.

EFFETS THÉRAPEUTIQUES

Effets thérapeutiques du traitement à court terme

Seulement 55 p. 100 des personnes en crise répondent à court terme aux neuroleptiques et voient leurs symptômes psychotiques s'atténuer de façon notable. En ce qui concerne le reste des personnes en crise, à savoir 45 p. 100 d'entre elles, les neuroleptiques ne produisent pas sur eux l'effet antipsychotique recherché, ou encore, produisent des effets secondaires si graves que le traitement doit être interrompu. On a remarqué depuis longtemps que les neuroleptiques n'étaient pas aussi efficaces à court terme qu'on le suppose couramment. Ce n'est que tout récemment qu'on s'est mis à compiler des données sur les taux de non-réponse au traitement. Cette compilation a permis de constater que ces taux étaient parfois très élevés. Il manque d'études systématiques à ce sujet, mais tout clinicien qui prescrit régulièrement des neuroleptiques est en mesure de confirmer cette réalité troublante du traitement de la crise psychotique.

Des milliers de pilules et 19 longues années plus tard, constatant que je n'allais nulle part avec cette façon de vivre, j'ai mis fin à cette thérapie médicamenteuse.

Pour appuyer cette affirmation, mentionnons deux études récentes portant sur 156 personnes hospitalisées et ayant reçu un diagnostic de schizophrénie, de trouble schizo-affectif ou de trouble schizophréniforme. Après quatre semaines de traitement à l'aide de neuroleptiques, on a constaté un taux de non-réponse de 68 p. 100. Afin de venir à bout de ces cas rebelles, les chercheurs ont modifié les doses ou changé le type de neuroleptique prescrit et poursuivi le traitement pendant quatre autres semaines. Malgré tout, ils n'ont obtenu de résultats positifs qu'auprès de 9 p. 100 des personnes ainsi traitées[23]. Une étude menée

23. Kinon, C. J., J. M. Kane, C. Johns *et al.* «Treatment of neuroleptic-resistant schizophrenic relapse», *Psychopharmacology bulletin, 29,* 1993, p. 309-314.

dans le plus grand hôpital psychiatrique de l'Ontario a abouti à des conclusions semblables. Les chercheurs ont en effet remarqué que 50 p. 100 de tous les schizophrènes hospitalisés pour plus de six mois ne répondaient pas au traitement, mais qu'on leur donnait quand même des doses aussi élevées qu'aux patients en phase aiguë[24]! Quand les neuroleptiques réussissent à diminuer les symptômes psychotiques, ils ont surtout un effet sur les symptômes positifs (c'est-à-dire actifs) de la schizophrénie, comme l'agitation, les hallucinations et les comportements bizarres, mais ne parviennent pas à venir à bout des symptômes négatifs (c'est-à-dire passifs) caractérisés par l'apathie, le retrait social et la pauvreté de l'expression.

Que se passe-t-il lorsque les neuroleptiques semblent donner des résultats? Quand le traitement paraît fonctionner, on note une disparition progressive des symptômes. Les premiers signes de changement se manifestent d'habitude par une diminution de l'agressivité, de l'irritabilité, de l'agitation, ou par une augmentation de l'activité motrice chez les personnes dont les mouvements étaient auparavant au ralenti. La personne commence à s'intéresser à son hygiène, son sommeil devient plus régulier. D'ailleurs, le principal bénéfice que la personne attribue habituellement au traitement est la diminution de l'insomnie. Ses hallucinations la préoccupent moins, même si, dans la plupart de cas, elles ne disparaissent pas complètement. Sa façon de communiquer et de verbaliser devient plus cohérente et plus compréhensible à son entourage.

Quand j'entends des voix, j'accepte de prendre des médicaments. Mais je m'assure que la dose est bonne. Si on vit dans l'hébétude toute la journée, c'est parce que la dose est trop forte.

Effets thérapeutiques du traitement d'entretien

Quels sont les effets à long terme d'un traitement d'entretien? Les données recueillies à ce sujet sont nombreuses et vont en général dans le même sens. Au cours d'une analyse récente des résultats de 35 études rigoureuses menées auprès de 3270 patients, on a constaté, après une hospitalisation pour un épisode psychotique, que 55 p. 100 des sujets

24. Collins, E. J., T. P. Hogan et A. G. Awad. «The pharmacoepidemiology of treatment-resistant schizophrenia», *Revue canadienne de psychiatrie, 37,* 1992, p. 192-195.

qui reçoivent un placebo ont des rechutes, comparativement à 21 p. 100 des sujets qui reçoivent des neuroleptiques[25]. Si nous soustrayons du taux de rechute avec placebo les 21 p. 100 des patients qui auraient rechuté même s'ils avaient pris des neuroleptiques, nous arrivons à un effet net de 34 p. 100. En d'autres termes, les neuroleptiques seraient utiles pour prévenir les rechutes chez une personne sur trois ayant été diagnostiquée comme schizophrène.

Ça fait neuf mois que je travaille sur mon sevrage. J'achève, je n'en ai plus que pour deux mois. J'étais à 200 mg, maintenant je suis rendu à 50 mg. C'est bizarre, parce que je me sens aussi bien qu'à 200 mg, sauf que je commence à me reconnaître.

D'autres recherches semblent toutefois indiquer que les personnes ayant le taux de rechutes le moins élevé sont celles qui ne prennent pas de neuroleptiques après leur hospitalisation. C'est notamment le cas d'une étude menée en Saskatchewan et portant sur toutes les personnes diagnostiquées comme schizophrènes et ayant reçu leur congé de l'hôpital entre 1981 et 1983[26]. Dans cette étude, les personnes qui avaient le taux le plus élevé de réadmission à l'hôpital (70 p. 100) étaient celles qui prenaient un neuroleptique à libération lente ou un neuroleptique oral. Les personnes ne prenant pas de neuroleptiques avaient le taux de réadmission le moins élevé (40 p. 100). Dans son étude publiée en 1978 dans le journal *International Pharmacopsychiatry*, Maurice Rappaport montra que 8 p. 100 des personnes n'ayant jamais pris de neuroleptiques faisaient des rechutes, comparativement à 47 p. 100 des personnes qui en avaient pris pendant leur hospitalisation et à 73 p. 100 de celles qui en avaient pris pendant et après leur séjour à l'hôpital.

La clozapine (Clozaril)

Pour venir à bout des symptômes de schizophrénie chez les personnes qui n'obtiennent aucun résultat avec les autres neuroleptiques, certains

25. Davis, J. M., J. M. Kane, S. R. Marder, *et al.* «Dose response of prophylactic antipsychotics», *Journal of clinical psychiatry, 54* (supplément), 1993, p. 24-30.
26. Babiker, I. «Comparative efficacy of long-acting depot and oral neuroleptic medications in preventing schizophrenic recidivism», *Journal of clinical psychiatry, 48,* 1987, p. 94-97.

médecins proposent aujourd'hui l'utilisation de la clozapine (Clozaril) et des autres neuroleptiques dits atypiques. L'histoire de la clozapine est mal connue du public. Elle a été introduite en Amérique du Nord en 1989 par la compagnie Sandoz qui a fait un grand tapage publicitaire autour de cette prétendue innovation. Or, la clozapine existait déjà en Europe où elle est prescrite depuis le début des années 1960. En 1972, son usage avait déjà été limité sur le continent européen parce qu'elle avait causé 20 décès en produisant chez des patients de l'agranulocytose (chute vertigineuse des globules blancs), un de ses effets secondaires les plus redoutables. En raison de la toxicité de cette substance, les recherches subventionnées par la compagnie Sandoz sur la clozapine se sont concentrées sur le traitement des schizophrénies résistant aux autres traitements, même si les recherches précédentes en Europe avaient démontré que la clozapine avait sur ces cas une efficacité ni meilleure ni pire que les autres neuroleptiques. On prétend aujourd'hui que la clozapine serait efficace chez le tiers des personnes qui ne répondent pas aux neuroleptiques plus conventionnels. Vers le milieu de 1993, on recensait aux États-Unis un peu plus de 11 500 personnes qui prenaient de la clozapine. De ce nombre, 73 ont développé une agranulocytose, réaction qui fut fatale dans deux cas. À cause de cet effet toxique très grave, la clozapine n'est prescrite que si la personne concernée peut subir des prises de sang toutes les deux semaines. La clozapine comporte également un risque important de convulsions qui se situe entre 2 et 10 p. 100 et ce risque augmente avec la dose.

EFFETS SECONDAIRES ET TOXIQUES

Effets secondaires variant selon la substance prescrite

La plupart des effets secondaires des neuroleptiques sont liés à leur effet de blocage des récepteurs de dopamine, ce qui limite la transmission de certains influx nerveux. D'autres neuroleptiques, plus ou moins sélectifs, bloquent également des récepteurs noradrénergiques, cholinergiques et histaminergiques, limitant la transmission d'autres influx nerveux, ce qui explique qu'ils produisent des effets secondaires différents. En règle générale, le médecin choisit le neuroleptique en fonction du profil des effets secondaires que celui-ci produit et en fonction de l'état de santé de la personne traitée.

Les psychiatres qui ne donnent que des médicaments, c'est qu'ils n'ont pas le temps de te voir.

En général, les neuroleptiques puissants sont particulièrement associés à des effets secondaires d'ordre neurologique qui se manifestent par des troubles moteurs et des contractions musculaires exagérées, alors que les neuroleptiques à faible puissance sont associés à un risque plus élevé d'effets secondaires divers: problèmes cardiaques, basse tension, convulsions, problèmes sexuels et allergies. Le tableau qui suit donne une idée de quelques-uns des effets secondaires produits par les principaux neuroleptiques utilisés.

Substance	*Intensité des effets secondaires*			
	Sédation	**Effets anticholinergiques (bouche et nez secs, vision embrouillée, constipation, rétention urinaire, dilatation de la pupille, etc. [27])**	**Hypotension (Faiblesse, chutes, etc.)**	**Problèmes de contraction musculaire exagérée et de régulation des mouvements**
NEUROLEPTIQUES À FAIBLE PUISSANCE				
Chlorpromazine (Largactil)	Beaucoup	Beaucoup	Beaucoup	Peu
Mésoridazine (Serentil)	Moyen	Beaucoup	Moyen	Moyen
Thioridazine (Mellaril, etc.)	Beaucoup	Beaucoup	Beaucoup	Peu
NEUROLEPTIQUES À PUISSANCE INTERMÉDIAIRE				
Clozapine (Clozaril)	Beaucoup	Peu	Peu	Peu
Dropéridol (Inapsine, Innovar)	Beaucoup	Moyen	Moyen	Peu
Loxapine (Loxapac)	Moyen	Moyen	Moyen	Beaucoup
Méthotriméprazine (Nozinan)	Beaucoup	-	-	-
Perphénazine (Trilafon, etc.)	Moyen	Peu	Peu	Beaucoup
Prochlorpérazine (Stemétil, etc.)	Moyen	Moyen	Peu	Beaucoup

Substance	*Intensité des effets secondaires*			
	Sédation	**Effets anticholinergiques (bouche et nez secs, vision embrouillée, constipation, rétention urinaire, dilatation de la pupille, etc.[27])**	**Hypotension (Faiblesse, chutes, etc.)**	**Problèmes de contraction musculaire exagérée et de régulation des mouvements**
NEUROLEPTIQUES À PUISSANCE ÉLEVÉE				
Fluphénazine (Moditen, etc.)	Moyen	Peu	Peu	Beaucoup
Halopéridol (Haldol, etc.)	Peu	Peu	Peu	Beaucoup
Pimozide (Orap)	Peu	Peu	Peu	Beaucoup
Rispéridone (Risperdal)	Peu	Peu	Peu	Peu
Thiothixène (Navane)	Peu	Peu	Peu	Beaucoup
Trifluopérazine (Stelazine, etc.)	Moyen	Peu	Peu	Beaucoup

27. On dit que les neuroleptiques ont un effet anticholinergique parce qu'ils s'opposent à l'action des nerfs cholinergiques (ou parasympathiques). Ces nerfs permettent aux muscles de l'estomac, des intestins et de la vessie de se contracter. Ce sont eux qui favorisent la digestion et la salivation, qui ralentissent le rythme cardiaque, abaissent la tension artérielle et contractent les pupilles. Les neuroleptiques entravent l'action de ces nerfs. Par conséquent, les personnes qui prennent ces substances médicamenteuses souffrent, entre autres, de manque de salivation, de constipation, de rétention urinaire et de dilatation de la pupille.

Effets secondaires d'ordre neurologique

La sédation

Les neuroleptiques à faible puissance ont un effet sédatif plus grand que les neuroleptiques à puissance élevée (voir tableau). La chlorpromazine (Largactil), la thioridazine (Mellaril) et la clozapine (Clozaril) sont les neuroleptiques les plus sédatifs. Les personnes qui prennent des neuroleptiques ayant cet effet devraient donc s'assurer d'être en possession de tous leurs moyens avant de conduire une voiture ou d'opérer de l'équipement lourd. La prise de ces substances le soir avant d'aller au lit permet de contourner cet effet qui dure plusieurs heures. Chez certaines personnes, cette réaction peut diminuer après plusieurs jours ou plusieurs semaines.

> *Ils te «gèlent bien raide» et ils te laissent ton permis de conduire. Conduis. Tu peux te tuer, c'est pas correct.*

Les convulsions

Les neuroleptiques à faible puissance, dont la clozapine (Clozaril) et la loxapine (Loxapac), risquent d'abaisser le seuil de convulsions plus que les neuroleptiques à puissance élevée chez les personnes portées à faire de l'épilepsie. Il est important de tenir compte de cette particularité quand la personne concernée a des problèmes de ce genre ou une lésion au cerveau. Certaines personnes qui n'ont jamais eu d'épilepsie avant d'entreprendre un traitement aux neuroleptiques peuvent, à l'occasion, avoir des convulsions si les doses sont élevées ou si l'augmentation des doses est rapide.

Les dystonies (contraction exagérée des muscles)

À peu près 10 p. 100 des personnes qui prennent des neuroleptiques sont susceptibles de souffrir de problèmes de contraction de muscles dès les premiers jours du traitement ou après une augmentation importante des doses. Ces problèmes peuvent durer quelques heures et même, parfois, quelques jours et peuvent se traduire par des mouvements involontaires, par des postures étranges et par des expressions faciales bizarres. Les problèmes de contraction peuvent se présenter au cou (torticolis, tête arquée vers l'arrière), à la mâchoire, à la langue (qui sort ou qui bouge), aux yeux (qui tournent vers le haut ou qui clignent), au larynx (difficulté à parler, à manger, coloration bleue) ou dans le corps entier (contraction des muscles extenseurs). Ces contractions deviennent dangereuses si les muscles respiratoires sont affectés. Chez les enfants, ces problèmes prennent de plus la forme de déviations de la colonne vertébrale et de mouvements convulsifs de torsion. Ces symptômes peuvent également apparaître plus tard et persister pendant plusieurs mois ou années: c'est ce que l'on appelle la dystonie tardive.

Ils m'ont assommé de pilules à un tel point que je me suis mis à avoir des spasmes à la langue. La langue me sortait de la bouche toute seule, j'avais toutes sortes de problèmes physiques.

Ces contractions se présentent le plus souvent chez les jeunes hommes. Elles peuvent être douloureuses et inquiétantes, surtout parce qu'elles apparaissent de manière impressionnante. Quand cette réaction se produit, la plupart des médecins recommandent, pour la masquer, la prise d'un antiparkinsonien antihistaminique, en particulier, l'injection d'une dose de Benadryl, ou la prise orale d'autres antiparkinsoniens (voir le chapitre sur les antiparkinsoniens). D'autres médecins suggèrent de prendre des tranquillisants, comme des benzodiazépines ou, plus rarement, de l'amobarbital (Amytal). Dans plusieurs cas, il arrive que le corps s'habitue au neuroleptique et que les contractions disparaissent. Mais il s'avère plus prudent de s'entendre avec le médecin pour cesser de prendre la substance qui a causé ces effets et de trouver une autre solution. En effet, la présence de dystonie au début de la prise de neuroleptiques pourrait être un signe d'une disposition à contracter une dyskinésie tardive lors d'un traitement prolongé (voir plus loin).

Le parkinsonisme et l'akinésie

Les neuroleptiques sont aussi capables de provoquer des symptômes temporaires similaires à ceux de la maladie de Parkinson. Ces effets se traduisent par de la rigidité musculaire, des mouvements saccadés, une démarche traînante, un dos voûté, de la bave ou des tremblements. Ces effets peuvent se manifester avec des doses aussi faibles que l'équivalent de 50 mg de chlorpromazine (Largactil). La rigidité de la personne ne se voit pas toujours immédiatement: on ne peut la détecter que par palpation lors d'un examen physique. Par contre, la personne qui en est atteinte sent cette rigidité musculaire.

Je demandais au médecin quels étaient les effets secondaires des médicaments et il me répondait que ce n'était pas bon que je le sache.

Les tremblements peuvent se manifester dans les mains, les poignets, les coudes, la tête, le palais ou dans toute autre partie du corps. Ils sont plus prononcés quand la personne est au repos que quand elle est en activité. Plusieurs autres symptômes parkinsoniens risquent d'être interprétés à tort comme s'ils étaient la manifestation de symptômes négatifs (c'est-à-dire passifs) de la schizophrénie: manque d'expression du visage, lenteur des mouvements et dépression. Comme ces effets ressemblent aux symptômes schizophréniques, plusieurs cliniciens ne se rendent pas toujours compte que ce sont là des effets typiques des neuroleptiques et ils n'y réagissent pas de manière appropriée. Le dernier symptôme à se manifester est l'akinésie, c'est-à-dire l'absence de certains mouvements. La personne qui en est affectée ne tourne le corps qu'en bloc, comme s'il était fait d'un seul morceau sans joints.

Le parkinsonisme affecte environ deux fois plus de femmes que d'hommes, surtout après l'âge de 40 ans. Ce sont principalement les neuroleptiques à puissance élevée qui produisent ce genre d'effets. Par ailleurs, la clozapine (Clozaril) serait le neuroleptique le moins susceptible de provoquer le parkinsonisme. Les médecins choisissent habituellement de cacher ces réactions embarrassantes à l'aide de substances antiparkinsoniennes, comme de l'amantadine (Symmetrel, PMS-Amantadine) ou de la diphenhydramine (Allerdryl, Benadryl, Nytol, Sleep-Eze). Après plusieurs semaines, les médecins cessent normalement l'administration des antiparkinsoniens pour voir si la personne s'est habituée aux effets des neuroleptiques. En effet, environ la moitié des personnes ne souffriront plus des effets secondaires précédemment observés qui disparaissent quelquefois progressivement après quelques mois. Quant à l'autre moitié des personnes, il leur faudra continuer à prendre de telles substances si elles désirent camoufler ces effets. Il est à noter que, même si la prise de neuroleptiques est interrompue, ces symptômes parkinsoniens peuvent continuer à se manifester pendant plusieurs semaines. Dans un petit pourcentage de cas, surtout chez les personnes âgées, le parkinsonisme peut réapparaître, persister et s'aggraver, même plusieurs mois après l'abandon complet des neuroleptiques. Comme dans le cas de la dystonie, l'apparition d'un parkinsonisme prononcé au début de la prise de neuroleptiques pourrait représenter un facteur de risque pour l'apparition d'une dyskinésie tardive lors d'un traitement prolongé.

L'akathisie (envie de bouger irrépressible)

L'akathisie consiste en un désir de bouger constamment presque impossible à réprimer. C'est un effet secondaire fréquent et particulièrement angoissant pour les personnes qui en sont atteintes. Cette réaction se manifeste généralement chez les personnes les plus réfractaires au traitement et peut apparaître en tout temps lors de la prise de neuroleptiques. Cette envie de bouger est habituellement interprétée à tort comme une augmentation de l'agitation psychotique, ce qui pousse parfois les cliniciens à augmenter la dose du neuroleptique et, donc, à empirer l'akathisie.

> *L'Haldol agit sur le système nerveux central, il est censé immobiliser le corps. Mais en dedans, on veut bouger quand même. Puis, comme ça nous enferme, on a envie de bouger encore plus.*

La réaction débute chez la personne concernée par un sentiment diffus d'anxiété qui se transforme en agitation motrice. Quand la réaction est prononcée, la personne se met à marcher de long en large sans arrêt et sans qu'il lui paraisse possible de s'asseoir plus d'un instant. L'akathisie peut mener à des états de désespoir, de dépression et de grande suspicion concernant les intentions des cliniciens et du personnel soignant qui poussent souvent la personne qui en souffre à abandonner sa médication. Dans des cas extrêmes, l'akathisie peut mener au suicide ou à l'homicide.

La meilleure façon de diminuer l'akathisie est de réduire les doses de neuroleptiques. Néanmoins, les médecins choisissent souvent plutôt d'administrer des antiparkinsoniens ou des tranquillisants, comme le diazépam (Diazemuls, Valium, Vivol) et le lorazépam (Ativan, etc.), pour contrecarrer cette réaction. Mais l'akathisie résiste habituellement à toute intervention pharmacologique.

L'akathisie peut aussi prendre une forme persistante ou irréversible, malgré l'arrêt des neuroleptiques. Cette condition, qui se nomme akathisie tardive, représente un problème particulièrement troublant. Alors que, dans le cas d'une akathisie aiguë, la diminution de la dose de neuroleptiques atténue les symptômes, dans le cas de l'akathisie tardive, l'agitation motrice a tendance à augmenter de façon considérable. Les personnes atteintes d'akathisie tardive sont donc souvent condamnées à prendre indéfiniment des neuroleptiques[28].

---

28. Gualtieri, C. T. «The problem of tardive akathisia», *Brain and cognition, 23,* 1993, p. 102-109.

Le syndrome du lapin

Le syndrome du lapin peut apparaître quelques mois ou quelques années après le début de la prise de neuroleptiques. Il se manifeste par des tremblements rapides mais légers de la lèvre inférieure et de la mâchoire. Cet effet, rare, se produit chez les personnes qui consomment des neuroleptiques en permanence et il est considéré comme une variante tardive de la réaction parkinsonienne. Certains cliniciens sont d'avis que le syndrome du lapin est un signal de l'apparition prochaine d'une dyskinésie tardive.

La dyskinésie tardive

La dyskinésie tardive, c'est-à-dire un ensemble de problèmes de mouvements qui peut apparaître après quelques mois, mais surtout après quelques années de prise de neuroleptiques, est particulièrement inquiétante. Il est généralement impossible de prédire chez qui elle apparaîtra. La dyskinésie tardive peut devenir irréversible et entraîner des complications physiques graves. On ne connaît actuellement aucun traitement pour ce problème.

Je commençais à avoir des sursauts juste avant de m'endormir. Quand j'ai entendu parler de dyskinésie tardive, j'ai eu peur, c'est pourquoi j'ai décidé d'arrêter de prendre mon neuroleptique.

La dyskinésie tardive se manifeste par des mouvements rythmiques, répétitifs et involontaires de la langue, des lèvres et des yeux, par des grimaces, des mâchonnements, des tics de nez, des reniflements et des mouvements saccadés du cou, des doigts, des bras, des jambes, du bassin et du tronc. On recense en fait à peu près 25 différents types de mouvements faisant partie du syndrome de dyskinésie tardive, quand on inclut les dystonies et les akathisies tardives. Dans les cas plus graves, les problèmes moteurs liés à la dyskinésie tardive peuvent causer des difficultés à parler, à manger et même à respirer. Paradoxalement, chez une personne âgée atteinte de dyskinésie respiratoire, le retrait des neuroleptiques peut être fatal.

J'ai présentement un problème de dyskinésie tardive qui atteint mon diaphragme. Est-ce que ma dyskinésie va continuer à progresser si je continue à prendre mes neuroleptiques?

Il arrive que les mouvements caractéristiques de la dyskinésie tardive soient à peine visibles et ne dérangent pas beaucoup. Mais, chez d'autres personnes, ces problèmes peuvent s'avérer totalement incapacitants. Les dyskinésies s'accentuent en situation de stress, s'atténuent parfois lors d'un examen physique et disparaissent pendant le sommeil. Dès les toutes premières descriptions des dyskinésies dans les années 1950, on a remarqué qu'elles suscitaient, de la part des gens faisant partie de l'entourage des personnes atteintes, des réactions de rejet et d'exclusion.

Après avoir pris de la Stelazine, je me suis mis à avoir de la dyskinésie tardive. On ne m'avait pas informé que cela pouvait être un effet secondaire du médicament. Ma mâchoire était tout à fait incontrôlable. Elle bougeait rapidement de gauche à droite. Essayez donc de parler quand votre mâchoire bouge comme cela.

Tous les neuroleptiques peuvent provoquer des dyskinésies tardives, mais, parmi les neuroleptiques classiques, il semble que la thioridazine (Mellaril) soit celle qui en provoque le moins. La clozapine (Clozaril) a été mise sur le marché en Amérique du Nord avec la prétention d'être peu susceptible de causer des dyskinésies. On a en effet observé moins d'une dizaine de cas de dyskinésies à la suite de la prise de ce neuroleptique. Pour ce qui est de la rispéridone (Risperdal), il semble encore trop tôt pour porter un jugement à ce sujet. On sait cependant que, à doses élevées, la rispéridone peut causer des troubles moteurs, comme le parkinsonisme, la dystonie et l'akathisie, au même titre que tous les autres neuroleptiques. D'ailleurs, le manufacturier de la rispéridone met en garde les usagers et les avertit que ce neuroleptique peut causer des dyskinésies tardives. Il est important de souligner enfin que tous les neuroleptiques qui causent les dyskinésies peuvent également masquer une dyskinésie qui s'est déjà manifestée. Le fait que les nouveaux neuroleptiques, dont la clozapine, soient aussi capables de masquer une dyskinésie pourrait signifier qu'ils peuvent probablement aussi en provoquer.

Aujourd'hui, environ 20 à 25 p. 100 des patients psychiatriques chroniques en Amérique du Nord présentent des signes modérés de dyskinésie tardive. Les taux varient de 10 à 15 p. 100 chez les patients hospitalisés d'urgence, de 35 à 40 p. 100 chez les patients vivant dans les hôpitaux psychiatriques, de 50 à 70 p. 100 chez les patients hospitalisés et âgés de plus de 65 ans. Le traitement d'entretien aux neuroleptiques masque la véritable prévalence des dyskinésies. Il faut, pour obtenir une idée exacte de sa fréquence, examiner des patients qui ont cessé le traitement. De tels examens révèlent très fréquemment des signes de dyskinésie chez des patients qui n'en présentaient pas sous médication. Dans quelle proportion les dyskinésies tardives sont-elles graves? Cette question est rarement abordée, mais quelques études laissent entendre qu'un cinquième de ces dyskinésies s'avéreraient incapacitantes[29].

Les personnes qui risquent le plus de développer une dyskinésie sont les personnes âgées de plus de 60 ans. Lors d'une étude menée à Montréal, les chercheurs ont constaté que 41 p. 100 des sujets âgés de plus de 63 ans ont développé une dyskinésie tardive après seulement deux ans de traitement[30]. Les femmes sont aussi plus touchées que les hommes par la dyskinésie tardive: elles sont atteintes environ 25 p. 100 plus souvent qu'eux. Par ailleurs, les personnes qui ont souffert de dommages au cerveau et celles qui sont diagnostiquées comme maniaco-dépressives semblent courir le plus de risques de souffrir de dyskinésies tardives. Même si les recherches ne sont pas unanimes, on admet généralement que la quantité totale de neuroleptiques et la longueur de la période de traitement sont directement liées à l'augmentation du risque d'apparition de la dyskinésie. C'est pourquoi, lors de tout traitement aux neuroleptiques, la personne concernée devrait être exposée à la quantité la plus petite possible de ces produits pendant le moins de temps possible.

On dit dans les livres que si une personne prend du Largactil pendant plus de quelques mois, elle peut avoir des symptômes de dyskinésie tardive. Ça, les médecins ne nous le disent pas. Je trouve que c'est malhonnête de leur part. Je considère qu'on peut avoir besoin de médicaments pour une petite période de temps. Après cela, on peut faire un sevrage et les abandonner. Mais les médecins, dans leur tête, font de la médecine pour prévenir, au cas où on tomberait malade. En attendant, ça nous nuit.

---

29. Davis, R. J. et J. L. Cummings. «Clinical variants of tardive dyskinesia», *Neuropsychiatry, neuropsychology and behavioral neurology, 1*, 1988, p. 31-38.
30. Yassa, R., Y. Nastase, L. Camille et L. Belzile. «Tardive dyskinesia in a psychogeriatric population», dans Wolf, M. et A. Mosnaim (dir.), *Tardive dyskinesia*, Washington, American Psychiatric Press, 1988, p. 123-134.

Pour éviter les dyskinésies tardives, il n'existe qu'une seule solution: la prévention.

- Premièrement, il s'agit, pour les cliniciens, de faire tout ce qui est possible pour envisager d'autres traitements que la prise de neuroleptiques.
- Deuxièmement, si on opte pour un traitement aux neuroleptiques, il est important de ne prescrire que les doses les plus faibles possible.
- La personne qui prend des neuroleptiques doit aussi s'assurer que le médecin fait régulièrement – tous les trois à six mois – des tests de motricité pour détecter l'apparition de toute situation anormale.
- Et quand une dyskinésie tardive est diagnostiquée, il importe de réduire ou de cesser la prise de neuroleptiques.

Certaines recherches démontrent qu'une amélioration ou même une disparition des problèmes de mouvements est possible chez 50 p. 100 des personnes sevrées de leurs neuroleptiques, surtout s'il s'agit de cas légers de dyskinésie. Plus les mouvements anormaux sont détectés rapidement, plus tôt les doses peuvent être diminuées et un problème permanent évité. Chez les personnes auxquelles on continuait de donner des neuroleptiques et qu'on observait pendant des périodes allant d'un à cinq ans, on n'a constaté aucun changement dans la majorité des cas (60 à 80 p. 100), qui sont alors considérés comme irréversibles.

Il est utile de savoir qu'une diminution des doses des neuroleptiques et même la cessation de la prise de ces substances médicamenteuses peut créer un état temporaire de dyskinésie qui se résorbe par la suite: c'est ce qu'on appelle la dyskinésie de sevrage ou de retrait (voir le chapitre sur le sevrage). Cette réaction indique presque certainement que la personne sera vulnérable à une dyskinésie persistante si le traitement est repris avec le même genre de substances.

J'ai dit à mon médecin que je ne toucherais plus à l'Haldol et que j'allais diminuer mon Kemadrin. Ce que je fais à la place? Un peu de yoga. Je suis centré sur moi. J'écoute beaucoup ce qui se passe en dedans de moi, mes réactions par rapport aux gens. J'ai commencé à écouter mon corps, mes émotions, mon âme. J'ai commencé à me retrouver. C'est tout un monde qu'il y a en dedans de moi.

Étonnamment, pour camoufler les troubles de mouvements causés par les neuroleptiques, les médecins augmentent quelquefois les doses de neuroleptiques, ou changent le type de neuroleptique prescrit, jusqu'à ce que le problème réapparaisse à nouveau. En effet, les neuroleptiques ont à la fois la capacité de provoquer et de masquer une dyskinésie tardive. Il n'y a aucune justification à utiliser un neuroleptique pour masquer une dyskinésie, à moins de pouvoir démontrer clairement que les conséquences d'une décompensation possible sont pires que celles de la dyskinésie. Dans d'autres cas, les médecins choisissent de prescrire du lithium, de la carbamazépine ou de l'acide valproïque (voir à ce sujet le chapitre sur les régulateurs de l'humeur), des benzodiazépines comme le diazépam (Diazemuls, Valium, Vivol, etc.) et le clonazépam (Rivotril), qui ont de fortes propriétés anticonvulsivantes. Certaines études récentes ont démontré que la vitamine E pouvait avoir un effet positif, mais ces résultats n'ont pu être reproduits par d'autres études.

Beaucoup de médecins estiment que les personnes qui risquent de retomber en état de crise si elles cessent de prendre des neuroleptiques devraient vivre avec l'inconvénient de la dyskinésie tardive, qu'elle soit actuelle ou anticipée. La décision revient cependant entièrement à la personne qui absorbe ces substances et qui, avec ses proches, en supportera les conséquences. Si le médecin recommande de continuer la prise des neuroleptiques, la personne, son tuteur ou son mandataire devra, avec tous les renseignements mis à sa disposition, décider d'autoriser ou non la continuation du traitement.

Si un médicament ne nous convient pas, pourquoi endurer tous ses inconvénients? Si on n'en parle pas, on en subit les conséquences. Parce que pour guérir, il faut faire un effort. Le médicament, c'est comme une béquille. Quand notre jambe est correcte, on cesse d'utiliser les béquilles. Ce n'est pas nécessaire pour toute la vie.

Le syndrome malin des neuroleptiques

Le syndrome malin des neuroleptiques est une crise explosive et soudaine qui se caractérise par une fièvre très élevée et une rigidité musculaire intense. Il se produit chez à peu près 1 personne sur 100 qui prend des neuroleptiques, mais il est à craindre surtout chez les jeunes adultes de sexe masculin. Le syndrome peut être mortel dans 15 à 25 p. 100 des cas non traités. La plupart des personnes qui survivent ne présentent pas de séquelles, mais certaines se retrouvent aux prises avec un parkinsonisme persistant. Il est impossible de savoir quand de tels accès peuvent survenir. Ceux-ci peuvent se produire quelques heures après le début du traitement ou encore après plusieurs années. Certains ont observé que ces accès se déclenchent souvent pendant les périodes de grandes chaleurs et d'humidité. Dans ces conditions météorologiques, il est important que les personnes qui prennent des neuroleptiques boivent beaucoup et évitent les activités qui risquent de les faire transpirer. Les risques sont encore plus élevés si la personne prend de fortes doses de neuroleptiques à puissance élevée, comme du Haldol ou du Moditen, si elle prend du lithium ou si elle souffre d'une maladie physique du cerveau. Le syndrome peut prendre jusqu'à deux semaines pour progresser ou se manifester de façon soudaine en 24 heures.

Les symptômes les plus frappants du syndrome malin des neuroleptiques sont l'augmentation de la rigidité des muscles, qui peuvent devenir durs comme du bois, de la forte fièvre accompagnée de transpiration abondante, de l'agitation, de l'insomnie, une accélération des battements du cœur, de la difficulté à parler, une absence de mouvements ou de la stupeur. Ces symptômes peuvent être suivis par de la détresse respiratoire aggravée par une pneumonie, une difficulté à avaler, un effondrement subit de l'énergie cardiaque ou encore par une déshydratation susceptible de mener à une insuffisance rénale. Dans de tels cas, la personne peut perdre conscience et tomber dans le coma.

Il faut alors cesser immédiatement la prise de neuroleptiques et voir un médecin au plus tôt. Du repos, l'absorption de liquides si la personne est consciente et des bains d'éponge fraîche apportent généralement une amélioration notable de la situation. Des tests de numération des globules blancs, de bilirubine dans le sérum et de créatinine-phosphokinase doivent être effectués. La prise d'un électroencéphalogramme peut être utile et même nécessaire s'il y a des signes de tension élevée ou basse, des modifications du rythme cardiaque, un évanouissement, des difficultés à respirer ou une enflure des chevilles. Le médecin peut aussi s'assurer que la réaction n'a pas d'autres causes neurologiques, toxiques, métaboliques ou infectieuses. Dans certains cas, il prescrira un décontractant musculaire comme le Dantrium ou un des produits qu'on utilise comme traitement auxiliaire pour le parkinsonisme (Parlodel). Il va de soi que s'il est vraiment nécessaire de continuer la médication, la reprise de neuroleptiques doit être effectuée avec d'immenses précautions.

Les psychoses liées à la prise des neuroleptiques

La prise de neuroleptiques peut provoquer trois sortes de psychoses: la psychose extrapyramidale, la psychose d'hypersensibilité et la psychose anticholinergique. La psychose extrapyramidale se présente sous forme de dépression, d'agitation, d'irritabilité ou d'aggravation de la psychose schizophrénique. Les médecins choisissent parfois d'atténuer ce genre de psychose en prescrivant des antiparkinsoniens. En ce qui a trait à la psychose anticholinergique, elle se traduit par un sentiment de désorientation, des hallucinations, des convulsions et de la fièvre élevée. Quant à la psychose d'hypersensibilité ou psychose tardive, elle se manifeste au moment de la diminution ou du retrait des doses de neuroleptiques et serait due à la trop forte reprise de la transmission de la dopamine, qui se fixe sur des sites récepteurs devenus hypersensibles à cause de leur blocage prolongé par les neuroleptiques. Elle se manifeste par des comportements associés aux symptômes positifs (c'est-à-dire actifs) de la schizophrénie. On l'observe surtout chez des personnes déjà atteintes de dyskinésie tardive. Le portrait clinique s'étend sur trois phases: une psychose d'hypersensibilité de retrait, réversible; une psychose «masquée» qui peut être irréversible et qui apparaît seulement lors du retrait des neuroleptiques; une psychose «manifeste» qui apparaît même lors du traitement et qui est habituellement irréversible. Dans le meilleur des cas, elle peut se résorber au moyen d'une réduction très graduelle de la dose de neuroleptiques. La psychose tardive, sa nature et sa fréquence sont au cœur de nombreux débats.

Quand on prend des médicaments à hautes doses, on ne se reconnaît pas dans sa tête, on se cherche. Quand on diminue ses doses, on se dit: ça, c'est le vrai moi.

La démence tardive

Depuis une dizaine d'années, plusieurs chercheurs semblent croire que les neuroleptiques provoquent une démence tardive qui serait, elle aussi, le résultat d'une hyperactivité du système de transmission de la dopamine causée par un blocage chronique des sites récepteurs. La démence tardive ressemble à une combinaison paradoxale d'apathie, d'irritabilité et d'euphorie. Cette démence se caractérise par des éclats de voix, de la loquacité, des paroles incohérentes, une euphorie pouvant rapidement se transformer en franche hostilité et des préoccupations autistiques ponctuées d'hyperactivité importune. Ces symptômes sont, eux aussi, fortement associés aux dyskinésies tardives.

Autres effets secondaires

Hypotension et anomalie du pouls

Des chutes de tension peuvent survenir surtout quand l'usager reçoit de fortes doses de neuroleptiques à puissance faible par injection intramusculaire. Si la personne qui vient de recevoir de telles injections tente de se lever, elle risque de tomber et de se blesser. C'est pourquoi les médecins font en sorte que la personne reste couchée après une injection massive. Pour éviter de tomber, la personne doit faire attention de se lever très lentement. Si la baisse de tension est trop prononcée, le médecin n'a quelquefois d'autre choix que d'interrompre le traitement, surtout quand il s'agit d'injections rapprochées.

Les effets anticholinergiques

Les neuroleptiques, surtout ceux dont la puissance est faible, peuvent aussi avoir comme effet d'assécher la bouche, de provoquer la constipation, la rétention urinaire, l'accélération des battements du cœur, des problèmes d'éjaculation, la dilatation des pupilles et l'embrouillement de la vision. Certaines personnes peuvent aussi avoir des nausées et des vomissements. Dans les cas de constipation, on suggère de boire au moins huit verres d'eau par jour et de manger beaucoup de fruits et de légumes. Ces réactions tendent à diminuer avec le temps, mais peuvent apparaître temporairement au moment du sevrage. Dans de rares cas, on peut constater des occlusions intestinales, des infections dans la bouche et des états de confusion mentale produits par une réaction fâcheuse à ces substances médicamenteuses.

Les effets anticholinergiques peuvent provoquer une psychose dite anticholinergique ou atropinique, dont nous avons parlé plus haut. Cette psychose se produit surtout quand la personne prend de fortes doses de thioridazine (Mellaril, etc.) ou de chlorpromazine (Largactil). Cette psychose peut être suivie par de la stupeur et du coma. Dans ces situations, il est impérieux de cesser la prise des neuroleptiques et de consulter un médecin.

Les problèmes hormonaux

Les neuroleptiques peuvent également entraîner chez les femmes le gonflement des seins et provoquer l'arrêt des menstruations, la disparition de l'orgasme et la production de lait. Ils peuvent également causer la diminution du désir sexuel et l'impuissance masculine.

Je m'étais fait une petite amie. Je commençais à avoir des relations sexuelles avec elle, mais j'étais incapable d'avoir des érections. Après plusieurs tentatives, elle s'est lassée. J'ai appelé mon psychiatre qui m'a dit que c'était à cause du neuroleptique que je prenais. Ça aurait été la moindre des choses qu'il me prévienne.

De plus, on soupçonne que les neuroleptiques augmentent les risques de cancer du sein: les femmes qui en prennent devraient s'assurer de passer des mammographies régulièrement. Les tests de grossesse peuvent également être faussés chez les femmes qui prennent des neuroleptiques.

Les neuroleptiques peuvent de plus affecter le mécanisme de régulation de la température du corps. Ils augmentent le risque d'hypothermie en hiver et d'insolation en été. Enfin, les diabétiques et les prédiabétiques devraient savoir que la chlorpromazine (Largactil) nuit à la libération de l'insuline.

Les problèmes de peau

Un petit pourcentage de personnes pourront avoir des problèmes de dermatite d'origine allergique qui se manifesteront au début du traitement et qui disparaîtront souvent d'eux-mêmes. La dermatite exfoliative peut être particulièrement dangereuse. D'autres personnes, surtout celles qui prennent des neuroleptiques à puissance faible, comme de la chlorpromazine (Largactil), deviennent sensibles à la lumière et risquent d'attraper facilement de graves coups de soleil. Les personnes atteintes doivent réduire au minimum leur exposition au soleil et aux rayons ultraviolets et s'enduire d'un écran solaire total avant de s'y exposer. Si la personne est trop sensible, elle doit s'assurer de cesser de prendre des neuroleptiques appartenant à la même classe chimique (se référer au premier tableau de ce chapitre). En outre, la chlorpromazine est susceptible de provoquer l'apparition de décolorations bleu-gris, là où la peau est exposée au soleil.

Quand je prenais des neuroleptiques, je ne m'aimais pas dans ma peau. Je n'aimais pas la condition dans laquelle j'étais. Ma vie était un enfer total. Aller à l'épicerie, c'était la fin du monde. J'étais tout le temps moche. Le fait d'avoir cessé de prendre ces médicaments m'a aidé à avoir une meilleure qualité de vie.

Les problèmes oculaires

Des doses importantes de thioridazine (Mellaril, etc.) sont susceptibles de provoquer l'apparition de taches sur la rétine de l'œil et même la cécité. La chlorpromazine (Largactil) peut, elle aussi, entraîner la production de taches sur les yeux mais celles-ci n'affectent pas la vision et sont réversibles. Les neuroleptiques peuvent enfin provoquer la dilatation des pupilles et, plus rarement, des attaques subites de glaucome à angle étroit chez les personnes prédisposées à ce genre de problème. Celles-ci devraient s'assurer de se faire examiner les yeux au moins tous les ans par un ophtalmologiste.

Les problèmes de sécrétions

Les personnes qui ont des problèmes dentaires peuvent souffrir d'une diminution de salivation. Mâcher de la gomme sans sucre peut soulager cette condition. Les sécrétions pulmonaires peuvent être diminuées chez les personnes ayant des problèmes respiratoires.

Les problèmes cardiaques

Les neuroleptiques à puissance faible sont particulièrement susceptibles de provoquer des problèmes d'ordre cardiaque, dont les arythmies, rares mais mortelles. La thioridazine (Mellaril, etc.), la pimozide (Orap) et la mésoridazine (Serentil) sont particulièrement dangereuses en situation de surdosage et chez les personnes qui ont déjà des problèmes cardiaques. C'est pourquoi, quand une personne est soumise à une neuroleptisation rapide, les médecins doivent arrêter le traitement si les battements du cœur s'accélèrent ou ralentissent de façon inquiétante. Enfin, la personne qui prend plus d'un neuroleptique ou qui prend un neuroleptique en combinaison avec des antidépresseurs tricycliques, tel l'amitriptyline (Elavil), a le plus de risques d'avoir des problèmes cardiaques.

L'augmentation de poids

Les neuroleptiques sont souvent à l'origine d'une augmentation de l'appétit et d'une prise de poids importante. Parmi les neuroleptiques prescrits au Canada, seule la loxapine (Loxapac) ne semble pas avoir cet effet.

J'ai demandé au médecin si les médicaments faisaient prendre du poids. Il m'a répondu: «Mange moins et tu ne grossiras pas.»

Les problèmes sanguins

Une diminution des globules blancs est fréquente chez les personnes qui prennent des neuroleptiques, mais n'est pas considérée grave. Par contre, une disparition inquiétante et, à l'occasion, fatale de globules blancs granuleux peut se produire au cours des premiers mois chez 1 personne sur 10 000, surtout chez celles qui utilisent des neuroleptiques à puissance faible, comme la chlorpromazine (Largactil) ou la thioridazine (Mellaril, etc.), et chez 1 à 2 p. 100 des personnes traitées avec de la clozapine (Clozaril). Par conséquent, les personnes qui sont traitées avec de la clozapine doivent subir des tests de numération sanguine chaque semaine.

Le problème de la diminution des globules blancs apparaît brusquement au cours des premiers mois du traitement. Dès qu'une personne a mal à la gorge, de la fièvre ou une inflammation des tissus cellulaires, elle doit être examinée et soumise à un examen de numération des cellules sanguines. Si la personne est malade, elle devra être isolée pour éviter toute infection. Les personnes qui prennent des neuroleptiques courent également le risque grave d'une diminution du nombre de globules rouges ou des éléments visibles du sang. Les problèmes sanguins peuvent se manifester également par l'apparition de petites taches violacées sur la peau.

Les problèmes de foie

À peu près 1 personne sur 1000 qui consomment de la chlorpromazine (Largactil) risque d'avoir une jaunisse. Celles qui prennent de la thioridazine (Mellaril, etc.) et de la prochlorpérazine (Stemetil, etc.) sont également exposées à ce risque. Cette jaunisse se manifeste d'ordinaire au cours des premières semaines de traitement et commence par une pseudo-grippe. Elle n'est pas forte et ne dure pas longtemps, mais elle suppose un changement de traitement.

À l'hôpital, j'ai demandé à une infirmière comment le psychiatre faisait pour savoir comment je me sentais après m'avoir consacré à peine deux minutes de son temps. Elle m'a répondu: «Affirme-toi!» Ma décision est prise: j'irai le voir à son bureau.

Les risques liés au surdosage

Un surdosage de neuroleptiques est rarement mortel sauf s'il est associé à d'autres substances médicamenteuses ou à de l'alcool. Les neuroleptiques les plus dangereux en cas de surdosage sont la thioridazine (Mellaril, etc.) et la loxapine (Loxapac). Les symptômes de surdosage sont l'agitation, le coma, l'accélération des battements du cœur, l'arythmie cardiaque, les convulsions, la baisse de tension quand on se lève, l'hypothermie, quelquefois aussi l'hyperthermie, ainsi que la détresse respiratoire.

Les interactions médicamenteuses

Les personnes concernées doivent faire attention de ne prendre aucun médicament, avec ou sans ordonnance, sans consulter un médecin compétent pour qu'il identifie les risques d'interaction. Les interactions médicamenteuses avec les neuroleptiques peuvent avoir des effets divers.

Les analgésiques

La combinaison d'halopéridol (Haldol, etc.) et d'indométhacin, un anti-inflammatoire non stéroïdien (Indocid, Novo-Méthacin, Nu-Indo, etc.) peut provoquer une profonde somnolence.

Les antiacides

Les antiacides interfèrent avec l'absorption des neuroleptiques s'ils sont pris une ou deux heures avant ou après la prise de ces substances.

Les anticonvulsivants

Les neuroleptiques appartenant à la classe des phénothiazines (voir la section des noms génériques et commerciaux des neuroleptiques), et en particulier la thioridazine (Mellaril, etc.), peuvent augmenter la toxicité de la phénytoïne (Dilantin), un anticonvulsivant. Quant aux barbituriques qui agissent comme anticonvulsivants, ils peuvent affecter le métabolisme des neuroleptiques. Les barbituriques peuvent également accentuer les effets sédatifs des neuroleptiques.

Les antidépresseurs et les antiparkinsoniens

Les effets sédatifs des antidépresseurs tricycliques et des neuroleptiques sont accentués quand ces deux substances sont prises ensemble. Leurs doses doivent être réduites s'il s'avère vraiment nécessaire de les prendre toutes les deux.

Les neuroleptiques pris en combinaison avec des antidépresseurs et des substances antiparkinsoniennes vont aussi augmenter les problèmes de sécheresse de la bouche, d'embrouillement de la vision, de constipation, de diminution de la transpiration, de rétention de l'urine et même d'occlusions intestinales. La personne qui prend ces trois substances doit être surveillée de très près. Mais il serait en fait préférable de remettre ces prescriptions en question. Par exemple, la cessation des antiparkinsoniens doit être fortement envisagée. Les neuroleptiques à faible puissance peuvent également accentuer les effets sédatifs et d'abaissement de tension des antidépresseurs. Enfin, les personnes qui ont des insuffisances cardiaques doivent faire preuve de prudence quand elles prennent ces substances en combinaison.

Les médicaments qui abaissent la tension artérielle

Les neuroleptiques peuvent accentuer les problèmes d'hypotension en neutralisant les effets des médicaments qui abaissent la tension artérielle (Apo-Guanéthidine, Ismelin, Cataprès, Dixarit, Inderal, Aldomet, etc.). Quand la chlorpromazine (Largactil) et le propanolol (Inderal) sont administrés conjointement, la concentration de ces deux substances dans le sang augmente de façon importante. L'halopéridol (Haldol) combiné à du méthyldopa (Aldomet) peut de plus provoquer des symptômes temporaires de démence.

La caféine

La prise régulière de café peut dans certains cas diminuer l'effet des neuroleptiques et, malheureusement, se traduire par la prescription de doses plus élevées. Par ailleurs, selon le DSM-IV, la consommation de plus de deux à trois tasses de café fort peut parfois entraîner une intoxication qui se traduit par des symptômes d'agitation motrice et verbale resssemblant à une crise psychotique légère.

Somnifères, tranquillisants, anesthésiques, narcotiques et antihistaminiques

Les neuroleptiques accentuent les effets sédatifs des somnifères, des tranquillisants, de l'alcool, des narcotiques et des antihistaminiques, surtout chez les personnes qui ont des problèmes respiratoires. Ils augmentent également les risques de confusion, de sécheresse de la bouche, d'embrouillement de la vision, de diminution de la transpiration et de rétention d'urine.

Médicaments utilisés pour la réanimation

Si la personne qui prend des neuroleptiques a besoin d'être traitée d'urgence à cause d'une réaction grave et si on observe une baisse inquiétante de sa tension, il faut éviter à tout prix d'utiliser de l'épinéphrine (Bronkaid Mistometer, Epi-Pen), un bronchodilatateur souvent utilisé en cas d'urgence, car cela risque d'accentuer cette baisse de tension. Les cliniciens ont plutôt recours, dans ces cas-là, à de la norépinéphrine (Levophed).

Le lithium

Les neuroleptiques augmentent la toxicité du lithium et la combinaison de ces deux substances hausse les risques, toutefois rares, d'apparition de problèmes neuromusculaires et de fonctionnement intellectuel, d'hyperthermie et du syndrome malin des neuroleptiques.

Substances utilisées pour traiter certains problèmes cardiaques

La combinaison de neuroleptiques avec des substances utilisées pour traiter l'arythmie cardiaque (Biquin Durules, Quinaglute Dura-Tabs, Quinate, Natésédine, Quinedine, Quinobarb, Cardioquin, Quinidex, Procan-SR, Pronestyl, etc.), et avec des substances cardiotoniques, comme la digitaline, peut augmenter les risques d'arythmie cardiaque.

Les autres substances à surveiller

Les neuroleptiques modifient également les effets anticoagulants du Coumadin et de la Warfilone et prolongent les saignements chez ceux qui prennent ces substances.

AUTRES TRAITEMENTS MÉDICAUX

Les antidépresseurs

Les neuroleptiques à puissance élevée sont quelquefois utilisés en doses faibles et modérées en combinaison avec des antidépresseurs dans des cas de dépressions majeures comportant des caractéristiques psychotiques. Quand la dépression disparaît, le traitement doit être interrompu. Malgré tout, certains médecins prennent parfois la décision de continuer le traitement.

Les antiparkinsoniens

Ces produits sont utilisés pour masquer certains effets neurologiques des neuroleptiques. Les antiparkinsoniens ont une demi-vie plus courte que celle des neuroleptiques, c'est pourquoi les médecins demandent aux personnes traitéees avec ces médicaments d'en prendre deux ou trois fois par jour. Certains de ces produits (Cogentin, Akineton, Benadryl, Kemadrin, Artane, etc.) produisent certains effets, comme la confusion, la constipation, la rétention urinaire et l'embrouillement de la vision, qui s'ajoutent aux effets similaires des neuroleptiques, surtout ceux dont la puissance est faible. Un autre antiparkinsonien, l'amantadine (PMS-Amantadine, Symmetrel), ne produit pas ces effets mais risque de faire revenir les symptômes psychotiques. Son effet antiparkinsonien peut également diminuer avec l'utilisation. Il est maintenant généralement accepté que l'utilisation des antiparkinsoniens peut prédisposer à la dyskinésie tardive. (Voir le chapitre sur les antiparkinsoniens.)

Les benzodiazépines

Les tranquillisants de la famille des benzodiazépines sont souvent employés conjointement avec les neuroleptiques quand le médecin considère que la personne est en crise et que son comportement est difficile à maîtriser. De plus en plus, des médecins affirment que ces substances agissent plus rapidement que les neuroleptiques pour calmer les patients agités. Le lorazépam (Apo-Lorazepam, Ativan, Novo-Lorazem, Nu-Loraz) est la substance benzodiazépine la plus utilisée. Des doses de diazépam (Valium, Vivol, etc.), par exemple, sont données à l'occasion par voie intraveineuse. Quand les doses atteignent 20 mg, il y a un faible risque d'arrêt respiratoire.

Les barbituriques

En dernier recours, certains médecins utilisent des injections intraveineuses d'amobarbital (Amytal, etc.) pour venir à bout des personnes vraiment très agitées. La dose utilisée se situe environ à 250 mg.

Les substances utilisées pour abaisser la tension artérielle

Un antihypertenseur, la clonidine (Apo-clonidine, Cataprès, Combipres, Dixarit, Nu-Clonidine), est quelquefois combiné aux neuroleptiques pour traiter la maladie de Gilles de la Tourette. Le propanolol (Inderal, etc.) est quelquefois utilisé en conjonction avec des neuroleptiques chez des personnes qui n'obtiennent pas de résultats autrement, mais il est peu recommandé aux personnes souffrant d'asthme, de diabète ou de problèmes cardiaques.

Le lithium et la carbamazépine

Le lithium et la carbamazépine sont quelquefois aussi employés quand les neuroleptiques ne réussissent pas à amener une amélioration de l'état de santé mentale de la personne concernée et quand la personne ayant des tendances à la psychose a aussi des problèmes de dépression ou de manie. Combinées à des neuroleptiques, ces substances semblent en augmenter l'effet.

Les électrochocs

Les électrochocs ont été introduits dans les hôpitaux psychiatriques à la fin des années 1930 dans le but de traiter des problèmes tels que les psychoses schizophréniques. Ils ont d'abord été jugés efficaces, mais il faut dire qu'à l'époque, tout nouveau traitement était jugé efficace. Même une fois leur manque d'efficacité finalement confirmé, leur utilisation persista, car il existait peu d'autres solutions pour maintenir l'ordre dans les asiles. À la suite de l'introduction des neuroleptiques, les électrochocs ont été plutôt réservés aux dépressions graves accompagnées d'idées suicidaires et réfractaires au traitement pharmacologique. Depuis quelques années, probablement parce que l'on constate de plus en plus fréquemment l'échec des neuroleptiques, certains médecins recommandent de nouveau les électrochocs dans ces cas. Il n'est pas possible de présenter ici une évaluation complète de ce traitement; nous nous limiterons à constater son inefficacité dans les cas de psychoses schizophréniques. (Voir la section portant sur les électrochocs à la fin du chapitre sur les antidépresseurs.)

Dépendance et potentiel d'abus

Les personnes qui prennent des neuroleptiques ne sont vraiment pas portées à vouloir prendre des doses continuellement supérieures. Cela s'explique certainement par le fait que ces substances ont des effets désagréables. Cependant, plusieurs chercheurs sont d'avis que les personnes qui prennent des neuroleptiques peuvent acquérir une certaine tolérance à leurs effets, de sorte qu'une dose continuellement croissante doit leur être administrée pour obtenir le même effet.

Les antiparkinsoniens

MISE EN GARDE

Il est dangereux de commencer à prendre ou d'arrêter de prendre des médicaments antiparkinsoniens, ou de diminuer les doses de ces substances, sans l'avis ou la supervision d'un professionnel de la santé qualifié. Il est aussi dangereux d'entreprendre un sevrage sans avoir mis en application les recommandations formulées, à la fin de ce livre, dans le chapitre sur le sevrage.

Les antiparkinsoniens sont utilisés, en psychiatrie, pour contrer le parkinsonisme induit par les neuroleptiques. En médecine, ils sont utilisés pour traiter la maladie de Parkinson.

NOMS COMMERCIAUX DES MÉDICAMENTS COMPRIS DANS LA CLASSE DES ANTIPARKINSONIENS

Akineton
Apo-Benztropine
Apo-Trihex
Artane
Benadryl
Cogentin
Disipal
Eldepryl
Kemadrin
Larodopa
Parlodel
Parsitan
Permax
PMS-Amantadine
PMS-Benztropine
PMS-Procyclidine
PMS-Trihexyphenidyle
Procyclid
Sinemet
Symmetrel

CE QU'IL EST IMPORTANT DE SAVOIR

Les antiparkinsoniens sont des médicaments utilisés pour traiter la maladie de Parkinson, une maladie neurologique. Nombre de gens seront étonnés d'apprendre que ces médicaments sont fréquemment utilisés en psychiatrie. En effet, près de la moitié des personnes traitées à l'aide de neuroleptiques prennent également des médicaments antiparkinsoniens. Comme nous l'avons mentionné dans le chapitre portant sur les neuroleptiques, ceux-ci produisent un ensemble de troubles neurologiques similaires à ceux qu'on observe dans la vraie maladie de Parkinson. On désigne cet ensemble de troubles sous le nom de parkinsonisme. Les antiparkinsoniens sont donc prescrits par les psychiatres pour masquer les symptômes du parkinsonisme engendrés par les neuroleptiques.

Les antiparkinsoniens sont donc administrés dans le but de combattre les effets indésirables d'autres médicaments. Mais les antiparkinsoniens produisent eux aussi leurs propres effets indésirables, ce qui n'empêche pas de nombreux médecins de les prescrire quand même à long terme pour prévenir l'apparition du parkinsonisme chez les patients traités à l'aide de neuroleptiques.

On dit aux médecins qu'on a des effets secondaires et ils nous disent qu'il faut vivre avec ça. Ou, encore, ils nous donnent une autre pilule pour contrer l'effet secondaire de la première pilule. Mais cela amène un autre effet secondaire, alors ils nous donnent une nouvelle pilule pour contrer la pilule qui contre l'effet secondaire de la première pilule.

Pourtant, cet usage est très contesté. L'Organisation mondiale de la santé (OMS) a notamment dénoncé, en 1990, l'usage prolongé des antiparkinsoniens en psychiatrie. En fait, si les doses de neuroleptiques prescrites étaient plus faibles, beaucoup de gens pourraient probablement se passer entièrement de médicaments antiparkinsoniens.

LA MALADIE DE PARKINSON

La maladie de Parkinson est une affection neurologique progressive complexe et débilitante qui atteint certains centres profonds du cerveau, les ganglions de la base, dont le rôle est de contrôler et de régulariser les mouvements du corps. Cette maladie neurologique frappe environ 1 p. 100 des personnes âgées de plus de 50 ans. Les premiers symptômes du trouble se manifestent de manière insidieuse par de la faiblesse, de la rigidité et de la difficulté à bouger un bras ou une jambe et, parfois même, un côté entier du corps. Souvent, au repos, la partie du corps affectée est prise de tremblements, lesquels disparaissent sous l'effet d'un mouvement volontaire ou pendant le sommeil.

À la longue, les tremblements se répandent, la plupart des muscles deviennent rigides, le dos se courbe, les mouvements ralentissent et deviennent saccadés, la démarche se fait traînante, les expressions faciales s'estompent, la voix s'affaiblit et la parole devient indistincte. La progression de cette incapacité est souvent accompagnée par le retrait social et la dépression. Dans près du tiers des cas, une démence, qui se traduit par une détérioration de certaines facultés mentales et de la mémoire, s'installe environ 7 à 10 ans après le début des symptômes.

Les thérapies médicamenteuses actuellement en usage peuvent ralentir la progression de la maladie, dans certains cas, mais ne peuvent arrêter la dégénérescence des cellules cérébrales qui la caractérise. Même s'il n'existe pas de traitement capable de guérir cette affection, l'espérance de vie des victimes de cette maladie se rapproche maintenant de celle de la population générale.

CAUSES CELLULAIRES DE LA MALADIE DE PARKINSON

Les symptômes de la maladie de Parkinson sont attribuables à une réduction de la quantité de dopamine, un messager de l'influx nerveux, dans la partie du cerveau qui régit les mouvements du corps. Cette réduction est due à une dégénérescence des cellules productrices de dopamine. Dans la majorité des cas, les causes de cette dégénérescence sont inconnues, mais on sait que des infections virales graves, comme une encéphalite, et plusieurs autres facteurs, comme le durcissement des vaisseaux sanguins du cerveau, les tumeurs, les attaques cardio-vasculaires et les traumatismes cérébraux, peuvent déclencher l'apparition de cette maladie. Quand la quantité de dopamine diminue, l'effet de l'acétylcholine, qui est une substance complémentaire, se met à augmenter. Le déséquilibre biochimique qui en résulte serait à l'origine des symptômes parkinsoniens.

POURQUOI LES NEUROLEPTIQUES PROVOQUENT-ILS LE PARKINSONISME?

Les neuroleptiques provoquent des troubles neurologiques semblables à ceux qu'on observe dans la maladie de Parkinson. En fait, les neuroleptiques produisent même des déficiences similaires à celles qui sont à l'origine de la maladie de Parkinson. Ces substances bloquent les récepteurs de la dopamine dans le cerveau et cette action a pour effet de réduire la quantité de dopamine, dont le rôle est de permettre la transmission de l'influx nerveux dans le cerveau. Comme dans la maladie de Parkinson, la réduction de l'action de la dopamine a également pour conséquence d'accentuer l'effet de l'acétylcholine.

Tous les neuroleptiques, ainsi que tous les médicaments qui bloquent la transmission de la dopamine dans le cerveau, peuvent causer un parkinsonisme dont les manifestations sont souvent impossibles à différencier de celles de la vraie maladie de Parkinson. Dans certains cas, le parkinsonisme induit par les neuroleptiques est irréversible, même après le retrait du médicament, en particulier chez les personnes âgées et, parfois, chez les personnes qui ont survécu à un syndrome malin des neuroleptiques. (Voir à ce sujet le chapitre sur les neuroleptiques.) De nombreux chercheurs, de même que l'Organisation mondiale de la santé, affirment que l'apparition du parkinsonisme au début d'un traitement aux neuroleptiques est un signe que la personne a de fortes chances d'être atteinte plus tard de dyskinésie tardive. (Voir à ce sujet le chapitre sur les neuroleptiques.)

On se sent cloué au lit. On se couche puis, le lendemain, quand on se réveille, on ne peut pas se lever. On est aplati sur le matelas. Si on se lève, on risque de basculer, puis de tomber assis ou couché. Il faut se soutenir pour ne pas tomber sur le plancher. C'est comme un engourdissement dans les jambes et dans tout le corps: pour dormir, on est obligé de bouger les jambes jusqu'à ce qu'on s'endorme. Même avec des antiparkinsoniens comme le Kemadrin, on a quand même l'impression d'avoir un poids dans les reins et le feu au derrière. Ce n'est pas un cadeau.

LES SUBSTANCES UTILISÉES POUR MASQUER LE PARKINSONISME

Nom générique	*Nom commercial*	*Écart des doses quotidiennes en mg*
LES ANTIPARKINSONIENS ANTICHOLINERGIQUES (SURTOUT UTILISÉS EN PSYCHIATRIE)		
Benztropine	Apo-Benztropine, Cogentin, PMS-Benztropine	0,5 à 8
Bipéridène	Akineton	2 à 6
Éthopropazine	Parsitan	100 à 500
Orphénadrine, chlorydrate d'	Disipal	150
Procyclidine	Kemadrin, PMS-Procyclidine, Procyclid	2 à 20
Trihexyphénidyle	Apo-Trihex, Artane, PMS-Trihexyphenidyle	2 à 15
LES ANTIHISTAMINIQUES QUI ONT DES EFFETS ANTICHOLINERGIQUES ET QUI SONT UTILISÉS COMME ANTIPARKINSONIENS		
Diphenhydramine, chlorydrate de	Benadryl	25 à 200
LES ANTIPARKINSONIENS DOPAMINERGIQUES (SURTOUT UTILISÉS EN NEUROLOGIE)		
Amantadine	PMS-Amantadine, Symmetrel	
Bromocriptine	Parlodel	
Carbidopa et lévodopa	Sinemet	
Lévodopa	Larodopa	
Pergolide	Permax	
Sélégiline	Eldepryl	

MÉCANISME D'ACTION

Il existe deux principales catégories de médicaments antiparkinsoniens: les antiparkinsoniens anticholinergiques (qui réduisent l'action de l'acétylcholine) et les antiparkinsoniens dopaminergiques (qui stimulent l'action de la dopamine). En psychiatrie, on utilise principalement les antiparkinsoniens anticholinergiques.

Mécanisme d'action des antiparkinsoniens anticholinergiques

En se fixant sur certains récepteurs normalement utilisés par l'acétylcholine, les antiparkinsoniens anticholinergiques empêchent ce messager de l'influx nerveux de s'y fixer aussi et donc d'emprunter certains canaux réguliers de transmission. À court terme, cette action a pour effet de réduire la quantité d'acétylcholine dans le système nerveux et contribue à rétablir un certain équilibre entre l'acétylcholine et la dopamine, dont la quantité a aussi été réduite à cause d'une dégénérescence des cellules qui la produisent ou à cause du blocage des récepteurs de dopamine par les neuroleptiques.

Mécanisme d'action des antiparkinsoniens dopaminergiques

Il n'est pas facile d'augmenter directement la quantité de dopamine dans le cerveau, car cette substance est difficilement absorbée par voie digestive et ne peut passer du sang au cerveau. Cependant, certains antiparkinsoniens, comme le lévodopa (Sinemet et Larodopa), qui sont des précurseurs naturels de la dopamine, sont bien absorbés par voie digestive et se convertissent en dopamine dans le cerveau. Ils stimulent la libération de la dopamine déjà présente et augmentent donc sa concentration dans le cerveau. Un autre antiparkinsonien, la bromocriptine (Parlodel), imite l'action de la dopamine et est utilisé comme substitut à la dopamine. Pour ce qui est de l'amantadine (Symmetrel), elle posséderait à la fois des effets anticholinergiques et dopaminergiques.

Le reste de ce chapitre traitera surtout des antiparkinsoniens anticholinergiques, plus particulièrement utilisés en psychiatrie.

INDICATIONS

En psychiatrie, les antiparkinsoniens anticholinergiques sont prescrits pour le traitement de certains symptômes extrapyramidaux induits par les neuroleptiques: parkinsonisme, dystonie (postures bizarres), akinésie (inertie motrice), etc. Ils sont donc administrés afin de réduire la rigidité musculaire et d'améliorer la posture, l'équilibre, la démarche, la parole et les problèmes d'écriture. Les antiparkinsoniens anticholinergiques sont toutefois moins efficaces pour amoindrir les tremblements et ils sont peu ou pas opérants pour traiter l'akathisie (envie irrépressible de bouger), qui sont des problèmes de motricité aussi produits par les neuroleptiques. Ils sont carrément contre-indiqués dans les cas de dyskinésie tardive, car ils risquent de l'empirer.

Ils m'ont donné un neuroleptique, le Stelazine, et j'ai commencé à avoir des tremblements. Ils m'ont donc prescrit un antiparkinsonien, le Cogentin.

En réduisant la détresse et les malaises associés à certains effets secondaires des neuroleptiques, le traitement aux antiparkinsoniens anticholinergiques vise surtout à encourager les patients à prendre leurs neuroleptiques. Car ceux qui en prennent ne disent-ils pas spontanément que les effets de ces substances sont spécialement désagréables, même lorsqu'ils en retirent des bénéfices? C'est pourquoi d'ailleurs ils sont portés à cesser d'en prendre ou à réduire leurs doses.

CONTROVERSE CONCERNANT L'UTILISATION PRÉVENTIVE DES ANTIPARKINSONIENS ANTICHOLINERGIQUES

Selon plusieurs psychiatres, les antiparkinsoniens anticholinergiques devraient être administrés dès le début de la prise des neuroleptiques, même s'il n'y a pas de symptômes de parkinsonisme, afin de prévenir l'apparition de ces symptômes. La prescription préventive devrait, selon certains auteurs, durer une semaine, tandis que de nombreux autres auteurs recommandent un traitement indéfini. Cette pratique, bien que courante, fait l'objet de controverses. Par exemple, un comité de spécialistes de la question établi par l'OMS l'a récemment critiquée. Voici le résumé des arguments invoqués par ce comité pour la condamner:

- l'utilisation des antiparkinsoniens anticholinergiques à long terme peut prédisposer à la dyskinésie tardive;
- leurs effets secondaires peuvent être graves;
- leur utilisation à long terme affaiblit probablement la mémoire, ce qui risque d'accentuer la détérioration des fonctions cognitives déjà touchées par le trouble psychiatrique;
- des fièvres, parfois fatales, peuvent se manifester, même quand on utilise ces médicaments à faibles doses;
- une dose excessive peut produire un état aigu d'intoxication susceptible de se traduire par de l'agitation, de la désorientation, du délire et des hallucinations;
- ils peuvent être consommés de façon abusive comme drogues euphorisantes;
- ils peuvent diminuer l'action thérapeutique (présumée) des neuroleptiques;

- ils peuvent s'avérer inutiles parce qu'un nombre important de patients qui prennent des neuroleptiques ne présentent pas de symptômes parkinsoniens qui entravent leur fonctionnement.

Le Kemadrin, ça rend euphorique. On en vend sur le marché noir comme euphorisant.

Sur la base de ces considérations, le comité de spécialistes de l'OMS s'est donc prononcé contre la prescription préventive des antiparkinsoniens anticholinergiques pour les patients qui prennent des neuroleptiques et a émis la recommandation que voici: «En règle générale, ces substances devraient être utilisées seulement quand le parkinsonisme est apparu et quand d'autres mesures, telles la réduction de la dose du neuroleptique ou la substitution de la drogue administrée par une autre moins susceptible d'induire le parkinsonisme, se sont révélées inefficaces[1].»

Effets secondaires et toxiques

La plupart des agents anticholinergiques, qui comprennent non seulement les antiparkinsoniens mais également certains neuroleptiques et antidépresseurs, provoquent des effets toxiques similaires:

- bouche sèche;
- vision trouble;
- difficulté à uriner ou rétention urinaire;
- constipation;
- vertige;
- somnolence;
- palpitations;
- battements irréguliers du cœur;
- vomissements, dépression;
- confusion;
- augmentation de la pression intra-oculaire.

On sait aussi que les agents anticholinergiques entravent la mémoire: le retrait de ces médicaments se traduit d'ailleurs généralement par une

1. World Health Organization, Heads of Centers Collaborating in WHO Co-ordinated Studies on Biological Aspects of Mental Illness. «Prophylactic use of anticholinergics in patients on long-term neuroleptic treatment: A consensus statement». *British journal of psychiatry, 156*, 1990, p. 412.

amélioration des facultés intellectuelles. Toutefois, l'amantadine (Symmetrel) aurait des effets moins prononcés sur la mémoire et certains chercheurs la recommandent particulièrement pour ceux qui prennent des neuroleptiques.

Avec les médicaments, je ne me sentais plus le même. Ils me posaient des questions et je réfléchissais au ralenti. Je n'avais jamais été comme cela auparavant.

Des doses trop importantes d'agents anticholinergiques peuvent aussi produire, dans certains cas, une psychose toxique caractérisée par les symptômes que voici:

- agitation;
- confusion;
- cauchemars;
- désorientation dans le temps et l'espace;
- hallucinations.

D'autres effets toxiques peuvent se manifester ainsi:

- mauvaise haleine;
- rougeur et chaleur de la peau, surtout au visage;
- difficultés de coordination;
- convulsions;
- coma.

Lorsque deux ou trois médicaments psychiatriques ayant des effets anticholinergiques sont pris conjointement, par exemple du Largactil (un neuroleptique), du Cogentin (un antiparkinsonien) et du Tofranil (un antidépresseur), le risque d'une intoxication anticholinergique est élevé.

Dans certains cas, notamment dans les cas de doses trop élevées de bromocriptine (Parlodel) prises en conjonction avec du lévodopa (Larodopa), deux antiparkinsoniens, on remarque l'apparition de mouvements anormaux involontaires (dyskinésies), une augmentation anormale de l'excitation sexuelle ainsi que des hallucinations liées à l'odorat. Les personnes âgées risquent davantage de ressentir les effets nocifs des antiparkinsoniens.

Précautions et contre-indications

Lorsqu'un patient se fait prescrire des antiparkinsoniens, il doit s'assurer que le médecin a bien évalué son état de santé en faisant, entre autres examens, un bilan sanguin, en mesurant sa tension artérielle et en vérifiant le bon fonctionnement de son foie et de ses reins. Des examens réguliers de la vue sont également recommandés.

Les patients qui prennent des antiparkinsoniens devraient éviter de conduire ou d'accomplir des tâches dangereuses qui nécessitent une bonne acuité mentale tant qu'ils n'ont pas évalué avec certitude les effets de ces substances médicamenteuses sur leurs réflexes. Ils doivent également être avisés d'être prudents quand ils entrent en contact avec de l'eau chaude parce que les médicaments ayant des propriétés anticholinergiques augmentent les possibilités de survenue de graves coups de chaleur.

Par ailleurs, les antiparkinsoniens sont contre-indiqués en cas de glaucome par fermeture d'angle (maladie de l'œil caractérisée par une augmentation de la pression intra-oculaire qui accroît la dureté du globe), de troubles de la prostate, de troubles cardiaques graves et, comme tous les médicaments, en cas d'antécédents d'allergies à ces substances. De plus, les antiparkinsoniens ne devraient pas être utilisés à long terme, car ils semblent augmenter les risques de dyskinésie tardive causée par les neuroleptiques.

Il existe peu d'information sur la sûreté des antiparkinsoniens pendant la grossesse. On sait cependant qu'ils se retrouvent dans le lait maternel. Les femmes qui allaitent ne devraient donc pas en prendre.

Le Ritalin et les autres stimulants du système nerveux central

MISE EN GARDE

Il est dangereux de commencer à prendre ou d'arrêter de prendre du Ritalin ou des stimulants du système nerveux central, ou de diminuer les doses de ces substances, sans l'avis ou la supervision d'un professionnel de la santé qualifié. Il est aussi dangereux d'entreprendre un sevrage sans avoir mis en application les recommandations formulées, à la fin de ce livre, dans le chapitre sur le sevrage.

Le Ritalin et les autres stimulants du système nerveux central (ou psychostimulants) sont utilisés, en psychiatrie, pour traiter les troubles de l'attention et l'hyperactivité. Ils sont aussi utilisés, de plus en plus, pour la dépression. En médecine, ce genre de substance est également employé pour des cures d'amaigrissement et pour le traitement de la narcolepsie.

NOMS COMMERCIAUX DES MÉDICAMENTS COMPRIS DANS LA CLASSE DES STIMULANTS DU SYSTÈME NERVEUX CENTRAL

Cylert
Dexedrine
Fastin
PMS-Methylphenidate
Pondéral
Sanorex
Ritalin
Tenuate

CE QU'IL EST IMPORTANT DE SAVOIR

Les stimulants du système nerveux central, qui comprennent les amphétamines, sont utilisés depuis longtemps pour le traitement de nombreux problèmes physiques et psychologiques. Dès leur apparition, les stimulants ont connu une grande popularité en raison de leurs propriétés euphorisantes. Inévitablement, ces effets agréables étaient associés à un risque élevé de dépendance psychologique. Malgré ces risques, on estime qu'à la fin des années 1960, les médecins, aux États-Unis, prescrivaient des stimulants à 12 millions d'Américains. Quand une sous-culture de jeunes gens désœuvrés se mit à prôner ouvertement l'utilisation de stimulants, ou «speed», pour se plonger dans des états euphoriques et quand les cas de violence et de psychose liés à ces usages excessifs devinrent trop nombreux pour qu'on les ignore, l'opinion médicale convint de proscrire ou au moins de restreindre leur utilisation. Pour freiner la consommation illicite de stimulants, le désormais célèbre slogan «Speed kills» fut popularisé.

Mais, depuis une vingtaine d'années, l'usage médical des stimulants a fait un retour respectable en psychiatrie comme traitement du trouble de l'attention, ou hyperactivité, chez les enfants. On estime que les stimulants, notamment le Ritalin, sont prescrits à environ 5 p. 100 des enfants. Dans le contexte de cet usage, les médecins passent sous silence les propriétés bien connues des stimulants, y compris leur potentiel élevé d'accoutumance. Le manque d'information concernant leurs effets prolongés sur des enfants en pleine croissance ne semble pas trop les inquiéter. Par ailleurs, la nature de l'hyperactivité elle-même fait l'objet de controverses importantes. Certains chercheurs réputés affirment même que ce problème, que certains présument être biologique, n'est que le résultat de la négligence dont les enfants souffrent. D'autres cliniciens affirment que l'hyperactivité serait mieux contrôlée si les écoles possédaient suffisamment de ressources pour faire des interventions non médicamenteuses et non toxiques plus respectueuses des rapports des êtres avec leur milieu.

Les enfants hyperactifs que j'ai vus à l'école avaient des parents qui manquaient d'autorité. L'autorité n'a rien à voir avec le rapport de force. Utiliser la force et les punitions avec un enfant, ce n'est pas approprié. Pour avoir de l'autorité, il suffit de faire comprendre à l'enfant ce qu'on attend de lui et d'être ferme avec lui. Quand un enfant ne connaît aucune contrainte et qu'on ne lui fixe aucune limite, il est normal qu'il soit hyperactif. À mon avis, c'est scandaleux de donner des médicaments à des enfants pour résoudre le problème de manque d'autorité des parents et des professeurs.

Pour des raisons évidentes, la consommation de stimulants sera toujours recherchée par un grand nombre d'individus de tout âge. On peut prévoir que leur utilisation actuelle auprès des enfants hyperactifs en banalisera de nouveau assez rapidement la consommation. Ainsi, la revue *Newsweek* rapportait, en 1994, que des gens d'affaires utilisaient maintenant du Ritalin dans le but de profiter d'une meilleure performance que leurs compétiteurs.

HISTORIQUE

Les amphétamines furent synthétisées pour la première fois en 1887, mais ce n'est que 40 ans plus tard que leurs propriétés stimulantes furent reconnues. Dans les années 1930, plusieurs amphétamines firent leurs débuts médicaux comme bronchodilatateurs et comme décongestionnants. Ces stimulants du système nerveux central commencèrent, quelques années plus tard, à être utilisés pour traiter la narcolepsie (tendance irrésistible à s'endormir sans raison) et la maladie de Parkinson (caractérisée par un ralentissement des mouvements). Une des propriétés notables des stimulants étant de supprimer l'appétit, ils furent aussi employés pour des cures d'amaigrissement. Les experts médicaux conclurent qu'ils ne provoquaient pas d'accoutumance.

Parallèlement, les amphétamines et plusieurs stimulants apparentés firent un début de carrière pour le traitement des personnes déprimées. Cette utilisation, qui allait durer jusqu'à la fin des années 1960 et se poursuit encore sporadiquement de nos jours, eut un succès mitigé. Les amphétamines avaient souvent pour effet de transformer des personnes léthargiques en personnes anxieuses et agitées. Ces gens développaient de plus une forte accoutumance, et certains d'entre eux devenaient sujets à l'anorexie et à l'insomnie, tandis que d'autres devenaient psychotiques.

Il y a 20 ans, on commençait à donner du Ritalin. Il n'était administré que dans les cas exceptionnels et graves. Mais, depuis 10 ans, tout enfant qui bouge le moindrement risque de se faire prescrire du Ritalin.

Entre-temps, les effets euphorisants et stimulants des amphétamines attirèrent l'attention du grand public et la consommation récréative de ces médicaments se répandit, à partir de la fin des années 1940, dans bon nombre de pays industrialisés, particulièrement au Japon, où les amphétamines étaient largement distribuées aux soldats et aux civils pour diminuer la fatigue et augmenter la productivité. Les gouvernements décidèrent finalement d'en réglementer la distribution. On prisait particulièrement leur capacité d'améliorer la concentration, de garder éveillé et de provoquer un état d'euphorie.

Les stimulants furent aussi présentés, à grand renfort de publicité, comme des médicaments efficaces pour traiter la schizophrénie, l'accoutumance aux opiacés, les traumatismes crâniens, la sclérose en plaques et une foule d'autres affections. Par exemple, dans le numéro du 8 septembre 1955 de la prestigieuse revue *New England Journal of Medicine,* une annonce publicitaire vantant l'usage combiné de dexamphétamine (Dexedrine) et d'un sédatif barbiturique retiré du marché plus tard présente le composé comme un médicament miraculeux «pour le soulagement continu de l'anxiété et de la dépression dans les cas de tension prémenstruelle, de la dépression liée à la ménopause, de l'asthme, des spasmes abdominaux, de l'alcoolisme, de la convalescence, de l'arthrite, de la faiblesse, des vertiges, des douleurs ou de l'inactivité associées aux maladies chroniques, d'obésité et de fatigue d'origine psychologique». Dans un ouvrage récent, le psychiatre Peter R. Breggin met l'accent sur les liens qui ont existé entre la promotion des stimulants dans les années 1950 et l'engouement qui a suivi; il montre qu'un phénomène similaire est en train de se produire avec les nouveaux antidépresseurs de type Prozac[1].

C'est devenu chic de dire, dans une conversation, que son enfant prend du Ritalin. Les parents s'en vantent presque, comme si c'était une marque de supériorité.

1. Breggin, P. R. et G. R. Breggin. *Talking back to Prozac,* New York, St. Martin's Press, 1994.

À partir de 1954, les compagnies pharmaceutiques mirent de nouveaux psychostimulants sur le marché, dont le méthylphénidate (Ritalin) aujourd'hui prescrit pour les troubles de l'attention chez les enfants, et le diéthylpropion (Tenuate), prescrit pour supprimer l'appétit chez les adultes. De nos jours, on retrouve en pharmacie des stimulants combinés en très faibles doses à des antihistaminiques dans des médicaments contre le rhume et les allergies. Ils provoquent la contraction des vaisseaux sanguins des cavités nasales et permettent ainsi d'atténuer la congestion. Plus récemment, les psychiatres se sont remis à utiliser les stimulants du système nerveux central pour le traitement de la dépression et de la fatigue quand ils ont constaté que ces drogues étaient quelquefois plus efficaces que les antidépresseurs pour traiter les personnes déprimées malades ou âgées.

Un chercheur de l'Institut national de santé mentale des États-Unis a estimé que, en 1967, environ 6 à 8 p. 100 de la population américaine prenait des amphétamines sur ordonnance médicale. Entre-temps, une sous-culture de taille appréciable, centrée sur l'utilisation illicite des stimulants, grandissait. En 1971, il existait plus de 30 sortes de préparations d'amphétamines produites par 15 compagnies pharmaceutiques et distribuées sur le marché nord-américain.

De nos jours, les stimulants font encore l'objet d'un usage illicite. Dans la rue, on les retrouve sous les noms de «speed, uppers, crystal, ice, pep pills, diet pills, bennys», etc. Leur usage est souvent associé à la violence et aux actes impulsifs. Mais ils font aussi l'objet d'une utilisation permise grâce à la prescription médicale.

Nous savons aujourd'hui que les stimulants comptent parmi les substances qui provoquent le plus de dépendance psychologique lorsqu'ils sont utilisés de manière chronique. Mais la prise de conscience de ces risques élevés de dépendance ne se fait pas facilement. Pendant plus de 35 ans après la publication des premiers rapports portant sur l'usage abusif des amphétamines, les médecins et les compagnies pharmaceutiques ont malgré tout continué de faire généreusement la promotion des stimulants. Cette tendance de la communauté médicale à refuser de reconnaître les effets néfastes d'un médicament ne se manifeste pas uniquement dans le cas des stimulants. (Voir en particulier les chapitres sur les neuroleptiques et les benzodiazépines.) La prise de conscience des risques de dépendance devrait encourager les usagers, les médecins et les agences régulatrices à être plus critiques face aux affirmations des fabricants pharmaceutiques concernant les présumées propriétés bienfaisantes des nouveaux composés psychotropes actuellement mis sur le marché.

Je n'ai jamais constaté que le Ritalin aidait les enfants à se concentrer en classe.

Aujourd'hui, les stimulants sont principalement utilisés pour traiter les troubles de l'attention chez les enfants. Cela ne doit pas nous faire oublier que le Ritalin, entre autres médicaments, est classé par les gouvernements canadien et américain dans la même catégorie que des drogues comme la morphine et la cocaïne, c'est-à-dire parmi les substances contrôlées qui engendrent le plus de dépendance. Ce fait semble néanmoins échapper aux médecins qui prescrivent du Ritalin aux enfants sans informer les parents des risques de dépendance associés à cette substance. Le corps médical tarde, de plus, à reconnaître les dangers que comportent de telles substances quand elles sont prescrites pour de longues périodes à des enfants en pleine croissance.

L'HYPERACTIVITÉ ET LES TROUBLES DE L'ATTENTION CHEZ L'ENFANT

De nombreux enfants sont agités et n'arrivent pas à se concentrer facilement pour exécuter les tâches qui leur sont assignées. Ces difficultés, surtout quand elles se manifestent à l'école et dérangent les autres élèves et les professeurs, sont une cause fréquente de consultation auprès d'un professionnel de la santé mentale. Dans le *DSM-IV,* le dernier manuel diagnostique de l'Association américaine de psychiatrie, ces problèmes sont appelés «Troubles déficitaires de l'attention avec hyperactivité». Beaucoup de gens, professionnels ou profanes, désignent tout simplement ce genre de problèmes sous le nom d'hyperactivité. Dans leur forme extrême, ces problèmes se manifestent par une faible capacité d'attention, par un comportement impulsif et, souvent aussi, par de l'hyperactivité et de l'agitation motrice qui durent plusieurs heures pendant la journée.

Les parents disent que leurs enfants ne peuvent jamais rester deux minutes assis. Pourtant, dans ma classe, ils restent assis même si je ne punis jamais. Il faut que j'invite les parents à assister aux cours pour qu'ils constatent que leur enfant peut se comporter parfaitement bien sans prendre de Ritalin.

CONTROVERSES AU SUJET DE L'HYPERACTIVITÉ

Il existe une importante controverse concernant l'hyperactivité. Certains y voient un type de trouble neurologique, d'autres un ensemble de problèmes engendrés par la négligence à l'égard des enfants, tandis que d'autres pensent que ce trouble n'existe pas. On ne s'entend pas non plus sur la meilleure façon de mesurer un véritable trouble de l'attention. De plus, une revue exhaustive des écrits sur les facteurs biologiques présumément liés aux troubles d'attention et à l'hyperactivité a conclu que leur cause précise reste complètement inconnue, tout comme le mécanisme d'action de leur traitement populaire, les stimulants[2]. Enfin, l'efficacité des stimulants pour améliorer ces problèmes est loin de faire consensus parmi les spécialistes. Selon diverses recherches, entre 30 et 70 p. 100 des enfants traités avec des médicaments n'en retirent aucun bénéfice[3].

Pour ces raisons, certains chercheurs et cliniciens affirment qu'aucun médicament ne devrait être utilisé pour traiter les troubles de comportement chez les enfants et que cela constitue même un manque d'éthique que de prescrire des drogues dont les effets à long terme sont mal connus. Ces thérapeutes suggèrent fortement aux parents de soulever ces questions avec le médecin de l'enfant et avec les autres professionnels en contact avec l'enfant. On recommande, avant d'envisager un traitement, d'obtenir l'avis de plusieurs médecins et, avant tout, d'un thérapeute habitué à traiter ces problèmes de façon non médicamenteuse.

J'ai espoir que les nouveaux enseignants s'éveillent à la réalité. Le système doit être changé. Il faut donner plus d'amour et de sécurité aux enfants. Il faut investir du temps pour rencontrer les parents après les classes. La plupart des parents sont démotivés et n'exercent pas leur autorité comme ils le devraient.

---

2. Zametkin, A.J. et J.L. Rapoport. «Neurobiology of attention deficit disorder with hyperactivity: Where have we come in 50 years?», *American academy of child and adolescent psychiatry, 26, 1987,* p. 676-686.

3. Voir, à ce sujet, la critique dévastatrice de la catégorie diagnostique discutée ainsi que de l'énorme confusion entourant la prescription des stimulants aux enfants et l'évaluation de leurs effets: Mc Guinness, D. «Attention deficit disorder: The emperor's clothes, animal "pharm," and other fiction», dans Fischer, S. et R. Greenberg (dir.), *The limits of biological treatments for psychological distress: Comparisons with psychotherapy and placebo* (p. 151-187), Hillsdale, N.J., Erlbaum, 1989.

TRAITER L'HYPERACTIVITÉ SANS MÉDICAMENTS

L'erreur la plus courante dans le traitement de l'hyperactivité est, en fait, de ne pas envisager d'autres stratégies thérapeutiques et éducationnelles que la prescription de stimulants. Les médicaments ne résolvent pas tous les problèmes: ils ne peuvent rien faire pour rendre l'école plus intéressante, par exemple. En fait, les troubles de l'attention cachent souvent des difficultés d'ordre psychologique. Une psychothérapie combinée avec la planification de stratégies pour procurer un environnement plus paisible et pour améliorer l'insertion de l'enfant dans son milieu scolaire, familial et social peut contribuer grandement à atténuer ce genre de problème. Il faut donc quelquefois envisager un changement d'école ou de classe pour créer un contexte favorable au rétablissement de l'enfant, prendre des arrangements pour que l'enfant soit suivi par un tuteur ou pour qu'il soit inscrit à un programme de rattrapage. Quand les troubles sont causés par la discorde familiale, on doit considérer aussi une intervention familiale ou sociale et, si l'enfant a des problèmes d'estime de soi, on doit penser à une thérapie appropriée. Par ailleurs, quand le problème est lié à la nécessité d'améliorer certaines aptitudes sociales, il faut envisager de faire participer l'enfant à des activités de groupe ou à des activités récréatives. Signalons aussi, pour contribuer à résoudre les problèmes d'hyperactivité, la possibilité de créer un lieu de travail tranquille à la maison pour l'enfant et la formation intensive des parents afin qu'ils puissent perfectionner leurs habiletés parentales.

J'ai eu des cas de réussite extraordinaire avec des enfants à qui j'ai fait enlever le Ritalin. Par exemple, un enfant à qui j'ai fait redoubler une année. La première année, j'ai travaillé à modifier son comportement et l'année d'après j'ai pu mettre l'accent sur les résultats scolaires. Cet enfant a très bien fonctionné par la suite sans médicaments.

LES SUBSTANCES UTILISÉES COMME STIMULANTS

Nom générique	*Nom commercial*
STIMULANTS GÉNÉRALEMENT UTILISÉS CONTRE L'HYPERACTIVITÉ	
Dextroamphétamine	Dexedrine
Méthylphénidate	PMS-Methylphénidate, Ritalin
Pémoline	Cylert
STIMULANTS GÉNÉRALEMENT UTILISÉS COMME ANOREXIGÈNES	
Diéthylproprion, chlorhydrate de	Tenuate
Fenfluramine, chlorhydrate de	Ponderal
Mazindol	Sanorex
Phentermine	Fastin

INDICATIONS

Aujourd'hui, les stimulants sont utilisés en psychiatrie pour le traitement des troubles de l'attention avec hyperactivité et pour le traitement de la dépression. En médecine, les stimulants sont utilisés pour le traitement de la narcolepsie et de l'obésité.

Le traitement des troubles de l'attention chez les enfants

Quand on soupçonne qu'un enfant souffre d'un trouble de l'attention, la première démarche consiste à consulter un spécialiste qui n'a pas recours à des thérapies médicamenteuses. Le traitement médicamenteux devrait être envisagé seulement si des efforts sérieux pour améliorer le contexte scolaire, affectif et social dans lequel évolue l'enfant et pour régler le problème de façon non médicale ont échoué.

Les agents les plus souvent employés pour traiter les problèmes de l'attention sont le méthylphénidate (Ritalin) et la dextroamphétamine (Dexedrine). Certains médecins préféreront avoir recours à de la pémoline de magnésium (Cylert) parce qu'elle peut être administrée en doses dont l'effet s'étale sur toute la journée. Il semblerait que la pémoline produise moins d'effets secondaires que le méthylphénidate. Par exemple, la pémoline ne semble pas produire d'insomnie ou d'hyperexcitation. Par contre, on doit attendre généralement deux ou trois semaines avant de remarquer l'effet recherché.

Nécessité de bien évaluer la nature du problème avant de prescrire un stimulant

Tous les spécialistes de la question recommandent, avant d'entreprendre un traitement, que le médecin procède à une entrevue en profondeur avec les parents pour comprendre l'évolution de l'enfant et pour brosser un tableau des antécédents familiaux concernant, entre autres, les difficultés de développement, d'adaptation sociale et d'apprentissage.

> *De plus en plus, on va directement au Ritalin. C'est la solution de facilité. On voit chaque fois les élèves revenir avec une ordonnance du médecin qui dit de prendre du Ritalin, du Ritalin, du Ritalin. Quand il y a un enfant dans un groupe qui en prend, ça va, mais quand il y en a 10 sur 20 qui en prennent, c'est difficile à comprendre.*

Quelquefois, le clinicien proposera l'utilisation d'échelles standardisées de symptômes et de problèmes pour permettre aux parents et aux professeurs de fournir leurs impressions. Cette évaluation initiale doit être complétée, dans certains cas, par des tests d'intelligence ou par des tests de détection de difficultés d'apprentissage, de parole ou de langage, ou encore par des évaluations psychologiques. Les parents doivent s'assurer que l'évaluation de l'enfant inclut un examen physique complet et récent, une vérification de la vision, de l'ouïe et de toute autre condition médicale ou neurologique décelable.

Nécessité d'être conscient des problèmes éthiques liés à la prescription à des enfants

Parce que les personnes généralement diagnostiquées comme souffrant de trouble de l'attention avec hyperactivité sont des enfants et que les enfants ne sont habituellement pas consultés, les précautions mentionnées précédemment prennent encore plus d'importance. Il est relativement facile, entre adultes, de conclure à la nécessité d'administrer un traitement à quelqu'un qui ne peut le refuser ou qui ne saura probablement même pas pourquoi on lui prescrit des médicaments. Les professionnels concernés doivent donc considérer soigneusement les enjeux éthiques entourant la prescription de drogues psychoactives à des mineurs, en particulier de drogues qui entraînent une dépendance.

> *De nos jours, le règlement de l'école interdit même de donner une aspirine ou l'équivalent à un enfant qui a mal à la tête, mais si l'enfant prend du Ritalin, on trouve cela normal et louable.*

Les cures d'amaigrissement

Les stimulants présentent également des propriétés anorexiantes, c'est-à-dire qu'ils ont pour effet de supprimer l'appétit et donc de mener à une perte de poids. On les a déjà utilisés pour des cures d'amaigrissement mais, à cause des risques de dépendance qui leur sont associés et des possibilités d'apparition de psychoses paranoïaques, leur usage est généralement déconseillé.

Le traitement des problèmes de dépression

Les stimulants sont aussi employés comme traitement d'appoint pour soigner les troubles de l'humeur et les dépressions réfractaires aux traitements habituels, surtout chez les personnes âgées et physiquement faibles. Bien que les stimulants ne soient habituellement pas efficaces en tant qu'antidépresseurs, certains médecins pensent qu'ils sont utiles quand on les combine à des antidépresseurs tricycliques.

Le traitement de la narcolepsie

Maladie rare aux causes inconnues, la narcolepsie se manifeste chez les adultes par des accès brusques de sommeil et une fatigue chronique. Les médecins prescrivent donc des stimulants pour exciter le cerveau et garder la personne plus alerte tout au long de la journée. Ces médicaments ne guérissent pas la narcolepsie, ils ne font que supprimer temporairement ses symptômes. Comme cette maladie semble permanente, plusieurs médecins pensent que les stimulants doivent être pris par la personne concernée pour le reste de sa vie.

MÉCANISME D'ACTION ET PHARMACODYNAMIQUE

Les stimulants du système nerveux central semblent avoir comme propriété particulière d'activer certaines fonctions du cerveau. L'état d'éveil mental de la personne qui en absorbe se trouve ainsi accentué.

Cet état se traduit, chez une partie des enfants traités, par une amélioration de leurs capacités d'attention, de concentration et de performance dans l'exécution de tâches répétitives. De plus, les stimulants ont tendance, à court terme, à augmenter l'activité motrice, à égayer l'humeur et à combattre la fatigue mentale. En faisant des expériences sur des animaux de laboratoire, on a constaté en outre que les stimulants ont nettement tendance à augmenter les comportements répétitifs et stéréotypés.

La majorité de mes patients ont au moins un effet secondaire.

Tous les stimulants sont bien absorbés et distribués dans l'ensemble de l'organisme. Ils sont métabolisés dans le foie et excrétés dans l'urine. La plupart d'entre eux sont capables de franchir la barrière qui limite le passage de substances entre le sang et le cerveau et de s'infiltrer jusqu'au placenta: dans le cas où une jeune fille ou une jeune femme qui prendrait des stimulants tomberait enceinte, il va de soi qu'il devient impérieux de cesser le traitement.

PRESCRIPTION

Il est étonnant de constater que, selon la source consultée, les doses quotidiennes de stimulants prescrites aux enfants peuvent varier entre 0,3 et 2 mg/kg par jour. Des enfants recevraient donc des doses six fois plus élevées que d'autres pour le même problème, même s'ils ont le même poids et la même taille. Indépendamment de cela, et c'est le cas pour la plupart des drogues dont on parle dans cet ouvrage, leur effet sur chaque individu est différent: on ne peut donc jamais le prédire.

Les doses de méthylphénidate (Ritalin) administrées à un enfant se situent habituellement entre 5 et 60 mg par jour. La dose de départ se situerait en général entre 2,5 et 5 mg par jour, prise le matin, et cette dose est augmentée, s'il y a lieu, à intervalles de plusieurs jours, de 2,5 à 5 mg répartis dans la journée. Quant aux doses de pémoline (Cylert), elles varieraient entre 1,0 et 2,5 mg/kg par jour et leur total quotidien se situerait généralement entre 19 et 112,5 mg par jour, selon le poids de l'enfant. Dans certains cas, des doses plus faibles ou plus élevées sont prescrites.

Le méthylphénidate (Ritalin) et la D-amphétamine (Dexedrine) sont tous les deux des composés à action brève dont la rapidité d'action varie entre 30 et 60 minutes et dont l'effet clinique maximal se manifeste entre une et trois heures après l'administration. Pour cette raison, ces médicaments sont administrés plusieurs fois au cours de la journée afin d'obtenir un effet continu. Il existe également des capsules à effet prolongé, dont l'action clinique maximale se produit entre une heure et cinq heures après l'absorption. Leur effet peut donc durer une bonne partie de la journée scolaire. Mais elles ne fonctionnent pas comme prévu chez certains enfants, la libération des composés actifs du médicament se produisant de façon inégale, trop vite au départ, et trop lentement par la suite. Pour maintenir les niveaux stables dans le sang, les médecins préfèrent donc souvent que ces enfants prennent des stimulants plusieurs fois dans la journée.

Je pense que le monde médical a essayé d'accaparer ce problème-là, parce que ça dérange. On ne veut pas s'en occuper parce que c'est dérangeant. Puis on n'a pas d'argent et on ne veut pas former les gens pour aider.

La pémoline (Cylert), pour sa part, est un composé dont l'effet se fait sentir souvent sur une plus longue période. Sa durée d'action est variable. Elle est administrée deux fois par jour à certains enfants, même si son effet dure quelquefois entre 12 et 18 heures et même plus chez d'autres. L'effet initial recherché peut cependant prendre, dans certains cas, entre deux et huit semaines avant de se manifester; c'est pourquoi on considère que l'utilisation de cette substance est plus difficile à superviser.

Même si le corps médical désapprouve l'usage chronique des stimulants du système nerveux central à cause des risques élevés de dépendance psychologique, ils sont encore généralement prescrits à des enfants pour de longues durées. Il semble établi, en outre, qu'ils peuvent causer, à long terme, des retards de croissance. Par ailleurs, ils sont contre-indiqués pour les personnes qui souffrent d'anxiété, car ils peuvent accentuer ce genre de problème.

RECOMMANDATIONS

Précautions à prendre pour le traitement de l'hyperactivité et des troubles de l'attention

Tous les enfants qui prennent des stimulants ont besoin d'être suivis avec diligence, spécialement ceux qui souffrent de maladies physiques. Les parents devraient s'assurer que les professionnels qui veillent au développement de l'enfant, comme son médecin et son professeur, tiennent un registre de leurs observations au cours du traitement. Les parents devraient également tenir un journal pour consigner les doses prises par l'enfant, l'évolution des résultats scolaires ainsi que les effets, négatifs ou positifs, du traitement. Il est important également de prendre note régulièrement de la taille de l'enfant, de son poids, de ses changements d'appétit ou de préférences alimentaires et des modifications de son cycle de sommeil. De plus, il faut rapporter toute forme de maladie et toute douleur inhabituelle.

Les parents doivent veiller à ce que l'enfant soit examiné tous les trois ou quatre mois tant qu'il prend des stimulants. Le médecin a pour devoir de surveiller attentivement la progression de la croissance et de la prise de poids; de détecter, le cas échéant, la présence de tics; de mesurer la pression sanguine et le pouls; et de poser des questions sur l'appétit de l'enfant, sur ses humeurs et sur tout effet secondaire, tel que les étourdissements, l'insomnie et les crampes abdominales. Des examens sanguins devraient être effectués au moment de l'examen physique périodique.

Par ailleurs, comme les stimulants ont pour effet de diminuer l'appétit, on recommande de les administrer après les repas. Toutefois, si la diminution de l'appétit est prononcée et si de multiples doses ont été prescrites à l'enfant pour stabiliser son comportement, il risque de perdre du poids.

Certains enfants connaîtront des périodes d'effets intermittents entre les doses, lesquelles peuvent s'avérer dérangeantes pour l'entourage. Dans ces cas, les médecins traitants sont quelquefois enclins à prescrire des antidépresseurs ou, plus rarement, des neuroleptiques. Il y a lieu alors de s'interroger sérieusement sur la pertinence de faire appel à ces autres substances médicamenteuses, qui comportent elles aussi de nombreux risques et dont l'utilisation ne peut souvent être raisonnablement justifiée. Il y a lieu aussi de réévaluer la pertinence de la première prescription de stimulants.

Précautions pour le traitement de la dépression

Les psychostimulants semblent peu employés pour enrayer la dépression et il n'existe pas de données fiables pour nous renseigner sur cet usage. Mais on estime que les médecins qui les prescrivent pour traiter ce genre de problème doivent avoir des connaissances particulièrement approfondies en psychopharmacologie. On sait que les personnes qui en reçoivent sont traitées pendant des années à l'aide de très faibles doses. Chez un certain pourcentage, la dépression revient quand les doses sont réduites. Il est utile de savoir que certains sujets réagissent très mal aux psychostimulants, en particulier les enfants et les personnes âgées. De faibles doses suffisent quelquefois, dans ces cas, à provoquer des effets fâcheux.

Si un antidépresseur est employé en même temps qu'un stimulant, il devient nécessaire de faire des relevés initiaux de la fréquence cardiaque et de la pression sanguine et de répéter régulièrement ces mesures quand le médicament est administré sur une longue période de temps.

Mise en garde concernant les cures d'amaigrissement

Les psychostimulants, comme le diéthylproprion (Tenuate), le fenfluramine (Ponderal) et le mazindol (Sanorex), utilisés pour couper l'appétit, n'ont pas d'efficacité réelle appréciable. On a démontré que les gens qui les utilisent ne perdent que quelques onces de plus par semaine que ceux qui n'en prennent pas. Leur emploi est déconseillé parce qu'il peut entraîner une dépendance.

EFFETS THÉRAPEUTIQUES

Une seule dose de 10 à 30 mg d'amphétamine prise oralement produit généralement les effets suivants: éveil mental, humeur gaie, amélioration de la concentration, augmentation de l'activité verbale et motrice, meilleure performance physique. Avec des doses plus fortes, ces effets peuvent être inversés, et avec des doses progressivement plus fortes, l'anxiété, l'insomnie, les suspicions, le délire et les hallucinations peuvent apparaître.

Dans le cas du traitement des troubles de l'attention, on s'attend à ce qu'il y ait une amélioration notable des symptômes d'hyperactivité, d'impulsivité et d'inattention en quelques jours ou quelques semaines. Si, après huit semaines, il n'y a pas de changement, on peut considérer que le traitement est inefficace. D'où l'importance de consigner par écrit les données concernant différents aspects de la vie de l'enfant, comme ses performances scolaires, son comportement à l'école, sa croissance émotionnelle, ses relations avec ses amis et la qualité des interactions avec les membres de la famille, qui devraient s'améliorer peu après le début du traitement. Les parents, les médecins et le personnel de l'école devraient passer en revue les progrès de l'enfant et réévaluer le plan de traitement au bout d'un mois.

Que faire si le traitement ne donne rien?

Si le traitement ne donne rien, les parents, ainsi que les professionnels qui s'intéressent à l'enfant, devraient essayer de voir si le problème est dû à d'autres facteurs. Quelquefois, c'est tout le contexte social qui est en cause, surtout dans des milieux où sévit la pauvreté. Il s'avère alors très difficile d'agir et il est évident qu'un traitement médicamenteux est loin d'être une solution appropriée dans ces cas-là. Quelquefois aussi, le présumé trouble de l'attention peut refléter une difficulté d'apprentissage, d'intégration sociale ou scolaire, un retard mental, un manque d'intelligence, un manque de stimulation ou d'attention, un environnement scolaire inadéquat, un problème affectif, un manque d'autorité ou d'attention parentale ou encore des tensions familiales. Aucune de ces difficultés, on le comprendra, ne peut être guérie de façon médicale.

À partir de la troisième année, chaque année, les professeurs me parlaient du Ritalin et chaque année, je refusais.

Effets secondaires et toxiques

Les problèmes de croissance

On sait que les stimulants peuvent supprimer la production des hormones de croissance et réduire les gains de poids et de taille chez les enfants en période de croissance. Dans la plupart des cas, ce retard semble temporaire, sauf chez les enfants qui prennent des doses sur de longues périodes. Néanmoins, certains cliniciens pensent que les stimulants ne devraient jamais être prescrits à un enfant, surtout quand il est déjà petit pour son âge. D'autres cliniciens s'entendent pour dire que les stimulants peuvent en effet causer un léger retard de croissance, mais que ce retard peut facilement être compensé par des périodes de retrait du médicament. Donc, s'ils constatent un ralentissement de la croissance, ces cliniciens recommanderont soit un arrêt temporaire du traitement, ou encore une autre forme de traitement.

Autres effets secondaires

La prise de stimulants peut avoir de nombreux autres effets secondaires, dont voici les principaux:

- insomnie, perte d'appétit, nervosité, crampes abdominales;
- maux de tête, étourdissements;
- léthargie, fatigue;
- manque de coordination;
- augmentation du pouls et de la pression sanguine;
- tics nerveux (chez environ 2 p. 100 des enfants), apparition de tics chroniques qui peuvent persister après l'arrêt des médicaments (surtout chez les enfants qui ont des antécédents personnels ou familiaux de tics), risque rare de développer le syndrome de Gilles de la Tourette;
- troubles de l'humeur, y compris des états de grande sensibilité émotive, des crises de larmes, de la dépression;
- possibilité d'accentuer la vulnérabilité des enfants aux crises d'épilepsie et aux convulsions.

La réaction comportementale la plus grave associée à l'utilisation des stimulants est la psychose toxique, sous forme de manie ou de paranoïa aiguë, parfois accompagnée d'hallucinations tactiles ou visuelles, d'illusions et de fourmillements. Des psychoses ont été fréquemment observées et clairement décrites dans des cas où l'augmentation des doses était trop rapide ou encore quand les doses étaient élevées. Ces symptômes disparaissent généralement une semaine après le retrait du médicament. (Voir le chapitre sur le sevrage à la fin du présent ouvrage.)

Depuis quelques années, il y a une augmentation des problèmes de société. J'ai l'impression que l'hyperactivité, c'est un problème de société.

Par ailleurs, d'autres personnes présentent des réactions allergiques, mais ces réactions sont très rares. L'administration de pémoline de magnésium (Cylert) peut provoquer des réactions d'hypersensibilité du foie qui peuvent apparaître après plusieurs mois de traitement. C'est pourquoi on recommande un examen initial des fonctions du foie pour le comparer à des tests subséquents. On a observé aussi, mais très rarement, des cas où les enfants perdaient leur habileté à produire des globules sanguins. Cette fonction se rétablirait après l'arrêt du traitement.

Risques liés au surdosage

Les parents dont les enfants reçoivent des stimulants ont tendance à en stocker des quantités importantes à la maison. Ces produits devraient être gardés sous clé en tout temps. Les stimulants ayant un effet sur le système nerveux, la pression sanguine et la fréquence cardiaque, l'absorption d'une dose excessive peut rendre malade, mais ne provoque généralement pas de dommages physiques graves. Par contre, une dose excessive pourrait être fatale pour les enfants et les personnes souffrant de maladies cardiaques ou de haute pression.

L'intoxication aiguë aux stimulants se remarque par les signes suivants: vertige, tremblements, irritabilité, confusion, hallucinations, douleur à la poitrine, palpitations et sueur abondante. Des doses même faibles peuvent provoquer ces réactions, surtout chez les personnes qui en prennent pour la première fois.

INTERACTIONS MÉDICAMENTEUSES

- On déconseille aux enfants qui souffrent de problèmes d'épilepsie et qui prennent des médicaments pour maîtriser cette affection de prendre aussi des stimulants.

- Ces substances sont aussi peu recommandées pour les personnes qui font de la haute pression parce qu'elles peuvent neutraliser l'effet des médicaments administrés en vue de maîtriser l'hypertension.
- De plus, les stimulants devraient être utilisés avec précaution en combinaison avec les antidépresseurs IMAO. (Voir à ce sujet le chapitre sur les antidépresseurs.)
- Enfin, comme les stimulants sont susceptibles d'inhiber le métabolisme des anticoagulants, des anticonvulsivants et des antidépresseurs tricycliques, l'usage combiné de ces médicaments s'avère risqué.

Je n'ai jamais eu de problèmes avec les enfants hyperactifs. Pourtant, pendant huit ans, c'est à moi qu'on confiait les classes difficiles.

Dépendance et potentiel d'abus

Les psychostimulants ont un effet euphorisant marqué chez les adultes et les adolescents. Cet effet se traduit parfois par une amélioration de la confiance en soi. Pour cette raison, des personnes qui n'ont aucune raison médicale de prendre ces drogues peuvent être tentées d'en consommer. L'effet euphorisant des stimulants prescrits sur ordonnance semble en tout point similaire à l'effet de la cocaïne. Cependant, la demi-vie de la cocaïne n'est que de 50 minutes, comparativement à environ 10 heures pour les amphétamines qui sont utilisées comme stimulants du système nerveux central.

Lorsqu'un thérapeute envisage de prescrire des stimulants à un adulte, il doit donc auparavant s'assurer que l'individu n'a pas d'antécédents familiaux ou personnels d'usage compulsif de drogue ou d'alcool. Quand une personne veut augmenter sa dose de stimulants au-delà des doses requises, c'est souvent le signal que la dépendance et l'usage compulsif commencent à s'installer. Des indications concernant le sevrage, c'est-à-dire le retrait des médicaments ou la diminution des doses, sont présentées à la fin de cet ouvrage.

Les tranquillisants et les somnifères

MISE EN GARDE

Il est dangereux de commencer à prendre ou d'arrêter de prendre des tranquillisants ou des somnifères, ou de diminuer les doses de ces substances, sans l'avis ou la supervision d'un professionnel de la santé qualifié. Il est aussi dangereux d'entreprendre un sevrage sans avoir mis en application les recommandations formulées, à la fin de ce livre, dans le chapitre sur le sevrage.

Quatre catégories de substances sont utilisées dans le but de traiter indifféremment l'anxiété ou l'insomnie. Ce sont les benzodiazépines, les antihistaminiques, les barbituriques et les carbamates, ces derniers n'étant plus guère utilisés. D'autres substances, dont l'emploi est peu courant, sont prescrites plus particulièrement pour l'anxiété. Ce sont les bêta-bloquants et le buspirone. Quant à l'hydrate de chloral et au zopiclone, l'un ancien, l'autre récent, ils sont prescrits plus spécialement pour des problèmes de sommeil. À ces traitements s'ajoutent plusieurs thérapies non médicamenteuses.

NOMS COMMERCIAUX DES MÉDICAMENTS COMPRIS DANS LA CLASSE DES TRANQUILLISANTS ET DES SOMNIFÈRES

LES BENZODIAZÉPINES

Apo-Alpraz
Apo-Chlordiazepoxide
Apo-Clorazepate
Apo-Diazepam
Apo-Flurazepam
Apo-Lorazepam
Apo-Oxazepam
Apo-Triazo
Ativan
Diazemuls
Gen-Triazolam
Halcion
Lectopam
Librium
Loftran
Mogadon
Novo-Alpraz
Novo-Colpate
Novo-Lorazem
Novo-Triolam
Nu-Alpraz
Nu-Loraz
Nu-Triazo
PMS-Diazepam
Restoril
Rivotril
Serax
Solium
Tranxene
Valium
Vivol
Xanax

LES ANTIHISTAMINIQUES

Atarax
Benadryl
Caladryl
Multipax
Novo-Hydroxyzin
Nytol
PMS-Diphenhydramine
PMS-Hydroxyzine
Sleep-Eze

LES BARBITURIQUES

Amytal
Amytal Sodique
Butisol Sodium
Nembutal
Novamobarb
Nova-Rectal
Novo-Pentobarb
Novo-Secobarb
Phenaphen
Phenobarbital
Seconal Sodique
Tuinal

LES CARBAMATES

Apo-Meprobamate
Equanil
Soma

LES BÊTA-BLOQUANTS

Apo-Metropol
Apo-Pindol
Apo-Propanolol
Betagan
Betaloc
Betoptic
Brevibloc
Corzide
Inderal
Lopresor
Monitan
Novo-Metropol

Novo-Pindol
Nu-Metop
PMS-Propanolol
Rhotral
Sectral
Syn-Pindolol
Tenoretic
Timolide
Trandate
Visken

Le buspirone

Buspar

CE QU'IL EST

L'hydrate de chloral

PMS-Chloral Hydrate

Le zopiclone

Imovane

IMPORTANT DE SAVOIR

Les tranquillisants et les somnifères sont des drogues puissantes, souvent prescrites à des personnes qui n'ont fait l'objet d'aucun diagnostic psychiatrique, en particulier à des personnes âgées. Le piège des tranquillisants et somnifères, c'est que de nombreuses personnes commencent à les prendre pour une courte période puis se rendent compte qu'elles ne peuvent plus s'en passer, même si leur problème de départ a disparu.

À cause de leurs propriétés calmantes et relaxantes, les benzodiazépines, les tranquillisants et les somnifères les plus courants, sont très en demande et surtout prescrites par les médecins généralistes. Les benzodiazépines ressemblent étrangement à l'alcool et cette ressemblance peut expliquer leur énorme popularité et l'utilisation qu'on en fait. Elle explique aussi le côté peu recommandable de leur utilisation. Comme l'alcool, les benzodiazépines sont utilisées par plusieurs personnes pour passer à travers des périodes de stress ou pour se relaxer quand elles doivent affronter certaines situations sociales embarrassantes. Cette utilisation limitée présente peu de problèmes, car elle n'est pas excessive.

Cependant, comme pour l'alcool, tout usage prolongé et régulier de benzodiazépines comporte le risque que la personne s'y habitue fortement et ne veuille pas cesser d'en consommer. Les principaux effets recherchés – la relaxation et la sédation – sont très souvent les mêmes que l'on recherche en consommant de l'alcool. Les effets secondaires des benzodiazépines ressemblent aussi fortement à ceux qu'on observe quand une personne est en état d'ébriété: somnolence, perte de coordination et perte de jugement. Ces fortes ressemblances expliquent pourquoi les benzodiazépines sont fréquemment utilisées comme substitut à l'alcool au cours du sevrage des alcooliques.

J'obtenais toujours les ordonnances que je voulais quand je les voulais. C'était facile: j'avais des problèmes conjugaux. J'avais des médicaments plus qu'il m'en fallait; je les accumulais, même. J'en étais venue à rechercher la sensation que les pilules me procuraient: le soulagement.

Compte tenu des effets et de la popularité actuelle des benzodiazépines, il est irréaliste d'envisager que la consommation de ces substances puisse baisser de façon importante, si ce n'est que de nouveaux antidépresseurs les auront remplacées chez plusieurs usagers. Et si cette consommation baisse, le nombre substantiel d'usagers qui en prennent pour une longue durée persistera à cause des problèmes de dépendance. Il est pourtant important de savoir que les benzodiazépines ne sont pas particulièrement efficaces pour le traitement de l'anxiété, qu'elles aggravent habituellement les troubles du sommeil et qu'il existe de nombreuses solutions autres que la médication.

HISTORIQUE

Depuis des temps immémoriaux, les humains ont manifesté un intérêt marqué pour les substances capables de diminuer l'anxiété et de faciliter le sommeil. Au cours des siècles, l'alcool et l'opium ont été les produits les plus utilisés à cette fin. Puis, au XIXe siècle, des chercheurs découvrirent le bromure et l'hydrate de chloral. Cette dernière substance a été rendue célèbre, dans les années 1930 et 1940, par les films de détective, où on en versait dans les verres des victimes afin de les endormir. De nos jours, l'hydrate de chloral est le plus ancien des somnifères encore en usage, quoiqu'il soit rarement utilisé.

En 1903, apparut le barbital, le premier d'une longue liste de barbituriques qui furent progressivement mis au point au cours des ans. Ces nouvelles substances comportaient aussi de forts risques de dépendance physique et psychologique ainsi que des risques d'intoxications mortelles. Très à la mode dans les années 1950, elles sont considérées de nos jours plutôt comme des stupéfiants et sont rarement prescrites.

En ce qui concerne les antihistaminiques, ils ont commencé à être employés pour divers usages thérapeutiques dans les années 1940. À l'origine, ils étaient utilisés pour traiter les allergies, le mal des transports, la maladie de Parkinson et les effets indésirables des neuroleptiques. Comme ils provoquaient habituellement de la somnolence, ils ont aussi été utilisés comme somnifères et comme tranquillisants.

Les premières benzodiazépines, dont le chlordiazépoxide (Librium) et le diazépam (Valium), firent leur apparition dans les années 1960 et furent utilisées pour diminuer l'anxiété. Ce n'est qu'en 1970 qu'une de ces benzodiazépines, le flurazépam (Dalmane, Somnol), fut approuvée en tant que somnifère. On leur découvrit aussi des propriétés anticonvulsivantes. Aujourd'hui, les benzodiazépines sont utilisées, à fortes doses, pour prévenir les convulsions. À moyennes doses, on les emploie en vue de favoriser l'endormissement et le maintien du sommeil. À doses plus faibles, les benzodiazépines sont aussi employées dans le but d'apaiser l'anxiété. Ces divers effets dépendent donc de la dose administrée.

De nos jours, on retrouve plus d'une dizaine de benzodiazépines sur le marché canadien. Elles figurent parmi les substances médicamenteuses les plus utilisées: dans les années 1970, le diazépam (Valium) était la substance la plus prescrite au monde. Aujourd'hui, les benzodiazépines restent les psychotropes les plus utilisés; elles sont prescrites surtout aux femmes et aux personnes âgées.

Les premières benzodiazépines mises sur le marché mettaient beaucoup de temps à s'éliminer de l'organisme: les gens qui en prenaient se disaient incapables de s'arrêter tout en continuant à bien se porter. Par contre, avec le temps, cette substance s'accumulait dans leur corps: ils devenaient de plus en plus apathiques, somnolents et distraits. L'alprazolam (Xanax, etc.), la première des benzodiazépines à s'éliminer plus rapidement du corps, fut lancée sur le marché en 1981 et l'on crut avoir trouvé le médicament miracle pour apaiser l'anxiété et induire le sommeil sans causer de dépendance. Toutefois, on ne tarda pas à s'apercevoir que ce produit, comme d'autres mis au point par la suite, créait encore plus de dépendance physique que les précédents.

Chaque soir, près de 30 millions de gens aux États-Unis prennent une dose de somnifères. En plus de cela, environ 10 p. 100 des Américains avalent des médicaments dont le but est de combattre l'anxiété. La plupart des spécialistes estiment que les somnifères et les tranquillisants sont prescrits avec excès. Il est certain que ce sont ces substances qui font véritablement marcher l'industrie pharmaceutique.

Un comité mis sur pied par l'Institut de médecine de l'Académie nationale des sciences des États-Unis a estimé que ces substances étaient beaucoup trop souvent utilisées sans qu'on se préoccupe des dangers qu'elles comportent. Le comité concluait ainsi: «En tant que catégorie de médicaments, les somnifères ne devraient avoir qu'une place limitée dans la pratique médicale d'aujourd'hui[1].» Nous pourrions en dire autant des tranquillisants, puisqu'il s'agit là, généralement, des mêmes substances prises à des doses différentes. Le problème central des somnifères et des tranquillisants est en fait que, outre leurs effets nocifs, ils sont couramment prescrits à des personnes qui auraient avantage à être traitées par d'autres formes de thérapie.

J'avais à la fois une dépendance physique et psychologique aux médicaments. Je vivais avec la peur que si je ne prenais pas mes pilules, je ne dormirais pas. Par contre, j'étais incapable d'identifier quel besoin je comblais.

Vers le début des années 1980, l'inquiétude qui s'est répandue au sujet du potentiel d'abus et de dépendance des benzodiazépines a eu pour effet de stabiliser puis de faire baisser les taux de prescription dans la plupart des pays occidentaux sauf, apparemment, en France[2]. Il semble que cette baisse soit due à une réduction du nombre de nouvelles ordonnances plutôt qu'à un arrêt massif de consommation par les personnes qui en prennent au cours de longues périodes, c'est-à-dire de façon régulière pendant six mois ou plus. Des études ont montré que le quart des gens qui commencent à prendre des benzodiazépines en prennent encore six mois plus tard, même si les spécialistes sont d'accord pour dire que ces substances n'ont pas d'effet thérapeutique à long terme.

Qui consomme des tranquillisants pendant de longues périodes de temps? Le profil typique du consommateur est celui d'une femme âgée de plus de 50 ans, qui souffre d'une maladie physique, qui habite seule ou prend soin d'une personne et qui n'est pas sur le marché du travail.

---

1. Cité dans Mongeau, S. et M.-C. Roy. *Le nouveau dictionnaire des médicaments.* Montréal, Québec-Amérique, 1988, p. 768.
2. Kovess, V. et M. Ortun. «French patterns of psychotropic drug use», *Psychiatrie & psychobiologie,* 5, 1990, p. 301-308.

L'inquiétude principale en ce qui concerne la consommation prolongée est le risque élevé de dépendance et d'apparition d'un syndrome de sevrage à l'arrêt de la consommation. Chez les personnes âgées, qui sont de grands consommateurs de tranquillisants et de somnifères, les risques principaux qu'occasionne la prise de ces substances sont l'insomnie, les troubles de mémoire et les chutes.

L'ANXIÉTÉ

L'anxiété est une réponse normale au stress quotidien. Environ 30 p. 100 de la population ressent de l'anxiété. Cette réaction disparaît généralement quand la situation qui l'a déclenchée a cessé d'exister. Parfois, l'anxiété persiste sans raison apparente, se manifeste sous différentes formes plus ou moins intenses et entrave le fonctionnement social de la personne concernée. C'est surtout dans ces situations que les personnes qui en souffrent sont amenées à consulter des médecins ou d'autres thérapeutes.

LE TROUBLE D'ANXIÉTÉ

L'anxiété est le plus répandu des problèmes psychologiques. Une enquête effectuée au milieu des années 1980 a montré que 7 p. 100 des adultes américains vivant dans les villes ont eu au moins une période d'anxiété grave au cours des six mois précédents. Comme presque tous les problèmes de détresse psychologique, l'anxiété a tendance à courir dans certaines familles. Les femmes sont deux fois plus sujettes que les hommes à l'anxiété tandis que les personnes âgées ont deux fois moins tendance à éprouver des symptômes anxieux que les adultes. Les taux de troubles anxieux chez les personnes séparées ou divorcées sont environ deux fois plus élevés que ceux des personnes célibataires, mariées, ou veuves. Le pourcentage de personnes qui éprouvent des symptômes augmente progressivement quand on va de la classe sociale la plus favorisée vers la classe sociale la plus défavorisée.

L'anxiété est considérée comme anormale quand elle n'est rattachée à aucune cause évidente ou identifiable et quand elle devient chronique. Dans la plupart des cas, les périodes d'intense anxiété alternent avec des périodes d'apaisement relatif. Une partie des gens affectés par des troubles anxieux réussissent à vivre de façon plus ou moins normale. Toutefois, l'anxiété peut être si dérangeante qu'elle finit par nuire aux activités quotidiennes et occasionner des difficultés familiales, professionnelles et financières.

La personne anxieuse est souvent agitée par des préoccupations constantes. Si ces préoccupations sont intenses et prolongées, elles peuvent donner lieu à de grandes souffrances mentales. Cette personne peut amplifier des problèmes mineurs réels ou fictifs et devenir craintive. Elle peut aussi anticiper des malheurs qui peuvent lui arriver ou arriver à d'autres et essayer de prévenir ces catastrophes par des rituels compulsifs. Elle peut aussi se sentir nerveuse, irritable, paniquée ou troublée. Elle a souvent des difficultés à se concentrer et a aussi quelquefois peur de perdre la maîtrise de soi. Sur le plan physique, cette anxiété peut se manifester par des palpitations cardiaques, de la tension musculaire, de la transpiration, de la fatigue, des douleurs sourdes, des sensations d'étouffement, des troubles digestifs, des difficultés d'endormissement, des problèmes à avaler, des bouffées de chaleur ou de froid, une envie fréquente d'uriner ou des fourmillements dans les extrémités. La personne atteinte peut avoir les mains froides, la bouche sèche. Les sujets anxieux se plaindront donc souvent à leur médecin d'un grand nombre de symptômes physiques médicalement inexplicables.

Dans certains cas, l'anxiété finit par diminuer pour être remplacée par des ruminations et des pensées obsédantes. Mais, par ailleurs, si l'anxiété se prolonge, elle peut à l'occasion déboucher sur une dépression. En fait, il est très fréquent que l'anxiété se manifeste de pair avec des sentiments dépressifs. La dépression et l'anxiété ont plusieurs symptômes en commun, dont l'insomnie, la perte d'appétit, les idées noires. En pratique, il est difficile de faire une distinction entre ces deux états, ce qui explique partiellement pourquoi certaines personnes anxieuses reçoivent des antidépresseurs et pourquoi certaines personnes déprimées reçoivent des médicaments contre l'anxiété, ou même les deux sortes de médicaments à la fois.

LA PHOBIE SIMPLE

La phobie simple est un trouble de l'anxiété particulièrement répandu. On dit qu'il y a phobie quand une personne exposée à des objets ou à des situations relativement inoffensives réagit toujours avec la même anxiété, à un point tel, souvent, que l'objet ou la situation doit être entièrement évité. Quand la personne réussit à éviter la situation génératrice de phobie, elle en ressent immédiatement un soulagement. Pour être considérée comme anormale, cette phobie doit nuire au déroulement de la vie de la personne concernée. Les phobies les plus communes sont la peur des animaux, des hauteurs, des blessures, du sang et des lieux clos. Chez les jeunes enfants de deux à six ans, les phobies simples disparaissent généralement d'elles-mêmes. Par contre, les phobies de l'âge adulte disparaissent rarement d'elles-mêmes.

Le trouble panique sans agoraphobie

Environ 3 p. 100 des Nord-Américains disent être atteints d'attaques de panique assez fréquentes et intenses pour que les psychiatres considèrent qu'ils sont atteints d'un trouble panique. Ces attaques de panique se présentent sous la forme d'un moment intense de terreur ou de malaise pendant lequel le sujet a l'impression qu'il peut mourir. Ces attaques ne semblent pas associées à une situation précise susceptible de déclencher une telle réaction. Elles sont accompagnées de symptômes physiques prononcés, qui ne sont pas nécessairement visibles par les autres: respiration difficile, étourdissements, palpitations, nausées, transpiration, perte du sentiment de réalité, etc. Le trouble panique, qui se manifeste deux fois plus souvent chez les femmes que chez les hommes, survient généralement entre l'âge de 18 et de 45 ans. Il peut être accompagné d'agoraphobie.

L'agoraphobie

L'agoraphobie n'est pas, comme on pourrait le penser, la peur de certains lieux. C'est plutôt la peur de ce qui pourrait arriver au cas où il serait impossible de réussir à en sortir.

Dans l'agoraphobie sans trouble panique, la personne concernée a peur que des symptômes soudains et apparents lui causent de l'embarras ou la mettent dans une situation où elle aurait besoin d'aide. Elle a peur, par exemple, de perdre la maîtrise de sa vessie ou de ses intestins, de vomir, d'avoir des étourdissements ou un sentiment de perdre contact avec la réalité. Cette peur l'amène à éviter un bon nombre de situations, comme de marcher dans une rue bondée, de faire la queue, de se trouver dans un grand magasin, d'emprunter des moyens de transport publics ou de conduire une auto. À cause du fait qu'elle semble affecter principalement des femmes qui ne sortent pas de la maison parce qu'elles ont peur des conséquences de leurs rencontres avec des étrangers ou de risquer d'être exposées à des incidents violents, certains décrivent l'agoraphobie comme étant une caricature de la condition féminine.

La phobie sociale

La phobie sociale se caractérise par la peur exagérée de l'opinion d'autrui et la crainte d'être observé et jugé. Les situations sociales qui exposent la personne ayant des problèmes de phobie sociale à l'attention des autres la rendent très anxieuse, d'où sa tendance à les éviter. Cette personne peut finir par se retrancher derrière un masque de timidité ou d'inaccessibilité. Avant d'envisager une intervention professionnelle, il faut s'assurer que cette attitude nuit à la vie sociale ou professionnelle de la personne affectée. Mais, même si elles sont handicapées sur le plan social, plusieurs personnes qui adoptent de tels comportements n'ont pas envie de consulter un spécialiste pour tenter de résoudre ce genre de problème.

LE TROUBLE OBSESSIONNEL-COMPULSIF

Le trouble obsessionnel-compulsif se caractérise par la présence répétitive d'obsessions et de compulsions. La personne admet d'ailleurs que ses obsessions et compulsions sont incontrôlables, absurdes et irrationnelles. Elle peut, par exemple, être obsédée par l'idée d'être salie ou contaminée, ressentir le besoin irrépressible de faire une action absurde ou s'inquiéter sans raison d'avoir omis de prendre toutes les mesures de sécurité requises. Souvent, elle fait des efforts réels pour ignorer ces obsessions. En contrepartie, les compulsions sont des rituels qui permettent de soulager l'anxiété générée par les obsessions. Parmi les compulsions les plus fréquentes, il y a le désir constant de se laver ou de nettoyer, d'éviter les microbes ou les objets tranchants ou d'exécuter des gestes rituels stéréotypés. Quand elles sont graves, les obsessions et les compulsions nuisent de toute évidence à la vie sociale ou professionnelle de la personne affectée ou, du moins, peuvent considérablement la gêner.

LE SYNDROME DE STRESS POST-TRAUMATIQUE

Le stress post-traumatique se produit après un traumatisme majeur et réel ayant menacé la vie ou l'intégrité physique d'une personne: accident, viol, catastrophe naturelle, atrocités de guerre, présence lors du meurtre d'un proche ou d'atrocités, etc. Après l'incident traumatisant, la personne en question est hantée par des souvenirs marquants et des rêves douloureux qui se répètent et elle devient soucieuse d'éviter les situations ou événements qui lui rappellent le traumatisme. Elle se sent dépassée, perd tout intérêt pour ce qui l'entoure, devient distante. Elle se sent nerveuse, même coupable et cela l'empêche de dormir et de se concentrer. Le stress post-traumatique, en tant que catégorie diagnostique, n'est apparu en psychiatrie nord-américaine qu'en 1980, en grande partie à cause des pressions exercées par les groupes d'anciens combattants de la guerre du Viêt-nam.

DIVERSES FAÇONS D'EXPLIQUER L'ANXIÉTÉ

L'EXPLICATION BIOLOGIQUE

Parce qu'il est possible de provoquer des états de panique ou d'anxiété avec des substances chimiques, plusieurs chercheurs sont d'avis que ces problèmes ont des causes biologiques. Il existe plusieurs types de théories biologiques de l'anxiété. D'après une de ces théories, la panique serait le résultat de modifications physiques telles que le changement de rythme cardiaque, de tension artérielle ou de rythme respiratoire. Selon une autre théorie, certaines personnes réagiraient plus intensément que d'autres à ces changements physiques parce que, prétendument, leur système nerveux autonome serait hyperactif. D'après d'autres théories, l'anxiété serait due à un déséquilibre des substances qui permettent la transmission de l'influx nerveux au cerveau ou encore à une mauvaise structure du cerveau. Bref, de nos jours, une douzaine d'hypothèses biologiques sont invoquées pour expliquer ce phénomène, y compris celle de la transmission génétique de l'anxiété. Cependant, aucune de ces théories biologiques n'est suffisamment appuyée par des recherches scientifiques pour être acceptée par la majorité des spécialistes.

L'EXPLICATION COMPORTEMENTALE

Selon d'autres chercheurs, les symptômes d'anxiété deviennent associés à des objets ou à des situations relativement inoffensifs parce que la personne concernée généralise à ces objets et à ces situations des expériences traumatisantes précédentes. En vertu de la théorie de l'apprentissage, une personne deviendrait anxieuse quand elle reçoit un signal qui, selon elle, risque d'annoncer un événement douloureux ou redouté. Il y aurait donc une expérience traumatisante précédente, réelle ou perçue comme telle, qui conditionnerait la réaction anxieuse.

L'EXPLICATION PSYCHODYNAMIQUE

D'après les théoriciens de l'approche psychanalytique et psychodynamique, l'anxiété se produirait quand une personne se perçoit comme incapable de faire face aux pressions de l'environnement. L'anxiété pourrait aussi résulter de désirs inconscients inacceptables ou dangereux, ou d'un retrait d'affection. Quant à la phobie, celle-ci aurait une signification symbolique: elle représenterait quelque chose d'autre dont on a vraiment peur et dont il faut trouver l'origine.

L'EXPLICATION SOCIOLOGIQUE

L'anxiété se manifeste fréquemment en même temps que d'autres signes de détresse psychologique, notamment en même temps que des signes de dépression. (Voir le chapitre sur les antidépresseurs.) Il arrive en effet souvent qu'une personne qui montre des signes intenses d'anxiété présente également des signes de dépression. La détresse psychologique se manifeste souvent chez les gens dont le revenu est faible, chez ceux qui doivent prendre soin de personnes dépendantes sans avoir de soutien adéquat et chez les personnes peu instruites et sans emploi stable ou satisfaisant. Dans cet ensemble, les femmes demeurent encore, malheureusement, surreprésentées. En d'autres termes, l'anxiété est le lot des personnes qui manquent de contrôle sur leur vie mais qui doivent quand même répondre aux attentes des autres. Malgré l'unanimité des recherches démontrant que l'anxiété est fortement associée à des facteurs sociaux et économiques[3], les médias et le corps médical préfèrent encore lui attribuer des causes biologiques, causes qui n'ont pas encore été démontrées, et prescrire des traitements médicamenteux.

L'ANXIÉTÉ LIÉE À DES PROBLÈMES PHYSIQUES

L'ANXIÉTÉ LIÉE À UNE MALADIE ORGANIQUE

Plusieurs maladies organiques peuvent occasionner de l'anxiété. Ce sont, entre autres: l'anémie, l'asthme, l'emphysème, une tension basse, une maladie cardiaque, une hyperactivité des glandes thyroïdes et l'hypoglycémie. Les personnes qui ont des problèmes d'anxiété d'origine inconnue ont avantage à se faire examiner par un spécialiste de la médecine interne pour déterminer si cette situation a une cause médicale.

SUBSTANCES QUI PEUVENT PROVOQUER L'ANXIÉTÉ

Un très grand nombre de médicaments, qu'on peut se procurer avec ou sans ordonnance, peuvent occasionner des symptômes d'anxiété. Mentionnons, entre autres:

---

3. Mirowsky, J. et C. E. Ross. *Social causes of psychological distress,* Chicago, Aldine de Gruyter, 1989.

- les médicaments pour le rhume;
- les pilules pour maigrir;
- les suppléments pour la glande thyroïde;
- les stimulants;
- certains antidépresseurs;
- les somnifères;
- les médicaments qui régularisent la tension artérielle;
- les médicaments qui contiennent de la caféine.

Quand, à quatre heures de l'après-midi, je me mettais à pleurer et à attendre l'atterrissage des soucoupes volantes, je n'aurais jamais imaginé que c'était dû aux somnifères que j'avais pris la nuit précédente. Pourquoi mon médecin n'avait-il pas lu les mises en garde au sujet de ces somnifères?

Le fait d'arrêter de prendre certains médicaments, comme les tranquillisants, les somnifères, les antidouleurs et les médicaments pour la tension artérielle, peut également produire des symptômes, souvent temporaires, d'anxiété. Le café, le thé, les colas et le chocolat sont aussi de grands générateurs d'anxiété. En outre, l'alcool, qui contribue à soulager l'anxiété chez certains a, chez d'autres, la propriété de l'aggraver.

Par ailleurs, certains produits chimiques toxiques présents dans l'environnement, comme le mercure, l'arsenic et le bismuth, peuvent engendrer des symptômes semblables à ceux des attaques de panique. De plus, les employés qui travaillent dans des raffineries, des usines de produits chimiques, des manufactures de peinture et des postes de ravitaillement en essence pour les avions sont exposés à des produits chimiques volatils et ils peuvent, plus souvent que d'autres, présenter de l'anxiété et des symptômes de panique. Certaines personnes exposées aux insecticides et aux fertilisants peuvent aussi avoir des réactions similaires.

TRAITER L'ANXIÉTÉ SANS MÉDICAMENTS

LES THÉRAPIES COGNITIVES ET COMPORTEMENTALES

Il est loin d'être sûr que le traitement médicamenteux est la première option à envisager pour traiter l'anxiété. En effet, les thérapies cognitives et comportementales présentent moins de risques et donnent de meilleurs résultats à long terme que les thérapies médicamenteuses. Il est donc préférable, en un premier temps, de consulter un professionnel de la santé mentale spécialisé dans ces formes de thérapies. Ces thérapies sont particulièrement efficaces pour traiter le trouble panique, les phobies simples ou sociales, l'agoraphobie, les problèmes de compulsion obsessionnelle et le stress post-traumatique. Ces thérapies peuvent, entre autres, enseigner aux victimes d'attaques de panique à interpréter différemment les symptômes physiques auxquels elles tendent à réagir de façon excessive.

La relaxation, la méditation et l'exercice

La relaxation, la méditation et l'exercice jouent un rôle bénéfique pour la réduction de l'anxiété. Ils s'avèrent plus particulièrement utiles pour soulager l'anxiété généralisée et divers malaises qui l'accompagnent, comme les maux de tête et les dérangements d'estomac.

La thérapie familiale

Certains troubles anxieux, comme l'agoraphobie et le trouble obsessionnel-compulsif, peuvent devenir très irritants pour les autres membres de la famille et générer des tensions familiales. Une psychothérapie de couple ou familiale est donc souvent indiquée en complément à une thérapie comportementale.

L'apprentissage de l'affirmation de soi

Les phobiques sociaux tirent de grands bénéfices d'un apprentissage de l'affirmation de soi.

> *On ne m'a même pas demandé si j'avais des problèmes, on m'a seulement donné un diagnostic et des médicaments.*

(Voir également plus loin la section intitulée «Traiter l'insomnie sans médicaments».)

L'INSOMNIE

Entre 15 et 20 p. 100 de la population nord-américaine se plaint d'insomnie et 10 p. 100 de cette population a recours à des somnifères.

Mais, avant de parler d'insomnie, il s'avère utile de détruire deux mythes. Selon le premier mythe, il faudrait dormir huit heures par nuit pour obtenir un repos complet. La plupart des gens ont en effet besoin de dormir huit heures. Toutefois, ce régime ne convient pas obligatoirement à tout le monde. Il y a des personnes qui se contentent de quatre, cinq ou six heures de sommeil. Dans ces cas, il est inutile de forcer le sommeil au-delà des besoins naturels de l'organisme. En outre, le sommeil se modifie avec l'âge. Plus on vieillit, moins on a besoin de sommeil. Les personnes âgées, par exemple, n'ont généralement besoin que de quatre ou cinq heures de sommeil. Il est donc souvent normal qu'une personne âgée se réveille à quatre ou cinq heures heures du matin et il n'y a pas lieu de s'en inquiéter. Un peu de lecture au lit et un lever matinal sont tout indiqués dans ces circonstances. Prendre des somnifères pour prolonger la nuit n'aura pour effet, chez elles, que d'augmenter la somnolence pendant le jour et d'aggraver les troubles du sommeil. On se demande alors pourquoi les personnes âgées se font prescrire trois fois plus de somnifères que le reste de la population.

Le deuxième mythe, c'est la croyance selon laquelle le manque de sommeil causera des dommages physiques ou psychiques graves. Il est possible que des personnes tenues artificiellement éveillées pendant une longue période de temps puissent être victimes de tels problèmes. Mais cela ne s'applique sûrement pas au genre d'insomnie dont l'immense majorité des gens se plaignent.

Il existe en fait plusieurs sortes d'insomnie. Il y a tout d'abord les insomnies transitoires, très fréquentes, qui ne durent qu'un jour ou deux. Il y a ensuite les insomnies de courte durée, qui peuvent durer plusieurs jours, voire plusieurs semaines, et qui sont liées à des événements stressants ou à d'autres circonstances externes. Ces deux formes d'insomnie représentent 70 p. 100 des cas. Il y a enfin les insomnies chroniques ou à long terme, qui peuvent durer des mois, si ce n'est des années, et qui affligent 30 p. 100 des insomniaques.

Le cercle vicieux des somnifères

Il est important de savoir que l'insomnie n'est pas une maladie et que les somnifères ne sont pas capables de la guérir. Même si les somnifères donnent quelquefois de bons résultats pendant une courte période de temps, les gens qui en prennent finissent rapidement par dormir moins et avoir de nouveaux problèmes de sommeil. Car tous les somnifères, même ceux qu'on trouve en vente libre, dérangent le cycle normal du sommeil. Entre le cerveau qui gère le cycle du sommeil et le somnifère qui essaie de le modifier s'engage un exercice de force où le cerveau finit, à plus ou moins courte échéance, par avoir le dessus.

Comment se fait-il que mon docteur et moi nous nous demandions depuis six mois pourquoi j'avais perdu la boule? Pourquoi aucune de nous n'avait-elle réalisé qu'il pouvait s'agir d'une réaction à mon somnifère?

En fin de compte, la personne qui aura pris des somnifères pendant plus d'une semaine risque fortement de se retrouver avec son problème de départ. Le problème sera même souvent amplifié si le produit a été utilisé sur une longue période. Les somnifères sont donc souvent eux-mêmes la cause d'insomnies. De plus, les somnifères ne procurent pas un sommeil normal: ils ralentissent l'activité du cerveau et suppriment la phase du sommeil profond pendant laquelle les rêves devraient se produire. Cette phase est indispensable au repos. Le sommeil acquis à l'aide de somnifères n'est donc pas aussi réparateur. En cas d'insomnie transitoire ou de courte durée, il est par conséquent préférable de passer à travers plusieurs nuits difficiles et de laisser le corps rétablir son horaire régulier.

L'INSOMNIE: UN SYMPTÔME, PAS UNE MALADIE

L'insomnie peut être le symptôme de processus psychologiques et physiologiques très divers ou même le résultat de mauvaises habitudes. Avant de traiter l'insomnie, le médecin doit chercher à en identifier les causes avec l'aide de la personne concernée. Les somnifères peuvent être inefficaces, et même dangereux, si on ne tient pas compte du problème qui produit l'insomnie. Il est important aussi que la personne qui désire être traitée présente, au moment de la consultation, un relevé précis des moments de sommeil et d'éveil qui se produisent pendant ses nuits d'insomnie. Celui qui souffre d'insomnie doit noter l'heure du coucher et inscrire, tout au long de la nuit, une fois par heure, une indication confirmant qu'il est encore éveillé. Cette méthode permet souvent de constater que de nombreuses personnes dorment plus longtemps qu'elles ne le pensent.

L'INSOMNIE LIÉE À DES CAUSES PSYCHOLOGIQUES

Beaucoup de gens ne se rendent pas compte que ce sont les soucis qui les tiennent éveillés. Quelquefois, le fait de le réaliser peut faire disparaître le problème de sommeil. Le stress, la fatigue, ainsi qu'une activité physique intense avant le coucher peuvent également gêner l'endormissement et favoriser les réveils. Ces problèmes doivent être résolus en priorité, parce qu'il est inutile d'en combattre le symptôme si les causes persistent: excès de travail, surmenage, difficulté à se relaxer, isolement social et affectif. Un changement de style de vie ou l'aide de spécialistes de la relaxation ou d'un psychothérapeute, selon le cas, constituent généralement un traitement tout à fait approprié. Si un traitement médicamenteux doit être envisagé, à cause de symptômes graves et invalidants, le soutien psychologique a encore une grande importance pour le rétablissement de la personne.

Mais l'insomnie est quelquefois aussi un signe précoce de dépression ou une manifestation de diverses formes de détresse psychologique. En fait, presque toutes les perturbations mentales s'accompagnent d'insomnie. Un tour d'horizon de l'histoire psychologique de la personne qui consulte un médecin pour des raisons d'insomnie peut, dans certains cas, mettre en évidence un problème d'ordre interpersonnel ou émotionnel. S'il y a effectivement un problème de cette nature, c'est ce problème qu'on doit tenter de traiter en premier, et non l'insomnie qui est la conséquence de ces troubles émotifs. Traiter l'insomnie par des médicaments équivaudrait, dans ces circonstances, à retarder les interventions pour soulager la dépression ou tout autre problème sous-jacent. Dans certains cas, toutefois, des médecins prescrivent des somnifères après avoir identifié un problème de dépression, en attendant qu'un autre traitement spécialisé fasse effet.

> *Je pense que les médecins m'auraient fait plus de bien s'ils m'avaient aidé à passer à travers mes problèmes familiaux et personnels qui, à mon avis, sont la vraie source des mes problèmes.*

L'INSOMNIE LIÉE À DES PROBLÈMES PHYSIQUES

Un grand nombre de problèmes médicaux peuvent également provoquer de l'insomnie: en effet, celle-ci constitue souvent un signe précurseur de maladies quelconques. Ce serait une erreur majeure de ne pas traiter ces maladies et de se préoccuper uniquement du symptôme d'insomnie. C'est pourquoi il peut être sage pour l'individu qui souffre qu'est l'insomnie grave de demander à son médecin de lui faire passer un examen physique complet ainsi que des tests de laboratoire et de mettre le médecin au courant de son histoire médicale et de ses antécédents familiaux. Une consultation avec un spécialiste des troubles du sommeil peut s'avérer utile. Certaines habitudes et l'ingestion de certaines substances peuvent également être à la source de l'insomnie.

LES PROBLÈMES MÉDICAUX

Les maladies et affections susceptibles de se manifester par de l'insomnie sont nombreuses. En voici quelques-unes:

- les accidents vasculaires cérébraux;
- l'anémie;
- les problèmes cardiaques;
- le cancer;
- le diabète sucré;
- l'emphysème (état pathologique du poumon);
- l'épilepsie;
- les états post-opératoires;
- l'hépatite;
- l'insuffisance cardiaque congestive;
- les intoxications médicamenteuses;
- le lupus;
- la maladie d'Alzheimer ou toute autre démence dégénérative;
- les maladies rénales;
- la maladie de Parkinson;
- la malaria;
- le mauvais fonctionnement des glandes thyroïde, parathyroïdes, pituitaires ou surrénales;
- les migraines;
- la pneumonie;
- la sclérose en plaques;
- la tuberculose.

LES TROUBLES PRIMAIRES DU SOMMEIL

Plusieurs autres problèmes liés au sommeil peuvent aussi causer de l'insomnie. Ces problèmes que l'on désigne sous le nom de troubles primaires du sommeil sont l'apnée du sommeil, le myoclonus nocturne, le dérèglement de l'horloge biologique et la narcolepsie (tendance irrésistible au sommeil, survenant par accès).

- Les personnes qui souffrent d'apnée du sommeil arrêtent de respirer à plusieurs reprises au cours de la nuit, ce qui provoque de fréquents réveils. Souvent, elles ne se rendent pas compte qu'elles émergent du sommeil 10 à 12 fois par nuit parce que ces réveils ne durent que quelques secondes. Néanmoins, ces personnes restent sous l'impression qu'elles n'ont pas bien dormi et se sentent fatiguées toute la journée. On sait que les somnifères affectent le système nerveux donc, indirectement, les appareils respiratoire et cardiaque. Ces substances risquent en effet de provoquer d'importants problèmes respiratoires et cardio-vasculaires si elles sont administrées à des personnes qui souffrent de tels problèmes.
- Le myoclonus est un autre exemple de trouble du sommeil pour lequel il n'est pas indiqué de prescrire des somnifères. La jambe ou certains muscles de la personne atteinte de myoclonus sont, pendant la nuit, occasionnellement pris de secousses involontaires, ce qui peut réveiller le dormeur à plusieurs reprises. La personne se sent donc fatiguée pendant le jour à cause de ces nombreuses interruptions de sommeil. Dans certains cas, ces mouvements s'accélèrent sous l'effet des antidépresseurs IMAO ou des neuroleptiques.
- Le dérèglement de l'horloge biologique et la narcolepsie sont deux autres troubles primaires du sommeil pour lesquels on doit aussi avoir recours à des traitements spécialisés.

Ce ne sont donc pas les somnifères qui apporteront une solution à ces problèmes qui peuvent être diagnostiqués dans des cliniques de troubles du sommeil.

Les substances qui peuvent causer l'insomnie

Plusieurs substances, médicamenteuses ou non, peuvent causer de l'insomnie. Par exemple, les personnes qui ont abusé d'alcool, de drogues ou de somnifères et qui souffrent d'insomnie doivent être désintoxiquées avant de retrouver un sommeil normal. Cela prend généralement du temps: par exemple, certains alcooliques peuvent avoir des difficultés à dormir un an après avoir cessé de boire. Une intervention de soutien est souvent indiquée pour améliorer la situation.

Quelques personnes sont aussi très sensibles aux effets de la caféine et doivent éviter le café, même décaféiné, le thé, les colas et le chocolat pour venir à bout de leur insomnie. Les remèdes décongestionnants, les antihistaminiques, certains analgésiques (Anacin, 217, etc.) ainsi que les pilules coupe-faim peuvent aussi avoir un effet stimulant et doivent être évités. La cigarette est également une importante cause d'insomnie. Chez tous ces gens, le traitement de l'insomnie est tout à fait inutile tant et aussi longtemps qu'ils n'auront pas cessé de consommer ces produits. Il est utile de savoir aussi que certaines substances, tels les antidépresseurs ISRS (Prozac, Paxil, Zoloft, Luvox), peuvent également favoriser l'insomnie.

L'individu qui consulte son médecin pour des problèmes d'insomnie doit donc lui indiquer les médicaments et substances qu'il prend afin que ce dernier ait un bon aperçu de sa situation.

Les habitudes qui nuisent au sommeil

D'autres fois, les causes de l'insomnie sont encore plus élémentaires et évidentes, mais il est surprenant de constater qu'un grand nombre de personnes viennent réclamer des somnifères à leur médecin sans avoir pensé à corriger plusieurs habitudes qui nuisent au sommeil. Un verre d'alcool ou trop d'exercice juste avant le coucher, du café après quatre heures de l'après-midi, une sieste dans la journée, un repas trop copieux ou des aliments trop sucrés en soirée ou encore la prise d'un médicament pour le rhume ou pour les sinus peuvent suffire à perturber le cycle du sommeil. L'environnement doit également être propice au sommeil. Une température trop élevée ou trop basse, du bruit, de la lumière, de la fumée de cigarette dans la chambre ou un matelas inconfortable peuvent diminuer les chances de bien dormir. Respecter son horloge biologique personnelle et évaluer correctement le nombre d'heures de sommeil nécessaires sont des habitudes qui ont également toute leur importance.

Le médecin m'a prescrit du Rivotril et tout ce qu'il m'a dit au sujet de ce médicament, c'est qu'il m'empêcherait de penser trop vite. C'est tout ce que j'ai su. Il a fallu que je fasse une recherche pour savoir ce qu'était ce médicament.

TRAITER L'INSOMNIE SANS MÉDICAMENTS

Les somnifères sont rarement indiqués pour régler les problèmes d'insomnie. Il est préférable d'en trouver les causes et de résoudre le problème à la source. Mais quelle que soit la situation, plusieurs techniques d'endormissement décrites ci-dessous valent la peine d'être essayées en vue d'améliorer le sommeil. Chaque personne réagit différemment à chacune de ces techniques. Plusieurs d'entre elles donnent d'excellents résultats chez certains individus, alors que d'autres personnes réagissent mieux à une technique différente. Quiconque cherche le sommeil a donc avantage à essayer plusieurs de ces techniques en vue de trouver celle qui fonctionne le mieux pour lui. On ne devrait envisager le recours aux somnifères que si toutes ces techniques ont échoué, si les conseils d'hygiène de vie favorables au sommeil ont été respectés et si la cause de l'insomnie a été identifiée sans pouvoir être traitée. De plus, le manque de sommeil doit menacer la santé pour qu'on décide d'intervenir à l'aide de somnifères.

Les techniques qui ont pour effet de faciliter l'endormissement sont présentées ici par ordre alphabétique.

La désensibilisation systématique

Il s'agit d'imaginer une série de situations très agréables et relaxantes avant d'aller au lit. Cet exercice a pour fonction d'associer le lit à une relaxation sensorielle qui peut aider à surmonter l'anxiété nuisible à l'endormissement.

La méditation transcendantale

Cette technique consiste à s'asseoir par terre avec les jambes croisées, à fermer les yeux et à répéter un bruit doux, de façon audible ou en silence, pendant au moins 5 à 20 minutes. L'idéal est de répéter cet exercice trois fois par jour pendant 20 minutes, dont une fois avant le coucher. Cet exercice diminue la consommation d'oxygène, ralentit le rythme cardiaque et la respiration et procure un état de relaxation propice au sommeil.

La relaxation musculaire

Cette technique consiste à contracter fermement et systématiquement tous les grands groupes de muscles du corps puis à les relaxer. Après s'être confortablement installée au lit dans le noir et avoir pris trois bonnes respirations, la personne doit contracter un groupe de muscles, sentir la montée de la tension, remarquer le durcissement et l'effort des muscles, puis se relaxer pendant 15 à 20 secondes en prenant chaque fois plaisir à cette courte détente. On commence par les mains, une à la fois, puis on continue avec les bras, le front, les yeux, la mâchoire. Après une bonne respiration, la tête essaie de toucher la poitrine et ensuite le dos, puis les épaules essaient de se toucher par-devant, par-derrière, et tentent d'aller toucher une oreille à la fois. Une autre bonne respiration, puis il faudra contracter tour à tour et de la même manière les muscles du ventre, des fesses, des jambes et des pieds. Cette technique n'est pas recommandée pour les personnes âgées, du moins pour celles qui ne sont pas en excellente condition physique.

Ma thérapeute m'a finalement prescrit de l'Elavil, un antidépresseur que je devais prendre en plus de mes somnifères et de mes tranquillisants. Je commençais à penser que je risquais l'internement. En remplissant mon formulaire de remboursement pour mes médicaments, je me suis rendu compte que j'avais commencé à prendre du Halcion, mon somnifère, juste avant la conférence où mes troubles émotifs avaient débuté. J'ai alors décidé de cesser de prendre ce médicament et le lendemain je me suis sentie trois fois mieux, si bien que j'ai pris la décision d'éliminer les autres médicaments les jours suivants.

LA RESTRICTION DE SOMMEIL

La restriction de sommeil est probablement la méthode la plus facile à utiliser et une des plus sensées. Plusieurs personnes qui passent huit ou neuf heures au lit ne dorment que cinq ou six heures. Ces personnes s'endormiraient plus vite si elles passaient moins de temps au lit. En se réveillant une ou deux heures plus tôt chaque matin, jusqu'à ce que l'endormissement soit rapide, elles peuvent arriver à dormir pendant tout le temps qu'elles passent au lit. Elles peuvent aussi essayer de s'endormir plus tard chaque soir et se réveiller à la même heure, car il est bien plus facile de se réveiller à une heure fixe que de s'endormir à une heure fixe.

LE CONTRÔLE PAR STIMULUS

Cette technique consiste à associer le sommeil avec le lit. La personne qui suit cette technique ne doit aller au lit que pour s'endormir. Elle ne doit ni lire, ni manger, ni regarder la télévision, ni se livrer à aucune autre activité dans la chambre à coucher. Si elle ne s'endort pas en dix minutes, elle doit se lever et quitter la pièce. Elle doit attendre d'avoir vraiment sommeil avant d'aller se recoucher et ne doit rester au lit que si elle réussit à s'endormir en moins de dix minutes, sinon elle doit se relever. Grâce à cette technique, de nombreuses personnes ont réussi à régler de graves problèmes d'insomnie chronique.

L'ÉCOUTE DE LA RADIO OU DE CASSETTES

L'écoute, dans l'obscurité, d'une cassette ou d'un poste de radio programmé pour s'éteindre automatiquement est la méthode la plus appropriée pour les personnes âgées qui peuvent avoir des difficultés réelles à appliquer les autres techniques d'endormissement.

L'EXERCICE PHYSIQUE

L'exercice est bon pour le moral, il aide à dormir et à se garder en meilleure santé. La régularité est plus importante que l'intensité et une marche de 10 minutes qui s'allonge de quelques minutes par semaine, jusqu'à atteindre 45 minutes, est une excellente façon d'améliorer ses chances de mieux dormir.

L'INTENTION PARADOXALE

Cette technique consiste à essayer de rester éveillé, au lieu d'essayer de dormir. Cette technique s'avère quelquefois efficace pour les individus qui ne réussissent pas à s'endormir avec les méthodes de relaxation.

LE RECENTRAGE MENTAL *(COGNITIVE REFOCUSING)*

Chez beaucoup de gens, le sommeil tarde à venir parce qu'ils sont assaillis par des récapitulations sans fin des craintes, soucis et regrets liés aux événements qu'ils vivent. En apprenant à recentrer leur esprit par des exercices de visualisation et de comptage, ces personnes peuvent échapper à ces pensées obsédantes qui les empêchent de dormir. Ces exercices peuvent consister à compter les tuiles du plafond, les motifs des rideaux, les lattes du store, à compter à rebours de 100 vers 0, puis à refaire le même exercice en comptant par intervalles de deux ou de trois, etc.

LA RÉTROACTION BIOLOGIQUE *(BIOFEEDBACK)*

Les spécialistes de cette technique disposent d'appareils qui permettent d'entraîner une personne à la relaxation en lui apprenant à générer les changements physiologiques associés à la détente.

LE TRAINING AUTOGÈNE

Le training autogène consiste à se convaincre que ses mains deviennent de plus en plus lourdes jusqu'à ce qu'on ne puisse plus les tenir et à répéter l'opération pour les bras, les jambes, les pieds, la tête, la poitrine, le ventre, le bassin et toutes les autres parties du corps.

LE YOGA

Quand les exercices de yoga sont exécutés tels que prescrits, ils contribuent au bien-être physique et mental. Plusieurs exercices sont particulièrement recommandés au moment du coucher, dont ceux du soulagement de la tension, de l'éponge et de la respiration profonde.

LES AUTRES HABITUDES FAVORABLES À L'ENDORMISSEMENT

Plusieurs habitudes constituent une excellente incitation au sommeil. Le lait chaud semble être un relaxant naturel, surtout quand il est accompagné par des biscuits peu sucrés, et il est recommandé d'en boire avant le coucher. Les bons bains chauds sont aussi propices à la relaxation et à l'endormissement.

LES SUBSTANCES UTILISÉES POUR TRAITER L'ANXIÉTÉ ET L'INSOMNIE

LES BENZODIAZÉPINES

Nom générique	*Nom commercial*
BENZODIAZÉPINES GÉNÉRALEMENT UTILISÉES COMME TRANQUILLISANTS	
Alprazolam	Apo-Alpraz, Novo-Alprazol, Nu-Alpraz, Xanax
Bromazépam	Lectopam
Chlordiazépoxide	Apo-Chlordiazepoxide, Librium, Solium
Clorazépate	Apo-Clorazepate, Novo-Colpate, Tranxene
Kétazolam	Loftran

BENZODIAZÉPINES UTILISÉES À LA FOIS COMME SOMNIFÈRES ET COMME TRANQUILLISANTS

Clonazépam	Rivotril
Diazépam	Apo-Diazepam, Diazemuls, PMS-Diazepam, Valium, Vivol
Lorazépam	Apo-Lorazepam, Ativan, Novo-Lorazem, Nu-Loraz
Oxazépam	Apo-Oxazepam, Serax

BENZODIAZÉPINES GÉNÉRALEMENT UTILISÉES COMME SOMNIFÈRES

Flurazépam	Apo-Flurazepam, Dalmane, Somnol
Nitrazépam	Mogadon
Témazépam	Restoril
Triazolam	Apo-Triazo, Gen-Triazolam, Halcion, Novo-Triolam, Nu-Triazo

INDICATIONS

Les benzodiazépines sont utilisées soit comme somnifères dans les cas d'insomnie, soit comme tranquillisants en vue de soulager l'anxiété et d'alléger divers troubles d'anxiété. Certains médecins prescrivent des benzodiazépines dans des situations de stress temporaire mais grave, comme un deuil. Ces substances sont également administrées aux personnes malades que les douleurs et l'inconfort tiennent éveillées et dans des cas d'insomnie chronique sans causes connues. On les donne de plus parfois aux personnes atteintes d'akathisie, c'cst-à-dire d'une envie de bouger irrépressible causée par l'emploi des neuroleptiques. On les emploie enfin pour diminuer l'anxiété et l'appréhension avant les opérations. Les benzodiazépines sont aussi, à l'occasion, utilisées comme médication anti-épileptique ou antispasmodique. Ces substances sont aussi prescrites pour venir à bout des accès de manie, en combinaison avec du lithium, à la place des neuroleptiques. On les utilise enfin pour atténuer les symptômes du sevrage de l'alcool. Les benzodiazépines ne devraient pas être prescrites à long terme pour surmonter le stress de la vie quotidienne, mais il est évident qu'elles sont utilisées à cette fin par des milliers d'individus.

Toutes les benzodiazépines ont des effets cliniques semblables. Ce qui permet de les ranger dans la catégorie des somnifères ou des tranquillisants, ce sont les doses déterminées pour la commercialisation, lesquelles leur donnent un profil d'action particulier. Ainsi, 5 mg de diazépam (Valium) joueront le rôle d'un tranquillisant et d'un relaxant musculaire et apaiseront donc les signes d'anxiété; 10 à 20 mg produiront une somnolence marquée et en feront une substance somnifère; une dose plus élevée pourra être utilisée contre les convulsions.

Ni les tranquillisants ni les antidépresseurs ne doivent servir pour traiter la dépression. (Voir à ce sujet le chapitre sur les antidépresseurs.) À cause du chevauchement qui existe entre les symptômes de dépression et d'anxiété, les benzodiazépines sont fréquemment prescrites à des personnes qui consultent leur médecin pour une dépression. Cependant, tout comme l'alcool, ces substances ne font que masquer temporairement les symptômes de la dépression.

Quand je prends des somnifères trois jours d'affilée, je deviens déprimé. Au début, je me demandais pourquoi. Finalement, j'ai compris que les pilules que je prenais pour dormir produisaient cet effet. Ça n'est pas négligeable: mon rythme de vie en était complètement perturbé.

MÉCANISME D'ACTION

Le mécanisme d'action des benzodiazépines n'est pas complètement élucidé. Cependant, on peut dire qu'elles freinent la communication entre les cellules nerveuses. L'activité chimique du cerveau est ainsi diminuée.

Quand les benzodiazépines sont prescrites à des doses qui en font des somnifères, l'activité de l'horloge biologique du corps responsable des réactions d'éveil est également ralentie. Ce ralentissement est favorable au sommeil. Par contre, l'action des benzodiazépines n'est pas aussi naturelle que celle du sommeil normal, car les somnifères détruisent le cycle normal du sommeil en supprimant les stades les plus profonds et les plus reposants ainsi que le stade du sommeil associé aux rêves.

Les benzodiazépines agissent tant qu'elles se trouvent dans le corps. Leur action est prononcée peu après la prise du produit et s'estompe au fur et à mesure que le produit est éliminé du corps. On utilise le terme demi-vie pour désigner le temps nécessaire pour que la moitié du produit absorbé quitte le corps. Le triazolam (Halcion, etc.), par exemple, a une demi-vie d'environ six heures. Au bout de six heures, la moitié du produit sera vraisemblablement encore dans le corps. Toutes les autres benzodiazépines ont des demi-vies plus longues. Le flurazépam (Dalmane), par exemple, a une demi-vie de 72 heures, c'est-à-dire de

3 jours, tandis que celle du diazépam (Valium, Vivol) peut atteindre 150 heures, soit plus de 6 jours (voir le tableau qui suit). Chez les personnes qui ont des problèmes de foie ou qui sont âgées, il faut encore plus de temps pour éliminer les benzodiazépines de l'organisme.

Puisque la moitié du produit est encore dans le corps après une période de temps correspondant à cette demi-vie, on peut s'attendre à des effets résiduels plus ou moins persistants, selon le cas. Les benzodiazépines peuvent donc nuire aux activités de la journée, prolonger la somnolence et produire des difficultés de concentration ainsi que des problèmes de mémoire. Ces effets peuvent subsister de façon imperceptible, ce qui ne les empêche pas d'être encore bien présents. C'est pourquoi il y a un consensus général portant sur le fait que les benzodiazépines à demi-vie longue ne devraient presque jamais être prescrites aux personnes âgées. C'est la raison qui explique aussi qu'il est recommandé d'éviter de conduire ou d'exécuter des manœuvres dangereuses quand on prend des somnifères ou des tranquillisants, tant qu'on n'est pas assuré d'être en pleine possession de ses moyens.

Pour ce qui est de la conduite automobile, c'est moi qui me restreins parce que mes médicaments affectent ma coordination.

On comprendra aussi qu'il est fortement déconseillé de doubler ou de tripler les doses, ce qui ne peut qu'accentuer la somnolence et la confusion pendant la journée. Voici un tableau indiquant les doses souvent prescrites ainsi que la durée d'action de plusieurs de ces benzodiazépines.

Nom	*Écart de doses quotidiennes en mg*	*Demi-vie en heures*	*Durée d'action*
BENZODIAZÉPINES GÉNÉRALEMENT UTILISÉES COMME TRANQUILLISANTS			
Alprazolam (Xanax, etc.)	0,7 à 4	9 à 20	intermédiaire
Bromazépam (Lectopam)	6 à 18	8 à 19	intermédiaire
Chlordiazépoxide (Librium, etc.)	15 à 100	4 à 100	longue
Clorazépate (Tranxene, etc)	15 à 60	13 à 96	longue
Kétazolam (Loftran)	15 à 30	34 à 100	longue

BENZODIAZÉPINES UTILISÉES À LA FOIS COMME SOMNIFÈRES ET COMME TRANQUILLISANTS			
Clonazépam (Rivotril)	0.7 à 4	19 à 60	intermédiaire
Diazépam (Valium, Vivol, etc)	4 à 40	14 à 150	longue
Lorazépam (Ativan, etc.)	1 à 6	8 à 24	intermédiaire
Oxazépam (Serax, etc.)	30 à 120	5 à 13	intermédiaire
BENZODIAZÉPINES GÉNÉRALEMENT UTILISÉES COMME SOMNIFÈRES			
Flurazépam (Dalmane, Somnol, etc.)	15 à 30	47 à 100	longue
Nitrazépam (Mogadon)	5 à 10	18 à 98	longue
Témazépam (Restoril)	15 à 30	3 à 17	intermédiaire
Triazolam (Halcion, etc)	0,125 à 0,25	3 à 6	courte

PRESCRIPTION

Les benzodiazépines sont offertes en comprimés, mais elles peuvent également être administrées par injection intraveineuse ou intramusculaire. Elles ne doivent pas normalement être prescrites pour plus de deux à quatre semaines, particulièrement aux personnes âgées. Pourtant, certains médecins croient utile de prescrire des benzodiazépines en permanence à des personnes qui souffrent d'anxiété alors qu'il serait plus sage de les utiliser par intermittence. Avant de prescrire des benzodiazépines, il est essentiel que le médecin fixe le moment et les circonstances du retrait de ces médicaments ainsi que les mesures à appliquer pour l'effectuer. Il doit aussi informer dès le début la personne traitée du moment et des modalités de l'arrêt du traitement. Il devrait réévaluer le cas de tout patient ayant besoin de prescriptions répétées et examiner la possibilité d'une dépendance aux benzodiazépines ou d'un problème dépressif.

Prescription en vue de traiter l'anxiété

En règle générale, les benzodiazépines prescrites pour combattre l'anxiété sont tout d'abord administrées en faibles doses qui sont déterminées en fonction de l'histoire médicale de la personne, de son âge, de son sexe et de son poids. Souvent, les benzodiazépines à action courte sont prescrites pour les réactions aiguës de stress et les phobies, tandis que les benzodiazépines à action longue sont employées pour les troubles d'anxiété généralisée. La personne qui tient absolument à prendre des benzodiazépines devra s'assurer de commencer par de petites doses, quitte à ce que le médecin les augmente progressivement jusqu'à ce que l'effet attendu se produise. Le traitement ne doit pas dépasser deux semaines.

Prescription en vue de traiter l'insomnie

Les benzodiazépines se divisent en sous-groupes en fonction de leur durée d'action dans l'organisme. Celles qui ont une demi-vie courte sont éliminées relativement rapidement par l'organisme. Les patients qui prennent des benzodiazépines parce qu'ils ont des problèmes à s'endormir ont avantage à utiliser celles qui ont une demi-vie courte. Quant à ceux qui font de l'insomnie après s'être réveillés au milieu de la nuit ou tôt le matin, on leur prescrit généralement une benzodiazépine à action prolongée, en oubliant, quelquefois, que les personnes âgées ne devraient pas prendre de telles benzodiazépines, leur action risquant de s'étendre pendant une partie de la journée suivante.

En règle générale, il faut s'arranger pour prendre les plus petites doses possibles le moins longtemps possible. Il est important de ne jamais dépasser la dose prescrite par le médecin. Si les benzodiazépines ne donnent pas l'effet désiré, il vaut mieux en aviser le médecin plutôt que de prendre soi-même la décision d'augmenter les doses. Malheureusement, des études récentes ont démontré qu'au Québec, le quart des personnes âgées qui reçoivent des benzodiazépines à action prolongée se voient prescrire des doses deux fois plus élevées que celles recommandées par les associations professionnelles[4]. Les médecins particulièrement fautifs sont en général ceux qui ont une affiliation avec une université et ceux qui viennent d'obtenir leur diplôme.

J'ai enfin réussi à mettre la main sur un ouvrage dans lequel sont décrites les propriétés des médicaments et que possèdent tous les médecins. J'ai trouvé, sous la rubrique intitulée «Effets secondaires des somnifères», plusieurs des symptômes que j'avais éprouvés: irritabilité, confusion, agitation, perte d'appétit, bouche sèche. Si j'avais su cela, j'aurais eu la puce à l'oreille lorsque les premiers effets sont apparus.

4. Monette, J., R.M. Tamblyn, P.J. McLeod *et al.* «Do medical education and practice characteristics predict inappropriate prescribing of sedative-hypnotics for the elderly?», *Academic medicine, 69* (supplément d'octobre), 1994, p. S10-S12.

Si une personne est vraiment convaincue de la nécessité de prendre des benzodiazépines, elle doit voir à ce que le traitement soit entrepris de façon progressive pour être en mesure de déterminer, avec l'aide de son médecin, la plus petite dose efficace. Si possible, on doit essayer de limiter la prise de benzodiazépines à moins de deux semaines afin d'éviter tout risque d'augmentation des doses et de dépendance.

CONTRE-INDICATIONS

Comme la plupart des produits, les benzodiazépines sont éliminées par le foie et les reins. Tout problème avec un de ces organes peut donc retarder l'élimination du produit et prolonger certains effets indésirables, telle la somnolence. Par ailleurs, le fait de prendre des stimulants pendant la journée pour se tenir éveillé ne fait que déséquilibrer encore davantage le cycle biologique normal.

Les personnes qui ont des problèmes respiratoires chroniques ne devraient pas prendre de benzodiazépines, parce que ces produits amoindrissent le dynamisme respiratoire. Si l'usager est allergique à l'une des benzodiazépines, il devra s'abstenir de prendre d'autres benzodiazépines, quelles qu'elles soient. Les benzodiazépines sont également contre-indiquées dans les cas de myasthénie, une maladie musculaire relativement rare. Les personnes qui souffrent de la maladie d'Alzheimer, de la sclérose en plaques ou qui ont eu un accident vasculaire cérébral ne devraient pas en prendre non plus. Par ailleurs, les personnes qui sont affectées par la fatigue devraient éviter ces substances qui sont susceptibles d'aggraver leur état.

En outre, les personnes qui ont déjà des problèmes d'alcoolisme ou de consommation compulsive de drogues ne devraient pas se faire prescrire des benzodiazépines, à cause de la dépendance physique que ces substances peuvent créer. Enfin, les personnes qui exercent une profession demandant beaucoup de vigilance devraient éviter de prendre des benzodiazépines.

Personnes âgées

Plus les personnes sont vieilles, plus il leur faut de temps pour métaboliser et éliminer les substances médicamenteuses qu'elles ont absorbées. Les personnes âgées ont donc généralement besoin de doses beaucoup plus faibles que les adultes dans la force de l'âge. Lors de la prescription à une personne âgée, il est recommandé de ne jamais dépasser la moitié de la dose recommandée pour un adulte. Autrement, elle peut réagir par de la désorientation, de la confusion, de l'excitation, de l'agitation et des hallucinations. Il est aussi préférable de donner aux personnes âgées qui doivent vraiment en prendre des benzodiazépines à courte durée d'action en vue d'éviter les risques d'accumulation. Sans ces précautions, les personnes âgées peuvent rester trop longtemps et trop fortement sous l'effet des somnifères et des tranquillisants, situation qui est à l'origine de nombreuses chutes et fractures de la hanche.

Au Québec, en 1990, 14 p. 100 des personnes âgées recevaient des benzodiazépines à action prolongée. On estime que la consommation de ces substances a produit au moins 1088 admissions à l'hôpital pour cause de fracture[5]. On sait aussi que l'apnée du sommeil est plus fréquente chez les personnes âges. Certains spécialistes pensent même que l'augmentation récente de la mortalité chez les personnes âgées est due à la prise de somnifères par des sujets qui souffrent d'apnée.

Grossesse

Aucun somnifère ou tranquillisant ne devrait être employé pendant la grossesse, spécialement pendant le premier trimestre. Certains de ces produits sont associés à un retard de croissance du fœtus et à des malformations chez le nouveau-né. Un usage chronique pendant la grossesse peut aussi causer un syndrome de sevrage chez le nourrisson (voir à ce sujet le chapitre sur le sevrage). Pris avant l'accouchement, les somnifères peuvent provoquer des difficultés respiratoires, un abaissement de la température et un relâchement du tonus musculaire chez le bébé. Le produit se retrouve également dans le lait maternel. Une femme qui allaite ne devrait donc pas non plus prendre de somnifères ou de tranquillisants.

Enfants

La sûreté et l'efficacité de ces substances n'ont pas été établies pour les enfants de moins de 15 ans.

RECOMMANDATIONS

Recommandations concernant l'anxiété

Avant de consentir à se faire prescrire des benzodiazépines pour des problèmes d'anxiété, il est important de s'assurer que le médecin a vérifié que les symptômes d'anxiété intense et prolongée ne sont pas

5. Cité dans Monette *et al.* (1994).

attribuables à des troubles dépressifs ou à un accès de manie, à des troubles psychotiques ou à une maladie organique comme:
- l'anémie;
- l'asthme;
- une tension artérielle basse;
- une maladie cardiaque;
- une hyperactivité de la glande thyroïde;
- de l'hypoglycémie;
- un ulcère;
- un côlon irritable;
- une névrodermite.

Les examens recommandés avant la prise de benzodiazépines sont les mêmes que ceux cités pour le traitement de l'insomnie.

Recommandations concernant l'insomnie

Avant d'accepter de prendre des benzodiazépines ou tout autre somnifère, la personne qui désire être traitée doit s'assurer que le médecin a lu son dossier médical, si elle en a un. Elle doit aussi voir à ce que le médecin prenne note de son histoire médicale détaillée, fasse un examen physique complet, un examen d'état mental ainsi qu'une évaluation neurologique. L'insomnie ne doit pas être liée à des troubles dépressifs, à un accès de manie ou à des troubles psychotiques, ni être attribuable à d'autres problèmes, comme une intoxication au café, une diminution de la quantité d'oxygène dans les tissus du corps, un excès d'hormones thyroïdiennes ou une tumeur altérant le fonctionnement de la glande surrénale. Par conséquent, il est important de voir à ce que plusieurs autres tests soient menés, dont des tests d'urine, des tests de sang et, s'il y a lieu, une radiographie de la poitrine, un électrocardiogramme et un examen de la glande thyroïde. Si l'usager prend déjà des somnifères depuis un certain temps, il devrait faire faire des examens de sa numération sanguine et de ses fonctions rénales et songer, surtout, à discontinuer son traitement.

Après avoir cessé de prendre ces benzodiazépines, j'ai commencé à me sentir incroyablement mieux, même si je n'arrivais plus à dormir. Mais le sommeil revenait peu à peu et la vie reprenait son cours normal.

Recommandations générales

Il n'est pas recommandé de conduire une voiture ou de manipuler des appareils dangereux ou compliqués quand on prend des benzodiazépines, surtout celles qui sont de longue durée, avant de s'être assuré qu'on est en possession de tous ses moyens. Certains spécialistes sont d'avis qu'une bonne partie des accidents de la route chez les conducteurs âgés sont dus à la consommation de benzodiazépines.

EFFETS THÉRAPEUTIQUES

Effet sur l'anxiété

Les benzodiazépines ne guérissent pas l'anxiété: elles en font seulement disparaître quelques symptômes de façon passagère. David Barlow, qui dirige le Center for Stress and Anxiety Disorders de l'Université de l'État de New York à Albany, fait remarquer que les benzodiazépines ne s'avèrent pas efficaces pour traiter les problèmes d'anxiété chronique, même si elles semblent toutes apporter au début un soulagement temporaire des symptômes. Des études réalisées au cours des 20 dernières années ont montré que des personnes peuvent être traitées avec autant d'efficacité au moyen d'un placebo, une pilule jugée sans effet thérapeutique souvent composée de substance inerte, que s'ils prenaient une benzodiazépine.

Entre autres recherches, une importante étude, connue sous le nom de Cross National Panic Study, menée par la compagnie pharmaceutique Upjohn dans le but de tester l'effet thérapeutique de l'alprazolam (Xanax), montra la supériorité de cette substance pour surmonter les attaques de panique au cours du premier mois d'utilisation. Ces résultats furent utilisés par la compagnie pour faire la publicité de Xanax. Or Upjohn a longtemps pris soin de cacher que l'étude a conclu que, après deux mois d'utilisation, le Xanax n'avait pas plus d'effet qu'un placebo.

Effet sur l'insomnie

Quand on compare l'effet des benzodiazépines à celui des placebos, on constate que les placebos produisent, avec le temps, une amélioration du sommeil. Cela est peut-être dû au fait que les sujets testés apprennent en même temps à appliquer une meilleure hygiène du sommeil.

EFFETS TOXIQUES ET SECONDAIRES

Problèmes de fonctionnement intellectuel et moteur

Les effets indésirables des benzodiazépines les plus fréquents et les plus importants sont la somnolence, les problèmes de mémoire et de fonctionnement intellectuel, le manque de coordination physique et les perturbations de l'humeur. Plusieurs équipes de chercheurs ont testé des sujets en parfaite santé qui se sont mis à prendre des benzodiazépines, afin de mesurer leurs performances motrices et leurs facultés intellectuelles. Tous sans exception ont souffert d'une diminution de la vitesse de leurs réflexes, de leur perception visuelle, de leur vigilance, de leur capacité de prise de décisions, de leur apprentissage, de leur mémoire et de leurs aptitudes motrices[6]. Les benzodiazépines peuvent aussi être à l'origine de chutes et de blessures à la tête chez les personnes qui en prennent pendant plusieurs années. On a enfin remarqué, chez certaines personnes, l'apparition d'ataxie, caractérisée par un manque de coordination des mouvements volontaires, et de dyskinésie, qui se manifeste par des mouvements involontaires de la langue et de la bouche. En général, ces symptômes se sont avérés réversibles après le retrait des benzodiazépines.

En 1990, un rapport de l'American Psychiatric Association confirmait l'observation fréquente selon laquelle les benzodiazépines peuvent altérer la mémoire et rendre difficile la rétention de nouvelles informations. De nombreux cas d'amnésie antérograde ont également été constatés: la personne qui a pris des benzodiazépines se réveille bien et fonctionne normalement, mais ne se souvient pas par la suite de ce qu'elle a fait. C'est ce qui a valu au Xanax, qu'on utilise comme tranquillisant, le surnom de «grande gomme à effacer». L'Halcion, un somnifère dont la composition chimique est proche du Xanax, a été banni au Royaume-Uni au début des années 1990 pour cette même raison.

Ma mémoire était devenue si mauvaise quand je prenais du Halcion que c'était devenu un sujet de plaisanterie chez mes amis. Un jour, j'ai même oublié d'emmener ma fille à la fête d'anniversaire que j'avais pris la peine d'organiser pour elle.

---

6. Kleinknecht, R.A. et D. A. Donalson. «A review of the effects of diazepam on cognitive and psychomotor performance», *Journal of nervous and mental disease, 161,* n° 6, 1975, p. 399-414.

Effet sur l'humeur

Les benzodiazépines sont aussi susceptibles de perturber l'humeur. Certaines études ont en effet mis en évidence le fait que les benzodiazépines étaient capables d'engendrer de l'hostilité pouvant se manifester par des accès de colère, des actes violents ou des cauchemars. Ces substances semblent, en fait, avoir la propriété d'accentuer certains problèmes émotionnels préexistants: ceux qui ont des tendances à la dépression ou à la paranoïa peuvent glisser vers des idées suicidaires ou des délires de persécution lorsqu'ils prennent des benzodiazépines. Les personnes âgées sont particulièrement vulnérables aux réactions de dépression, d'excitation, de désinhibition et de délire provoquées par ces substances. Le triazolam (Halcion, etc.), une benzodiazépine à action courte utilisée comme somnifère, est plus particulièrement apte à provoquer cet état. Ces réactions, qui s'ajoutent aux problèmes de mémoire occasionnés par l'Halcion, expliquent que cette substance ait été interdite dans plusieurs pays, dont les Pays-Bas.

Après avoir pris du Halcion pendant une semaine, j'ai commencé à avoir des émotions déconcertantes. Au congrès auquel j'assistais, tout ce que le conférencier disait semblait m'être directement adressé et je me suis mise à pleurer à plusieurs reprises.

Autres effets secondaires

Certains usagers se plaignent aussi d'autres effets secondaires, tels que:

- des étourdissements;
- des nausées;
- de la constipation;
- de la diarrhée;
- une sensation de légèreté dans la tête;
- des maux de tête, de la sécheresse dans la bouche;
- des douleurs dans les articulations ou à la poitrine;
- un gain de poids et une augmentation de l'appétit;
- de la confusion;
- un goût amer;
- une vision embrouillée;
- de la dépression;
- des vertiges;
- des irritations cutanées;

- de l'incontinence urinaire;
- des modifications du cycle des menstruations;
- une diminution de l'appétit sexuel;
- de la jaunisse;
- la disparition des globules blancs granuleux.

Rebond de l'insomnie

Les benzodiazépines ont très souvent pour effet d'aggraver les problèmes d'insomnie. Le rebond de l'insomnie, c'est-à-dire le retour de l'insomnie, sous une forme plus grave que la forme initiale, se produit en effet d'ordinaire après quelques jours ou quelques semaines de traitement avec des benzodiazépines. Ce genre de réaction se manifeste surtout quand l'usager prend des benzodiazépines à durée d'action courte ou intermédiaire, comme le lorazépam (Ativan), le témazépam (Restoril) et le triazolam (Halcion). L'erreur la plus commune à ce stade-ci consiste à augmenter les doses pour venir à bout de cette nouvelle insomnie. Ce geste risque de mener à l'installation d'une dépendance indésirable. La seule façon acceptable de diminuer l'insomnie de rebond consiste à diminuer progressivement la consommation de benzodiazépines.

Risques liés au surdosage

Les cas de surdosages avec des benzodiazépines sont assez fréquents et ils comptent pour une bonne partie des cas d'intoxications médicamenteuses traités dans les hôpitaux. Ces intoxications sont rarement mortelles, mais il semble qu'elles puissent le devenir quand de fortes doses de benzodiazépines sont absorbées en même temps que de l'alcool ou d'autres médicaments.

INTERACTIONS MÉDICAMENTEUSES

L'interaction la plus fréquente se produit avec l'alcool. C'est un important sujet de préoccupation car les benzodiazépines, combinées avec l'alcool, peuvent accentuer l'ivresse et provoquer des troubles de comportement. Une dose trop élevée de benzodiazépines peut même devenir mortelle quand elle s'ajoute à de l'alcool. On recommande donc d'éviter la consommation d'alcool et de ne jamais boire plus que l'équivalent d'un verre de vin avant de prendre des benzodiazépines

Il est important de savoir aussi que divers produits augmentent les effets de certaines benzodiazépines et peuvent causer un excès de somnolence. Ce sont, en général:

- les autres tranquillisants et somnifères;
- les antihistaminiques;
- les antidépresseurs;
- les analgésiques stupéfiants;
- les neuroleptiques;
- les anticonvulsivants;
- les médicaments utilisés pour abaisser la tension artérielle (Aldomet, Catapres);
- certains antialcooliques (Antabuse);
- certains inhibiteurs d'histamine (Tagamet);
- certains médicaments utilisés pour traiter la tuberculose (PMS-Isoniazid);
- certaines substances utilisées pour soulager les bouffées de chaleur de la ménopause (Dixarit, etc.).

Cela n'est pas une liste exhaustive, d'où l'importance de demander au médecin de vérifier les interactions médicamenteuses qui peuvent exister avec les autres médicaments consommés.

Par ailleurs, la combinaison de benzodiazépines avec certains produits peut augmenter les tendances à faire des convulsions. Ces produits sont:

- les antidépresseurs;
- certains neuroleptiques (Haldol, etc.);
- certains anticonvulsivants (Mysoline, etc.);
- certains régulateurs de l'humeur (Tegretol, Apo-Carbamazepine, Novo-Carbamaz).

Quant aux pilules contraceptives, elles sont aussi susceptibles de modifier les effets des benzodiazépines. Les antiacides, pour leur part, retarderaient l'action des benzodiazépines.

Dépendance et potentiel d'abus

Les benzodiazépines ne devraient pas être prises pendant plus de deux semaines, car elles perdent vite leur effet initial. La personne qui en consomme est alors portée à augmenter ses doses: c'est le début de la tolérance et de l'accoutumance qui se traduisent par une escalade des doses. En règle générale, la personne qui consomme des benzodiazépines de manière excessive est une personne d'âge moyen ou avancé, surtout une femme séparée ou veuve qui ne fréquente pas le marché du travail, qui se fait prescrire des benzodiazépines pour les nerfs ou pour divers malaises physiques et psychologiques et qui devient toxicomane à son insu. Les autres personnes susceptibles de développer une dépendance sont celles qui sont traitées pour des troubles paniques chroniques, parce qu'on leur prescrit de fortes doses.

En fait, au moins 20 p. 100 des patients à qui on prescrit des benzodiazépines deviennent des consommateurs chroniques. Cette pratique inquiète les autorités. Dans l'État de New York, les médecins qui veulent prescrire des benzodiazépines doivent remplir des ordonnances en triplicata et en envoyer des copies au gouvernement, comme cela se fait pour les stupéfiants. Les benzodiazépines sont aussi vendues sur le marché noir. Associées à des psychostimulants comme la cocaïne et les amphétamines, elles sont utilisées comme «speedballs».

J'essaie de prendre le moins possible de somnifères pour éviter l'accoutumance. Quand ça fait quatre ou cinq jours de suite que j'en prends, cela affecte mon humeur, ça me rend un peu déprimé. Si on veut garder le moral, il est préférable de ne pas trop en prendre.

LES ANTIHISTAMINIQUES

Nom générique	*Nom commercial*
Chlorhydrate d'hydroxyzine	Atarax, Multipax, Novo-Hydroxyzin, PMS-Hydroxyzine
Chlorhydrate de diphenhydramine	Benadryl, Caladryl, Nytol, PMS-Diphenhydramine, Sleep-Eze

INDICATIONS

Tous les antihistaminiques, sauf le Seldane et l'Hismanal, sont des relaxants. Certains médecins pensent qu'ils sont plus sûrs et plus inoffensifs que les benzodiazépines. Les antihistaminiques sont donc quelquefois prescrits en vue de faciliter le sommeil ou d'abaisser l'anxiété chez les personnes qui sont sensibles aux benzodiazépines ou qui ne doivent pas les utiliser, comme les alcooliques, les consommateurs de drogues, les personnes âgées et les sujets hospitalisés. D'autres cliniciens ne sont pas d'accord et insistent sur le fait que la sûreté des antihistaminiques utilisés comme somnifères et comme tranquillisants n'a pas suffisamment été étudiée. Un certain nombre de ces antihistaminiques sont uniquement vendus sur ordonnance, mais plusieurs autres sont en vente libre, comme c'est le cas pour le Nytol et le Sleep-Eze. Ils ne sont pas différents de ceux qu'on obtient sur ordonnance.

La plupart des spécialistes s'accordent pour dire que l'utilisation des antihistaminiques devrait être restreinte au traitement des allergies incommodantes, comme le rhume des foins, l'urticaire et les problèmes de peau liés à l'anxiété. On retrouve également les antihistaminiques dans les produits antinausées comme le Gravol et le Phenergan, employés pour le mal des transports. Ils sont enfin utilisés comme antispasmodiques, par exemple pour tenter de traiter les désordres de mouvements provoqués par les neuroleptiques et pour diminuer la rigidité et les tremblements chez les personnes atteintes de parkinsonisme. Quelle que soit leur utilisation, les antihistaminiques devraient être employés avec prudence.

PHARMACODYNAMIQUE

Les antihistaminiques sont rapidement absorbés et métabolisés et ils sont aussi rapidement éliminés. Voici un tableau indiquant les doses souvent prescrites ainsi que la demi-vie de plusieurs de ces antihistaminiques.

Nom commercial	*Écart des doses quotidiennes en mg*	*Demi-vie en heures*
Atarax, Multipax, etc.	75 à 400	4 à 6
Benadryl, Caladryl, Sleep-Eze, Nytol, etc.	200 à 400	4 à 6

PRESCRIPTION

Les antihistaminiques pris pour faciliter le sommeil ne devraient pas être utilisés plus qu'une ou deux nuits par mois. Si le médecin a l'intention de prescrire des antihistaminiques, l'usager doit l'informer quand:

- il a déjà eu une réaction allergique à cette classe de produits: dans ce cas, il est contre-indiqué d'en prendre;
- il souffre ou a souffert d'asthme, de bronchite ou de pneumonie;
- il est sujet à des convulsions;
- il est affecté par des problèmes urinaires, d'hypertrophie de la prostate, de glaucome, d'ulcères gastro-duodénaux;

- il prend d'autres substances médicamenteuses, avec ou sans ordonnance, y compris des vitamines;
- il prend ou a pris des antidépresseurs IMAO au cours des deux dernières semaines;
- il est sur le point de subir une opération sous anesthésie.

Les antihistaminiques pris comme relaxants le soir devraient être administrés avec un grand verre d'eau ou de la nourriture pour éviter les malaises d'estomac. Il ne faut pas les utiliser si on vient de prendre de l'alcool. Comme tous les autres somnifères, les antihistaminiques sont déconseillés aux personnes âgées, aux femmes enceintes ou qui allaitent et aux enfants de moins de 12 ans.

EFFETS SECONDAIRES ET TOXIQUES

Les effets secondaires les plus courants produits par les antihistaminiques sont les suivants:

- la sécheresse de la bouche;
- les étourdissements;
- les difficultés de coordination et de concentration;
- l'épaississement des sécrétions dans les poumons;
- des nausées;
- des maux de tête;
- des palpitations;
- des saignements anormaux;
- des problèmes de vision.

D'autres effets plus rares sont assez sérieux pour que l'on songe à cesser la médication. Ce sont, entre autres:

- les attaques d'asthme;
- les problèmes de glaucome (maladie de l'œil caractérisée par une augmentation de la pression intra-oculaire qui accroît la dureté du globe) chez les gens vulnérables à ce genre de problèmes;
- des difficultés à uriner chez les gens vulnérables à ce genre de problèmes.

En outre, les antihistaminiques abaissent le seuil de convulsion: ils devraient donc être utilisés avec précaution chez les personnes épileptiques.

La toxicité de ces substances médicamenteuses ne doit pas être sous-estimée. Des doses trop élevées peuvent déclencher du délire, des hallucinations, des convulsions et même le coma. Les personnes âgées sont particulièrement sensibles à ces effets.

Quand je demande à mon médecin les effets secondaires des tranquillisants qu'il veut me prescrire même si j'estime ne pas en avoir besoin, il se fâche.

Interactions médicamenteuses

Certains antihistaminiques augmentent les effets des autres dépresseurs du système nerveux central, entre autres les substances utilisées pour le rhume des foins, les relaxants, les stupéfiants, les somnifères, les tranquillisants et les anesthésiants. Pour leur part, les antidépresseurs, entre autres les IMAO, et les substances comme la marijuana peuvent aussi accentuer les effets de certains antihistaminiques.

Potentiel d'abus

Les antihistaminiques sont employés dans certaines préparations vendues illégalement. À fortes doses, ils ont un certain effet euphorisant et peuvent également être hallucinogènes.

Les barbituriques

Les barbituriques ne sont plus que très rarement utilisés pour traiter l'anxiété et l'insomnie

Nom générique	*Nom commercial*
Amobarbital	Amytal, Amytal Sodique, Novamobarb
Butabarbital	Butisol Sodium
Pentobarbital	Nembutal, Nova Rectal, Novo-Pentobarb
Phénobarbital	Phenaphen
Sécobarbital sodique	Seconal Sodique, Novo-Secobarb, Tuinal

Indications

La plupart des cliniciens estiment que les risques associés aux barbituriques sont trop nombreux et trop sérieux pour qu'on les prescrive en tant que somnifères ou tranquillisants. À cause de leur potentiel d'abus, ils sont désignés par la loi comme drogues d'usage contrôlé. Par contre, certains médecins les trouvent utiles pour essayer de traiter l'insomnie chez les personnes âgées pour des périodes n'excédant pas une semaine. À part cet usage rare, l'utilisation des barbituriques est maintenant limitée à l'anesthésie, à certaines épilepsies, à des situations de sevrage d'alcool ainsi qu'à des procédures diagnostiques en neurologie et en psychiatrie.

MÉCANISME D'ACTION ET PHARMACODYNAMIQUE

Les barbituriques ont un mécanisme d'action mal connu, mais on les considère certainement comme des dépresseurs du système nerveux central. Apparemment, ces produits diminuent de façon réversible l'activité de tous les tissus excitables, en particulier ceux du système nerveux central. Une fois absorbés, ils se distribuent rapidement dans tous les tissus, pour se concentrer plus particulièrement dans le cerveau, le foie et les reins. Ils s'accumulent aussi dans le gras, surtout chez les individus corpulents. La libération graduelle des quantités accumulées explique la persistance des effets qui se manifestent par des changements d'humeur et par des perturbations des fonctions intellectuelles et psychomotrices.

Les barbituriques qui ont une demi-vie courte sont éliminés plus rapidement par l'organisme, tandis que ceux qui ont une demi-vie longue restent plus longtemps dans le corps. Voici un tableau indiquant les doses souvent prescrites ainsi que la demi-vie de quelques-uns de ces barbituriques.

Nom générique	*Écart des doses quotidiennes en mg*	*Demi-vie en heures*
Amobarbital (Amytal, etc.)	60 à 200	20
Butabarbital (Butisol Sodium, etc.)	15 à 30	34 à 42
Pentobarbital (Nembutal, etc.)	100	35 à 50
Phénobarbital (Phenaphen, etc.)	30 à 120	48 à 150
Sécobarbital (Seconal Sodique, etc.)	100	15 à 40

Cela fait un an que j'ai réellement compris; jusque-là c'était comme si j'avais eu un lavage de cerveau. Je ne pouvais pas m'imaginer vivre sans médicaments.

EFFETS SECONDAIRES ET TOXIQUES

La marge de sécurité des barbituriques est mince. La consommation prolongée de barbituriques peut donner lieu à des intoxications chroniques graves. Ils peuvent causer, entre autres:

- de la sédation;
- des problèmes de prononciation;
- des difficultés de coordination;
- des mouvements involontaires du globe oculaire.

Pris en fortes doses, ils occasionnent:

- des difficultés respiratoires;
- des défaillances rénales et cardiaques;
- des œdèmes;
- des bronchopneumonies.

Risques liés au surdosage

L'usage excessif de barbituriques produit souvent des intoxications intenses. Les premiers signes d'usage excessif sont les trous de mémoire, l'indifférence à l'égard de soi-même et de ses responsabilités, des modifications de la personnalité et des crises de dépression grave. Une dose trop élevée peut même induire un coma suivi par un arrêt respiratoire. Dans les années 1970, les barbituriques ont causé de nombreuses morts accidentelles et servi à de nombreux suicides.

INTERACTIONS MÉDICAMENTEUSES

- Il ne faut pas consommer de barbituriques avec de l'alcool.
- Les barbituriques peuvent augmenter l'effet relaxant des benzodiazépines, des stupéfiants, des neuroleptiques, des antidépresseurs tricycliques et des antihistaminiques.
- D'autre part, ils peuvent diminuer l'efficacité de plusieurs autres produits comme les anticoagulants, les stéroïdes, les antidépresseurs autres que tricycliques, les anticonvulsivants, les pilules contraceptives ainsi que certaines médications cardiovasculaires.

La personne qui prend des barbituriques a tout avantage à s'assurer auprès de son médecin que ceux-ci n'interagissent pas avec d'autres substances médicamenteuses, car certaines combinaisons peuvent s'avérer mortelles.

DÉPENDANCE ET POTENTIEL D'ABUS

Les barbituriques présentent un potentiel d'abus très élevé. La tolérance aux barbituriques se manifeste d'ailleurs très rapidement et se traduit par un besoin constant d'augmenter les doses. Cette caractéristique, combinée à un effet euphorisant, peut mener à un usage compulsif. L'effet euphorisant et tranquillisant qu'ont les barbituriques explique qu'on les retrouve sur le marché noir.

LES CARBAMATES

Les carbamates étaient particulièrement populaires dans les années 1950. Le méprobamate (Equanil) fut le prédécesseur immédiat des benzodiazépines. Il ne semble plus y avoir de raisons valables pour prescrire les carbamates parce qu'ils présentent les mêmes problèmes de toxicité, de dépendance, d'effets secondaires et de réaction de sevrage que les barbituriques. Certains médecins, particulièrement en France, les utilisent pour le sevrage des alcooliques.

Nom générique	*Nom commercial*
Carisoprol	Soma
Méprobamate	Apo-Meprobamate, Equanil

Les doses habituelles de méprobamate (Equanil), le carbamate le plus prescrit pour l'anxiété, se situent aux environs de 400 mg trois ou quatre fois par jour. La prescription doit être limitée dans le temps et ne doit pas être renouvelée systématiquement. Ces substances sont contre-indiquées pour les personnes qui y sont hypersensibles et pour celles qui font de la porphyrie. Le méprobamate doit être utilisé avec précaution chez les personnes qui ont des problèmes de foie ou de reins et chez celles qui sont déprimées, suicidaires ou qui ont des problèmes d'usage compulsif.

EFFETS SECONDAIRES ET TOXIQUES

Les carbamates peuvent produire différents effets secondaires, entre autres:

- de la sédation, des étourdissements, un manque de coordination;
- des difficultés d'élocution;
- des maux de tête, de la faiblesse;
- de l'euphorie;
- des problèmes cardiaques;
- une perte d'appétit;
- des vomissements et des problèmes gastro-intestinaux;
- des bronchospames;

- des éruptions cutanées;
- de graves réactions allergiques;
- des œdèmes angioneurotiques;
- une vision embrouillée;
- des problèmes sanguins;
- des paralysies musculaires extra-oculaires.

Pris en doses excessives, le méprobamate peut être mortel. Comme tous les tranquillisants, les carbamates augmentent les effets sédatifs de l'alcool, des barbituriques, des antihistaminiques, des benzodiazépines et des stupéfiants.

LES AUTRES TRANQUILLISANTS

Les bêta-bloquants

Parce que certains chercheurs estiment que l'anxiété est une manifestation physique causée par un excès d'activité bêta-adrénergique, certains médecins ont tendance à prescrire ce que l'on appelle des bêta-bloquants. Mais l'efficacité de ces substances pour traiter l'anxiété n'est pas établie.

Nom générique	*Nom commercial*
Acébutolol	Monitan, Rhotral, Sectral
Aténolol	Tenoretic
Bétaxolol, chlorhydrate de	Betoptic
Esmolol, chlorhydrate de	Brevibloc
Labétalol, chlorhydrate de	Trandate
Lévobunolol, chlorhydrate de	Betagan
Métoprolol, tartrate de	Apo-Metropol, Betaloc, Lopresor, Novo-Metoprol, Nu-Metop
Nadolol	Corzide
Pindolol	Apo-Pindol, Novo-Pindol, Syn-Pindolol, Visken
Propranolol	Apo-Propanolol, Inderal, PMS-Propanolol
Timolol, maléate de	Timolide

INDICATIONS

Nous parlerons ici principalement du propanolol (Apo-Propanolol, Inderal, PMS-Propanolol), qui est la substance bêta-bloquante la plus prescrite à des personnes se plaignant d'anxiété. En médecine, cette substance est surtout utilisée pour les personnes qui souffrent de palpitations, de tremblements ou d'hyperventilation. Elle est aussi utilisée par certaines personnes avant d'entreprendre des activités susceptibles de provoquer de l'anxiété, par exemple, avant de donner un spectacle. Le propanolol est de plus parfois prescrit pour soulager l'akathisie, une sorte de bougeotte irrépressible qui se manifeste souvent quand une personne prend des neuroleptiques. Le propanolol est en outre employé pour venir à bout de comportements violents associés à une psychose ou à des troubles mentaux d'origine organique et qui ne répondent pas à d'autres substances. À fortes doses, les bêta-bloquants sont aussi quelquefois utilisés pour la manie. Les doses de propranolol se situent entre 10 et 80 mg par jour.

MÉCANISME D'ACTION

Les chercheurs croient que les bêta-récepteurs du cerveau et du système nerveux ont pour rôle de modifier les réactions de l'organisme face à des situations stressantes. Par conséquent, ils pensent que les substances qui bloquent ces bêta-récepteurs peuvent contribuer à diminuer les manifestations physiques et viscérales liées au stress. Le propranolol, entre autres substances, réduit les symptômes physiques de l'anxiété, comme la tension sanguine et les battements du cœur. Certains médecins estiment que si la personne perçoit moins ces symptômes physiques, l'anxiété n'est pas renforcée.

Le propanolol a une demi-vie de quatre heures. Son absorption est plus grande quand on le prend avec de la nourriture.

CONTRE-INDICATIONS

L'emploi des bêta-bloquants est contre-indiqué pour les personnes qui ont une maladie cardiaque ou pulmonaire congestive ou qui sont atteintes d'asthme ou d'un problème de foie. Chez les personnes qui font de l'hypoglycémie, du diabète ou de l'hyperthyroïdisme, le propranolol peut masquer de la tachycardie. Quand les bêta-bloquants sont pris par des gens qui ont déjà eu des problèmes de dépression, ils risquent de provoquer un nouvel épisode de dépression. Cette substance peut aussi masquer les signes de choc. Elle doit donc être utilisée avec précaution. Il est d'autant plus important de procéder à un examen médical complet avant de prendre ces substances.

Les personnes âgées doivent prendre des doses moins élevées de cette substance que les adultes d'âge moyen. La sûreté du propranolol auprès des enfants n'a pas été établie. Il est déconseillé d'allaiter quand on prend cette substance.

Effets secondaires et toxiques

Le propranolol peut causer de nombreux effets secondaires, entre autres:

- de la fatigue et de la léthargie;
- des rêves dérangeants;
- un ralentissement du rythme cardiaque;
- de l'hypotension;
- des étourdissements,
- de l'insuffisance cardiaque globale;
- des maladies vasculaires périphériques;
- des éruptions cutanées, des nausées;
- des vomissements, de la diarrhée;
- une sensation de froid sur les mains;
- un haut niveau de cholestérol;
- de l'impuissance;
- de l'hypoglycémie métabolique sans tachycardie;
- des broncospasmes;
- de la fièvre;
- de la dépression, du délire ou de la psychose.

L'emploi de cette substance doit être discontinué en cas de problèmes cardiaques ou de bronchospasme.

Interactions médicamenteuses

- Certains inhibiteurs d'histamine comme le Tagamet augmentent l'effet du propranolol.
- Utilisé avec certaines substances cardiotoniques, le propranolol peut occasionner des problèmes tels le ralentissement des battements du cœur.
- Cette substance peut aussi augmenter les effets des médicaments qui ont pour action d'abaisser la tension artérielle.
- Par contre, les anti-inflammatoires non stéroïdaux (aspirine, etc.) peuvent contrer la capacité du propanolol d'abaisser la tension artérielle.

- Le propranolol peut aussi neutraliser les effets des antidépresseurs IMAO.
- Utilisé en même temps que l'épinéphrine (Bronkaid, Epi-Pen, etc.), un bronchodilatateur, il peut causer une vasoconstriction grave.
- Quand on utilise le propranolol en même temps que l'insuline ou un agent hypoglycémique, il est généralement nécessaire de réévaluer les doses administrées.

LE BUSPIRONE

Le buspirone est un tranquillisant relativement nouveau sur le marché. Par conséquent, il faudra attendre le résultat d'études longitudinales pour connaître sa réelle efficacité et sa sûreté à long terme.

Il y a plusieurs années, j'avais demandé à mon médecin de famille de me prescrire des somnifères parce que j'étais épuisée et que je ne dormais plus. Cela faisait plusieurs mois que je prenais soin de mon mari gravement malade tout en m'occupant des enfants et du reste de la famille. Depuis, chaque fois que je le consulte, quel que soit le malaise physique que j'éprouve, il insiste pour me prescrire des tranquillisants.

Nom générique	*Nom commercial*
Buspirone	Buspar

INDICATIONS

On utilise le buspirone pour traiter l'anxiété, en particulier l'anxiété généralisée. Il aurait également pour propriété de supprimer les comportements agressifs et d'inhiber les réponses conditionnées d'évitement. Il est de plus employé pour les problèmes d'émotions et de comportement chez les patients qui ont des lésions au cerveau et chez les personnes âgées. Enfin, certains médecins en prescrivent quelquefois aux personnes dépressives ou obsessionnelles-compulsives.

MÉCANISME D'ACTION

Le mécanisme d'action précis du buspirone n'est pas connu. On sait cependant que le buspirone pourrait avoir une action sur plusieurs messagers de l'influx nerveux dans le cerveau. Son effet clinique peut prendre de deux à quatre semaines à se manifester. C'est pourquoi il n'est pas efficace quand il est pris de façon discontinue. Le buspirone ne provoquerait pas de rebond d'anxiété ou d'insomnie. Il atteint son plus haut niveau dans le sang après 60 ou 90 minutes, et sa demi-vie est de 2 à 11 heures. Il cause peu de sédation et semble ne pas porter atteinte aux fonctions psychomotrices et intellectuelles.

Prescription

Le buspirone se présente sous forme de comprimés. Au début, les doses prescrites sont de 5 mg trois fois par jour. Elles sont ensuite parfois augmentées de façon graduelle pour atteindre 15 à 30 mg par jour. La personne qui prend une telle substance doit être suivie régulièrement par un médecin.

Contre-indications

Le buspirone est contre-indiqué pour les personnes qui y sont trop sensibles. Il devrait être utilisé avec précaution chez les patients qui ont des problèmes de drogue ou d'usage compulsif de médicaments, chez ceux qui ont des problèmes de reins ou de foie et chez les femmes enceintes ou qui allaitent.

Effets secondaires et toxiques

Malgré certains avantages qu'il possède sur les autres tranquillisants, le buspirone peut causer plusieurs types d'effets secondaires, entre autres:

- des étourdissements, des maux de tête, de la fatigue;
- de la nervosité, de l'insomnie, de l'excitation;
- de la confusion, des difficultés de concentration;
- de la dépression;
- des mouvements indésirables de la bouche ou de la langue, de la dyskinésie tardive;
- une accélération du rythme cardiaque, des palpitations;
- des douleurs imprécises à la poitrine;
- une vision embrouillée, des bourdonnements d'oreilles;
- des erreurs de perception;
- des maux de gorge, de la congestion nasale;
- des nausées, de la constipation, des vomissements, des douleurs abdominales;
- une sécheresse de la bouche;

- des modifications de l'appétit sexuel, de l'impuissance, un changement du cycle des menstruations, une production de lait chez les femmes;
- de l'hyperventilation, des difficultés respiratoires;
- des convulsions.

INTERACTIONS MÉDICAMENTEUSES

- La combinaison du buspirone avec des antidépresseurs IMAO doit être évitée parce qu'elle risque d'élever la tension artérielle.
- Le buspirone interfère également avec l'action de la digoxine (Lanoxine), une substance qui amène un accroissement du débit cardiaque.
- Le buspirone doit être utilisé avec précaution quand il est pris avec de l'alcool, avec des tranquillisants, des somnifères, des antihistaminiques, des produits contre les convulsions, des relaxants musculaires ou des produits contre la douleur.
- D'autre part, le buspirone augmente la concentration du halopéridol (Haldol) dans le sang de ceux qui prennent ce neuroleptique.
- Il augmente aussi les risques de problèmes de contraction musculaire et de régulation des mouvements quand il est pris en même temps que des neuroleptiques.

DÉPENDANCE ET ABUS

Les avis sont partagés au sujet des risques de dépendance que comporte le buspirone. Certains chercheurs disent qu'il n'y a aucun risque, d'autres affirment que les personnes ayant tendance à abuser de drogues risquent d'être exposées à un problème d'usage compulsif de buspirone. Par ailleurs, le sevrage ne semble être accompagné d'aucun symptôme.

LES AUTRES SOMNIFÈRES

L'HYDRATE DE CHLORAL

Nom générique	*Nom commercial*
Hydrate de chloral	PMS-Chloral Hydrate

INDICATIONS

On utilise l'hydrate de chloral, à court terme, en vue de traiter des insomnies qui résistent à tout autre traitement. Certains médecins prescrivent aussi l'hydrate de chloral à ceux qui ne peuvent prendre des benzodiazépines. Certains cliniciens vont jusqu'à le recommander pour les enfants, pour les personnes âgées et pour les malades atteints de certains malaises physiques. L'hydrate de chloral est enfin parfois employé comme tranquillisant avant une opération ou pour augmenter l'effet des analgésiques. Il y a, en fait, peu de raisons valables pour entreprendre un traitement avec une telle substance et elle n'est pas fréquemment prescrite. Il semble qu'elle soit surtout utilisée en institution.

MÉCANISME D'ACTION ET PHARMACODYNAMIQUE

L'hydrate de chloral est un dépresseur du système nerveux central. Après absorption, il est distribué dans tous les tissus et les fluides du corps et métabolisé presque entièrement dans le foie et les reins. Sa demi-vie est de 8 à 10 heures.

PRESCRIPTION

Les médecins prescrivent des doses variant entre 500 mg et 1 g. Mais après quelques semaines, l'effet de ce produit diminue en même temps que l'organisme s'y habitue. L'usager qui prend de l'hydrate de chloral doit aviser son médecin si:

- il a fait des réactions allergiques à des substances médicamenteuses;
- il prend des substances médicamenteuses avec ou sans ordonnance, et même des vitamines;
- il est sur le point de subir une opération sous anesthésie;
- il souffre de porphyrie (manifestations pathologiques dues à une perturbation du métabolisme);
- il a un ulcère gastro-duodénal;
- il a des problèmes de dépendance à l'alcool ou à des drogues;
- il souffre d'insuffisance des reins ou du foie, de problèmes cardiaques, d'inflammation à l'estomac ou de colite ulcéreuse.

Il est à noter enfin que les personnes âgées sont particulièrement sensibles aux dépresseurs du système nerveux central, dont l'hydrate de chloral, et que les femmes enceintes ou qui allaitent ne devraient absolument pas en prendre. La sûreté de ce produit pour les enfants n'a pas été établie. L'hydrate de chloral doit enfin être administré avec prudence aux personnes qui présentent des signes de dépression ou ont des idées suicidaires.

L'usager qui prend de l'hydrate de chloral doit éviter l'alcool et consulter un médecin avant de prendre des substances médicamenteuses pour les allergies ou pour le rhume. Il doit aussi s'assurer que le médecin prend fréquemment la mesure de ses signes vitaux.

EFFETS SECONDAIRES ET TOXIQUES

L'hydrate de chloral peut à l'occasion avoir plusieurs effets secondaires et toxiques qui se manifestent par:

- de la somnolence matinale;
- de la faiblesse;
- des étourdissements;
- un manque de coordination;
- des malaises d'estomac;
- des gaz;
- un goût désagréable dans la bouche;
- des réactions allergiques;
- de l'agitation, des hallucinations;
- des cauchemars et du somnambulisme.

L'écart entre les doses thérapeutiques et toxiques est mince. Des doses plus fortes que la dose thérapeutique peuvent engendrer des complications graves et même la mort. L'hydrate de chloral comporte également un fort danger d'usage compulsif. Après trois semaines d'utilisation, le sevrage devient déjà difficile.

INTERACTIONS MÉDICAMENTEUSES

L'hydrate de chloral interagit avec de nombreuses substances médicamenteuses; en particulier, il augmente l'effet d'autres substances médicamenteuses, surtout de certains anticoagulants, comme le Coumadin.

LE ZOPICLONE

Le zopiclone est un somnifère sur le marché depuis peu. Il a donc été relativement peu étudié.

Nom générique	*Nom commercial*
Zopiclone	Imovane

Le zopiclone est prescrit aux personnes qui souffrent d'insomnie. Les doses administrées vont de 2,5 à 7,5 mg par jour. Quelle que soit la situation, le traitement ne devrait jamais excéder quatre semaines. Le zopiclone atteint son plus haut niveau dans le sang 90 minutes après sa prise. Sa demi-vie est d'environ cinq heures. Il semble causer des réactions de rebond d'insomnie moins fortes que les benzodiazépines. Les contre-indications à cette substance sont l'hypersensibilité à la substance elle-même, la myasthénie grave (problème de fatigue musculaire), des difficultés respiratoires et un accident vasculaire aigu. Il n'est pas recommandé aux personnes dépressives, surtout celles qui ont des tendances suicidaires. Il doit être administré avec précaution à ceux qui ont des problèmes de foie.

Le zopiclone ne doit pas être pris avec de l'alcool ni avec aucun autre dépresseur du système nerveux central (somnifères, tranquillisants, etc.). Il peut causer des problèmes passagers d'amnésie. Les doses supérieures à 7,5 mg entraînent une détérioration du rendement moteur et intellectuel. Les personnes qui prennent du zopiclone ne devraient donc pas conduire ni effectuer des tâches dangereuses si elles ne sont pas complètement sûres d'être en possession de tous leurs moyens.

Effets secondaires et toxiques

Des symptômes de somnolence importante ou des troubles de coordination indiquent que la personne ne tolère pas la substance ou que les doses sont trop élevées.

Le zopiclone peut entraîner d'autres effets indésirables:

- perturbation du sens de l'équilibre, étourdissements, maux de tête, sédation;
- embrouillement de la vision;
- excitation, agitation, anxiété;
- diminution de l'appétit sexuel;
- tremblements, spasmes musculaires, palpitations, frissons;
- troubles de l'élocution, sensations anormales, cauchemars;
- sécheresse de la bouche, mauvaise haleine;
- nausées, vomissements, diarrhées, diminution ou augmentation de l'appétit;
- éruptions cutanées;
- problèmes respiratoires.

Il n'est pas recommandé pendant la grossesse, ni pendant l'allaitement.

Les personnes les plus vulnérables à l'accoutumance sont les toxicomanes et les alcooliques. On observe des symptômes de sevrage après le retrait de cette substance. Le sevrage doit donc se faire progressivement. L'arrêt brusque du traitement peut provoquer des convulsions chez les personnes qui souffrent déjà de ce genre de problèmes.

AUTRES TRAITEMENTS MÉDICAUX

D'autres psychotropes sont aussi utilisés dans le but de soulager l'insomnie ou de tranquilliser certaines personnes.

LES ANTIDÉPRESSEURS TRICYCLIQUES

Quand l'insomnie ou l'anxiété est le symptôme primaire d'une dépression, les médecins ont quelquefois recours à des antidépresseurs tricycliques. Ceux-ci ne devraient toutefois pas être utilisés comme somnifères, ni comme tranquillisants. Il est important de savoir que les antidépresseurs peuvent induire ou accentuer les problèmes de myoclonus nocturne, c'est-à-dire de secousses involontaires pendant le sommeil, le syndrome de la jambe sans repos ainsi que le somnambulisme.

LES NEUROLEPTIQUES

Les neuroleptiques peuvent aider une personne psychotique à retrouver le sommeil, du moins temporairement. Mais ils ne devraient pas être utilisés comme somnifères ou comme tranquillisants, comme cela se fait fréquemment en institution pour les personnes âgées qui ne souffrent pas de troubles psychotiques. Il faut être conscient que ces substances médicamenteuses peuvent provoquer notamment une dyskinésie tardive grave. (Voir à ce sujet le chapitre sur les neuroleptiques.)

AUTRE SUBSTANCE ASSOCIÉE

Une autre substance, l'ethchlorvynol (Placidyl), est employée comme somnifère. Elle comporte des risques d'accoutumance et de toxicité élevés et ne s'avère pas très efficace.

Le sevrage

MISE EN GARDE

Il est dangereux de commencer à prendre ou d'arrêter de prendre des médicaments psychiatriques, ou de diminuer les doses de ces substances, sans l'avis ou la supervision d'un professionnel de la santé qualifié. Il est aussi dangereux d'entreprendre un sevrage sans avoir mis en application les recommandations formulées dans le chapitre que voici.

CE QU'IL EST IMPORTANT DE SAVOIR

Le sevrage est une action entreprise en vue de cesser la consommation de substances médicamenteuses ou de diminuer les doses consommées. Quand on parle de sevrage, il est nécessaire de clarifier à l'avance qu'il n'est peut-être pas toujours facile de vivre avec une personne qui a cessé de prendre ses médicaments psychiatriques, mais que ces inconvénients sont largement compensés par une amélioration de la santé physique et mentale de la personne concernée et par une augmentation de ses chances de mieux tirer parti de la vie.

Moi, je trouve que les médicaments, ça camoufle. Ça ne peut qu'apaiser, geler. Les médicaments ne corrigent pas; ils nous empêchent même de nous corriger, parce que lorsqu'on est gelé, on ne peut pas réagir comme on veut.

Il faut savoir aussi, au départ, que se libérer de ses médicaments sans un réseau de soutien solide, sans solutions de remplacement et sans une philosophie de vie bien articulée équivaut à jeter une bouée de sauvetage quand on ne sait pas encore nager et qu'on n'a rien pour la remplacer. Le chapitre que voici présente des conseils utiles afin d'aider les personnes qui le désirent à se donner les moyens d'entreprendre un sevrage et de vivre, par la suite, dans les meilleures conditions possibles.

Le mouvement en faveur du sevrage a pris, dans les années 1970, un élan qui ne fait que s'amplifier grâce à la prise de conscience graduelle que la consommation de médicaments psychotropes comporte de vastes coûts monétaires, humains et sociaux. Au Québec, de nombreuses études montrent clairement qu'il existe, particulièrement chez les personnes âgées, un phénomène de surconsommation de psychotropes. Il est aussi évident que les médecins qui prescrivent des psychotropes commettent fréquemment des erreurs, en prescrivant des doses trop élevées, en prescrivant simultanément plus d'un médicament d'une même classe, en ne réévaluant pas l'ordonnance après une période de temps raisonnable, en ne tenant pas compte d'interactions médicamenteuses potentiellement dangereuses ou en mettant fin trop brusquement à la consommation des médicaments prescrits. Malgré ces constatations et malgré les requêtes répétées de très nombreux usagers à cet effet, le sevrage rationnel des médicaments n'est pas une priorité en psychiatrie.

Quand on aborde la question du sevrage des substances tranquillisantes et des autres médicaments psychiatriques, il est impossible de ne pas citer certaines références incontournables. Ce sont les ouvrages de deux psychiatres américains, le Dr David L. Richman, mieux connu sous le nom de plume de Dr Caligari, et le Dr Peter R. Breggin. Le premier est l'auteur du tout premier guide critique des médicaments psychiatriques, une plaquette produite aux États-Unis dans les années 1970 pour un organisme de défense des droits des personnes psychiatrisées, qui a été réédité en 1987 et en 1992 avec quelques ajouts[1]. Le second est mieux connu pour ses nombreux ouvrages critiques de la psychiatrie biologique et sa défense passionnée du droit à l'autodétermination de la personne ayant des problèmes de santé mentale. Deux de ses livres récents[2] comportent des chapitres traitant spécifiquement du sevrage.

Pour rédiger les pages suivantes, nous nous sommes inspirés des conseils et des recommandations de ces deux psychiatres. Nous avons complété ces informations à l'aide de données extraites de rapports de recherche en psychiatrie et en pharmacie portant sur les effets du sevrage ou sur les effets de la diminution de doses de différents médicaments. Nous avons aussi beaucoup enrichi ces informations grâce à l'expérience de nombreux autres thérapeutes, chercheurs et usagers qui ont suivi la trace du Dr Richman et du Dr Breggin ou ont étudié sérieusement la question. Ce chapitre constitue donc, à notre avis, le tour d'horizon le plus complet qui soit de tous les aspects importants du processus de sevrage des médicaments psychiatriques.

LE SEVRAGE, UNE DÉCISION PERSONNELLE

POURQUOI ENTREPRENDRE UN SEVRAGE?

Il existe une multitude de raisons pour cesser ou réduire sa consommation de médicaments psychiatriques (les somnifères et les tranquillisants sont compris dans cette catégorie). Ces raisons peuvent varier d'un individu à l'autre, mais elles sont toutes fondamentalement valables. En voici quelques-unes:

---

1. *Dr Caligari's Psychiatric Drugs.* Berkeley, CA, Network Against Psychiatric Assault, 1992.
2. *Toxic Psychiatry,* 1991; *Talking back to Prozac,* 1994, New York, St. Martin's Press.

- Échapper à l'emprise des médicaments et à la torpeur physique et mentale qu'ils produisent. Bref, se dégeler afin d'être en mesure d'essayer des traitements de nature psychosociale ou d'apprendre à se donner des conditions de vie acceptables. (Il ne viendrait à l'idée de personne de faire entreprendre des traitements psychosociaux sérieux à une personne constamment droguée, sans lui avoir fait subir une cure de désintoxication au préalable. Le même principe s'applique aux tranquillisants et aux médicaments psychiatriques.)

Depuis un an, ma dose de lithium a diminué de moitié. Les membres de ma famille voient le changement. Ils sont contents que je prenne moins de médicaments parce qu'ils s'aperçoivent que je suis plus actif, moins apathique. Il y a beaucoup de choses que je peux faire, mais que je n'étais pas capable de faire quand j'étais gelé au lithium.

- Réduire les effets toxiques et débilitants des médicaments qui se traduisent par une détérioration des capacités intellectuelles et des dérèglements physiques souvent incommodants ou inquiétants (douleurs abdominales, altération de la motricité, nausées, sédation, léthargie, trous de mémoire, dysfonctionnements sexuels, etc.).
- Chercher à identifier la dose thérapeutique minimale efficace. Une personne en période d'équilibre peut diminuer ses doses très graduellement et vérifier au fur et à mesure si l'équilibre désiré se maintient. Cette diminution se fait jusqu'au moment où l'on éprouve un certain bien-être ou jusqu'au sevrage complet, si c'est cela que l'usager recherche.
- Déterminer si une sensation ou une émotion désagréable est due à un problème psychologique ou à un effet du médicament (par exemple, vérifier si l'agitation psychotique observée n'est pas en réalité une akathisie, c'est-à-dire une envie irrépressible de bouger liée à la prise du médicament).

Je me sentais partir en psychose, j'avais des idées noires. J'ai coupé mes doses de moitié et presque tous ces effets ont disparu. J'ai atteint la dose minimum. Si je descends tout de suite encore, j'aurai des effets.

- Reprendre la maîtrise de soi, plutôt que de laisser le médicament faire ce travail.

- Essayer de s'en sortir. (Plusieurs personnes qui prennent des médicaments estiment que rien ne peut être pire que ce que les médicaments leur font.)
- Arrêter la prise de médicament avant de concevoir un enfant pour éviter que la médication nuise au développement du fœtus.
- Faire le bilan de son état mental. Avec l'âge et l'expérience, l'intensité de plusieurs troubles mentaux peut diminuer. La nécessité de continuer à prendre un médicament peut donc être parfois remise en question.
- Corriger les erreurs de diagnostic. Un certain pourcentage de personnes sont condamnées à prendre des médicaments psychiatriques puissants, alors qu'au départ leur trouble était dû à une forte réaction à des circonstances douloureuses (dépression attribuable à un chagrin d'amour, à un viol ou à la perte d'un être cher, hallucinations dues à la drogue, etc.).
- Être en mesure de définir soi-même le genre de vie recherché et essayer de le mettre en pratique.

Quand on demande un sevrage au médecin, encore faut-il lui donner une bonne raison. Tant qu'on ne l'a pas convaincu de cette raison, on perd son temps.

UNE DÉCISION QUI N'APPARTIENT QU'À SOI

Choisir d'entreprendre ou non un sevrage constitue souvent une des décisions les plus importantes dans la vie d'une personne qui consomme des médicaments psychiatriques. C'est une démarche en vue de prendre ses responsabilités, une décision personnelle qui n'appartient qu'à elle. Celle qui n'est pas à l'aise avec l'idée de cesser entièrement la prise de médicaments, mais qui tient à réduire les effets secondaires de ces substances, à retrouver son énergie et à disposer de meilleurs choix de vie, peut faire un compromis rassurant en ne coupant ses médicaments que du tiers ou de la moitié.

LES OBSTACLES À SURMONTER POUR ENTREPRENDRE UN SEVRAGE

Le sevrage constitue en quelque sorte un rite de passage et ce rite n'est pas de tout repos. Sur le plan physique, le sevrage peut occasionner l'apparition de symptômes désagréables, voire pénibles et troublants mais, fort heureusement, passagers. On sait combien il est difficile de cesser de fumer et combien cela demande de volonté. Le sevrage des médicaments de l'âme peut s'avérer encore plus éprouvant. Mais les malaises qui l'accompagnent ne durent généralement que quelques semaines ou, si le médicament est pris depuis de nombreuses années, que quelques mois. De l'avis des personnes qui ont réussi à traverser cette épreuve avec succès, le fait de se sentir renaître peu à peu à la vie contrebalance avantageusement les inconvénients temporaires du sevrage.

Je n'ai jamais osé dire que je détestais prendre ces médicaments parce que je ne savais pas comment ils auraient réagi. J'avais peur qu'ils m'envoient un gars costaud pour venir me les donner. Je les prenais sans dire un mot. On faisait la queue et on les prenait un par un.

Une des grandes difficultés à surmonter est simplement la peur des conséquences psychologiques de l'arrêt des médicaments. De nombreuses personnes prennent des médicaments non pas parce qu'elles en retirent des bénéfices appréciables, mais parce qu'elles ont peur de cesser d'en prendre. Quand elles essaient d'abandonner les médicaments, elles deviennent anxieuses, nerveuses et irritées et se remettent à prendre leurs médicaments avant même que le véritable sevrage physique ne soit ressenti.

LES FACTEURS LIÉS AU NIVEAU DE DIFFICULTÉ DU SEVRAGE

Plusieurs facteurs sont en relation directe avec le degré de difficulté d'un sevrage et ses chances de succès. Mentionnons, entre autres:

- Le genre de médicaments: on sait mieux à quoi s'attendre quand on connaît l'action des médicaments que l'on prend, leur puissance et la longueur de leur demi-vie. (Lire attentivement les chapitres portant sur les médicaments concernés.)
- La force des doses: si les doses sont élevées, les symptômes de sevrage risquent de se manifester avec plus de vigueur.
- La durée de la prise du médicament: plus le médicament est consommé depuis longtemps, plus les réactions au sevrage sont prononcées.
- L'état de santé de la personne qui entreprend le sevrage: celui-ci est plus facile à surmonter quand on a de l'énergie en réserve.
- L'ouverture d'esprit: la personne qui veut se passer de médicament doit être consciente qu'elle doit adapter sa façon de vivre et chercher active-

ment les moyens de régler ses problèmes émotifs, seule ou avec l'aide de thérapeutes.

- L'attitude face au sevrage: une personne qui veut vraiment s'en sortir sait faire preuve de patience et de tolérance face aux réactions qu'elle éprouve.
- La qualité du soutien reçu pendant la période de sevrage: le fait d'être entouré de gens compréhensifs et rassurants qui croient beaucoup au sevrage fait toute la différence pour passer à travers les moments difficiles.
- La compréhension du processus de sevrage: les chances de succès sont grandement accrues quand on sait à quels symptômes s'attendre, quels problèmes on risque de rencontrer et quelles sont les mesures concrètes pour y remédier.

Le manque de ressources

Force est de constater que le manque de ressources mises à la disposition des personnes désirant entreprendre un sevrage de médicaments psychiatriques est navrant. Certes, la majorité des centres de désintoxication offrent des services aux personnes qui veulent se débarrasser de leurs somnifères et de leurs tranquillisants, mais ils n'acceptent pas de clientèle qui consomme tout autre médicament psychiatrique, sauf dans de rares cas. Il est possible que la méconnaissance de ces médicaments engendre une certaine insécurité chez les responsables de ces établissements. Par ailleurs, le préjugé en vertu duquel une personne qui cesse de prendre ses médicaments retombe automatiquement en psychose demeure particulièrement tenace. Il n'y a pas non plus beaucoup de médecins et de psychiatres qui consentent à soutenir les personnes désirant entreprendre un sevrage.

Devrions-nous demander au gouvernement d'établir des endroits où les gens pourraient se faire traiter sans produits chimiques?

Ce manque de collaboration oblige trop fréquemment les personnes déterminées à procéder seules au sevrage de leurs médicaments. Hélène Grandbois, une Québécoise diplômée en droit qui se voue à la défense des personnes ayant des problèmes de santé mentale, fait remarquer avec justesse: «Plusieurs verront dans l'insuccès [de leur sevrage, entrepris sans aide] une confirmation du discours psychiatrique, alors que cet insuccès est souvent attribuable à un manque de préparation et de soutien. C'est une démarche difficile et il ne faut surtout pas se culpabiliser si on ne réussit pas à la réaliser dans l'état actuel des ressources mises à notre disposition.»

Peu à peu, en Amérique comme ailleurs, des groupes communautaires tentent de s'organiser en vue d'offrir des services de soutien aux personnes qui entreprennent un sevrage. Ces ressources n'existent pas encore de façon structurée malgré le besoin pressant de mettre sur pied un réseau de centres de services, de recherche et de formation spécialisés en sevrage qui puissent permettre aussi l'application de nouvelles méthodes thérapeutiques. Il est à espérer que cette situation changera rapidement. Aux États-Unis, le Congrès n'a-t-il pas voté une loi pour obliger les établissements de soins prolongés pour personnes âgées à commencer à appliquer des programmes systématiques de réduction de la consommation de neuroleptiques, s'ils veulent continuer à recevoir des fonds gouvernementaux? Cette décision officielle a déjà eu un impact positif sur les pratiques actuelles. En effet, plusieurs recherches menées avant et après l'adoption de cette loi montrent que les doses de neuroleptiques prescrites ont chuté de manière spectaculaire, sans que le comportement des personnes traitées se détériore. Au contraire, la majorité des recherches montrent que les personnes âgées qui reçoivent moins de médicaments voient leur état s'améliorer[3].

Les réactions de l'entourage

Dans beaucoup de cas, la personne désireuse de réaliser un sevrage se heurte à l'hostilité de son entourage. Les craintes qu'ont les proches de voir retomber la personne en état de crise les amènent souvent à adopter une attitude intransigeante à l'égard de la prise des médicaments. C'est pourquoi un bon nombre de personnes qui souhaitent ardemment mener à bien leur sevrage et trouver un mode de vie plus satisfaisant sont parfois obligées de couper les ponts avec les membres de leur entourage qui ne respectent pas leur démarche.

La coupure psychologique avec le thérapeute

Cesser ou diminuer la prise de médicaments, c'est aussi courir le risque d'être désapprouvé par son médecin ou son psychiatre. Qu'une

---

3. Slater, E.J. et W. Glazer. «Best practices: Use of OBRA-87 guidelines for prescribing neuroleptics in a VA nursing home», *Psychiatric services, 46,* 1995, p. 119-121.

personne soit satisfaite ou non des services que lui rend son psychiatre ou son médecin, elle peut malgré tout s'être habituée à dépendre du contrôle qu'il exerce sur sa vie. Risquer de mettre un terme à cette relation d'aide ne se fait pas sans angoisse.

> *Si j'avais eu l'aide d'un psychiatre, cela aurait été plus facile, mais il refusait catégoriquement de m'aider. Il me disait que je n'étais pas prêt.*

La peur d'une rechute

La peur de la rechute est évidemment présente à l'esprit de tous. Cela n'empêche pas de nombreux chercheurs d'affirmer qu'il n'y a pas plus de risques de rechute si on ne prend pas de médicaments que si on en prend. Un milieu calme, réceptif aux peurs, aux angoisses et même aux délires temporaires ainsi que le recours à diverses formes de thérapie psychosociale et de méthode de relaxation contribuent souvent à aider la personne qui ne prend pas de médicaments psychiatriques à garder l'équilibre souhaité. La reprise temporaire de médicaments peut, au pire, venir à bout d'éventuelles difficultés passagères.

Les sevrages en cachette

Le climat d'anxiété, la peur de décevoir les autres et la crainte de l'échec qui entourent le sevrage en cachette ne sont pas propices au succès. Cette façon de procéder doit être évitée à tout prix.

METTRE TOUTES LES CHANCES DE SON CÔTÉ

Obtenir la collaboration d'un professionnel de la santé qualifié

Il est particulièrement important d'obtenir la supervision du médecin ou du psychiatre pendant le sevrage.

> *Quand j'ai commencé à prendre moins de médicaments, j'étais sous surveillance médicale. Cela n'a donc pas posé tellement de problèmes.*

En un premier temps, la personne concernée doit expliquer à son médecin ou à son psychiatre la démarche qu'elle désire entreprendre. Si elle consomme des tranquillisants ou des somnifères, cela ne posera probablement aucun problème. Par contre, si elle consomme d'autres substances psychiatriques, le thérapeute risque de faire preuve de réticence et même d'hostilité. Faut-il lui en vouloir? Il a l'habitude de croire que la pilule est le remède miracle pour régler les problèmes mentaux et accepte mal que ses patients puissent envisager une autre solution. Il ne connaît lui-même probablement aucune autre solution. Enfin, parce que le médecin a souvent une attitude négative, les personnes qui se sont sevrées de leurs médicaments psychiatriques avec succès ne sont pas intéressées à recommuniquer avec lui. Il ne sait donc pas qu'un sevrage peut parfaitement réussir et donner les résultats escomptés.

Toutefois, en essayant de convaincre son médecin, la personne concernée augmente ses chances d'être écoutée si elle lui explique calmement le programme de sevrage et de réhabilitation qu'elle compte suivre et les objectifs qu'elle vise. Elle peut aussi essayer de négocier avec lui les conditions selon lesquelles il pourrait approuver la diminution de la prise des médicaments. Si le médecin accepte de superviser le sevrage, il faut lui demander de fournir une planification de la baisse des médicaments en question. Si ces tentatives de communication se soldent par un échec, il n'y a pas lieu d'être surpris ni découragé. Il faut essayer de trouver un autre médecin qui puisse apporter cette aide. Les médecins ou les psychiatres qui acceptent de superviser un sevrage de médicaments psychiatriques se comptent sur les doigts de la main, mais il en existe. Divers groupes de défense des droits des personnes souffrant de problèmes de santé mentale pourront éventuellement vous aider à identifier un tel médecin. (Voir la liste des groupes qui œuvrent en ce sens au Québec, à la p. 380.)

Si une personne veut commencer un sevrage, je lui conseille premièrement d'en parler à son médecin et de le mettre au pied du mur en lui disant: «Si vous ne m'aidez pas, je vais le faire tout seul.» Cela peut faire peur au médecin qui peut accepter de donner son aide. S'il n'accepte pas, il faut s'informer auprès de quelqu'un d'autre, un pharmacien, par exemple, pour savoir comment faire un sevrage. Ensuite, on peut arriver chez le psychiatre et le mettre devant le fait accompli.

Si, malgré toutes ses démarches, une personne n'arrive pas à obtenir l'appui d'un médecin, il est bon qu'elle sache que de nombreux pharmaciens peuvent la conseiller sur la manière de faire son sevrage et l'aider à établir un plan de diminution progressive des doses. Beaucoup de personnes, d'ailleurs, préfèrent cette solution.

Moi, j'ai un très bon pharmacien qui m'accompagne dans mon sevrage de Largactil.

ÉTABLIR UN RÉSEAU DE SOUTIEN

Un sevrage ne se fait pas dans l'isolement. Avant de se lancer dans une telle entreprise, il est important de se sentir soutenu. Il est même essentiel d'établir un lien avec le plus grand nombre possible de personnes favorables à cette démarche: membres de la famille, amis, psychiatre ou médecin, pharmacien, travailleur social ou membre d'un groupe d'entraide familiarisés avec le processus de sevrage.

À défaut d'obtenir l'appui de son entourage, il est possible de s'adresser à plusieurs associations d'entraide qui travaillent dans le respect des droits des personnes ayant des problèmes de santé mentale. Ces associations sont disposées à mettre la personne qui le demande en communication avec des individus qui sont allés au bout de leur démarche de sevrage. C'est ce qu'on appelle le pairage. (Prenez garde: des groupes d'entraide, à l'inverse, ont pour objectif d'encourager les personnes sujettes à des troubles de santé mentale à prendre leurs médicaments.) Les personnes qui ont vécu elles-mêmes un processus de sevrage et qui ont réussi à se libérer des médicaments, entièrement ou partiellement, peuvent fournir un appui inestimable. Elles connaissent bien les problèmes vécus par les personnes qui souffrent de trouble mental, elles ne portent pas de jugement et sont prêtes à partager leur expérience qui est utile, même si elle est différente. Le pairage avec ce genre de personnes permet de rompre l'isolement et d'établir des échanges mutuels enrichissants et réels qui complètent ou remplacent avantageusement une relation avec un professionnel.

C'est bon d'être accompagné par un professionnel qualifié. C'est bon aussi d'être accompagné par quelqu'un qui est passé par là, quelqu'un qui nous aide sur le plan humain et qui peut nous dire de ne pas s'en faire, que nos réactions sont normales. C'est rassurant de trouver quelqu'un qui nous apporte du soutien, qui nous côtoie, qui est plus accessible et qui voit moins de monde qu'un professionnel. Les deux ensemble forment un tout.

Les personnes-ressources bénévoles désignées pour entretenir une relation de pairage avec une personne en sevrage s'engagent généralement à rester en communication avec elle tout au long du sevrage, à répondre à ses appels quand elle voit apparaître une crise, le jour ou la nuit, à la laisser parler longuement de ses préoccupations, à la rencontrer et à la rassurer quand elle en a besoin. Ces personnes-ressources tiennent pour acquis que toute démarche de sevrage risque d'être accompagnée de symptômes pénibles: elles savent que si quelqu'un ne se sent pas bien pendant le sevrage, c'est pour une raison valable. Elles savent dédramatiser la situation. Souvent, ces personnes-ressources ont elles-mêmes reçu ce genre d'aide dans le passé et, une fois qu'elles ont réussi à s'en sortir, se portent à leur tour au secours de ceux qui ont besoin d'aide dans les mêmes circonstances.

Idéalement, la cure de sevrage des médicaments psychiatriques devrait ressembler aux cures offertes par les centres de désintoxication. Le sevrage de la cocaïne, de l'héroïne, de l'alcool et du tabac a d'ailleurs beaucoup de choses en commun avec le sevrage des médicaments psychiatriques. Mais, parce que les personnes qui prennent des médicaments psychiatriques ne sont habituellement pas acceptées par ces centres de désintoxication, elles doivent appliquer, à leur manière, les principes utilisés dans ces endroits pour mener à bien une cure de sevrage. Un des principes de base appliqués dans ces centres de désintoxication est l'établissement d'un lien de confiance profond avec une personne qui a une expérience de la situation, qui peut donner un sentiment de sécurité à l'individu en processus de sevrage et lui dire à l'avance ce qui risque de se produire. Il est donc nettement préférable d'avoir un réseau de soutien pour réussir un sevrage. En dépit de cela, il est important de savoir que bien des gens qui n'ont pas reçu l'appui nécessaire ont quand même réussi à faire un sevrage seuls.

Avec ces gens-là, on peut se faire un réseau d'amis, de gens qui nous comprennent. On s'entraide beaucoup. Si je suis déprimé, je peux appeler n'importe qui au centre. Au lieu d'aller attendre six ou sept heures à l'urgence, je peux communiquer avec quelqu'un. Si le centre est fermé, je peux appeler une personne qui fréquente le centre. Elle va me parler, me remonter le moral, m'aider jusqu'à ce que j'aille mieux.

CONNAÎTRE SES MÉDICAMENTS ET LES SYMPTÔMES DU SEVRAGE

Pour réussir son sevrage, il est important de savoir dans quel processus on s'engage.

- Tout d'abord, la personne désireuse d'entreprendre un sevrage doit connaître les médicaments qu'elle prend et avoir une bonne idée de ce qui l'attend.
- Elle doit ensuite comprendre que le sevrage est un processus qui peut s'étendre sur plusieurs semaines, voire plusieurs mois, et qu'il n'est pas sage de le faire de manière précipitée.
- Elle doit aussi être au courant que cette opération se caractérise par le retour d'émotions vives et quelquefois douloureuses qu'il lui faudra apprendre à comprendre et à accepter.
- Elle doit être avertie que le sevrage se traduit également souvent par le réveil des sens, en particulier dans le cas du sevrage des neuroleptiques, et que ce réveil peut provoquer une certaine panique chez les personnes qui ont oublié, entre autres choses, combien l'ouïe, le toucher, les sensations de chaud et de froid peuvent paraître aiguisés quand ils ont été anesthésiés depuis longtemps. Ces sensations fortes, par comparaison, peuvent en elles-mêmes donner une certaine impression de psychose.
- Elle doit également avoir à l'esprit que ses proches auront de la difficulté à accepter la souffrance qui accompagne parfois le sevrage.
- Elle doit être consciente du fait que les symptômes de sevrage ont souvent l'air inquiétant et peuvent encourager le médecin ou son entourage à faire pression sur elle pour qu'elle reprenne le traitement médicamenteux de façon brutale, sans lui donner la chance de récupérer complètement des effets de son sevrage.
- Elle doit de plus réaliser que son rythme de vie risque d'être chambardé et qu'elle ne pourra pas, par conséquent, avoir un horaire régulier pendant quelques semaines.
- Elle doit savoir que, même si l'insomnie bouleverse ses habitudes de sommeil, elle doit faire un effort pour dormir ou pour se reposer au lit au moins huit heures par jour, quitte à faire une longue sieste dans la journée.
- Elle doit savoir aussi que la colère contre les traitements subis et les gens qui sont associés à ces traitements constitue une réaction naturelle, prévisible et saine qui se manifeste souvent avec force dès le début du sevrage.
- Enfin, la personne en cours de sevrage doit se faire à l'idée, à l'avance, qu'elle aura avantage a faire preuve d'un peu de retenue, malgré la

grande colère qu'elle risque d'éprouver en s'éveillant à la réalité, pour éviter de faire des gestes difficiles à réparer.

Depuis que j'ai commencé mon sevrage, je m'aperçois que beaucoup d'horizons s'ouvrent devant moi.

FAIRE UN PLAN D'ACTION

Un sevrage bien organisé a de bonnes chances de réussir. D'où l'utilité d'un plan d'action détaillé. Voici une liste des principaux points à inclure dans un plan de sevrage sérieux:

- Déterminer à l'avance qui aller voir pour obtenir de l'aide et entreprendre des démarches en ce sens.
- Penser à la façon d'aborder la question du sevrage avec son médecin et planifier ce qu'il faudra faire au cas où il refuserait sa collaboration: s'adresser à un pharmacien, à un groupe d'entraide, etc.
- Établir un calendrier de sevrage comportant des indications claires au sujet des doses à prendre, semaine après semaine, si le médecin n'en fournit pas un. (Voir la section intitulée «Comment faire un sevrage», p. 325.)
- Prévoir des mesures en cas d'aggravation des symptômes: par exemple, la personne qui entreprend un sevrage a avantage à désigner une personne de confiance chargée de rester en communication avec elle et qui verra, selon sa volonté et si les symptômes deviennent inquiétants, à lui faire reprendre temporairement des doses de médicaments plus élevées, à la placer dans un environnement plus calme où elle aura des chances de mieux récupérer ou à la faire hospitaliser.
- Se renseigner sur ses droits et entrer en communication avec une personne ou un avocat spécialisé dans la défense des droits des patients. Il est utile d'aviser ces personnes de la démarche entreprise et de conserver leur numéro à portée de la main.
- Prévoir des solutions pour remplacer les médicaments par des activités thérapeutiques. (Voir plus loin.)
- Planifier aussi un environnement et un moment propices pour procéder à la cure de sevrage et faire en sorte que toutes les circonstances favorisent le succès de la démarche. On suggère de profiter d'un moment et d'un endroit où la personne se sent en meilleure forme.

À la clinique externe, un travailleur social m'a indiqué un organisme qui s'occupait des gens qui avaient des problèmes de santé mentale. Je me suis rendu compte que c'était complètement différent. C'est un regroupement de personnes qui souffrent ou qui ont souffert de problèmes de santé mentale. Cette association organise beaucoup d'activités et permet d'échanger, de partager, de dialoguer: on peut parler entre nous de ce qu'on ressent et de ce qu'on vit sans être gêné. Ce n'est pas évident dans une fête de famille de s'afficher comme personne ayant des problèmes de santé mentale.

- S'arranger pour écarter temporairement les préoccupations stressantes afin d'être en mesure de se consacrer pleinement au sevrage.
- S'apprêter à appliquer les principes d'hygiène de vie indispensables au maintien de l'équilibre mental. (Voir plus loin.)
- Repasser dans sa tête toutes les étapes à traverser au cours du sevrage, envisager tous les scénarios possibles et prévoir ce qu'on fera dans chacune des éventualités. Ces répétitions générales doivent se faire jusqu'à ce qu'on se sente à l'aise avec tous les aspects de la démarche.

Trouver des solutions de remplacement

L'absence de médicament et la coupure, possible, de la relation avec le thérapeute doivent être compensées par des activités susceptibles d'avoir un effet thérapeutique. La personne qui procède à un sevrage doit s'attendre à adopter un genre de vie différent, à créer des outils de remplacement. Un grand nombre de personnes ayant cessé de prendre leurs médicaments ou diminué leurs doses réussissent à mener une vie beaucoup plus normale qu'avant grâce à diverses techniques qui contribuent soit à canaliser leur esprit créateur, soit à instaurer des réflexes de tranquillité. La mise en application de ces techniques permet de mieux passer à travers les moments d'énervement néfastes à la santé mentale et de maintenir ainsi un meilleur équilibre.

Les thérapeutes qui suivent de près les personnes qui sont sujettes à des psychoses ont tendance à favoriser l'expression de la créativité par la peinture, l'écriture, la musique, pour ne nommer que quelques moyens.

Les personnes qui ont des problèmes de santé mentale ont aussi avantage à mettre en application des techniques propices au maintien de la tranquillité de l'esprit. Ces techniques sont particulièrement nombreuses et variées. Il revient à chacun de choisir ce qui lui convient. Certains opteront pour le tai-chi, d'autres pour le yoga, la méditation, les bains chauds (mais non les douches, qui excitent), la marche, les conversations téléphoniques, la lecture de livres agréables ou l'écoute de cassettes de relaxation ou de musique douce pour ramener en eux la sérénité. D'autres personnes préféreront faire appel à des spécialistes de techniques de relaxation (massage, acupuncture, bio-feedback, etc.) en attendant de mettre au point leurs propres façons de se relaxer. Il est à noter, par contre, que la relaxation passive peut, chez certains psychotiques, favoriser une dissociation de l'esprit et du corps. Si tel est le cas, il est préférable que ces personnes s'abstiennent de pratiquer des techniques de relaxation qui ont cet effet.

Voici ce qu'on m'a conseillé. Quand on diminue les doses d'un médicament, on les remplace par autre chose. Moi, ce que j'ai trouvé, c'est une cassette de relaxation. Lorsque ça m'arrive de paniquer, je vais chez moi et je me sers de ma cassette. Quand je me relève, je suis complètement rétabli et il n'y a plus de problème.

La perturbation de la tranquillité vient du stress et ce stress se manifeste fréquemment sur le plan musculaire. On peut donc l'observer. Avant d'entreprendre un sevrage, une personne devrait apprendre à déceler l'apparition du stress et à associer un état de relaxation à tout état de stress. Le fait de tenir un calendrier d'observation des réactions de stress et de noter dans quelle mesure l'une ou l'autre des techniques de relaxation essayées réussit à diminuer ce stress est un outil précieux pour l'établissement du réflexe de tranquillité qui peut mettre de trois à huit semaines à s'installer. Se préparer au réflexe de tranquillité quelques semaines avant le sevrage paraît donc particulièrement avisé.

Les personnes désireuses de mettre toutes les chances de leur côté peuvent aussi avoir recours à différents traitements psychosociaux qui s'avèrent souvent efficaces. Mentionnons tout d'abord les thérapies cognitives qui ont pour objectif de modifier et de restructurer certaines habitudes de pensée qui nuisent à l'équilibre de l'esprit et qui sont à l'origine d'émotions démesurées ou de comportements mal adaptés. Il existe aussi des thérapies comportementales (ou behaviorales) qui ont pour objet d'aider les personnes à se débarrasser de comportements liés à l'anxiété (phobies, somnambulisme, crises de panique, etc). Sans oublier les thérapies de résolution de situations sociales, qui peuvent en aider plusieurs à développer de meilleurs réflexes pour régler leurs problèmes au jour le jour et vivre en meilleure harmonie avec les autres. Pour les personnes plus verbales et introspectives, différentes thérapies d'orientation psychodynamique qui font appel à l'exploration de la vie émotionnelle et psychique peuvent s'avérer utiles. C'est d'ailleurs l'approche privilégiée par certains centres qui traitent la schizophrénie par des moyens non médicamenteux.

La forme de thérapie que je privilégie le plus, c'est la psychanalyse qui nous aide à comprendre ce qui nous a amené là. Les médicaments servent à stabiliser l'état de la personne. Une fois qu'il est stabilisé, on peut commencer à travailler sur la personne et diminuer les doses de médicaments.

Accepter de ne plus être comme avant

Il est irréaliste pour des personnes qui ont eu des troubles émotifs ou de santé mentale pendant une période de temps importante de penser qu'elles pourront redevenir un jour exactement la personne qu'elles étaient avant que le trouble survienne. Pendant ce temps, la vie les a marquées, elles ont vieilli et pris de l'expérience. Au moment du sevrage, elles doivent aussi apprendre à vivre et à résoudre leurs problèmes différemment et de façon mieux adaptée. Il leur est impossible d'être et d'agir comme avant et c'est peut-être mieux ainsi. S'accrocher à des attentes qui manquent de réalisme risque de mener au découragement et à l'échec.

Adopter une nouvelle hygiène de vie

Il est indéniable que les médicaments et le contact régulier avec le psychiatre ou le médecin procurent un sentiment de sécurité. L'abandon de l'un ou de l'autre peut créer un vide qui doit être comblé par la mise en application de mesures propices au maintien de l'équilibre mental. L'amélioration de l'hygiène de vie aidera la personne à affronter avec sérénité et efficacité les situations stressantes autrement susceptibles de provoquer une détérioration de l'équilibre. Voici comment mettre en pratique cette nouvelle hygiène de vie.

Je reconnais que je suis l'artisan et le seul responsable de mes expériences de vie. Le chemin de mon évolution passe par là et j'en accepte le prix. À mon avis, les psychiatres s'approprient un pouvoir que personne ne devrait laisser à qui que ce soit. Chacun est le seul guérisseur de son âme. Les autres n'y peuvent rien.

La stabilisation de la situation de vie

La personne qui veut procéder à un sevrage doit entreprendre des démarches pour stabiliser sa situation: elle doit trouver un endroit calme et s'entourer d'objets familiers (disques, livres, vêtements, affiches, etc.) pour passer cette période difficile et déterminer où, par la suite, elle pourra vivre dans des conditions équivalentes de calme relatif. Cette personne doit aussi prévoir des moyens de relaxation pour surmonter la colère et l'irritabilité qui font presque inévitablement surface pendant et après le sevrage. Par ailleurs, garder sa chambre en ordre, accomplir des tâches, se vêtir proprement et porter attention à son hygiène personnelle contribuent à établir une meilleure synchronisation entre le corps et l'esprit. Ces gestes, aussi simples soient-ils, sont considérés comme étant particulièrement importants pour renforcer le processus de stabilisation.

L'amélioration de l'alimentation

L'objectif du sevrage est de débarrasser le corps des substances toxiques qu'il a accumulées. L'adoption d'un régime alimentaire sain pendant le sevrage et le maintien de ce régime par la suite sont essentiels au succès du sevrage et au rétablissement d'un bon équilibre physique. On sait que les personnes qui prennent des médicaments psychiatriques s'alimentent souvent très mal. Cette tendance s'accentue souvent en période de sevrage: bon nombre de personnes n'ont pas faim et mangent trop peu, ce qui constitue une erreur. Il leur faut prendre des repas nutritifs à des heures régulières pour optimiser les bienfaits du sevrage. Un changement d'habitudes s'impose donc souvent. Voici ce qu'il est recommandé de faire:

- Manger bien, mais pas trop abondamment.
- Éviter les aliments et les substances qui excitent tels que le sucre (friandises, gâteaux, crème glacée, boissons gazeuses), le café, l'alcool et les drogues.
- Éviter les aliments en conserve ou de type «fast-food», les fritures et la viande rouge.
- Chercher à consommer des aliments sains, en particulier des légumes frais, des légumineuses, des produits non raffinés (pain de blé entier,

riz brun, etc.), de la viande maigre (comme du poulet), du poisson et des fruits frais ou secs.
- Boire deux litres d'eau par jour pour favoriser l'élimination des toxines.
- Prendre des tisanes calmantes (camomille, verveine, tilleul) pour remplacer le café, le thé et les colas.

Il n'est pas sage d'arrêter de fumer pendant une cure de sevrage de médicaments. Entreprendre deux sevrages de front, soit celui des médicaments et celui du tabac, risque de rendre le processus beaucoup trop pénible et de mener à l'échec. Il est donc préférable de régler la question des médicaments en premier. Quand la personne sent qu'elle a bien récupéré de son sevrage de médicaments, elle peut envisager de cesser de fumer.

L'exercice physique

L'exercice physique aide le corps à se débarrasser des toxines et des médicaments et améliore l'état de santé général. L'exercice est excellent aussi pour venir à bout de la rigidité, des sensations corporelles désagréables et de l'apathie qui se sont installées dans le corps à cause de la prise des médicaments. Au fur et à mesure que les médicaments se retirent du corps, l'énergie refait surface. On recommande de canaliser cette énergie nouvelle en faisant de l'activité physique, par exemple sous forme de marche, de gymnastique, de yoga, de natation ou de danse, en prenant soin de s'y adonner avec modération au début, quitte à augmenter graduellement le niveau d'activité.

L'éveil au monde

Pendant le sevrage et au cours des mois qui suivent, les personnes qui se libèrent des médicaments se sentent mieux physiquement, ont plus d'énergie et retrouvent une certaine agilité mentale: elles doivent en profiter pour acquérir de nouvelles habiletés sociales, pour améliorer leurs relations et en créer de nouvelles, pour trouver de nouvelles façons de vivre, de nouveaux loisirs, pour devenir actives au sein de leur communauté, pour lire et réfléchir. Bref, elles doivent investir cette capacité retrouvée de façon positive afin de favoriser leur épanouissement.

J'ai pris conscience d'un principe: il faut s'occuper pour ne pas se préoccuper. Quand on est dans l'action, on ne pense pas à ses problèmes. Je me suis engagé dans divers groupes de soutien en santé mentale; je me retrouve là-dedans, c'est valorisant.

COMMENT FAIRE UN SEVRAGE

Parce que l'effet des tranquillisants et des médicaments psychiatriques est souvent déplaisant, beaucoup de gens arrêtent d'en prendre dès qu'ils en ont la chance. Cesser de prendre ses médicaments ou diminuer leur consommation sans suivre une procédure correctement planifiée expose à des problèmes sérieux si on prend ce genre de médicaments depuis plus d'un ou deux mois.

Sevrage graduel ou sevrage brusque?

Presque tous les tranquillisants et les médicaments psychiatriques freinent l'énergie du corps. L'abandon brusque de ces médicaments peut donner lieu à une débandade d'anxiété, d'agitation, d'insomnie, d'irritabilité, de réactions musculaires, de troubles de comportement, de malaises gastro-intestinaux ou d'hallucinations. Le système nerveux central s'est généralement habitué depuis trop longtemps à l'action de ces médicaments et les réactions obtenues à la suite d'un arrêt brutal peuvent s'avérer foudroyantes. En effet, plus le niveau de médicaments augmente ou diminue rapidement dans le sang, plus les réactions sont intenses, inquiétantes et pénibles.

Ces symptômes sont généralement prévisibles et normaux, mais, comme ils paraissent inquiétants, ils servent souvent de prétexte au psychiatre pour ordonner la reprise des médicaments. Afin de réduire l'intensité de ces réactions de sevrage et le risque d'une intervention médicale malvenue, il importe de procéder à un sevrage graduel, selon les règles de l'art. En effet, à moins qu'il soit clairement établi que la personne est sous le choc d'une réaction toxique nécessitant un retrait rapide des médicaments, le sevrage doit se faire lentement. Avec un peu d'aide, une personne qui procède à un sevrage graduel peut passer à travers ce rite de renouveau à la vie sans trop de dommages. Donc, plus le sevrage s'étend sur une période de temps longue, plus il a de chances d'être réussi.

Mais il existe une deuxième raison, tout aussi importante, pour recommander un sevrage graduel. En effet, la personne qui diminue ses doses de médicaments retrouve une énergie mentale et physique qu'il lui faut apprendre à réinvestir. Le sevrage graduel permet de trouver des façons positives d'utiliser cette énergie et de consolider les acquis au fur et à mesure qu'ils surviennent. Par comparaison, un sevrage plus brusque peut laisser une personne aux prises avec une énergie mentale et physique difficile à utiliser correctement, en proie à de nouveaux problèmes. Dans la plupart des cas, il est préférable de laisser durer un sevrage pendant plusieurs semaines ou même plusieurs mois.

Mais c'est là que j'ai commencé à avoir de nouveau des émotions. J'ai commencé à pleurer et à avoir de la peine. J'ai commencé à aimer, à avoir de la haine. Toutes les émotions qui étaient disparues sont revenues après l'arrêt de ma médication.

Si une personne prend des médicaments psychiatriques (et cela inclut les somnifères et les tranquillisants) depuis moins de trois semaines, elle peut envisager de faire un sevrage à froid. En anglais, on appelle cela un sevrage «cold turkey». Il n'est pas impossible de se sevrer de cette manière quand on prend des médicaments depuis plus longtemps. Une certaine proportion de ceux qui se sont donné avec fierté le nom de «rescapés de la psychiatrie», ou si l'on préfère de «survivants de la psychiatrie», ont fait leur sevrage de cette façon, car c'était probablement le seul moyen qu'ils connaissaient alors pour s'en sortir. Par ailleurs, l'arrêt brusque de certains médicaments peut parfois être dangereux et mortel comme c'est le cas pour les somnifères et les tranquillisants, tels les barbituriques, que l'on prend depuis longtemps à trop fortes doses. La prudence s'impose donc dans ces cas-là.

Abandonner les médicaments les uns après les autres

En règle générale, il est recommandé d'éliminer les médicaments un à la fois. En fait, pour réussir un sevrage, il est capital de continuer à prendre tous ses médicaments et de ne diminuer que les doses du médicament le plus gênant. Il est possible de se sevrer de plusieurs médicaments en même temps, mais un sevrage multiple ne doit se faire que sous la supervision très attentive d'un médecin ou d'un pharmacien très bien informé. Une fois qu'une personne a réussi à se sevrer d'un médicament et qu'elle s'est assurée de la stabilité de son état, ce qui peut prendre plusieurs semaines et même plusieurs mois, elle peut songer à éliminer ou à diminuer les doses d'un deuxième médicament.

Les facteurs influençant le cours du sevrage

Plus la demi-vie d'un médicament est courte, plus ce médicament est éliminé rapidement du corps. C'est le cas pour le lithium et certains nouveaux tranquillisants et somnifères comme l'Halcion, le Restoril et le Serax. Les symptômes de sevrage pour ces médicaments apparaîtront rapidement et seront intenses, mais ils disparaîtront aussi relativement rapidement.

En contrepartie, plus la demi-vie d'un médicament est longue, plus ce médicament mettra du temps à être éliminé du corps. Par conséquent, les symptômes de sevrage prendront plus de temps à se manifester et dureront beaucoup plus longtemps. C'est ce que l'on observe d'habitude dans le cas des neuroleptiques, des antidépresseurs et des tranquillisants plus anciens (Valium, Librium, etc.).

LA MÉTHODE DE SEVRAGE PROGRESSIF: LA RÈGLE DU 10 P. 100

La méthode de sevrage progressif des tranquillisants et des autres médicaments psychiatriques est appliquée depuis plusieurs décennies. De nos jours, cette méthode fait toujours autorité.

Un des objectifs que je me suis donnés, c'est de maîtriser mes émotions. Je suis incapable de pleurer, même quand je le veux. Un jour, je vais être capable d'avoir des émotions comme tout le monde. Quand j'aimerai quelque chose, je serai capable de l'aimer normalement, sans que ça soit excessif ou minimal. Je réapprends à être triste, non parce que je suis déprimé, mais parce que je suis triste. Je réapprends aussi à rire.

Le sevrage progressif se fait en une dizaine d'étapes dont la durée peut varier de deux ou trois jours à deux ou trois semaines et qui correspondent chacune, sauf les dernières, à une diminution de 10 p. 100 de la dose initiale. La règle du 10 p. 100 n'est pas une règle absolue: elle peut être adaptée à chaque situation, en particulier pour allonger la période de sevrage. En vertu de cette règle du 10 p. 100, si une personne prend habituellement 500 mg de Largactil par jour, elle pourra diminuer sa dose de 50 mg à chacune des étapes du sevrage (10 p. 100 de 500 mg = 50 mg). Voici ce que cela donne en pratique:

Première étape

Passer de 500 mg à 450 mg par jour et attendre une semaine ou plus jusqu'à ce que les symptômes pénibles de sevrage aient disparu.

Deuxième étape

Passer ensuite de 450 mg à 400 mg par jour et attendre plusieurs jours jusqu'à ce qu'on se sente bien de nouveau.

Troisième étape

Passer de 400 mg à 350 mg par jour et attendre que les effets désagréables se dissipent.

Les étapes suivantes

Les autres étapes se déroulent de la même manière jusqu'à ce que le sevrage soit terminé. Contrairement à ce que l'on pourrait croire, la dernière étape est une des plus difficiles même si les quantités de médicament à réduire sont devenues très petites. Passer de la dernière dose (50 mg, dans notre exemple) au sevrage complet peut parfois s'avérer difficile. Si tel est le cas, il suffit de subdiviser la dernière étape en quatre ou cinq nouvelles étapes qui permettront de réduire cette dose finale de façon encore plus graduelle, en la coupant de 20 à 25 p. 100 à chacune des étapes. Dans notre exemple, la dernière dose prévue était de 50 mg. Pour terminer le sevrage en douceur, il sera probablement nécessaire de réduire cette dose de 10 mg par nouvelle étape, égale en longueur aux précédentes, et de passer ainsi de 50 mg à 40 mg, puis à 30 mg et ainsi de suite jusqu'à la fin.

L'AUGMENTATION ÉVENTUELLE ET TEMPORAIRE DES DOSES

Si les symptômes de sevrage deviennent trop difficiles à maîtriser, il est recommandé de revenir à la dose précédente jusqu'à ce que cette augmentation temporaire de dose permette de retrouver l'équilibre souhaité. Cela n'empêchera pas la personne de continuer à réduire ses doses par la suite, en observant de préférence des étapes un peu plus longues.

Moi, j'ai fait un pacte avec mes enfants. Si des symptômes graves se présentent, je les autorise à me redonner des médicaments.

COMMENT RÉPARTIR LES DIMINUTIONS DE DOSES DANS LA JOURNÉE

Il y a plusieurs façons d'organiser cette réduction de doses dans la journée. Prenons le cas des médicaments dont la prise est répartie tout au long de la journée, à savoir le matin, le midi et le soir. La première façon consiste à réduire progressivement les doses du matin jusqu'à ce que la prise du matin soit éliminée. On s'attaque ensuite aux doses de l'après-midi, puis du soir.

Une autre façon de faire consiste à réduire la dose du matin au cours de la première étape, puis à réduire la prise de l'après-midi lors de la deuxième étape, et à réduire enfin celle du soir. Une fois ce cycle fini, on recommence l'alternance des diminutions du matin, du midi et du soir jusqu'à ce que le sevrage soit terminé.

COMMENT DIVISER LES DOSES EN FRACTIONS

Pour suivre ces étapes, il faudra parfois utiliser des doses plus petites que celles dont on dispose habituellement. Il y a plusieurs manières de régler ce problème. Tout d'abord, le médicament existe peut-être en comprimés dont le dosage est plus faible: le Largactil, par exemple, existe en comprimés de 200, 100, 50, 25 ou 10 mg. Si une personne ne peut pas mettre la main sur des comprimés dont le dosage lui convient, d'autres solutions s'offrent à elle. En effet, quand les comprimés comportent une rainure, il est possible de les diviser en deux, et même en quatre. Les capsules, quant à elles, sont difficiles à couper, mais on peut en répartir le contenu en plusieurs doses en le versant dans plusieurs contenants. Certaines autres pilules sont entourées d'un enrobage dur. Si elles sont trop difficiles à couper, on peut les faire dissoudre dans une solution stérile mesurée qu'on peut alors diviser en plusieurs doses. On peut s'adresser à un pharmacien ou à un chimiste pour apprendre à appliquer cette technique. Si une personne a de la difficulté à fractionner les comprimés, elle peut aussi choisir de prendre, à la toute fin du sevrage, son médicament un jour sur deux, puis un jour sur trois, avant de cesser de le prendre pour de bon.

Voici un exemple de sevrage progressif où il est nécessaire de fractionner les doses. Si une personne prend 60 mg de Valium par jour, soit six comprimés de 10 mg, et qu'elle utilise la méthode de réduction de 10 p. 100 par étape, elle doit choisir de réduire sa dose de 5 mg, plutôt que de 6 mg (10 p. 100 de 60 mg = 6 mg). Les réductions se répartiront ainsi:

Première étape

Passer de 60 mg par jour (6 comprimés de 10 mg) à 55 mg par jour (soit de 6 à 5 1/2 comprimés par jour).

Deuxième étape

Passer de 55 mg à 50 mg par jour (5 comprimés).

Troisième étape

Passer de 50 mg à 45 mg par jour (4 1/2 comprimés).

Les étapes finales

À la fin du sevrage, l'on doit faire la transition entre 5 mg et le retrait du médicament; cette transition risque d'être spécialement difficile. Pour adoucir ce qu'on pourrait appeler l'atterrissage final, on aura vraisemblablement besoin de diviser les comprimés en fractions encore plus petites pour obtenir des doses de 2,5 mg et de 1,25 mg.

LES SYMPTÔMES DE SEVRAGE

Le retrait de médicaments psychotropes peut éventuellement provoquer des symptômes de rechute, de rebond et de sevrage. La rechute se définit comme le retour graduel des symptômes du trouble original pour lequel le médicament avait été prescrit. Le rebond est l'expérience des symptômes originaux mais de façon plus intense qu'avant la prise du médicament. Les symptômes de sevrage, pour leur part, sont de nouveaux symptômes liés exclusivement au retrait du médicament. Ces derniers symptômes, ainsi que ceux du rebond, retourneront à leurs niveaux précédents de manière graduelle.

Certains symptômes de sevrage donnent l'impression de produire les effets inverses de ceux engendrés par le médicament. C'est comme si le cerveau avait cherché à contrecarrer avec force l'effet du médicament pendant tout le temps du traitement. Quand les médicaments sont éliminés, les transmissions nerveuses dans le cerveau qui avaient été bloquées par ces médicaments semblent se rétablir non seulement avec la vigueur initiale, mais aussi avec la vigueur additionnelle mise en œuvre pendant tout ce temps pour combattre l'effet du médicament. Inutile de s'étonner que l'effet obtenu lors du retrait des médicaments soit si impressionnant. De plus, certains symptômes de sevrage sont identiques aux effets secondaires indésirables que ressentent les personnes en début de traitement.

Le sevrage, c'était l'enfer. J'ai été pratiquement trois semaines sans dormir. Je sautais dans mon lit constamment, j'avais des tremblements, des sueurs, des migraines, des maux de ventre, des vomissements, des diarrhées. C'était terrible. J'étais un peu comme en manque, parce que cela reste une drogue. J'étais continuellement déprimé.

La personne qui entreprend un sevrage, de même que son entourage, devrait être consciente que toute réaction physique ou émotionnelle qui apparaît quelques heures ou quelques jours après l'arrêt ou la diminution des doses d'un médicament psychiatrique est probablement une réaction de sevrage. En fait, toute réaction émotionnelle (colère, nervosité, apathie, dépression, anxiété, paranoïa, etc.) accompagnée de symptômes physiques (tremblements, frissons, nausées, maux de tête, etc.) qui survient pendant un traitement ou peu de temps après l'arrêt du traitement peut être un effet du médicament, causé par la toxicité ou le sevrage. Il est utile de rappeler que des réactions de sevrage se produisent aussi pendant le traitement, quand une dose cesse de produire son effet et que le corps doit attendre plusieurs heures avant l'ingestion de la suivante. Cela est particulièrement vrai dans le cas des médicaments à demi-vie courte.

Le déroulement du sevrage dépend du médicament et de la réaction de chacun. Chez certains, les symptômes apparaissent au cours des premières heures, chez d'autres, ils se manifestent plusieurs jours, voire plusieurs semaines après le début du sevrage. Cela est aussi lié à la durée de la prise du médicament et à la force des doses absorbées. Les médicaments emmagasinés dans le corps peuvent mettre plusieurs mois à s'éliminer entièrement. Six mois après l'abandon des neuroleptiques et des antidépresseurs tricycliques, on trouve encore des traces de ces médicaments dans l'urine. Par ailleurs, la plupart des médicaments ont tendance à s'accumuler dans les graisses corporelles et peuvent continuer à se libérer dans le corps longtemps après l'arrêt de la consommation, en particulier quand on se met à perdre du poids. Les effets des médicaments peuvent donc se faire sentir longtemps.

Parfois, le sevrage s'opère sans heurts et sans grande difficulté, à part quelques problèmes d'anxiété, d'insomnie et de cauchemars. Dans d'autres cas, le sevrage s'accompagne de manifestations temporaires inquiétantes qui peuvent même aller jusqu'au délire, aux convulsions et aux hallucinations. Ces symptômes, en apparence débilitants, peuvent faire croire au retour de la crise de santé mentale. Pourtant, cela n'est généralement pas le cas. Ces symptômes, si saisissants soient-ils, sont les manifestations normales et naturelles du processus de désintoxication. Il faut savoir les accueillir avec sagesse et philosophie et attendre que leur effet se dissipe ou, si la situation devient trop houleuse, augmenter les doses de médicament légèrement et de façon momentanée, plutôt que de sauter trop vite aux conclusions et de reprendre des doses massives.

Dans certains cas, on est obligé de les arrêter et de leur dire: «Tes convulsions, tu vas les faire. Tu vas seulement t'arranger pour ne pas tomber sur un radiateur, le reste, ce n'est pas grave. Fais tes petites convulsions, on te ramassera après.»

L'insomnie est probablement la réaction de sevrage la plus courante. Pour contourner cette difficulté, il est essentiel de s'accorder des périodes de repos suffisantes, par exemple en se couchant, même si le sommeil ne vient pas. Des tisanes calmantes de camomille ou de valériane et diverses méthodes de relaxation énumérées dans le chapitre portant sur les somnifères peuvent contribuer à alléger ce malaise. Après un sevrage, il n'est pas inhabituel de mettre plusieurs mois à retrouver une qualité normale de sommeil.

LE SEVRAGE DES ANTIDÉPRESSEURS

Environ 55 p. 100 des adultes qui cessent de consommer des antidépresseurs éprouvent des symptômes de sevrage donnant l'impression qu'ils traversent une phase d'excitation maniaque ou de dépression qui s'accompagne d'émotions à fleur de peau, d'anxiété, de rêves inquiétants, de réveils en panique et de comportements irrationnels. La fatigue et la léthargie temporaires qui se produisent parfois pendant le sevrage des antidépresseurs n'améliorent guère les choses. Cette situation est normale, peut s'étendre sur plusieurs semaines et finit par se rétablir.

LE SEVRAGE DES ANTIDÉPRESSEURS TRICYCLIQUES

Un sevrage rapide ou un arrêt brusque des antidépresseurs tricycliques après un usage prolongé est fortement déconseillé. La gravité des réactions de sevrage est liée au dosage et à la durée du traitement. Plus les doses de l'antidépresseur sont élevées et plus le traitement a été long, plus le syndrome de sevrage sera intense. Les réactions désagréables associées au sevrage durent habituellement une à deux semaines, mais peuvent aussi parfois durer plus longtemps et même se présenter à nouveau plusieurs mois plus tard.

La diminution de la prise d'antidépresseurs tricycliques est susceptible de faire apparaître des symptômes qui ressemblent beaucoup à ceux de la grippe:

- problèmes gastro-intestinaux, nausées, vomissements, diarrhées;
- douleurs musculaires, frissons;
- maux de tête, fièvre, rhume de cerveau;
- malaise physique général.

Les symptômes de sevrage des antidépresseurs tricycliques peuvent aussi se présenter sous d'autres formes:

- fatigue, léthargie;
- insomnie et cauchemars;
- sueurs excessives;
- perte d'appétit, salivation importante;
- anxiété, agitation.

Ces symptômes apparaissent habituellement entre 24 et 48 heures après l'abandon du médicament ou une réduction majeure de la dose. Un retour des symptômes de dépression peut également se produire. Le sevrage graduel des antidépresseurs tricycliques s'effectue généralement sur une période de quatre ou cinq semaines, préférablement en collaboration avec un médecin. Si un sevrage rapide est nécessaire, certains médecins sont d'avis que des médicaments comme le Benadryl, le Cogentin et le Gravol peuvent atténuer certains symptômes.

Le sevrage du Prozac et des antidépresseurs ISRS

Les informations concernant le sevrage des antidépresseurs ISRS sont limitées à cause de la nouveauté de ces produits et à cause du manque de recherche sur leurs différentes propriétés pharmacologiques. Le sevrage des antidépresseurs ISRS peut provoquer certains symptômes qui ressemblent à ceux observés lors du sevrage de stimulants. Les antidépresseurs ISRS qui ont une demi-vie courte (Luvox, Paxil et Zoloft) produisent des symptômes plus intenses que ceux qui ont une demi-vie plus longue, comme le Prozac. On peut s'attendre à certains des effets que voici:

- fatigue, étourdissements;
- irritabilité, état dépressif profond semblable au «crashing» observé à la suite du sevrage de stimulants comme les amphétamines;
- crampes abdominales douloureuses, nausées;
- malaise général;
- souffle court;
- insomnie;
- cauchemars, anxiété;
- manque de coordination;
- symptômes de grippe, fièvre, transpiration excessive.

Un arrêt trop brusque ou une diminution importante des antidépresseurs ISRS pris à fortes doses peut aussi déclencher, en moins de 24 ou 48 heures, un syndrome grave de sevrage qui comporte un certain danger. En effet, des cas de comportements violents, meurtriers et suicidaires ont été rapportés au moment de la diminution ou de l'augmentation de doses d'antidépresseurs ISRS, dont le Prozac. Ce sevrage doit donc se faire très graduellement et sous une surveillance étroite.

Le sevrage des antidépresseurs IMAO

Un abandon rapide des antidépresseurs IMAO peut parfois provoquer un syndrome de sevrage. Les réactions au sevrage dépendent de la durée du traitement et du dosage de l'antidépresseur. Le nombre et l'intensité des symptômes sont grandement réduits quand on procède à un sevrage graduel. Les réactions aux diminutions de doses se manifestent entre un et quatre jours après le début de la réduction des doses du médicament. Voici les réactions auxquelles on peut s'attendre au moment du sevrage:

- agitation, irritabilité;
- palpitations cardiaques, transpiration excessive;
- volubilité ou difficulté à s'exprimer;
- insomnie ou léthargie;
- sautes d'humeur;
- problèmes de coordination de mouvements.

Si le sevrage est trop rapide après un traitement prolongé, on peut même voir apparaître des symptômes plus dérangeants, mais temporaires:

- hallucinations, délire paranoïde, agressivité;
- catatonie, c'est-à-dire une inertie accompagnée de comportements bizarres et de négation du monde extérieur.

Ces symptômes sont temporaires. Ils indiquent que le sevrage devrait se dérouler encore plus lentement. Si ces symptômes troublants persistent, une augmentation des doses peut être recommandable pour une certaine période.

Le sevrage de la néfazodone (Serzone)

Comme la plupart des nouveaux médicaments, la néfazodone n'a pas été suffisamment étudiée pour qu'on soit en mesure de déterminer les risques de tolérance, de dépendance physique ou de sevrage associés à son usage.

LE SEVRAGE DE LA VENLAFAXINE (EFFEXOR)

Comme la plupart des nouveaux médicaments, la venlafaxine n'a pas été suffisamment étudiée pour qu'on puisse déterminer les risques de tolérance, de dépendance physique ou de sevrage qu'elle pourrait provoquer. Cependant, on a remarqué tout particulièrement les six symptômes que voici lors d'une diminution de la dose ou d'un arrêt du traitement:

- fatigue, vertiges;
- maux de tête;
- nausées;
- insomnie, nervosité.

Il est donc recommandé de diminuer graduellement les doses et de surveiller la personne qui entreprend un sevrage.

LE SEVRAGE DU LITHIUM

Le sevrage est plus psychologique que physique. Quand je diminue ma dose de lithium, l'agressivité et l'anxiété remontent. Le lithium a tendance à geler les émotions. Si on lève un peu le couvercle, le méchant qui est entassé là-dedans sort tout d'un coup. Ce n'est pas un sevrage particulièrement facile.

Selon certains usagers, il est possible de procéder à un sevrage de lithium sur une période relativement courte, à savoir environ deux semaines. Mais il est grandement préférable d'étaler ce sevrage sur une période de temps considérablement plus longue. Les recherches qui portent sur les réactions de personnes à la suite d'un sevrage du lithium montrent qu'un sevrage graduel comporte un risque bien moindre de rechutes qu'un sevrage rapide[4]. Comme dans le cas des neuroleptiques, le risque de rechute semble maximal pendant les 12 premières semaines.

---

4. Suppes, T., Baldessarini, R. J., D. Van Kammen et M. Tohen. «Discontinuing maintenance treatment in bipolar manic-depression: risks and implications», *Harvard review of psychiatry, 1,* 1993, p. 131-144.

Je suis en sevrage de lithium depuis sept ou huit mois. Je suis parti de 1 200 mg par jour et je suis actuellement à 600 mg par jour. Je veux réduire au minimum; éliminer complètement, ce n'est pas évident.

Les réactions au sevrage de lithium ne sont pas spectaculaires. Par contre, il ne faut pas être surpris de voir resurgir temporairement des difficultés émotionnelles, de l'anxiété, de l'irritabilité et de l'insomnie. Il n'est pas rare non plus qu'un tel sevrage s'accompagne d'une à deux rechutes mais c'est souvent, hélas, par cette expérience que la personne réussit vraiment à se sevrer définitivement des médicaments. La première rechute se produit trois ou quatre semaines après le sevrage et se manifeste par de la peur et de la honte. Honte de ce que la famille a eu à subir pendant les précédentes phases de manie, honte de soi-même, qu'il est préférable de régler une fois pour toutes avec un psychothérapeute plutôt que d'endosser un diagnostic déculpabilisant et de reprendre un médicament qui camoufle un problème qui pourrait être réglé autrement. Le sevrage du lithium comprend donc un cheminement psychologique et social extrêmement important.

Chez les personnes souffrant présumément d'un trouble bipolaire et ne recevant aucun traitement, la période minimale entre deux crises est, en moyenne, d'environ un an. Par contre, chez les personnes traitées au lithium, cette période de temps est en moyenne de deux mois à la suite de l'arrêt, probablement brusque, du lithium. Ces données laissent croire que le traitement lui-même confère un facteur de risque additionnel pouvant contribuer à accélérer le retour des symptômes[5]. C'est une raison de plus pour peser très sérieusement la décision de commencer un traitement au lithium et aussi pour exercer une grande prudence lors du sevrage.

Il faut être prêt psychologiquement avant de faire un sevrage du lithium. Il faut apprendre à se connaître avant, pas après.

---

5. Suppes, T., R. J. Baldessarini, G. L. Faedda et M. Tohen. «Risk of recurrence following discontinuation of lithium treatment in bipolar disorder», *Archives of general psychiatry, 48,* 1991, p. 1082-1088.

LE SEVRAGE DES NEUROLEPTIQUES

Le sevrage des neuroleptiques ou, le cas échéant, la réduction très graduelle mais substantielle de la dose prescrite, devrait en règle générale être considéré dans tous les cas suivants:

- quand une personne âgée présente des signes de dyskinésie tardive;
- quand une personne présente des signes de dyskinésie tardive et que ses symptômes psychotiques sont maîtrisés depuis quelques semaines;
- dans le cas de toute personne qui prend des neuroleptiques depuis quelques mois ou quelques années et dont les symptômes psychotiques sont maîtrisés, qu'elle présente ou non une dyskinésie.

À cause des effets potentiellement irréversibles des neuroleptiques, il incombe à tout médecin qui suit des personnes traitées de façon chronique de déterminer la dose minimale capable de maîtriser les symptômes psychotiques. Chez plusieurs personnes, cette dose minimale est zéro, ce qui signifie l'abandon complet des médicaments.

LA NÉCESSITÉ DU SEVRAGE GRADUEL

Comme nous l'avons mentionné plus haut, le sevrage des neuroleptiques a avantage à s'étaler sur une période de plusieurs mois pour augmenter les probabilités de réussite de l'opération. Ce sevrage n'est pas de tout repos et les difficultés les plus ardues à surmonter se présentent souvent entre la 12e et la 16e semaine[6]. La patience est donc de rigueur pour un tel sevrage.

Lorsqu'on consulte les recherches qui décrivent les réactions au sevrage des neuroleptiques chez les personnes souffrant présumément de schizophrénie, on est surpris de constater que la majorité des médecins retirent brusquement les médicaments, généralement dans l'espace d'une seule journée[7]! Sauf en cas d'intoxication grave, il n'existe pratiquement aucune raison valable d'agir de telle manière. Cela nous confirme que le sevrage n'est pas encore bien compris en psychiatrie. Les personnes désirant entreprendre un tel sevrage devraient réaliser que leurs médecins ne savent pas toujours comment procéder pour minimiser les effets indésirables du sevrage et pour le réussir.

---

6. Baldessarini, R. J. et A. Viguera. «Neuroleptic withdrawal in schizophrenic patients», *Archives of general psychiatry, 52,* 1995, p. 189-192.
7. Gilbert, P. L., M. J. Harris, L. A. McAdams, et D. V. Jeste. «Neuroleptic withdrawal in schizophrenic patients: A review of the literature», *Archives of general psychiatry, 52,* 1995, p. 173-188.

Un examen détaillé de ces recherches, effectuées en observant des sujets pendant des périodes allant jusqu'à neuf mois, montre que malgré les retraits brusques de neuroleptiques, plus de la moitié d'entre eux n'ont fait aucune rechute. Encore plus encourageant: chez les sujets dont le sevrage graduel s'étalait sur une période de deux semaines à deux mois, le taux de rechute était trois fois plus bas que chez ceux qui avaient procédé à un sevrage brusque. Ce taux de rechute, en fait, ressemblait à celui observé chez les personnes qui n'avaient pas cessé de prendre leurs neuroleptiques! Mais dans le cas d'une personne qui a suivi un traitement aux neuroleptiques pendant plusieurs années, même un sevrage réparti sur deux mois est probablement encore trop court.

La personne qui diminue sa consommation de neuroleptiques a intérêt à procéder en utilisant des étapes de réduction assez longues, de préférence d'une durée de deux ou trois semaines chacune. Le sevrage doit être encore plus étalé dans le temps quand la personne prend des neuroleptiques à effet prolongé, en particulier des neuroleptiques donnés par injection (Modecate, Haldol L.A., etc.). Dans ces cas, on suggère de diminuer la dose initiale de 10 p. 100 par mois, si l'on arrive à obtenir la collaboration d'un médecin. Sinon, il y a moyen de recevoir le médicament sous forme orale, ce qui permettra d'entreprendre par la suite un sevrage graduel en respectant la règle du 10 p. 100 énoncée plus haut. Une étude récente portant sur des patients qu'on disait schizophrènes chroniques a montré que des réductions de 50 p. 100 de doses pouvaient très bien se faire dans des conditions ordinaires de pratique psychiatrique, sans occasionner de problèmes. Les chercheurs ayant effectué cette étude ont même observé des taux d'effets secondaires, de dyskinésie tardive, de rechutes et de réhospitalisations moins élevés à la suite de ces réductions de doses[8].

C'est parce que j'ai continué tout le temps à demander à mon médecin de diminuer mes doses qu'il les a diminuées. Si je ne le lui avais pas demandé, il ne l'aurait pas fait.

8. Inderbitzin, L. B., R. R. Lewine, G. Scheller-Gilkey *et al.* «A double-blind dose reduction trial of fluphenazine decanoate for chronic, unstable schizophrenic patients», *American Journal of Psychiatry, 151,* 1994, p. 1753-1759.

Les symptômes du sevrage des neuroleptiques

Le sevrage des neuroleptiques provoque trois catégories de symptômes:

- Les premiers constituent le rebond cholinergique et s'apparentent à ceux de la grippe: transpiration, écoulement nasal, nausées, vomissements, insomnie, cauchemars, salivation exagérée, diarrhée, nervosité, maux de tête. Il n'y a pas lieu de s'inquiéter de ces manifestations, sauf si les vomissements deviennent trop violents et si la personne a de la difficulté à respirer. En général, ils disparaissent en moins de deux à six semaines.
- Le deuxième groupe de symptômes est de nature musculaire. Les effets des neuroleptiques sur les muscles peuvent s'accentuer au moment du sevrage et se traduire par de la rigidité musculaire, des raideurs, des tremblements, des courbatures et des mouvements anormaux involontaires. En règle générale, les effets ressentis pendant la prise de médicaments, en particulier ceux qui se sont manifestés en début de traitement et se sont atténués par la suite, se feront sentir de nouveau lors du sevrage, mais de manière plus intense qu'auparavant. La plupart de ces troubles musculaires vont, dans la majorité des cas et surtout chez les personnes jeunes, disparaître en moins de six semaines. Mais il n'est pas possible de prédire à l'avance la durée de ces réactions de sevrage. Par exemple, certains mouvements involontaires, spécialement ceux qui affectent les muscles de la figure, peuvent prendre plusieurs mois à se dissiper après l'abandon complet du médicament. Dans d'autres cas, particulièrement chez les personnes âgées, ces problèmes ne disparaîtront jamais en raison du dommage irréparable produit par les neuroleptiques, mais ils pourront s'atténuer légèrement ou modérément. C'est ce qu'on appelle une dyskinésie tardive.

> *Quand on arrête de prendre la médication, on se met à avoir des tremblements, puis à pleurer. Mais non, ce n'est pas une rechute, c'est un effet secondaire du sevrage. Ça va durer un mois ou deux, mais ça va passer. C'est bien important de différencier la rechute de la maladie des effets secondaires du sevrage.*

- Enfin, le troisième genre de symptômes, qui se manifeste par ce que l'on appelle une psychose de sevrage ou d'hypersensibilité, peut paraître inquiétant au premier abord. Cette psychose, qui se manifeste par du délire et des hallucinations, peut laisser croire que la personne en sevrage fait une rechute et sombre à nouveau dans l'irrationalité. Ce phénomène est au contraire tout à fait normal et fait partie du processus de récupération du corps qui a longtemps été soumis à l'influence du médicament. Cette réaction, si elle est trop forte, indique plutôt qu'il faut considérablement ralentir le rythme du sevrage afin de permettre au sujet de se stabiliser. Si cette situation se présente, il est important de manœuvrer avec prudence afin d'éviter que la reprise brutale de médicament ne soit imposée par des personnes qui comprennent mal cette réaction de sevrage. Pour stabiliser la situation, il est possible de revenir à la dose prise lors de l'étape précédente en attendant que la situation se régularise et que l'on puisse recommencer à diminuer les doses. La psychose de sevrage peut durer quelques heures, parfois plus longtemps, mais elle finit généralement par se résorber.

Les symptômes de sevrage des neuroleptiques apparaissent quelques jours après la diminution des doses et se présentent avec le plus d'intensité pendant les deux ou trois premières semaines, surtout si le sevrage est assez brusque. Après cette période initiale, ils diminuent ensuite d'intensité mais peuvent réapparaître, en particulier au cours du troisième et du sixième mois. La dernière étape du sevrage, qui consiste à passer d'une dose faible à l'abandon total, risque de s'avérer spécialement éprouvante, d'où la nécessité de ralentir la diminution des doses en fin de parcours.

Ma famille me voit comme j'étais et non comme je suis devenu. Elle me ramène dans ma maladie. J'ai décidé de ne plus la voir pour préserver ma santé mentale et le cheminement que j'ai fait.

La plupart des personnes qui prennent des neuroleptiques prennent aussi des antiparkinsoniens, dont le rôle consiste à masquer certains désordres du mouvement produits par les neuroleptiques. Certains cliniciens jugent important d'avoir atteint depuis quelques semaines l'objectif de sevrage des neuroleptiques avant d'entamer le sevrage des antiparkinsoniens. D'autres personnes qui sont passées à travers cette expérience préfèrent diminuer les antiparkinsoniens en même temps que les neuroleptiques.

LE SEVRAGE DES ANTIPARKINSONIENS

Ces commentaires sur le sevrage des antiparkinsoniens ne s'adressent pas aux personnes qui prennent des médicaments antiparkinsoniens pour le traitement d'une maladie neurologique comme la maladie de Parkinson.

En psychiatrie, les antiparkinsoniens sont presque exclusivement utilisés pour réduire les effets secondaires musculaires causés par les neuroleptiques. Le sevrage des antiparkinsoniens est considéré par certains thérapeutes comme particulièrement difficile à cause des effets fortement anticholinergiques de ces médicaments. Au cours du sevrage, il faut s'attendre à un rebond cholinergique, c'est-à-dire à des symptômes similaires à ceux de la grippe, mais plus intenses: problèmes gastro-intestinaux, diarrhée, nausées, vomissements, écoulement nasal, malaises, frissons. Les symptômes peuvent aussi se présenter sous forme de fatigue, de léthargie, d'insomnie ou d'hypersomnie, de perte d'appétit, de salivation excessive et de maux de tête. Le sevrage devrait s'étaler sur plusieurs semaines. Fait encourageant, à cause des problèmes de mémoire qu'occasionnent les antiparkinsoniens, on peut s'attendre à une amélioration de la mémoire après avoir cessé de prendre des antiparkinsoniens ou après avoir diminué ses doses. Il est préférable de n'entreprendre ce sevrage qu'après avoir arrêté la prise de neuroleptiques.

LE SEVRAGE DES STIMULANTS

Les stimulants du système nerveux central engendrent une grande dépendance psychologique et leur abandon peut être particulièrement difficile pour le moral. Par contre, le sevrage des stimulants ne semble pas occasionner beaucoup d'effets sur le plan physique. Il peut se traduire, temporairement, par:

- de l'anxiété, de l'irritabilité, de l'agitation;
- de la fatigue, de la léthargie, de l'indifférence;
- un regain d'appétit;
- des problèmes gastro-intestinaux.

Ces symptômes durent en général quelques jours. À ces symptômes s'ajoutent quelquefois des problèmes d'insomnie et de cauchemars nocturnes qui peuvent s'étaler sur une période allant de trois à huit semaines.

En outre, une profonde dépression qu'on appelle communément un «crashing» peut se produire chez certains utilisateurs à l'arrêt de la consommation. Cette dépression dure généralement deux ou trois jours, mais dans certains cas elle peut s'étendre sur plusieurs semaines. Les personnes qui cessent trop rapidement de prendre des stimulants peuvent être la proie de crises passagères de désespoir, présenter des signes temporaires de psychose et vouloir même mettre fin à leur vie. Une réduction graduelle s'impose donc pour atténuer ces effets passagers quand on désire cesser ou diminuer sa consommation de stimulants.

LE SEVRAGE DES TRANQUILLISANTS ET DES SOMNIFÈRES

Quand une personne prend des tranquillisants et des somnifères de façon régulière depuis plus de trois semaines, il est crucial qu'elle procède à un sevrage graduel, en l'étalant sur une période minimale d'une ou deux semaines, car les conséquences d'un arrêt brusque peuvent être sérieuses. Plusieurs centres de désintoxication acceptent de recevoir ces personnes pour les aider à passer à travers leur sevrage.

Les symptômes de sevrage peuvent apparaître dès les premiers jours pour les somnifères et les tranquillisants dont la demi-vie est courte, mais seulement après plusieurs jours pour ceux dont la demi-vie est longue. Comme pour les autres médicaments présentés précédemment, le passage, à la fin du sevrage graduel des somnifères et des tranquillisants, d'une dose minime au retrait du médicament peut s'avérer particulièrement pénible. Après le sevrage, les symptômes de retrait peuvent continuer à se manifester de façon cyclique sur une période d'environ trois mois[9].

Le sevrage des somnifères et des tranquillisants peut s'accompagner de symptômes d'intensité variable qui diminuent avec le temps:

- irritabilité, anxiété, insomnie, cauchemars;
- dépression;
- inquiétude, panique, vertiges;
- tics;
- perte d'appétit;

9. Pour avoir plus d'information sur le sevrage des somnifères et des tranquillisants, on peut se procurer l'excellent livre de Marie Claude Roy, *Se libérer des tranquillisants,* publié en 1990 aux Éditions Québec/Amérique (Montréal). Voir également le livre de Catherine Sokolsky, *Les tranquillisants et leurs pièges,* Paris, Hommes et Groupes éditeurs, 1987.

- maux de tête;
- tremblements, transpiration, agitation;
- difficulté de concentration;
- nausées, diarrhée;
- palpitations.

Dans des cas plus rares, le sevrage peut aussi être accompagné de:
- douleurs musculaires;
- difficultés de coordination;
- spasmes;
- hypersensibilité sensorielle (lumière, bruit, odeurs, etc);
- troubles de l'humeur;
- pertes de mémoire.

Quand une personne consomme ces substances médicamenteuses depuis longtemps, surtout quand les doses sont plus fortes que celles qui sont régulièrement prescrites, le sevrage risque de s'accompagner de convulsions, de fortes fièvres et d'hallucinations et, dans des cas extrêmes, mener même à la mort s'il n'est pas fait graduellement.

J'ai eu à supporter un sevrage de Valium. C'est épouvantable à vivre quand ça fait dix ans qu'on en prend.

LE SEVRAGE DES BARBITURIQUES

Le sevrage des barbituriques est difficile et doit se faire sous la supervision d'un professionnel de la santé bien informé, car l'arrêt brutal du traitement pourrait occasionner des troubles psychiques et neurologiques graves. Le sevrage des barbituriques peut même être mortel s'il n'est pas supervisé adéquatement. Quand il est fait de façon graduelle et selon les règles, il peut néanmoins se traduire par certaines perturbations, comme le retour temporaire de l'insomnie. Il peut aussi être accompagné de plusieurs autres troubles passagers comme des nausées, de l'irritabilité, des vomissements, de la faiblesse, des tremblements, des hallucinations et de l'anxiété. On comprendra que le sevrage de gens qui se droguent aux barbituriques à des doses autrement plus élevées produit des réactions encore plus fortes et exige des soins et une surveillance considérables, qui doivent généralement être fournis à l'hôpital.

L'arrêt brutal chez ceux qui prennent de fortes doses peut occasionner des symptômes particulièrement sérieux: tremblements généralisés, convulsions, délirium tremens, hypothermie (abaissement de la température du corps au-dessous de la normale).

LA PÉRIODE DE RECONSTRUCTION PHYSIQUE ET MENTALE

Émerger d'un long engourdissement intellectuel et parfois aussi physique et émotif après le retrait ou la diminution des médicaments représente un défi de taille.

> *J'ai cessé de prendre des médicaments. Les cinq années suivantes furent euphoriques. On aurait dit que mon corps fêtait sa libération. Je ne me rendais pas compte alors que tout ce que j'avais érigé sous l'emprise de ces drogues était en train de s'effondrer. C'est comme si j'avais bâti, avec les êtres qui m'entouraient, une maison avec les mauvais matériaux, au mauvais endroit. J'ai réalisé que tous les liens que j'avais établis depuis 25 ans étaient faux, que je les avais mal sentis et vécus malhonnêtement. Faire face à cette réalité fait très mal. Plus personne ne savait autour de moi où il en était et je ne le savais pas non plus.*

La période initiale de réveil risque d'être parfois mouvementée. Libéré de ses contraintes, l'esprit se met à fonctionner à une vitesse à laquelle il n'est pas habitué. Les émotions, la joie comme le chagrin, resurgissent avec une intensité oubliée. Plus sensible à son environnement, la personne qui prend moins de médicaments psychotropes saisit quelquefois mieux la dureté de ce qui l'entoure. C'est pourquoi la sortie de la torpeur débouche souvent sur des sentiments de désillusion, d'humiliation ou de culpabilité. L'engourdissement fait aussi place à la peur de ce qui va suivre, à la crainte de ne pas être en mesure d'aller plus loin. La personne peut réagir avec véhémence en découvrant qu'elle n'a pas été traitée selon ses désirs pendant toute la période de soins. Même si elles paraissent négatives, ces premières réactions sont parfaitement saines, dans la mesure où la personne qui traverse cette expérience de décompression passe, sans trop tarder, à une phase de reconstruction.

Cette phase de reconstruction nécessite souvent un changement de mode de vie et l'application des solutions de remplacement et des principes d'hygiène de vie énumérés plus tôt, lesquels sont indispensables pour remplacer le vide laissé par les médicaments. D'autre part, la personne qui reprend pied dans la réalité doit chercher à se connaître pour mieux se prendre en main, notamment en observant les changements physiques, émotifs et intellectuels qui se produisent en elle de jour en jour et en les notant dans un journal de bord. Ces notes permettent d'être mieux en mesure d'analyser ses propres réactions et l'évolution de la situation.

Depuis mon sevrage, j'apprends à me découvrir davantage. Je ne me connaissais pas avant, j'étais tellement bourré de médicaments que je ne pouvais pas rentrer en dedans de moi-même.

En supervisant attentivement ses états d'esprit et ses sensations corporelles, il devient plus facile d'apprivoiser son mode de fonctionnement et de constater quel rôle les médicaments, l'exercice, le régime alimentaire, les méthodes de relaxation, les relations avec les autres et les thérapies jouent dans le maintien de l'équilibre mental. Connaître ses forces et ses faiblesses, accepter de vivre ses émotions afin de mieux les surmonter, acquérir de nouvelles habiletés pour mieux vivre avec son milieu et soi-même sont autant de pas vers l'établissement d'un équilibre mental durable.

VIVRE SANS MÉDICAMENTS

Vivre sans médicaments, c'est accepter de faire face aux hauts et aux bas de la vie. Cette tâche peut paraître particulièrement difficile pour les personnes qui ont des problèmes de santé mentale. Cependant, en acquérant des réflexes pour se protéger des assauts de la vie et des événements stressants et en s'entourant progressivement de personnes compréhensives, dont des personnes qui vivent le même genre de situation que soi, il y a moyen de créer une stabilité propice à l'équilibre mental et à la réduction des risques de rechute.

Cette façon de vivre n'exclut pas tout risque de retour des symptômes qui ont mené, à l'origine, à la prise de médicaments. Mais il est important de garder à l'esprit que ces rechutes peuvent se produire même quand on prend des médicaments. Au pire, une rechute temporaire signifie qu'il faut reprendre le médicament dont on désirait se défaire pendant une courte période de temps, jusqu'à ce que la situation se stabilise de nouveau. Il ne faut surtout pas s'en culpabiliser, car ce bref recul ne constitue pas un échec, mais plutôt un obstacle passager qui ne doit pas faire oublier le cheminement entrepris en direction d'une meilleure santé physique et mentale.

Je suis une formation comme aide-conseiller pour le collectif; ça m'intéresse. Il y a des ouvertures pour le mois d'août. Si tout va bien, je devrais avoir une chance. J'estime que je serai capable de travailler à nouveau, comme tout le monde.

Les thérapies psychosociales: quelques mises en garde

Les psychothérapies et les thérapies sociales jouent un rôle important dans le traitement des troubles mentaux. Nous déplorons que ces thérapies, qui se révèlent efficaces, soient inaccessibles, mal connues et certainement sous-utilisées lorsqu'on les compare à la médication. Nous espérons que ce livre amènera davantage de gens qui consomment actuellement des médicaments psychiatriques, ou qui envisagent d'en consommer, à réaliser qu'il existe d'autres solutions que les médicaments pour les aider à résoudre leurs problèmes et que ces solutions sont pratiques et même parfois gratuites.

Néanmoins, autant nous sommes convaincus de l'utilité des approches psychosociales pour remplacer la médication, autant il nous paraît important de rendre les lecteurs de ce guide conscients des pièges que toute personne doit éviter quand elle a recours à ces approches. Nous croyons, avant tout, qu'un consommateur bien informé sera en mesure de mieux choisir le genre d'intervention psychosociale qui lui convient.

Les médicaments, tout comme l'alcool et les drogues, sont de très mauvais compagnons de route pour l'âme, en tout cas pour la mienne.

En fait, une thérapie psychosociale n'est pas toujours inoffensive. Certaines thérapies peuvent même être néfastes. Les personnes qui présentent une certaine fragilité psychologique, ce qui est souvent le cas chez ceux et celles qui éprouvent diverses souffrances émotionnelles, sont particulièrement vulnérables aux effets négatifs des thérapies psychosociales. D'où l'importance de choisir avec grand soin son thérapeute ou ses thérapies de groupe.

QUELQUES CONSEILS POUR VOUS GUIDER DANS LE CHOIX D'UN THÉRAPEUTE

- En règle générale, il est préférable qu'un ami ou une bonne connaissance vous recommande un thérapeute qu'il ou elle connaît personnellement.
- Deuxièmement, il est très normal que l'on ne trouve pas un bon thérapeute du premier ou même du deuxième coup. Comme l'amitié ou l'éducation, la thérapie est une expérience personnelle très particulière et souvent imprévisible. Le bon thérapeute, ce n'est pas

seulement celui qui a des qualités et de l'expérience, mais d'abord celui avec lequel vous pouvez établir une relation en toute confiance.

- Troisièmement, la thérapie étant une expérience très personnelle fondée principalement sur le lien de confiance qui se tisse entre les participants, on a tout intérêt à choisir quelqu'un dont les valeurs morales ou spirituelles coïncident avec les siennes ou, encore mieux, sont des valeurs que l'on admire ou que l'on cherche à adopter. Il est donc important d'aborder ces questions dès le début de la thérapie. Ces valeurs sont souvent plus importantes que les techniques particulières que le thérapeute utilise.
- Quatrièmement, on a tendance à exagérer le pouvoir d'un thérapeute quand on en a besoin et quand on est troublé et vulnérable. Néanmoins, il faut faire confiance à son jugement. Le thérapeute devrait agir de manière respectueuse, compréhensive et compatissante. De plus, il devrait pouvoir répondre immédiatement, clairement et sans gêne aux questions initiales (frais, horaires, approches utilisées, urgences, etc.). Si tel n'est pas le cas, il est conseillé de ne pas continuer à consulter cette personne.

COMMENT UN PSYCHOTHÉRAPEUTE PEUT-IL NUIRE À SES CLIENTS?

Les personnes désirant entreprendre une thérapie ou évaluer les bienfaits qu'elles en retirent doivent savoir que de nombreux psychothérapeutes peuvent, malgré leurs bonnes intentions, leur nuire. Voici divers types de psychothérapeutes qu'il faut éviter.

LES PSYCHOTHÉRAPEUTES INCAPABLES DE SE RENDRE COMPTE QUE DES LES SYMPTÔMES PSYCHOLOGIQUES SONT ATTRIBUABLES À UNE CAUSE PHYSIQUE

De nombreuses causes physiques peuvent être à la source de détresse psychologique, d'anxiété, de dépression, d'agitation ou même de délire. En effet, ces symptômes peuvent être quelquefois dus à une maladie ou à un dérèglement physique comme, par exemple, une hyperactivité de la glande thyroïde, une tumeur au cerveau ou une infection non détectée. Plusieurs symptômes de troubles mentaux peuvent aussi être produits par de nombreux médicaments, dont certains sont aussi banals que des somnifères ou des antihistaminiques.

Environ 10 à 15 p. 100 des personnes qui consultent un psychothérapeute pour des présumés problèmes psychologiques souffrent en réalité de maladies ou de malaises physiques se manifestant par de la détresse psychologique.

Par conséquent, ces personnes se retrouvent à discuter sans fin avec leur psychothérapeute de questions qui ne règlent en rien leurs problèmes médicaux. Pour éviter ce genre de situation, mieux vaut demander au médecin de passer un examen médical complet pour s'assurer qu'on ne souffre d'aucune maladie physique (il est à noter que la schizophrénie, le trouble maniaco-dépressif et les autres troubles mentaux ne sont pas des maladies physiques) ou qu'on ne prend aucun médicament pouvant occasionner de la détresse psychologique. À l'inverse, des gens qui ont d'authentiques problèmes psychologiques ou émotionnels s'obstinent à vouloir se faire traiter par un médecin plutôt que par un psychothérapeute, ou se soumettent, de manière inappropriée, à un traitement médical qui ne règle en rien ces problèmes.

LES PSYCHOTHÉRAPEUTES QUI ENTRAÎNENT LEURS CLIENTS DANS DES RAPPORTS INTENSES ET PERSONNELS DÉBOUCHANT SUR UNE RELATION AMICALE, AMOUREUSE OU SEXUELLE

En période de stress, la personne qui consulte un professionnel de la santé mentale est particulièrement vulnérable. À cause de cet état d'esprit, elle peut se faire plus aisément entraîner par son thérapeute dans une relation amicale, amoureuse ou sexuelle qui dépasse le cadre de la relation d'aide professionnelle. Lorsque c'est le cas, la personne qui est victime de ces agissements peut prendre un certain temps avant de réaliser qu'elle se fait exploiter. Il y aurait un pourcentage important d'abus de ce genre. Ces abus finissent par engendrer, chez les victimes, des sentiments de culpabilité, de confusion émotive, de rage ou de perte de confiance envers les autres.

J'étais, à cette époque, particulièrement vulnérable. Je me suis accrochée à mon thérapeute, je suis tombée amoureuse de lui et j'ai développé une dépendance affective envers lui. Quant à lui, il entretenait mes sentiments. Puis, il est parti sans avertissement. J'ai vécu la panique, puis je me suis résignée.

Les psychothérapeutes qui maintiennent leurs clients dans un état de dépendance et leur disent toujours quoi faire

Les sujets qui ont affaire à de tels thérapeutes deviennent souvent émotivement dépendants et se trouvent pris dans le cercle vicieux des thérapies inutiles. Drogués de thérapies, ils finissent par être incapables de se passer de leur thérapeute et de prendre des décisions majeures sans le consulter. Les thérapeutes compétents devraient tout mettre en œuvre pour aider leurs clients à vivre de manière autonome et à ne pas dépendre d'eux.

Les psychothérapeutes autoritaires qui manquent de délicatesse

Il est courant de voir des psychothérapeutes charismatiques, mais autoritaires, animer des thérapies de groupe. Même s'ils sont bien intentionnés, ces thérapeutes fouillent quelquefois l'intimité émotive des sujets sans trop de délicatesse, détectent et mettent à jour les conflits entre participants et lancent des défis difficiles à relever.

Parfois, au début d'une thérapie ou en période de crise, il est nécessaire d'éviter les situations où le brassage des émotions est grand. Un thérapeute qui insiste pour entreprendre un travail sur les émotions sans tenir compte de l'état de la personne qui le consulte ne convient donc surtout pas dans ces situations. De plus, si la personne qui cherche de l'aide insiste pour discuter avec son thérapeute de stratégies pratiques en vue de résoudre ses problèmes concrets et que lui, de son côté, insiste sur une analyse détaillée de sa vie émotive, elle sera en droit de penser qu'il ne lui donne peut-être pas l'aide appropriée.

Les psychothérapeutes qui agissent de manière froide, détachée et impersonnelle

Par leur attitude, ces psychothérapeutes ne font qu'aggraver le manque d'estime de soi éprouvé par leurs clients.

Les psychothérapeutes qui se contentent d'analyser et d'interpréter les pensées, les paroles, les rêves et les interactions sociales de leurs clients sans se préoccuper de leur réalité quotidienne

Les personnes qui ont des problèmes d'adaptation psychologique ont avant tout besoin d'aide pour apprendre à régler les problèmes qui se présentent à elles au jour le jour. Les interventions psychologiques et sociales ayant un caractère pratique les raccrochent à la réalité et leur donnent les moyens concrets de se réinsérer dans la société. Oublier cet aspect au profit d'analyses et d'interprétations psychologiques à long terme, c'est risquer de priver le sujet d'outils essentiels pour son rétablissement.

Les psychothérapeutes qui ne s'intéressent qu'à la pathologie et jamais à la santé

Ces psychothérapeutes aiment accoler une étiquette à leurs clients qui finissent par se définir non plus comme des personnes mais comme des êtres psychologiquement défectueux, morbides, dépressifs, obsessionnels-compulsifs, maniaques, schizophrènes, etc.

Les psychothérapeutes qui encouragent leurs clients à prendre des médicaments pour résoudre leurs problèmes psychologiques

Ces psychothérapeutes considèrent que les médicaments sont un excellent moyen de résoudre les problèmes psychologiques et poussent leurs clients à en consommer ou à subir des traitements potentiellement dangereux, des électrochocs par exemple.

Les psychothérapeutes qui ne respectent pas votre droit à la vie privée ou qui représentent les intérêts d'autres personnes

Toutes les informations que vous divulguez à votre thérapeute doivent rester confidentielles. Cependant, le thérapeute est tenu par la loi de rapporter les renseignements portant sur des abus ou des négligences à l'égard de personnes mineures. En dehors de cette exception, votre thérapeute ne devrait jamais communiquer avec des tierces personnes à votre sujet sans votre permission explicite.

Les chefs de cultes ésotériques

Les chefs charismatiques qui utilisent la persuasion et parfois la contrainte psychologique pour piéger des disciples dans un culte caractérisé par une dévotion fanatique envers ses dirigeants peuvent également avoir une influence «thérapeutique» désastreuse. Aujourd'hui, à cause de la désinstitutionnalisation, bon nombre de sectes attirent les personnes vulnérables et démunies en leur offrant un logis, de la nourriture et des conseils psycho-spirituels. Il est indéniable que, dans certains cas, ces sectes offrent une aide que personne d'autre n'est disposé à offrir et redonnent à l'individu le sentiment d'être utile. Pourtant, combien de personnes incapables de penser de façon indépendante et de se débrouiller en société ces sectes produisent-elles?

AUTRES CRITIQUES GÉNÉRALES DE LA PSYCHOTHÉRAPIE

Certains vont plus loin encore dans leur critique des psychothérapies. Par exemple, l'ex-psychanalyste américain Jeffrey Masson soutient que les psychothérapeutes ne se préoccupent absolument pas de justice sociale et ne font aucun cas de la violence physique et sexuelle[1]. Bref, selon Masson, de nombreux psychothérapeutes ne s'intéressent pas vraiment... à la réalité.

Le psychologue communautaire George Albee estime, pour sa part, que la psychothérapie est habituellement utile dans des cas individuels, mais ne sert absolument à rien pour régler les problèmes qui affectent des milliers de gens, comme la pauvreté, le manque d'instruction et l'exploitation[2]. Plus que d'autres, ces problèmes sont à la source de beaucoup de détresse psychologique.

Quant au psychiatre Thomas Szasz, il estime que les nombreuses formes de psychothérapie se résument, en fin de compte, à trois genres d'activités: la conversation, la religion et la répression[3]. Par conversation, il entend une discussion structurée et honnête, entre un thérapeute et son client, à propos des difficultés qu'éprouve ce dernier. Par religion, il veut dire la pratique de différents rituels dont les origines religieuses sont parfois oubliées, telles les résolutions de changement, la contrition, la pratique de bonnes actions, les pensées positives, la prière, l'encouragement, la guérison de l'âme. Et pour lui, la répression signifie la coercition et la contrainte du client par un thérapeute plus puissant

---

1. Masson, J.M. *Against therapy: emotional tyranny and the myth of psychological healing*, New York, Macmillan, 1988.
2. Albee, G. «The futility of psychotherapy», *Journal of mind and behavior, 11*, 1990, p. 369-384.
3. Szasz, T. *Le mythe de la psychothérapie*, Paris, Payot, 1986.

que lui. Selon Szasz, il y aurait eu une véritable inflation des thérapies depuis quelques décennies. Il affirme que, si le thérapeute a les diplômes appropriés et si son auditoire est assez naïf, n'importe quelle activité pratiquée en privé ou en public peut être qualifiée de thérapie.

Je suis en faveur des traitements alternatifs. Je dois cependant avouer que j'ai eu affaire à des gens qui prétendaient être des spécialistes et qui avaient les dents longues. Mon expérience avec eux a été aussi pénible à vivre que l'expérience psychiatrique.

L'ÉMANCIPATION GRADUELLE DES PERSONNES QUI SUIVENT DES THÉRAPIES

Ce n'est que très récemment qu'on s'est mis à parler ouvertement des effets négatifs de certaines thérapies. Le mouvement féministe a beaucoup contribué à attirer l'attention sur ce problème. On sait en effet que la majorité des personnes qui suivent des thérapies sont des femmes et que, inversement, la majorité des thérapeutes sont des hommes. Les féministes ont vite réalisé qu'une telle situation reproduisait les relations d'inégalité qui existent dans l'ensemble de la société. À mesure qu'elles se sont émancipées, un grand nombre de femmes ont compris que, par leur attitude, certains thérapeutes pouvaient constituer un obstacle à leur croissance personnelle.

Il a fallu du temps avant que les clients qui avaient à se plaindre des mauvais effets de leurs psychothérapies réussissent à se faire entendre. Considérés comme trop fragiles ou trop manipulateurs, ils n'ont tout d'abord pas été écoutés. Mais, depuis, un important mouvement de défense des droits des patients composé de comités de bénéficiaires, d'associations de protection des consommateurs et d'associations de femmes est venu appuyer leurs revendications. La tendance à vouloir démystifier le pouvoir des spécialistes et à redonner aux gens ordinaires la possibilité d'exercer un contrôle croissant sur leur vie s'accentue. L'utilité et la compétence des groupes qui défendent leurs droits leur ont valu le respect de tous. Aujourd'hui, ils participent activement à l'amélioration de la qualité de vie des personnes soignées pour des troubles émotionnels à l'aide de traitements psychologiques, médicaux ou autres, ainsi qu'à l'humanisation des services de santé mentale.

Plusieurs organismes ont pour mission d'appuyer la démarche d'individus ayant des problèmes psycho-sociaux qui désirent jouer un plus grand rôle dans leur propre destinée. On trouvera à la fin de ce livre la liste de certains de ces organismes.

Les droits et les recours

Beaucoup de gens pensent que les personnes qui ont des problèmes de santé mentale n'ont pas tout leur jugement et que, par conséquent, il n'est pas nécessaire de tenir compte de leur opinion pour prendre les décisions qui les concernent. Sous le couvert de la bienveillance, on les traite souvent avec un paternalisme qui équivaut, dans bien des cas, à un manque de respect.

Pour ces raisons, les personnes qui ont été diagnostiquées comme souffrant de problèmes psychiatriques sont souvent mal informées, privées de l'exercice de leurs rôles sociaux fondamentaux et lésées dans leurs droits. Par ailleurs, elles se sentent souvent dévalorisées et discréditées, ce qui accentue leur manque de confiance en elles-mêmes et ne les aide pas à affirmer leurs convictions. Pourtant, en dehors de leurs crises passagères, ces personnes sont généralement en mesure de déterminer ce qui leur convient et de décider comment elles désirent être traitées en temps de crise.

Si ce médecin outrepasse aussi facilement mes droits, comment pourra-t-il réellement prendre soin de moi?

Plusieurs lois peuvent d'ailleurs leur servir d'appui pour assurer le respect de ces droits, que ce soit en période de lucidité ou en période de crise. Le principe de base de ces lois est que toute personne est inviolable et a droit à son intégrité et qu'aucun ne peut, sauf dans les cas prévus par la loi, lui porter atteinte sans son consentement libre et éclairé. Malgré ces nobles principes, les droits des personnes qui ont des problèmes en santé mentale sont fréquemment bafoués. Il reste à espérer que ces droits soient de plus en plus reconnus et respectés.

Voici, en bref, les droits sur lequels elles devraient pouvoir compter.

LE DROIT À L'INFORMATION

Le droit à l'information est un droit fondamental qui s'applique de la même façon pour les personnes qui souffrent de problèmes de santé mentale que pour les autres. En vertu du Code civil du Québec, toute personne susceptible de se voir prescrire un traitement médical doit être informée du plan de soins établi à son intention, ainsi que de tout changement dans ce plan ou dans ses conditions de vie.

De plus, si un juge décrète la garde obligatoire en établissement d'une personne, le personnel de l'établissement a l'obligation légale de remettre à cette personne un document exposant ses droits relativement à son internement. En pratique, on se contente de lui remettre un texte sur ses droits, sans lui fournir d'explications et sans l'aider à les comprendre. Et souvent la personne qui reçoit ce document est dans l'impossibilité de le comprendre parce que ses facultés sont affaiblies par les médicaments.

Le droit à l'information sous-entend pourtant que l'information soit accessible et donnée sous une forme compréhensible. Pour plus de sûreté, le sujet dont les facultés sont temporairement affaiblies peut obtenir l'aide nécessaire afin de véritablement saisir la portée de cette information ou faire en sorte qu'une personne en qui il a confiance et qui pourrait le défendre en cas de besoin puisse prendre connaissance de cette information et obtenir, si nécessaire, l'aide requise pour la comprendre.

C'est possible d'essayer de faire respecter ses droits, mais c'est une bataille. Notre corps nous appartient, notre fonctionnement aussi. Si on ne s'informe pas, on va mal sans savoir pourquoi. Être informé, c'est un droit.

L'ACCEPTATION OU LE REFUS DU TRAITEMENT

LE DROIT D'ACCEPTER OU DE REFUSER DES SOINS

En vertu des lois québécoises, personne ne peut être soumis à des soins, sans son consentement, qu'il s'agisse:

- d'examens, y compris les examens cliniques psychiatriques;
- de traitements;
- de prélèvements;
- ou de toute autre intervention.

Par conséquent, la personne qui a des problèmes de santé mentale a le droit:

- d'accepter ou de refuser un traitement ou une partie de traitement, ou un examen psychiatrique;
- de changer d'idée;
- ou de demander l'arrêt d'un traitement.

De plus, le patient gardé en établissement conserve le droit à l'intégrité de sa personne: toute utilisation abusive de moyens de contention, c'est-à-dire d'immobilisation, ou de procédures d'isolement contrevient à ce droit.

LE DROIT DE DONNER SON CONSENTEMENT EN TOUTE LIBERTÉ

Pour être valable, le consentement aux soins doit être libre, donc être obtenu sans pression, sans contrainte, ni menace. En vertu de la loi, le personnel médical ne peut donc pas menacer un patient de le garder indéfiniment à l'hôpital ou de le renvoyer pour l'obliger à consentir à un traitement ou à prendre des médicaments. Il ne peut pas le menacer de l'attacher ou de le mettre en isolement pour obtenir ce consentement. En principe, le personnel médical ne peut pas non plus le forcer à quitter l'hôpital s'il refuse un traitement.

Malheureusement, dans la réalité, les médecins finissent souvent par avoir gain de cause grâce au grand crédit accordé à leur opinion professionnelle, et cette situation ouvre la porte à de nombreux abus. Il arrive en effet que des médecins renvoient de l'hôpital un individu qui ne consent pas à un traitement, même si ce dernier estime ne pas être en état de partir. Ces médecins vont quelquefois jusqu'à refuser de lui donner une ordonnance pour des médicaments qu'ils jugeraient souvent essentiels dans de telles circonstances.

> *Ils m'ont dit que si je ne prenais pas mes médicaments, on m'attacherait et on me donnerait des piqûres. Je les ai donc pris et je les ai jetés. Mais ils s'en sont aperçus et ils m'en ont donné d'autres.*

LE DROIT DE DONNER SON CONSENTEMENT EN TOUTE CONNAISSANCE DE CAUSE

Pour être valable, le consentement aux soins doit aussi être éclairé, c'est-à-dire que le patient ne peut donner ce consentement qu'après avoir reçu l'information nécessaire pour prendre une décision en toute connaissance de cause. Quand un médecin propose un traitement à une personne, il est obligé de l'informer sur:

- la nature et le but du traitement proposé;
- les effets secondaires que le traitement est susceptible de causer;
- les risques à long terme liés à ce traitement;
- les procédures à observer (modalités d'application du traitement, doses, quantités à prendre, etc.);
- les conséquences d'un refus ou d'une non-intervention;
- les autres possibilités de traitement, s'il y en a.

Pour être éclairé, le consentement doit aussi être donné en période de lucidité. Les facultés du patient ne doivent donc pas être altérées quand il donne son consentement: il ne doit pas être en état de crise ni sous l'influence d'un médicament capable de produire une docilité indue, de l'empêcher de comprendre l'information requise ou d'évaluer les conséquences de ses décisions. (Voir plus loin ce qu'il faut faire en cas d'inaptitude.)

La personne à qui on propose un traitement a, de plus, le droit de poser toutes les questions qui lui semblent importantes et de recevoir des réponses dans une langue claire, précise et facile à comprendre. Une fois qu'elle a bien compris, elle est en mesure de prendre une décision éclairée.

Pour donner un consentement éclairé, il faut que le médecin fournisse l'information nécessaire et qu'on compare cette information à celle qu'on va chercher ailleurs.

Le droit de donner un consentement spécifique pour chaque traitement

Le consentement général signé au moment de l'admission autorise seulement les médecins et l'hôpital à dispenser des soins généraux. Ce consentement général ne signifie pas qu'on a consenti à un traitement particulier. Le médecin doit donc obtenir le consentement de son patient pour chacun des examens psychiatriques et chacun des traitements qu'il désire administrer.

Le fait de ne pas refuser un traitement est considéré comme un consentement tacite, d'où l'importance, pour la personne concernée, de signifier clairement son refus le plus tôt possible si elle n'est pas d'accord pour recevoir un traitement ou subir un examen.

Le consentement écrit, pour sa part, est réservé aux anesthésies, aux interventions chirurgicales, aux dons d'organes ou aux expérimentations.

Le droit de renouveler son consentement

Le consentement ne doit pas seulement être libre, éclairé et spécifique à chaque traitement. Il doit aussi être renouvelé quand il s'agit d'un traitement à long terme. Le médecin ne doit donc pas se contenter de donner de l'information et d'obtenir un consentement éclairé au début du traitement, il doit aussi obtenir périodiquement ce consentement éclairé. Cette procédure est valable à l'intérieur de l'établissement et est tout aussi valable quand la prescription a lieu dans le cabinet du médecin ou du psychiatre. Si le médecin ne demande pas régulièrement un renouvellement du consentement, le patient a parfaitement le droit de remettre en question son acceptation du traitement.

Afin de prendre une décision, le patient a souvent avantage à faire un bilan de sa situation. S'il est traité aux neuroleptiques, par exemple, il pourra notamment chercher à évaluer les effets de ces médicaments sur sa motricité et demander à son médecin d'être examiné à l'aide d'une échelle standardisée d'évaluation de la dyskinésie tardive. (Voir à ce sujet le chapitre sur les neuroleptiques.)

Quelqu'un m'a donné l'échelle des dyskinésies. C'est drôle, elle comporte cinq pages d'examens. Je vais demander à mon médecin de me faire passer ces examens.

Selon les résultats obtenus et les conclusions du bilan, il pourra décider de continuer de prendre le médicament en question, d'en diminuer les doses ou de cesser de le prendre.

LES EXCEPTIONS AU DROIT DE CONSENTEMENT

Seule une situation d'urgence justifie que le médecin agisse sans le consentement du patient. Encore faut-il que les traitements, comme une transfusion de sang, ne soient pas contraires à ses croyances religieuses. On estime qu'il y a urgence quand ces deux conditions sont réunies:

- la vie du patient ou celle de son entourage est en danger immédiat;
- un consentement substitué ne peut être obtenu en temps utile.

Si le médecin prend la décision d'appliquer un traitement dans ces conditions, il est souhaitable qu'il prenne un moyen peu coercitif pour obtenir le résultat désiré. Par exemple, il pourrait décider de mettre temporairement la personne en crise à l'écart plutôt que de procéder à des injections de médicaments puissants. Malheureusement, l'abus le plus fréquent consiste à invoquer une situation d'urgence, même si tel n'est pas le cas, pour appliquer un traitement radical sans consentement.

LE DROIT AU REFUS DE TRAITEMENT EN ÉTABLISSEMENT

Toute personne a le droit de refuser, à n'importe quel moment, un traitement ou une partie de traitement, même si elle a déjà donné son consentement. Si le médecin insiste pour appliquer ce traitement, elle a le droit de demander au directeur des services professionnels (D.S.P.) d'être référée à un autre médecin pour obtenir un deuxième avis médical. (S'adresser au bureau du personnel ou au bureau du directeur général de l'établissement pour obtenir les coordonnées du D.S.P.)

On ne m'a jamais demandé mon consentement avant de me prescrire des médicaments. «Prends ça, c'est bon pour toi.» Je ne savais même pas ce que je prenais, ni pourquoi je prenais ces médicaments. Je ne savais pas non plus que j'avais le droit de refuser. Quand j'ai appris que j'avais des droits, j'ai commencé à avoir des problèmes avec mon psychiatre: il n'a pas du tout apprécié que je lui lise des articles de loi.

Si une personne de plus de 14 ans refuse catégoriquement un traitement, ou si la personne autorisée par la loi à donner un consentement à sa place oppose un refus injustifié, le médecin peut essayer d'obtenir l'autorisation du tribunal afin d'imposer le traitement qu'il se propose d'appliquer. Avant d'entreprendre cette démarche, on estime que le médecin devrait laisser passer quelques semaines pour constater si la situation de la personne s'améliore ou non en l'absence du traitement en question.

Si le médecin décide d'essayer d'obtenir une ordonnance du tribunal pour forcer cette personne à accepter un traitement, il peut devenir assez difficile pour cette dernière de se défendre. D'où l'importance, si cette personne tient à faire valoir ses droits, d'avoir trouvé à l'avance un avocat ou un conseiller en droit favorable au principe de l'autonomie des personnes souffrant de problèmes de santé mentale et de s'être assuré qu'il puisse l'appuyer, elle ou son mandataire, dans l'éventualité d'une confrontation juridique. (Voir plus loin la section portant sur le choix d'un avocat ou d'un conseiller en droit.)

Ce genre de causes n'est pas toujours facile à défendre, mais cela vaut la peine d'essayer, d'autant plus que le mouvement de défense des droits des personnes ayant des problèmes de santé mentale prend de l'ampleur et tente de donner une crédibilité croissante à quiconque désire assumer son autonomie et assurer l'inviolabilité de sa personne.

Récemment, dans un jugement partagé, la Cour d'appel du Québec a estimé que l'autorisation d'administrer un traitement contre le gré du patient cité portait atteinte à la liberté et à l'autonomie de ce dernier, mais que le fait de l'abandonner à son trouble mental et de le garder enfermé en raison de ce trouble violait également cette autonomie. Par conséquent, les autorités de l'établissement visé ont reçu la permission de traiter l'intimé, pour une période de deux ans, à l'aide de neuroleptiques et d'autres médicaments servant à atténuer les effets secondaires des premiers. La cause vient d'être portée devant la Cour suprême du Canada.

Je sens qu'il y a un manque de respect en milieu institutionnel à l'égard des personnes psychiatrisées. On ne leur donne pas la chance de se prendre en main. On ne cherche pas à les écouter, on ne cherche pas à savoir. On cherche surtout à les faire tenir tranquilles.

RECOURS POSSIBLES QUAND LE MÉDECIN DONNE UN CONGÉ APRÈS UN REFUS DE TRAITEMENT

Quand une personne ne veut pas recevoir un traitement particulier, cela ne veut pas nécessairement dire qu'elle refuse tout autre traitement. Si le médecin veut l'obliger à quitter l'hôpital, sous prétexte qu'elle refuse un traitement ou une partie de traitement, et qu'elle ne se sent pas en mesure de partir, elle peut porter plainte auprès du directeur des services professionnels (D.S.P.) et lui demander d'obtenir un deuxième avis médical. (On peut s'adresser au bureau du personnel ou au bureau du directeur général pour obtenir les coordonnées du directeur des services professionnels.)

Il est important de savoir que, en vertu de la loi sur la santé et les services sociaux, un établissement ne peut cesser d'héberger une personne qui a reçu son congé que si l'état de celle-ci permet son retour ou son intégration à domicile ou si une place lui est assurée dans un autre établissement ou dans un lieu où elle pourra recevoir les services que requiert son état.

LE DROIT DE REFUSER UN TRAITEMENT HORS DE L'ÉTABLISSEMENT

La personne qui n'est pas gardée en établissement a le droit de se soustraire au contrôle exercé en vue de la soumettre à un traitement non désiré. Mais si elle songe à cesser de suivre un traitement médicamenteux, il est important qu'elle sache qu'il est dangereux d'arrêter de prendre ses médicaments ou de diminuer ses doses sans la supervision d'un médecin ou les conseils d'un pharmacien et sans avoir mis en application les recommandations présentées dans le chapitre de cet ouvrage portant sur le sevrage.

Ça leur faisait peur que je décide de prendre moins de médicaments pour avoir une meilleure qualité de vie, parce qu'ils ne connaissent pas ça. Mais ils ont constaté que ça marchait et d'autres ont suivi mon exemple.

L'APTITUDE À CONSENTIR AU TRAITEMENT

Quand est-on apte à consentir?

Pour être en mesure de consentir aux soins ou à l'hospitalisation, la personne concernée doit être présumée apte à consentir. Afin de juger l'aptitude ou l'inaptitude d'une personne à donner un consentement, le médecin doit se poser des questions, entre autres celles-ci:

- Est-ce que cette personne comprend la nature de la maladie pour laquelle on lui propose un traitement?
- Est-ce qu'elle comprend la nature et le but du traitement?
- Est-ce qu'elle comprend les risques encourus si elle ne suit pas le traitement?
- Est-ce que son état affecte sa capacité à consentir?

Si le médecin estime qu'elle est inapte à donner son consentement, il doit obtenir le consentement d'une autre personne autorisée par la loi à le faire. C'est ce que l'on appelle un consentement substitué.

Le consentement substitué

Au cas où un patient serait inapte à consentir aux soins proposés, un consentement substitué peut être donné par une des personnes que voici, en respectant l'ordre d'importance indiqué:

- son mandataire, si ce patient en a nommé un (voir plus loin);
- son tuteur ou son curateur, s'il en a un;

(Il est à noter que, au Québec, le Curateur public n'exige pas d'être appelé à donner un consentement substitué lors de la prescription de médicaments à une personne placée sous sa tutelle, sauf s'il s'agit d'un médicament expérimental. D'où la très grande importance pour le patient de nommer un mandataire dont le rôle sera de faire respecter ses volontés.)

- son conjoint par mariage;
- un proche parent ou une personne qui lui témoigne un intérêt particulier, tel un conjoint de fait.

On m'avait donné de l'information, mais j'étais déjà en crise, j'étais complètement perdu. On aurait pu me donner n'importe quoi. J'écoutais, mais j'avais de la difficulté à comprendre parce que je ne pouvais pas me concentrer.

La loi stipule que quiconque consent à des soins ou les refuse à la place du patient doit agir dans le seul intérêt de ce patient et tenir compte, dans la mesure du possible, des volontés qu'il a pu manifester.

Si la personne autorisée par la loi a un empêchement ou si elle donne un refus injustifié, le médecin peut essayer d'obtenir l'autorisation du tribunal pour procéder quand même au traitement.

RECOURS POSSIBLES QUAND DES TRAITEMENTS NON DÉSIRÉS ONT ÉTÉ IMPOSÉS

Si une personne estime qu'elle a été soumise à des soins ou à des traitements sans avoir donné un consentement valable, elle peut déposer une plainte contre le professionnel concerné en s'adressant au cadre supérieur qui est responsable du traitement des plaintes dans l'établissement en question. (S'adresser au bureau du personnel ou au bureau du directeur général pour obtenir ses coordonnées.) Il est également possible de déposer une plainte auprès du Collège des médecins et des responsables des ordres professionnels concernés.

Une personne peut estimer qu'elle n'a pas donné un consentement valable si:

- le consentement a été donné à la suite de pressions ou de menaces;
- le consentement a été donné quand elle n'était pas lucide;
- le médecin, dans un moment où la personne était inapte à consentir, a décidé de lui appliquer un traitement même si la situation n'était pas urgente, sans obtenir le consentement d'une autre personne autorisée par la loi;
- la personne concernée n'a pas été mise au courant des risques liés à ces traitements;
- cette personne a été placée dans toute autre situation qui a pu l'empêcher de consentir en toute liberté et en toute connaissance de cause.

Il est possible, dans certains cas, d'amener en cour les membres du personnel médical responsables d'avoir traité une personne contre son gré. Ces derniers doivent alors rendre compte de leurs interventions devant le tribunal. À cet effet, nous recommandons au plaignant de consulter un avocat, un groupe de défense des droits ou le comité des usagers de l'établissement en question, s'il y en a un.

Il a fallu que je force mon médecin à me traiter comme je voulais être traité pour m'en sortir. Il a fallu que je lui mette la loi en face et que je lui dise: «Écoute, la loi t'oblige à faire ça, ça, ça.» Les premières rencontres avec le psychiatre sont des confrontations, parce qu'il est un peu descendu de son piédestal. Il n'est plus roi et maître: il ne dirige plus la situation, c'est moi qui la dirige. Je lui dis: «Tu es à mon service, tu es là pour me soigner.» Il n'aime pas cela parce qu'il a perdu la maîtrise de ma personne, mais moi je me sens mieux là-dedans.

LE MANDAT ET LE RÔLE DU MANDATAIRE

Le mandataire est une personne de confiance à qui on délègue la responsabilité de voir à l'exécution de ses volontés en cas d'inaptitude. Pour que ce mandataire soit reconnu légalement, on doit préparer un mandat dans lequel on indique le nom du mandataire, les responsabilités qu'on lui confie ainsi que les volontés que l'on désire faire respecter. Dans ce mandat, on confie donc au mandataire la responsabilité de prendre soin de soi et, par conséquent, de consentir ou non aux traitements offerts par le corps médical, conformément aux volontés que l'on aura précisées dans le mandat.

Il existe deux genres de mandats. Le premier est préparé devant un notaire. Le deuxième est rédigé par la personne concernée ou par quelqu'un d'autre et n'est pas enregistré chez un notaire. Il est possible de se procurer, pour une somme modique, des formulaires de mandat d'inaptitude dans plusieurs bonnes librairies, en particulier celles qui vendent les publications officielles du Québec. Mais il n'est pas difficile de le préparer soi-même, avec ou sans l'aide d'un avocat.

Pour préparer soi-même un mandat, il suffit d'en rédiger un en s'inspirant du modèle illustré plus bas et de convoquer deux témoins neutres et impartiaux, dont le rôle est de constater que l'on est sain d'esprit et apte à confier un mandat à quelqu'un. On doit expliquer aux témoins ce qu'est un mandat; par contre, on n'a pas besoin de leur en révéler le contenu. Après avoir signé le mandat, on leur demandera de le signer à leur tour. Pour plus de protection, la personne désignée comme mandataire doit être mise au courant de l'existence du mandat et doit en recevoir une copie. Elle doit de plus connaître l'endroit où l'original du mandat a été déposé pour assurer sa sécurité et disposer des moyens pour avoir accès à ce document en cas de besoin.

> **EXEMPLE DE MANDAT**
>
> Trois-Rivières, le 12 avril 1997
>
> Mandat général
>
> Je soussignée, Marie Gagnon, domiciliée au 124 de la rue des Saules, nomme comme mandataire ma cousine Josée Tremblay, domiciliée au 82, rue des Érables, à Trois-Rivières, pour prendre soin de ma personne dans l'éventualité de mon inaptitude à le faire moi-même. À défaut de Josée Tremblay, je nomme pour les mêmes fins mon fils, Pierre Gagnon-Sylvestre.
>
> Je demande à mes mandataires de respecter mes volontés (énumérer les volontés).
>
> En foi de quoi, j'ai signé à Trois-Rivières, ce 12 avril 1997, en présence de deux témoins.
>
> ____________________
>
> Marie Gagnon
>
> Déclaration des témoins
>
> Nous soussignés, Claire Thérien et Jean Bessette, tous deux témoins à la signature, par Marie Gagnon, du mandat donné dans l'éventualité d'une inaptitude, déclarons n'avoir aucun intérêt dans le présent acte et avoir constaté la pleine aptitude du mandant à signer ce mandat.
>
> En foi de quoi, nous avons signé à Trois-Rivières, ce 12 avril 1997, en présence de Marie Gagnon.
>
> ____________________
>
> Claire Thérien
>
> ____________________
>
> Jean Bessette

Ce mandat deviendra applicable sous deux conditions. Premièrement, la personne qui l'a signé doit devenir inapte, ne serait-ce que temporairement. Deuxièmement, le mandat doit être homologué, c'est-à-dire approuvé par un greffier de cour ou un juge de la Cour supérieure. Cette homologation doit être demandée par le mandataire ou par son représentant et elle peut prendre quelques jours. Elle a pour but de vérifier l'inaptitude de la personne qui a préparé le mandat, l'existence du mandat et sa validité. En attendant, un proche de la personne devenue inapte pourra donner un consentement substitué temporaire.

Quand quelqu'un ne veut pas de médicaments, pourquoi lui en donner de force? Ils m'ont forcée à en prendre, contre mon gré.

LA GARDE EN ÉTABLISSEMENT (CURE FERMÉE)

Dans le nouveau Code civil du Québec, les questions de la garde en établissement et de l'examen psychiatrique font partie d'un chapitre consacré à l'intégrité de la personne humaine, ce qui confirme l'importance accordée par cette loi au principe de l'inviolabilité de la personne humaine. Ces questions sont également abordées dans la Loi sur la protection du malade mental, laquelle est en voie de révision afin d'être harmonisée avec le nouveau Code civil.

Pour plus de clarté, mentionnons que le terme «garde en établissement» utilisé dans le nouveau Code civil remplace le terme «cure fermée» employé par la Loi sur la protection du malade mental. La garde en établissement, cela veut dire l'internement involontaire dans un établissement de soins psychiatriques d'une personne dont l'état mental est censé, selon l'avis de psychiatres, mettre en danger sa sécurité ou la sécurité d'autrui.

Selon la loi, la garde en établissement doit être réservée uniquement aux personnes qui représentent un danger pour elles-mêmes ou pour la société. Quand la période de danger est passée, la personne qui séjourne à l'hôpital psychiatrique doit pouvoir recevoir son congé, à moins qu'elle estime, en accord avec son médecin, qu'il serait bénéfique pour elle de rester dans l'établissement et qu'elle consente à le faire.

Même si ces lois s'inspirent du principe de l'inviolabilité de la personne humaine, elles contiennent cependant les modalités qui permettent de priver le malade de sa liberté et de le détenir contre son gré. Comme il s'agit là d'une atteinte directe à un droit fondamental prévu par la Charte canadienne des droits et la Charte québécoise des droits et libertés de la personne, ces lois doivent être appliquées en respectant rigoureusement les conditions nécessaires au maintien de la garde en établissement légalement spécifiées.

Après un mois d'hospitalisation, j'ai commencé à refuser certains médicaments et à entreprendre un sevrage à l'insu du médecin. Cela m'a coûté cher. Ils m'ont mis en contention, c'est-à-dire qu'ils m'ont attaché et mis dans un isoloir parce que j'ai piqué une crise. Je leur ai dit que j'en avais assez, que je ne voulais plus de médicaments, que je voulais m'en sortir et que ce n'était pas en demeurant comme un légume que j'allais réussir à faire quoi que ce soit dans la vie. Ils ont fait venir ce que j'appelle une équipe de football. Il y a douze brutes qui arrivent, t'attrapent, te couchent sur un lit puis, encore une fois, on te pique et tu restes là. L'effet de la piqûre dure environ quatre heures. Aussitôt que tu commences à te réveiller, ils viennent t'en donner une autre.

En fait, ces manquements aux droits fondamentaux ne doivent être tolérés que si la fin recherchée est raisonnable et si les moyens utilisés pour l'atteindre lui sont proportionnels. Par conséquent, ces manquements ne doivent durer que le temps nécessaire au rétablissement d'une situation grave et immédiatement dangereuse.

Mais l'interprétation des règles relatives à la garde en établissement se heurte à plusieurs difficultés. La première réside dans l'interprétation de la notion de danger que représente une personne pour elle-même ou pour la société qui, à la rigueur, comprend une notion de danger potentiel dont il est difficile d'établir les limites. La deuxième difficulté est liée au fait que les médecins invoquent très facilement la notion de péril grave, même si ce n'est pas nécessairement le cas, pour enclencher le processus d'internement involontaire.

Le consentement à la garde en établissement

La garde obligatoire devient officielle au moment où la personne qui a été admise dans un établissement a passé deux examens psychiatriques administrés par deux psychiatres ou deux médecins différents. Au Québec, en vertu de la loi, ces deux examens doivent obligatoirement avoir lieu au cours de la première semaine d'entrée dans l'établissement.

Quand une personne est admise dans un établissement sans qu'une ordonnance d'examen psychiatrique ait été rendue par un juge en vertu de la notion de péril grave, les psychiatres ou les médecins qui ont l'intention de procéder à un examen psychiatrique ont l'obligation de l'informer, elle ou son mandataire, de son droit d'accepter ou de refuser cet examen. Si elle refuse le premier ou le deuxième examen psychiatrique, cela lui donne la possibilité de demander à être entendue par un juge de la Cour du Québec et de plaider son cas. Cette audition est accordée rapidement, car les délais de présentation de requête pour ordonnance d'examen psychiatrique par l'hôpital sont très courts. Si une personne a consenti aux examens psychiatriques, elle devra attendre une semaine pour être entendue par le juge au sujet de l'ordonnance de garde.

Contestation d'une ordonnance d'examen et de garde en établissement

Dans le cas où une personne serait insatisfaite d'une ordonnance d'examen psychiatrique ou de garde en établissement rendue contre elle par la Cour du Québec, elle peut faire, selon les recommandations de son avocat ou de son conseiller en droit, une demande de révision à la Commission des affaires sociales ou aller en Cour d'appel.

La demande de révision adressée à la Commission des affaires sociales doit être écrite, ce qui peut rendre la procédure difficile pour certaines personnes. Le tribunal administratif de cette Commission est composé d'un avocat et de deux psychiatres. Il arrive que les personnes ayant fait une demande de révision soient averties de leur comparution au dernier moment et qu'on les fasse comparaître, seules et en tenue d'hôpital, devant un tribunal qui peut paraître intimidant. Pour éviter qu'elles se sentent troublées et à leur désavantage dans une telle situation, on leur recommande fortement de faire appel à un avocat qui verra à ce que ces procédures se déroulent dans le respect de leur dignité et de leurs intérêts.

Recours en cas de non-respect de la personne et des règles relatives à la garde en établissement

Au cas où une personne serait insatisfaite du respect des règles relatives à sa protection et à sa garde en établissement, ou de toute décision rendue en vertu de la Loi sur la protection du malade mental, elle pourrait décider, après avoir consulté son avocat ou son conseiller en droit, de faire une demande de révision à la Commission des affaires sociales ou de faire une demande en *habeas corpus* à la Cour supérieure.

LE DROIT D'ACCÈS AU DOSSIER MÉDICAL

L'utilité de consulter son dossier médical

Il est parfois possible d'obtenir certains renseignements relatifs à son dossier médical en posant tout simplement des questions à son médecin ou à son psychiatre. Peut-être la personne concernée est-elle intéressée à savoir quels médicaments lui ont été administrés et à quelles doses pendant les moments où elle n'avait pas toute sa lucidité. Peut-être aussi désire-t-elle savoir ce que pense son psychiatre de son cas afin de se faire une opinion sur la façon dont elle a été traitée. Il arrive, par exemple, que des femmes déprimées et démoralisées en raison de la violence conjugale dont elles sont victimes s'aperçoivent, en consultant leur dossier, que leur psychiatre estime qu'elles souffrent d'un trouble maniaco-dépressif.

Cette constatation pourrait leur permettre de se rendre compte que leur médecin ne comprend pas nécessairement leur situation. Elles peuvent alors réaliser qu'elles auraient peut-être avantage à se faire traiter par un thérapeute mieux placé pour comprendre que certaines conditions de vie peuvent engendrer des malaises mentaux. C'est d'ailleurs une démarche tout à fait saine de chercher à en savoir le maximum sur les raisons possibles de son état mental et de se demander, par exemple, dans quelle mesure une situation familiale, sociale ou économique contribue aux manifestations des déséquilibres mentaux que certains médecins ont généralement tendance à attribuer à des causes biologiques.

L'obtention du dossier

Parfois, cependant, il est difficile d'obtenir du psychiatre ou du médecin les réponses désirées. En vertu de la Loi sur les services de santé et les services sociaux, toute personne de plus de 14 ans a le droit de consulter son dossier. Évidemment, il est possible que le médecin ou l'établissement s'oppose à cette démarche en arguant que la communication du dossier ou d'une partie du dossier pourrait causer un préjudice grave à la santé. Il est utile, dans ce cas-là, de savoir que le refus du droit de consulter un dossier est généralement temporaire.

En cas de refus, l'établissement doit déterminer le moment où le dossier ou la partie de dossier dont l'accès a été refusé pourra être communiqué à l'usager et en aviser l'usager. Si l'état de santé mentale de la personne est stable et si elle demande calmement à consulter son dossier, on devrait lui permettre de le faire. Cette loi donne aussi le droit, par ailleurs, d'obtenir que l'établissement fasse parvenir dans les meilleurs délais une copie, un extrait ou un résumé du dossier à un autre établissement ou à un médecin désigné.

Quand tu leur demandes de respecter tes droits, ils marchent sur des œufs. Ils ont peur, ils sont nerveux, ils savent que tu connais tes droits et les possibilités de recours contre eux. Ils pèsent leurs mots, ils font attention à ce qu'ils écrivent dans le dossier, ce qui n'était pas le cas avant qu'ils sachent que j'avais des droits. J'estime que ce n'est pas non plus une façon adéquate de me traiter.

En cas d'inaptitude, le mandataire, le tuteur, le curateur ou la personne autorisée à consentir aux soins ont, eux aussi, le droit d'accès au dossier dans la mesure où ce document est nécessaire à l'exercice de leur pouvoir.

En vertu de la nouvelle Loi sur les services de santé et les services sociaux, la réponse à la demande d'accès doit être donnée dans l'espace d'un mois. Pour rendre les choses officielles, il est préférable de faire cette demande par écrit, en prenant soin d'en garder une copie, et de la faire parvenir à la personne responsable de l'accès aux documents (s'adresser au bureau du personnel ou au bureau du directeur général pour obtenir ses coordonnées). L'absence de réponse à l'intérieur du délai d'un mois laisse entendre que la demande a été refusée et qu'il faudra exercer un droit de recours pour obtenir l'accès au dossier.

Pièces du dossier auxquelles il n'est pas possible d'avoir accès

Les seules pièces du dossier auxquelles on ne peut pas avoir accès sont celles qui contiennent des renseignements fournis par quiconque n'est pas un professionnel de la santé ou des services sociaux, dans la mesure où ces pièces permettraient d'identifier cette personne. Il est entendu, toutefois, que son autorisation écrite de consulter les pièces contenant des renseignements qu'elle a fournis rend possible l'accès à ces documents.

La consultation du dossier

La personne qui a obtenu la permission de consulter un dossier médical doit savoir que la loi lui donne aussi le droit d'obtenir l'assistance d'un professionnel qualifié pour l'aider à comprendre les renseignements inclus au dossier qui ne lui semblent pas clairs. Par contre, ce professionnel n'a pas le droit d'imposer sa présence si elle est jugée indésirable. Le mandataire, le tuteur, le curateur ou quiconque est autorisé à consentir aux soins ont également le droit d'être assistés par une personne qualifiée pour comprendre les renseignements inscrits au dossier. De plus, le dossier doit être mis à la disposition de la personne qui désire le consulter pendant tout le temps nécessaire pour bien en prendre connaissance.

Au besoin, le patient ou ses représentants autorisés pourront demander une copie des pièces du dossier qu'ils désirent consulter plus longuement en dehors de l'établissement ou du bureau du médecin, ce qui peut permettre, notamment, de faire appel à des gens de confiance pour réussir à déchiffrer le sens de ces documents. Quand une personne est suivie depuis assez longtemps dans un établissement, son dossier médical peut comporter plus d'une centaine de pages. Pour éviter des frais trop élevés, celle qui désire des photocopies de son dossier peut ne demander que certaines pièces essentielles, un résumé de son dossier ou seulement les pièces qu'on y a ajoutées au cours d'une période précise.

RECOURS EN CAS DE REFUS D'ACCÈS AU DOSSIER

Si l'établissement refuse l'accès au dossier médical ou à un renseignement, il est possible de présenter une requête à la Commission d'accès à l'information en vue d'obtenir la révision de la décision de l'établissement. On peut s'adresser aussi à la Commission des affaires sociales ou même à un juge de la Cour supérieure ou de la Cour du Québec.

RECOURS EN VUE DE LA RECTIFICATION DU DOSSIER

En vertu de la Loi sur l'accès à l'information, il est possible de demander la rectification de certains renseignements compris dans un dossier médical. Ces rectifications ne peuvent cependant porter que sur des faits objectifs.

L'UTILITÉ DE FAIRE APPEL À UN AVOCAT OU À UN CONSEILLER EN DROIT

Il y a des circonstances où il est recommandé d'obtenir le concours d'un avocat ou d'un conseiller en droit. Rencontrer cette personne en prévision d'une éventuelle urgence et garder ses coordonnées sur soi en tout temps peut s'avérer sage. Ainsi, en cas d'admission dans un hôpital, on saura tout de suite à qui s'adresser en cas de besoin.

Le choix d'un avocat ou d'un conseiller en droit doit se faire avec soin. Il faut s'assurer en premier lieu que ce dernier a un intérêt sincère pour les questions de santé mentale ou que ce sujet lui est familier. Il doit de plus être ouvert d'esprit et avoir un préjugé favorable envers les personnes qui souffrent de problèmes de santé mentale désirant préserver leur autonomie. Ces critères de choix sont cruciaux. Si l'avocat ou le conseiller en droit ne répond pas à ces critères, il risque de se faire influencer par le corps médical, de ne pas comprendre les enjeux auxquels son client est confronté et parfois même d'agir à l'encontre de sa volonté.

Qu'on s'adresse à un avocat pratiquant dans un cabinet privé ou dans un bureau de l'Aide juridique, il est bon de savoir que ces professionnels pourront toujours compter sur la collaboration des conseillers en droit œuvrant dans les nombreux groupes de défense des droits des personnes ayant des problèmes de santé mentale. (Voir, à la p. 379, la liste des organismes membres de l'AGIDD.) Ces conseillers ont une excellente expérience dans ce domaine et auront à cœur de veiller à ce que les requérants soient bien défendus.

De tout ce qui précède, nous pouvons conclure que la personne qui souffre de problèmes de santé mentale a bel et bien des droits et qu'il est essentiel qu'elle voie à les faire respecter. Malheureusement, des droits accordés sur papier ne le sont pas toujours en pratique. En particulier, le droit de refuser un traitement, qui constitue un droit fondamental de tout citoyen, reste trop rarement accordé aux psychiatrisés. Il est important aussi que cette personne sache qu'elle n'est pas seule dans sa situation. Des centaines, voire des milliers, d'autres personnes vivent des situations semblables, et il faudra sans doute compter sur leur détermination et leur courage pour faire comprendre et respecter leurs droits et pour changer progressivement la mentalité de la société au sujet de leur capacité d'autonomie souvent très réelle.

Les organismes québécois de défense des droits en santé mentale

L'AGIDD-SMQ, c'est-à-dire l'Association des groupes d'intervention en défense de droits en santé mentale du Québec, regroupe une quarantaine d'organismes qui aident activement les personnes ayant des problèmes de santé mentale à défendre leurs droits.

Association des groupes d'intervention en défense
de droits en santé mentale du Québec (AGIDD-SMQ)
4218, rue Saint-Denis
Montréal, Québec
H2J 2K8
Tél.: (514) 845-2807
Télec: (514) 844-4194

Les organismes membres de l'AGIDD-SMQ sont composés, en majorité, d'usagers de services psychiatriques. On peut classer ces groupes en trois catégories identifiées par les numéros que voici dans la liste des organismes de défense des droits par région qui fait suite à cette énumération:

(1) LES GROUPES DE DÉFENSE DES DROITS

Ces groupes se vouent spécifiquement à la défense des droits en santé mentale et au soutien des personnes qui veulent défendre leurs droits, que ce soit sur le plan individuel, collectif ou systémique. Ils ont également un mandat proactif et donnent de la formation sur les droits et recours aux usagers.

(2) LES COMITÉS D'USAGERS RATTACHÉS À DES ÉTABLISSEMENTS PSYCHIATRIQUES

Ces comités, qui œuvrent au sein de divers établissements psychiatriques, ont pour rôle de défendre et de représenter les usagers. Leur mandat découle de la Loi sur la santé et les services sociaux du Québec.

(3) LES GROUPES D'ENTRAIDE SE PRÉOCCUPANT AUSSI DE PROMOUVOIR LA DÉFENSE DES DROITS

Ces groupes rassemblent des personnes ayant, ou ayant eu, des problèmes de santé mentale dans le but de favoriser l'entraide entre ces personnes.

LISTE DES ORGANISMES DE DÉFENSE DES DROITS, PAR RÉGION

ABITIBI/TÉMISCAMINGUE

Comité des usagers (2)
Centre hospitalier Malartic
C.P. 3058
Malartic (Québec)
J0Y 1Z0
Tél.: (819) 757-6996

Groupe soleil-Malartic (3)
890, rue Royale
C.P. 4015
Malartic (Québec)
J0Y 1Z0
Tél.: (819) 757-6032

La petite rencontre de Val d'Or (3)
201, 9e rue
Val d'Or (Québec)
J9P 3K5
Tél.: (819) 825-7135

Regroupement d'aide et d'intervention en défense (1)
des droits de l'Abitibi/Témiscamingue
8, rue Gamble Ouest, bureau 102
Rouyn-Noranda (Québec)
J9X 2R2
Tél.: (819) 762-3266

Regroupement d'entraide sociale (3)
du Témiscamingue (R.E.S.T.)
3, boul. Industriel
C.P. 1737
Ville Marie (Québec)
J0Z 3W0
Tél.: (819) 622-0765

Bas-Saint-Laurent

P.L.A.I.D.D.-B.F. (1)
75, rue Arthur-Buies Ouest
Rimouski (Québec)
G5L 5C2
Tél.: (418) 722-8758

Rayon de partage en santé mentale (3)
67, rue Desbiens
C.P. 3178
Amqui (Québec)
G0J 1B0
Tél.: (418) 629-5197

Chaudière/Appalaches

Accès-autonomie (1)
48, rue Saint-Louis
Lévis (Québec)
G6V 4E5
Tél.: (418) 835-9242

Côte-Nord

Groupe nord côtier (1)
625, boul. Laflèche, bureau 117
Baie-Comeau (Québec)
G5C 1P5
Tél.: (418) 589-1760

Estrie

Pro-def Estrie (1)
712, rue Galt Ouest
Sherbrooke (Québec)
J1H 1Z2
Tél.: (819) 822-0363

Gaspésie/Îles-de-la-Madeleine

Association d'entraide pour la santé mentale (3)
de la Gaspésie
C.P. 938
New-Richmond (Québec)
G0C 2B0
Tél.: (418) 392-4888

Droits et recours Gaspésie/Les Îles (1)
94, boul. Perron Ouest
C.P. 258
Caplan (Québec)
G0C 1H0
Tél.: (418) 388-2506

Lanaudière

La bonne étoile (3)
101, rue Lajoie Nord
Joliette (Québec)
J6E 5K4
Tél.: (514) 759-8853

La rescousse (3)
3517A, rue Church
Rawdon (Québec)
C.P. 436
J0K 1S0
Tél.: (514) 834-3151

Le vaisseau d'or (3)
453, rue Saint-Louis
Terrebonne (Québec)
J6W 1H8
Tél.: (514) 964-2418

Pleins droits Lanaudière (1)
3580, rue Queen
C.P. 1052
Rawdon (Québec)
J0K 1S0
Tél.: (514) 834-8585

LAURENTIDES

Comité des usagers (2)
Centre hospitalier l'Annonciation
170, rue Principale Nord
L'Annonciation (Québec)
J0T 1T0
Tél.: (819) 275-2118, poste 728

Droits recours Laurentides (1)
227, rue Saint-Georges, bureau 104
C.P. 501
Saint-Jérôme (Québec)
J7Z 5V2
Tél.: (514) 436-4633

LAVAL

L'en-droit (1)
80, boul. de la Concorde Est
Laval (Québec)
H7G 2B7
Tél.: (514) 668-1058

Le Cafgraf Inc. (3)
126, boul. des Laurentides
Pont-Viau (Québec)
H7G 2T3
Tél.: (514) 668-6432

Mauricie/Bois-Francs

Auto-psy Mauricie (3)
2203, Saint-Marc
C.P. 1768
Shawinigan (Québec)
G9N 6W9
Tél.: (819) 536-7119

Comité des usagers (2)
Centre hospitalier Sainte-Thérèse
1705, rue Georges
Shawinigan (Québec)
G9N 2N1
Tél.: (819) 537-9351

Service d'aide et d'accompagnement (1)
883, boul. des Forges
Trois-Rivières (Québec)
G8Z 1T7
Tél.: (819) 693-2212

Montérégie

Alternative-Centregens (3)
1912, chemin Chambly
Longueuil (Québec)
J4J 3Y2
Tél.: (514) 651-0651

Collectif de défense des droits de la Montérégie (1)
150, rue Grant
Bureau 315
Longueuil (Québec)
J4H 3H6
Tél.: (514) 674-2410
1 (800) 567-8080

Élan-demain (3)
795, rue Sainte-Anne
Saint-Hyacinthe (Québec)
C.P. 637
J2S 3G4
Tél.: (514) 773-1022

L'avant-garde (3)
462, rue Saint-Paul
La Prairie (Québec)
J5R 2R5
Tél.: (514) 444-9661

Le campagnole (3)
1109, rue Notre-Dame
Saint-Rémi (Québec)
C.P. 1708
J0L 2L0
Tél.: (514) 454-5121

Le Groupe d'entraide «Le dalhia» (3)
258, rue Ellice
Beauharnois (Québec)
J6N 1X1
Tél.: (514) 225-0696

Pi-après (3)
386, rue Laurier
C.P. 274
Saint-Jean-sur-Richelieu (Québec)
J3B 6Z4
Tél.: (514) 359-1182

Psycohésion (3)
56, rue Nicholson
Valleyfield (Québec)
J6T 4M8
Tél.: (514) 377-9321

MONTRÉAL

Action-autonomie (1)
1561, Saint-Hubert, 2e étage
Montréal (Québec)
H2L 3Z1
Tél.: (514) 525-5060

Amitié/friendship (3)
CLSC Métro-Guy
1801, boul. de Maisonneuve Ouest
Montréal (Québec)
H3H 1J9
Tél.: (514) 934-0354, poste 250

Camée (3)
11700, rue l'Archevêque
Montréal (Québec)
H1H 3B6
Tél.: (514) 327-3035

Comité des usagers (2)
Centre hospitalier Louis-H.-Lafontaine
Pavillon Dominique-Bédard, bureau 1092
7401, rue Hochelaga
Montréal (Québec)
H1N 3M5
Tél.: (514) 251-4000, poste 3100

Comité des usagers (2)
Centre hospitalier Rivière-des-Prairies
7070, boul. Perras
Montréal (Québec)
H1E 1A4
Tél.: (514) 323-7260

Solidarité-psychiatrie (3)
1369, rue Beaubien Est
Montréal (Québec)
H2G 1B5
Tél.: (514) 271-9483

OUTAOUAIS

Comité des usagers (2)
Centre hospitalier Pierre-Janet
20, rue Pharand
Hull (Québec)
J9A 1K7
Tél.: (819) 771-7761

Droit-accès (1)
77, rue Saint-Raymond
Hull (Québec)
J8Y 1S4
Tél.: (819) 777-4746

Québec

Auto-psy Québec (3)
335, rue Saint-Joseph, bureau 201
Québec (Québec)
G1K 3B4
Tél.: (418) 529-1978

Comité des usagers du Centre hospitalier Robert-Giffard (2)
2601, rue de la Canardière, bureau G0326
Beauport (Québec)
G1J 2G3
Tél.: (418) 663-5211, poste 6788

Saguenay/Lac Saint-Jean

Comité des usagers de l'Institut Roland-Saucier (2)
150, rue Pinel
Chicoutimi (Québec)
G7G 3W4
Tél.: (418) 549-5474

Groupe de promotion en défense des droits
en santé mentale de la région 02 (1)
520, rue Sacré-Cœur Ouest, bureau 6
Alma (Québec)
G8B 1L9
Tél.: (418) 668-6851

LES AUTRES GROUPES D'ENTRAIDE

Il existe de nombreux autres groupes d'entraide, mais ceux-ci ne partagent cependant pas tous la même vision ni la même philosophie. Notamment, en ce qui concerne l'approche, on peut distinguer deux types de groupes d'entraide.

- Premièrement, il y a des groupes qui s'inscrivent dans la lignée biomédicale (travail à partir du diagnostic) et qui n'offrent aucun regard critique par rapport au traitement chimique (médicaments), s'en faisant même les promoteurs.
- Deuxièmement, il y a des groupes au sein desquels l'échange et la solidarité entre pairs représentent la pierre angulaire de l'approche. Ceux-ci mettent de l'avant le droit à l'information et à la formation, afin que la personne concernée puisse faire un choix libre et éclairé. Le principal objectif de ces groupes est la réappropriation, par les personnes elles-mêmes, du plein pouvoir sur leur vie.

Pour obtenir plus de renseignements sur les organismes québécois qui mettent l'accent sur une approche non médicale, on pourra s'adresser au Regroupement des ressources alternatives en santé mentale du Québec. Le RRASMQ réunit plus d'une centaine d'organismes ressources (centres de thérapie, groupes d'entraide, centres d'activités, maisons d'hébergement, etc.) répartis un peu partout au Québec.

Regroupement des ressources alternatives
en santé mentale du Québec (RRASMQ)
4218, rue Saint-Denis
Montréal, Québec
H2J 2K8
Tél.: (514) 848-1052
Téléc.: (514) 844-4194

Mode d'emploi
à l'intention des lecteurs
de la France

Une même substance médicamenteuse est souvent mise en marché sous des noms de marque différents dans divers pays. Nous invitons les lecteurs français à consulter la liste qui suit pour établir la correspondance entre les médicaments canadiens présentés dans cet ouvrage et les médicaments commercialisés en France. Ainsi, au moment de la lecture de chaque chapitre, il leur sera possible de retrouver plus facilement l'information qui les concerne.

Le *Guide critique des médicaments de l'âme* a d'abord été conçu et rédigé pour des lecteurs canadiens mais, comme nos lecteurs français pourront le constater en lisant ce qui suit, ce livre leur sera tout particulièrement utile.

DIFFÉRENCES ENTRE LE CANADA ET LA FRANCE

Il existe plusieurs différences entre le Canada et la France en ce qui a trait aux modalités de prescription des médicaments psychotropes, aux habitudes de consommation, aux pratiques médicales et psychiatriques et aux solutions autres que la médication envisagées pour traiter les problèmes de santé mentale. Ces différences s'étendent également à la protection des consommateurs et au système de réglementation des médicaments.

On constate, par exemple, que la consommation de certains psychotropes est plus élevée en France que dans la plupart des autres pays occidentaux. Ainsi, *per capita,* les Français sont probablement les plus grands consommateurs de tranquillisants et de somnifères au monde[1]. Par contre, on sait que les doses de médicaments psychotropes prescrites en France sont généralement plus basses qu'en Amérique du Nord. Dans le cas de certains neuroleptiques, des chercheurs ont observé que les psychiatres français prescrivaient à peine le cinquième de la dose standard prescrite pour le même type de patient au Canada. Ces différences renvoient à des normes culturelles et économiques et à des traditions différentes qu'il n'est pas possible de présenter en détail dans le présent ouvrage[2].

---

1. *Anxiété et insomnie: optimiser la prescription,* Rapport de la Conférence de consensus, Montpellier, 10-12 novembre 1994, Paris, Fondation de l'avenir pour la recherche médicale appliquée/Fédération nationale de la mutalité française, 1995.
2. Un livre écrit par une journaliste médicale traite brillamment de cette question: Lynn Payer. *Medecine and culture: Notions of health and sickness in Britain, the U.S., France and West Germany,* Londres, Victor Gollancz Ltd., 1990.

Mais la psychiatrie biologique fait fureur partout!

Toutefois, quel que soit le pays, la psychiatrie biologique est devenue la norme, de sorte que certaines différences nationales sont aujourd'hui moins prononcées. La popularité mondiale du *DSM (Diagnostic and Statistical Manual of Mental Disorders),* un guide utilisé pour le diagnostic des troubles mentaux mis au point par l'Association américaine de psychiatrie, en est un bon exemple. Il existe maintenant des traductions en français des trois dernières éditions de ce manuel qui est de plus en plus utilisé par les chercheurs et les cliniciens en France. La plupart des termes utilisés dans ce livre pour désigner divers troubles existentiels et souffrances émotionnelles ont d'ailleurs été tirés de l'édition française du *DSM-III-R*[3].

Même si la psychanalyse garde une importance considérable en France, contrairement à ce qui se passe en Amérique du Nord où cette école de pensée est sur la défensive intellectuelle et où sa pratique pourrait facilement disparaître d'ici une ou deux décennies, le rouleau compresseur de la psychiatrie biologique est aussi puissant en France qu'ailleurs[4]. Les lecteurs européens comprendront à quel point un tel guide critique, qui fournit un contrepoids aux prétentions de la psychiatrie biologique, est essentiel.

Soulignons quelques autres différences importantes entre le Canada et la France.

La surenchère des psychotropes sur le marché français

Pour toutes les classes de médicaments présentées dans ce livre, il existe davantage de médicaments sur le marché en France qu'au Canada. Par exemple, en 1993-1994, en France, on dénombrait 10 substances de plus dans la classe des antidépresseurs, 5 substances de plus dans la classe des neuroleptiques et 20 de plus dans la classe des tranquillisants et des somnifères. En général, chaque classe comprend entre 5 et 10 substances de plus en France qu'au Canada. L'engouement pour ces produits serait-il plus fort en France ou est-ce la réglementation qui est différente, ou les deux?

---

3. *DSM-III-R.* Traduction coordonnée par J.D. Guelfi, Paris, Masson, 1989.
4. Voir, à ce sujet, l'excellent livre du psychiatre et chercheur Édouard Zarifian, *Des paradis plein la tête,* Paris, Odile Jacob, 1994.

Davantage de médicaments contenant plus d'un agent psychotrope en France

Il existe sur le marché des médicaments en France quelques produits qui consistent en des combinaisons de différents agents actifs: par exemple, un médicament combinant un barbiturique et un stimulant, ou un neuroleptique et un antidépresseur. De telles combinaisons de psychotropes en un seul produit sont rares au Canada: il n'en existait qu'une seule en 1995. De plus, de nombreux produits sur le marché français contiennent des combinaisons d'agents actifs psychotropes et non psychotropes et sont prescrits pour diverses affections physiques: par exemple, un barbiturique et des bronchodilatateurs.

Différences nationales quant à la popularité de divers médicaments

Certains médicaments très utilisés au Canada le sont moins ou pas du tout en France. Le contraire aussi peut être vrai. Par exemple, le Ritalin (méthylphénidate) est depuis plus de deux décennies le stimulant le plus prescrit au Canada pour les problèmes d'hyperactivité chez les enfants, mais n'est arrivé sur le marché en France qu'en 1994 sous le nom de Ritaline. (Il est à noter que le diagnostic d'hyperactivité ou de trouble déficitaire de l'attention est aussi bien moins souvent posé dans les pays européens qu'en Amérique du Nord). À l'inverse, alors que le phénobarbital, un barbiturique, se retrouve dans une trentaine de préparations différentes sur le marché français, dont certaines principalement indiquées pour des maux physiques ou prescrites à des enfants ou à des nourrissons, on le retrouve dans une seule préparation au Canada.

Moins d'informations sur les médicaments facilement accessibles aux médecins français?

Enfin, la quantité et la qualité des informations officielles sur les médicaments qui sont facilement accessibles aux médecins varient d'un pays à l'autre. Pour appuyer cette affirmation, il suffit de comparer les ouvrages classiques de référence sur les médicaments dont se servent tous les médecins en France et au Canada, à savoir, respectivement, le *Dictionnaire Vidal*[5] et le *Compendium des produits et spécialités pharmaceutiques (CPS)*[6]. Ces

5. *Dictionnaire Vidal* (71e édition), Paris, Éditions du Vidal, 1995.

6. Association pharmaceutique canadienne. *Compendium des produits et spécialités pharmaceutiques (CPS)* (30e édition), Ottawa, Association pharmaceutique canadienne, 1995.

ouvrages, dont une nouvelle édition est publiée chaque année, contiennent les monographies ou descriptions officielles, généralement approuvées par les ministères de la Santé respectifs, de tous les médicaments sur le marché, ainsi que les indications, les contre-indications et les effets indésirables de ces produits.

Comparativement au *CPS* canadien, le *Vidal* français frappe le lecteur nord-américain par l'aspect sommaire de ses descriptions de médicaments: il ne semble en effet contenir que le résumé des informations connues sur les substances présentées. Par comparaison, le *CPS* comprend des monographies nettement plus détaillées sur chaque produit. À titre d'exemple, la section des effets indésirables du neuroleptique Haldol (halopéridol) dans l'édition 1993 du *Vidal* comptait en tout 14 lignes, comparativement à 126 lignes dans le *CPS* de la même année. Cette même section dans le *Vidal* ne mentionnait que 10 effets indésirables sous deux rubriques. Dans le *CPS*, par contre, près de 80 effets indésirables du Haldol étaient mentionnés sous sept rubriques. Autre exemple, celui du très populaire antidépresseur Prozac (fluoxétine): le *Vidal* mentionne, sans les classifier, 24 effets secondaires du Prozac, alors que le *CPS* en énumère plus de 200, classifiés sous 12 rubriques. Dans l'édition de 1995 du *Vidal*, les informations ont été étoffées, mais leur quantité est toujours bien moins importante que dans le *CPS*.

Autre point révélateur des différences possibles en ce qui concerne l'information mise à la disposition des médecins des deux pays: dans de nombreux cas, les mises à jour ou révisions des monographies contenues dans le *Vidal* datent de plusieurs années. Par exemple, dans l'édition de 1993, la monographie sur le Haldol datait de 1986; celle sur le Prozac datait de 1992.

Le *Vidal* et le *CPS* soulignent dans leurs préfaces qu'il est important de consulter d'autres sources de référence pour obtenir des renseignements supplémentaires sur les médicaments, mais, chacun dans leur pays, ces deux livres restent sans conteste les ouvrages les plus consultés en pratique médicale. Sans pouvoir établir de conclusions définitives au sujet de l'impact sur les consommateurs français de ce manque relatif d'information sur les médicaments, il nous semble que le public français sera doublement servi par le *Guide critique des médicaments de l'âme*.

COMMENT ÉTABLIR LA CORRESPONDANCE ENTRE LES MÉDICAMENTS CANADIENS ET FRANÇAIS

CORRESPONDANCE DE CLASSE

Par définition, les médicaments d'une même classe ont, à peu de choses près, des propriétés et des caractéristiques similaires. Si le médicament d'intérêt pour le lecteur français, par exemple le Laroxyl (première ligne de la liste qui suit, à droite), se trouve dans la classe des «antidépresseurs tricycliques et hétérocycliques», il peut prendre pour acquis que les informations contenues dans le chapitre sur les antidépresseurs, en particulier celles qui portent sur les antidépresseurs tricycliques et hétérocycliques, le concernent.

CORRESPONDANCE DE NOMS DE MÉDICAMENTS

Une même substance a toujours le même nom générique. Donc, même si les noms de marque utilisés pour la commercialisation d'une substance sont différents d'un pays à l'autre, il est possible de reconnaître cette substance par son nom générique. Ainsi, la substance active de l'antidépresseur commercialisé en France sous le nom de marque de Laroxyl (toujours sur la première ligne de la liste qui suit, à droite) est aussi connue, de façon universelle, sous le nom d'amitriptyline. Dans le chapitre sur les antidépresseurs, le lecteur pourra constater que l'amitriptyline porte divers noms de marque au Canada, entre autres, Etrafon ou Triavil.

Voici la liste des noms génériques (à gauche) et des noms commerciaux (à droite) des médicaments de l'âme distribués en France.

LES ANTIDÉPRESSEURS

	Noms génériques des substances distribuées sur les marchés français ou canadien	*Noms commerciaux en France*
LES ANTIDÉPRESSEURS TRICYCLIQUES ET HÉTÉROCYCLIQUES (AUSSI APPELÉS ANTIDÉPRESSEURS IMIPRAMINIQUES EN FRANCE)		
F-C*	Amitriptyline	Elavil, Laroxyl
F-C	Amoxapine	Défanyl
F-C	Clomipramine	Anafranil
F	Déméxiptiline	Tinoran
F-C	Désipramine	Pertofran
F	Dosulépine	Prothiaden
F-C	Doxépine	Quitaxon, Sinéquan
F-C	Imipramine	Tofranil
F-C	Maprotiline	Ludiomil
C	Nortriptyline	-
F	Nortriptyline combinée à un neuroleptique, la fluphénazine	Motival
F	Opipramol	Insidon
C	Protriptyline	-
F	Quinupramine	Kinupril
F-C	Trazodone	Pragmarel
F-C	Trimipramine	Surmontil
LES ANTIDÉPRESSEURS ISRS		
F-C	Fluoxétine	Prozac
F-C	Fluvoxamine	Floxyfral
C	Sertraline	(bientôt commercialisée en France)
F-C	Paroxétine	Deroxat

F = Marché français C = Marché canadien

Les antidépresseurs IMAO non sélectifs

F	Iproniazide	Marsilid
F	Nialamide	Niamide
C	Phénelzine	-
C	Tranylcypromine	-

Les antidépresseurs IMAO sélectifs

F-C	Moclobémide	Moclamine
F	Toloxatone	Humoryl

Les nouveaux antidépresseurs

C	Venlafaxine	(bientôt commercialisée en France)
C	Néfazodone	(bientôt commercialisée en France)

Autres antidépresseurs

F	Amineptine	Survector
F	Miansérine	Athymil
F	Médifoxamine	Clédial
F	Oxaflozane	Conflictan
F	Tianeptine	Stablon
F	Viloxazine	Vivalan

LE LITHIUM ET LES RÉGULATEURS DE L'HUMEUR (AUSSI APPELÉS NORMOTHYMIQUES EN FRANCE)

	Noms génériques des substances distribuées sur les marchés français ou canadien	*Noms commerciaux en France*
F-C	Acide valproïque	Dépakine, Dépakine Chrono, Valproate de sodium
F-C	Carbamazépine	Tégrétol, Tégrétol LP
F-C	Lithium, carbonate de	Téralithe
F	Lithium, gluconate de	Neurolithium
F	Valpromide	Dépamide

LES NEUROLEPTIQUES

	Noms génériques des substances distribuées sur les marchés français ou canadien	*Noms commerciaux en France*
LES PHÉNOTHIAZINES		
F-C	Chlorpromazine	Largactil
F	Cyamémazine	Tercian
F-C	Fluphénazine	Modécate, Moditen, Moditen retard
F	Fluphénazine combinée à un antidépresseur, la nortriptyline	Motival
C	Mésoridazine	-
F-C	Méthotriméprazine ou lévomépromazine	Nozinan, Nozinan faible
F-C	Péricyazine ou propéricyazine	Neuleptil
F-C	Perphénazine	Trilifan, Trilifan retard
C	Perphénazine combinée à un antidépresseur,	

	l'amitryptyline	-
F-C	Pipothiazine	Piportil, Piportil L4
C	Prochlorpérazine	-
F-C	Thiopropérazine	Majeptil
F-C	Thioridazine	Melleril
F-C	Trifluopérazine	Terfluzine

LES BUTYROPHÉNONES

F-C	Dropéridol	Droleptan
F-C	Halopéridol	Haldol, Haldol faible, Haldol Décanoas
F	Halopéridol combiné à un antispasmodique	Vésadol
F	Pipampérone	Dipipéron
F	Triflupéridol	Tripéridol
F	Penfluridol	Sémap

LES THIOXANTHÈNES

F	Chlopenthixol	Clopixol
F-C	Flupenthixol	Fluanxol, Fluanxol LP
C	Thiothixène	-

LES BENZAMIDES

F	Amisupride	Solian
F	Sulpiride	Aiglonyl, Dogmatil, Synédil
F	Sultopride	Barnétil
F	Tiapride	Equilium, Tiapridal, Tiapride Panpharma

AUTRES NEUROLEPTIQUES

F	Carpipramine	Prazimil
F-C	Clozapine	Leponex
C	Fluspirilène	-
F-C	Loxapine	Loxapac
F-C	Pimozide	Orap

F	Rémoxipride	Roxiam
C	Réserpine	-
C	Rispéridone	(bientôt commercialisée en France)

LES ANTIPARKINSONIENS

	Noms génériques des substances distribuées sur les marchés français ou canadien	*Noms commerciaux en France*

Les antiparkinsoniens anticholinergiques (surtout utilisés en psychiatrie)

C	Benztropine	-
F-C	Bipéridène	Akineton retard
C	Éthopropazine	-
F	Génoscopolamine	Génoscopolamine
F-C	Orphénadrine	Disipal
C	Procyclidine	-
F-C	Trihexyphénidyle	Artane, Artane effet prolongé, Parkinane LP
F	Tropatépine	Lepticur, Lepticur Park

Les antihistaminiques qui ont des effets anticholinergiques et qui sont utilisés comme antiparkinsoniens

F-C	Diphenhydramine	Nautamine, Benadryl

Les antiparkinsoniens dopaminergiques (surtout utilisés en neurologie)

F-C	Amantadine	Mantadix
F	Apomorphine	Apokinon
F-C	Bromocriptine	Parlodel
F-C	Lévodopa	Larodopa
F	Lévodopa et bensérazide	Modopar
F-C	Lévodopa et carbidopa	Sinemet

F	Lisuride	Dopergine
C	Pergolide	-
F	Piribédil	Trivastal
F-C	Sélégiline	Déprényl

LES STIMULANTS

	Noms génériques des substances distribuées sur les marchés français ou canadien	*Noms commerciaux en France*
F	Acide acétylaminosuccinique	Cogitum
F	Acide glutamique et 3 vitamines B	Glutamag
F	Acide glutamique et vitamine B6	Glutaminol
F	Adrafinil	Olmifon
F	Cyprodénate	Actébral
F	Déanol, acéglumate de	Clérégil
F	Déanol, bisorcate de	Astyl
F	Déanol et heptaminol	Débrumyl
F	Déanol et sorbitol	Acti
F	Démanol	Tonibral
C	Dextroamphétamine	-
F	Di-alphacétoglutarate de calcium	Cétoglutaran, Cortexyl
F	Diéthylaminoéthanol	Cérébrol
C	Diéthylproprion	-
F-C	Fenfluramine	Pondéral Longue Action
F	Fénozolone	Ordinator
C	Mazindol	-
C	Méthylphénidate	Ritaline
F	Minaprine	Cantor
F	Modafinil	Modiodal
C	Pémoline	-
C	Phentermine	-
F	Pirisudanol	Stivane
F	Sulbutiamine	Arcalion

LES TRANQUILLISANTS ET LES SOMNIFÈRES

	Noms génériques des substances distribuées sur les marchés français ou canadien	*Noms commerciaux en France*
LES BENZODIAZÉPINES		
F-C	Alprazolam	Xanax
F-C	Bromazépam	Lexomil
F-C	Chlordiazépoxide	Librium
F	Chlordiazépoxide combiné à un antispasmodique	Librax
F	Clobazam	Urbanyl
F-C	Clonazépam	Rivotril
F-C	Clorazépate	Tranxene
F	Clorazépate combiné à un neuroleptique, l'acépromazine,	Noctran 10
F	Clotiazépam	Vératran
F-C	Diazépam	Diazepam Ratiopharm, Novazam, Valium
F	Estazolam	Nuctalon
F	Flunitrazépam	Noriel, Rohypnol
C	Flurazépam	-
C	Kétazolam	-
F	Loflazépathe d'éthyle	Victan
F	Loprazolam	Havlane
F-C	Lorazépam	Témesta
F	Lormétazépam	Noctamide
F-C	Nitrazépam	Mogadon
F	Nordazépam	Nordaz, Praxadium
F-C	Oxazépam	Séresta
F	Prazépam	Lysanxia
F-C	Témazépam	Normison
F	Tofisopam	Sériel
F-C	Triazolam	Halcion

Les antihistaminiques

F	Alimémazine	Théralène
F-C	Diphenhydramine	Nautamine, Benadryl
F-C	Doxylamine	Donormyl
F-C	Hydroxyzine	Atarax
F	Niaprazine	Nopron
F-C	Prométhazine	Phénergan

Les barbituriques

C	Amobarbital	-
F	Amobarbital combiné à un antispasmodique	Météoxane
F	Amobarbital combiné à un correcteur d'hypotension artérielle	Tensophoril
F-C	Butobarbital	Butobarbital Dipharma
C	Pentobarbital	-
F-C	Phénobarbital	Aparoxal, Gardénal
F	Phénobarbital combiné à diverses substances et préparations (utilisé en psychiatrie)	Aéine, Alepsal, Anxoral, Atrium, Cardiocalm, Félisédine, Kaneuron, Neurocalcium, Neuropax, Nuidor, Orténal, Sédatonyl, Sédibaïne, Spasminédral, Sympaneurol, Sympathyl, Véricardine
F	Phénobarbital combiné à diverses substances et préparations (utilisé en médecine)	Asthmasédine, Colchimax, Coquelusédal, Dinacode suppo sitoires, Enurétine, Fébrectol suppositoires, Garaspirine, Natisédine, Prénoxan,

		Spasmosédine,Tédralan
F	Proxibarbal	Centralgol
C	Sécobarbital sodique	-

Les carbamates

C	Carisoprol	-
F-C	Méprobamate	Equanil, Méprobamate Richard
F	Méprobamate combiné à une phénothiazine	Mépronizine
F	Méprobamate combiné à diverses substances et préparations utilisées en médecine	Kaologeais, Mépronizine, Norgagil, Palpipax, Précyclan Leo, Vasocalm

Les bêta-bloquants

F-C	Acébutolol	Sectral, Sectral LP
F-C	Aténolol	Aténolol Zénéca-Pharma, Betatop, Ténormine
F	Aténolol combiné à un antihypertenseur	Bêta-Adalate, Ténordate
F-C	Bétaxolol	Betoptic, Kerlone
F-C	Esmolol	Brevibloc
F-C	Labétalol	Trandate
C	Lévobunolol	-
F-C	Métoprolol	Lopressor, Seloken, Seloken LP
F	Métoprolol combiné à un antihypertenseur	Logroton
F-C	Nadolol	Corgard
F-C	Pindolol	Visken, Visken Quinze
F	Pindolol combiné à un salidiurétique	Viskaldix
F-C	Propranolol	Avlocardyl, Avlocardyl LP, Avlocardyl inj, Hémipralon LP,

		Propranolol Ratiopharm, Propranolol Ratiopharm LP
F-C	Timolol	Digaol, Gaoptol, Timacor, Timoptol
F	Timolol combiné à des diurétiques	Moducren
F	Timolol combiné à un agent cholinergique	Timpilo

Le buspirone

F-C	Buspirone	Buspar

L'hydrate de chloral

C	Hydrate de chloral	-

Le zopiclone

F-C	Zopiclone	Imovane

Autres tranquillisants

F	Captodiame	Covatine
F	Étifoxine	Strésam
F	Zolpidem	Ivadal, Stilnox

PRINCIPAUX OUVRAGES UTILISÉS POUR LA RÉALISATION DE CE GUIDE

Berner, M. S., P. Biron et G. N. Rotenberg. *Le guide pratique des médicaments,* Montréal, Sélection de Reader's Digest, 1991.

Bezchlibnyck-Butler, K. Z. et J. J. Jeffries. *Clinical handbook of psychotropic drugs,* Toronto, Hogrefe & Huber Publishers, 1991.

Breggin, P. R. *Toxic psychiatry: Why therapy, empathy and love must replace the drugs, electroshocks, and biological theories of the "new psychiatry",* New York, St. Martin's Press, 1991.

Brunel, S. M. *Effets des substances psychotropes,* Montréal, Faculté d'Éducation permanente de l'Université de Montréal, 1993.

Dr Caligari's psychiatric drugs, Berkeley, California, Network Against Psychiatric Assault, 1987.

Gay, C. et A. Gérard. *Le guide des tranquillisants,* Paris, Denoël, 1991.

Gelenberg, A. J., E. L. Bassuk et S. C. Schoonover. *The practitioner's guide to psychoactive drugs* (3e édition), New York, Plenum Medical Book Company, 1991.

Gorman, J. M. *The essential guide to psychiatric drugs,* New York, St. Martin's Press, 1990.

Gualtieri, C.T. *Neuropsychiatry and behavioral psychopharmacology,* New York, Springer Verlag, 1990.

Handbook of psychotropic drugs, Springhouse, Pennsylvanie, Springhouse Corporation, 1992.

Julien, R. M. *A primer of drug action,* New York, W. H. Freeman and Company, 1992.

Kane, J. M. et J. A. Lieberman (dir.) *Adverse effects of psychotropic drugs,* New York, The Guilford Press, 1992.

Kaplan, H. I. et B. J. Sadock. *Pocket handbook of psychiatric drug treatment,* New York, William & Wilkins, 1993.
Lalonde, P., F. Grunberg *et al. Psychiatrie clinique: approche bio-psychosociale.* Boucherville, Québec, Gaëtan Morin, 1988.

Long, J. W. *The essential guide to prescription drugs,* New York, Harper Perennial, 1993.

Mongeau, S. et M. C. Roy. *Nouveau dictionnaire des médicaments,* Montréal, Québec/Amérique, 1988.

Persad, E. et V. Rakoff. *Use of drugs in psychiatry,* Toronto, Hans Huber Publishers, 1987.

Pirodsky, D. M. et J. S. Cohn. *Clinical primer of psychopharmacology,* New York, Mcgraw-Hill Inc, 1992.

The PDR family guide to prescription drugs, Montvale, New Jersey, Medical Economics Data, 1993.

Yudofsky, S. C., R. E. Hales et T. Ferguson. *What you need to know about psychiatric drugs,* New York, Ballantine Books, 1992.

SOURCES DES COMMENTAIRES CITÉS

Entrevues et commentaires recueillis par l'AGIDD-SMQ pour la réalisation de ce guide et lors de la réalisation du vidéo «Qu'est-ce qui cloche? Mon corps résonne!» produit spécialement pour l'AGIDD-SMQ.

Recherche menée à l'Université de Montréal par Estelle Cale en 1991 et intitulée «The psychiatric patient's experience of drug treatment».

Rapport de recherche fait en 1988 par R. Letendre, F. Picotte et D. Monast, intitulé «Dynamique de l'expérience de l'hospitalisation en département interne de psychiatrie chez les 18-30 ans» et préparé pour le Conseil québécois de la recherche sociale.

Série d'articles écrits par la journaliste Debbie Parkes et publiés dans le quotidien *The Gazette* de Montréal en mars 1993 sous le titre: «Matters of the mind».

Éditions de l'automne 1988 et de novembre 1991 du journal *L'entonnoir* publié par le Regroupement des ressources alternatives en santé mentale du Québec (RRASMQ).

Article intitulé «The Halcion nightmare: The frightening truth about America's favorite sleeping pill» publié par la journaliste Cindy Ehrlich dans l'édition de septembre 1988 de la revue *California.*

Recherche menée à l'Université de Montréal par Christine Doré en 1995 et intitulée «L'économie politique du traitement pharmacologique de l'hyperactivité».

Table des matières

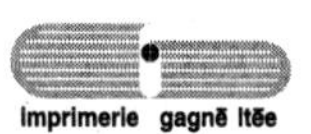
imprimerie gagné ltée

IMPRIMÉ AU CANADA